全国一级造价工程师职业资格考试应试指南

Jiaotong Yunshu Gongcheng Jishu yu Jiliang
交通运输工程技术与计量
Gonglu Pian
公路篇

北京中交京纬公路造价技术有限公司
长沙市中交京纬职业培训学校　主编

人民交通出版社
北京

内 容 提 要

本书根据最新版《全国一级造价工程师职业资格考试大纲》,并结合 2024 年版官方考试用书编写。内容包括绪论、工程地质、水文与气象、工程构造、工程材料与工程机械、公路工程施工组织与施工技术、公路养护工程技术、公路工程计量与计价等 7 章内容。每章列出了考纲要求,制作了知识架构,梳理了知识点集成,精编了习题及答案解析,并对例题进行了详细剖析。本书知识架构逻辑清晰,脉络分明,侧重动手做题,便于读者对知识点的掌握和理解。

本书可作为全国一级造价工程师(交通运输工程公路专业)职业资格考试考生复习备考的参考用书,也可作为相关从业人员及相关专业师生在实际工作和教学中的参考用书。

图书在版编目(CIP)数据

交通运输工程技术与计量. 公路篇 / 北京中交京纬公路造价技术有限公司,长沙市中交京纬职业培训学校主编. — 北京:人民交通出版社股份有限公司,2024.9.
ISBN 978-7-114-19731-4

Ⅰ. U491;U415.13

中国国家版本馆 CIP 数据核字第 2024M56C11 号

全国一级造价工程师职业资格考试应试指南
书　　名:交通运输工程技术与计量　公路篇
著　作　者:北京中交京纬公路造价技术有限公司
　　　　　长沙市中交京纬职业培训学校
责任编辑:朱伟康　侯蓓蓓
责任校对:赵媛媛
责任印制:张　凯
出版发行:人民交通出版社
地　　址:(100011)北京市朝阳区安定门外外馆斜街 3 号
网　　址:http://www.ccpcl.com.cn
销售电话:(010)59757973
总　经　销:人民交通出版社发行部
经　　销:各地新华书店
印　　刷:北京市密东印刷有限公司
开　　本:787×1092　1/16
印　　张:19.25
字　　数:468 千
版　　次:2024 年 9 月　第 1 版
印　　次:2024 年 9 月　第 1 次印刷
书　　号:ISBN 978-7-114-19731-4
定　　价:89.00 元

(有印刷、装订质量问题的图书,由本社负责调换)

《交通运输工程技术与计量 公路篇》

编写人员

主　　编：谢　萍
成　　员：张　艳　陈　纯　谢　欣　邵卫峰　李志红
　　　　　宋　军

审定人员

主　　审：董再更
成　　员：刘代全　曹　辉　孙加义　徐　浩

前言

2018年7月，住房城乡建设部、交通运输部、水利部、人力资源社会保障部联合印发了《造价工程师职业资格制度规定》和《造价工程师职业资格考试实施办法》，全国大工程系列正式建立了统一的造价工程师职业资格制度。据此，交通运输部拟定了交通运输工程类别的"技术与计量"和"造价案例分析"两个专业科目的考试大纲。

2023年，交通运输部印发了《交通运输工程造价工程师注册管理办法》（交通运输部令2023年第2号）、《交通运输部办公厅关于做好〈交通运输工程造价工程师注册管理办法〉实施工作的通知》（交办人教函〔2023〕822号），加强对交通运输工程造价工程师的管理，明确交通运输工程造价咨询成果文件应由相应专业类别的交通运输工程一级造价工程师审核并加盖执业印章。职业资格制度的实施，将有效维护交通运输工程建设市场的良好秩序，规范造价工程师的执业行为，强化造价工程师的职业操守，提升造价工程师的职业能力，为交通建设强国战略和公路高质量发展提供人才支撑。

为帮助考生更高效地备考，按照该考试大纲的要求，紧密围绕交通运输部发布的行业标准、规范和2018年版公路工程定额，结合交通运输工程公路专业科目"技术与计量"和"造价案例分析"的2024年版教材，由北京中交京纬公路造价技术有限公司和长沙市中交京纬职业培训学校组织来自公路工程造价（定额）管理、设计、施工、造价咨询等单位和高校的专家，编写了相应的考试辅导书，包括2024年版"全国一级造价工程师职业资格考试应试指南"《交通运输工程技术与计量　公路篇》《交通运输工程造价案例分析　公路篇》两册（以下简称《应试指南》），分别与两个专业科目考试相对应。

2024年版《应试指南》除反映教材新的变化之外，还对2022年版《应试指南》中的一些错误进行了修正，并充分分析历年交通运输工程公路专业造价工程师的考试题型，新增了历年真题和解析，力求方便考生在短时间内掌握考试内容，辅助考生顺利通过考试。

本《应试指南》在修编过程中虽几经推敲,再三修正,但由于编者水平有限,疏漏和纰误在所难免,恳请广大读者批评指正,可以将发现的问题发到电子邮箱:1282331156@qq.com。最后,预祝考生取得优异成绩。

北京中交京纬公路造价技术有限公司

长沙市中交京纬职业培训学校

2024年7月

目录

第一章　绪论 ········· 1

　　一、本章知识架构 ········· 1
　　二、题型详解 ········· 2

第二章　工程地质、水文与气象 ········· 7

　　一、考纲要求 ········· 7
　　二、本章知识架构 ········· 7
　　三、题型详解 ········· 8

第三章　工程构造 ········· 30

　　一、考纲要求 ········· 30
　　二、本章知识架构 ········· 30
　　三、题型详解 ········· 31

第四章　工程材料与工程机械 ········· 106

　　一、考纲要求 ········· 106
　　二、本章知识架构 ········· 106
　　三、题型详解 ········· 106

1

第五章 公路工程施工组织与施工技术 ·············· 127

- 一、考纲要求 ·············· 127
- 二、本章知识架构 ·············· 127
- 三、题型详解 ·············· 128

第六章 公路养护工程技术 ·············· 199

- 一、考纲要求 ·············· 199
- 二、本章知识架构 ·············· 199
- 三、题型详解 ·············· 200

第七章 公路工程计量与计价 ·············· 225

- 一、考纲要求 ·············· 225
- 二、本章知识架构 ·············· 225
- 三、题型详解 ·············· 227

第一章 绪论

一、本章知识架构

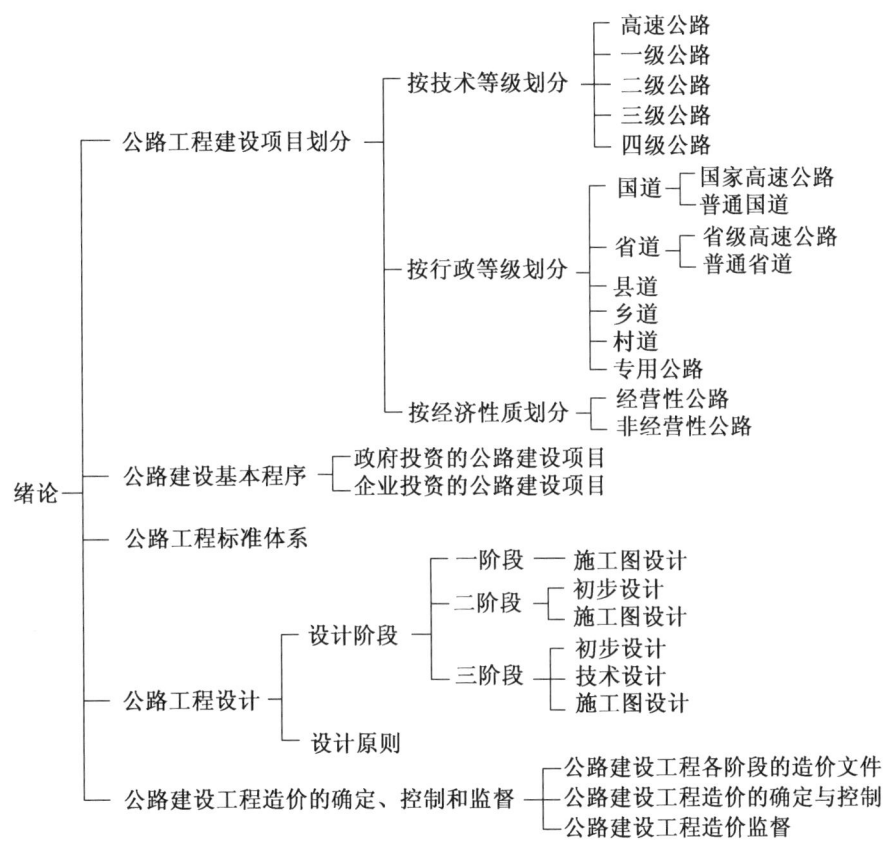

二、题型详解

例 题 解 析

1. 下列关于高速公路特点的说法,错误的是( )。
    A. 专供汽车分向、分车道行驶
    B. 设计交通量一般按 20 年预测
    C. 根据需要控制出入的多车道公路
    D. 年平均日设计交通量宜在 15000 辆小客车以上

   答案:C

   【解析】 本题为2020年考题。根据《公路工程技术标准》(JTG B01—2014),高速公路为专供汽车分向、分车道行驶,全部控制出入的多车道公路。高速公路的年平均日设计交通量宜在 15000 辆小客车以上。

2. 根据《公路工程造价管理暂行办法》,初步设计概算静态投资部分的最高限额是( )。
    A. 经审批的投资估算静态部分的 100%　　B. 经审批的投资估算静态部分的 105%
    C. 经审批的投资估算静态部分的 110%　　D. 经审批的投资估算静态部分的 115%

   答案:C

   【解析】 本题为2020年考题。经批准的概算是基本建设项目投资的最高限额,设计概算的静态投资部分不得超过经审批或者核准的投资估算的静态投资部分的 110%。

3. 下列工作程序中,不属于企业投资公路建设项目实施程序的是( )。
    A. 编制可行性研究报告
    B. 根据规划,编制项目建议书
    C. 组织投资人招标工作,确定投资人
    D. 投资人编制项目申请报告,按规定报项目审批部门核准

   答案:B

   【解析】 本题为2020年考题。编制可行性研究报告;组织投资人招标工作,确定投资人;投资人编制项目申请报告,按规定报项目审批部门核准。以上都属于企业投资公路建设项目实施的程序。而根据规划,编制项目建议书是属于政府投资公路建设项目实施的程序。

4. 下列造价文件中,属于设计阶段编制的是( )。
    A. 施工图预算文件　　　　　　　　　　B. 投资估算文件
    C. 合同工程量清单　　　　　　　　　　D. 工程量清单预算文件

   答案:A

   【解析】 本题为2020年考题。投资估算文件是在工程项目建议书、工程可行性研究报告阶段编制;施工图预算文件是在设计阶段编制;合同工程量清单是在施工阶段编制;工程量清单预算文件是在招标阶段编制。

5.根据经济性质对公路进行分类,( )属于经营性公路。
   A.政府还贷公路　　　　　　　　B.使用者付费公路
   C.民工建勤修建的公路　　　　　D.国家财政拨款投资公路
   答案:B
   【解析】 本题为2021年考题。公路按经济性质分为经营性公路和非经营性公路。经营性公路是指符合《收费公路管理条例》的规定,由国内外经济组织投资建设,经批准依法收取车辆通行费的公路(含桥梁和隧道)。

6.下列反映公路建设项目最终造价的是( )。
   A.概算金额　　　　　　　　　　B.经审定的竣工决算
   C.决算金额　　　　　　　　　　D.合同清单金额
   答案:B
   【解析】 本题为2021年考题。本题考查的是公路建设工程造价的确定、控制和监督。竣工验收前,建设单位应当编制竣工决算文件(报告)及公路工程建设项目造价执行情况报告,经审定的竣工决算是公路工程的最终造价,是确定公路工程新增固定资产投资额的依据。

7.原公路工程经核准的投资估算1亿元,由于地质条件发生重大变化等因素造成的设计概算调整超过1000万元,应当报( )调整投资估算后,再由( )调整设计概算。
   A.工可核准部门、原初步设计审批部门
   B.原初步设计审批部门、原初步设计审批部门
   C.工可审批部门、工可审批部门
   D.工可核准部门、施工图审批部门
   答案:A
   【解析】 本题为2022年考题。由于地质条件发生重大变化、设计方案变更等因素造成的设计概算调整,实际投资调增幅度超过静态投资估算10%的,应当报项目可行性研究报告审批或者核准部门调整投资估算后,再由原初步设计审批部门审查调整设计概算;实际投资调增幅度不超过静态投资估算10%的,由原初步设计审批部门直接审查调整设计概算。该项目超概大于10%。

本 章 习 题

Ⅰ.单项选择题

1.对技术复杂、基础资料缺乏或不足的建设项目,或建设项目中的特殊大型桥梁、隧道、互通式立体交叉等部分工程,必要时可在初步设计和施工图设计之间增加( )。
   A.方案设计　　B.专题设计　　C.技术设计　　D.课题设计

2.《公路工程技术标准》(JTG B01—2014)将公路等级划分为( )个等级。
   A.三　　　　　B.四　　　　　C.五　　　　　D.六

3.目前,我国公路工程一阶段设计,应以批准的( )为依据,详测后做施工图设计。
   A.项目建议书　　　　　　　　　B.可行性研究报告
   C.初步设计文件　　　　　　　　D.技术设计文件

4. 目前,我国公路工程三阶段设计是指( )。
   A. 项目建议书、工程可行性研究报告和初步设计
   B. 项目前期阶段设计、项目设计阶段和项目施工阶段设计
   C. 初步设计、技术设计和施工图设计
   D. 估算阶段设计、预算阶段和决算阶段设计

5. 我国公路建设项目投资的最高限额是指( )。
   A. 项目建议书投资估算   B. 工程可行性研究报告投资估算
   C. 初步设计概算   D. 施工图预算

6. 我国公路工程必须编制修正概算的是( )。
   A. 初步设计   B. 技术设计
   C. 施工图设计   D. 施工超支

7. 以下( )选项不属于政府投资公路建设项目的实施步骤。
   A. 项目建议书   B. 项目申请报告
   C. 工程可行性报告   D. 项目施工许可

8. 下列说法有误的是( )。
   A. 设计概算的编制、审查、审批、备案应符合交通运输部发布的现行《公路工程建设项目概算预算编制办法》《公路工程概算定额》《公路工程预算定额》《公路工程机械台班费用定额》和各省(区、市)交通运输主管部门有关补充计价依据的规定
   B. 经批准的概算是基本建设项目投资的最高限额,设计概算的静态投资部分不得超过经审批或者核准的投资估算的静态投资部分的110%
   C. 因设计方案改变增加建设内容、扩大建设规模、提高建设标准等造成超概算的,可随时调整设计概算
   D. 由于地质条件发生重大变化、设计方案变更等因素造成的设计概算调整,实际投资调增幅度超过静态投资估算10%的,应当报项目可行性研究报告审批或者核准部门调整投资估算后,再由原初步设计审批部门审查调整设计概算

Ⅱ. 多项选择题

1. 下列属于实施阶段的造价文件的有( )。
   A. 造价管理台账   B. 计量与支付文件
   C. 工程变更费用文件   D. 施工图预算文件

2. 关于公路设计交通量的预测,以下叙述正确的有( )。
   A. 高速公路和一级公路设计交通量一般按20年预测
   B. 二级公路设计交通量一般按15年预测
   C. 三级公路设计交通量按10年预测
   D. 四级公路可根据实际情况确定

3. 以下关于公路工程设计,叙述正确的有( )。
   A. 初步设计文件一经主管部门批准,其预算就是建设项目投资的最高限额,不得随意突破

B. 技术设计文件一经批准,其修正概算就是建设项目投资的最高限额,不得随意突破

C. 技术设计,是根据批准的初步设计和初测与定测资料来进行编制的

D. 施工图设计是建设项目的最后设计阶段

4. 公路工程标准体系是公路工程建设、管理、养护、运营相关标准按其内在联系形成的科学有机整体,造价标准体系运用在公路管理和( )板块。

A. 公路建设　　B. 公路通用　　C. 公路养护　　D. 公路运营

5. 根据交通运输部颁发的《公路工程造价管理暂行办法》,公路工程造价监督检查的内容包括( )。

A. 交通运输部颁发的公路工程造价定额、规范

B. 各阶段造价文件编制、审查、审批、备案以及对批复意见的落实情况

C. 设计变更原因及费用变更情况

D. 从事公路工程造价活动的单位和人员的信用情况

本章习题答案及解析

Ⅰ. 单项选择题

1. **答案:C**

【解析】 对于技术复杂、基础资料缺乏或不足的建设项目,或建设项目中的特殊大型桥梁、隧道、互通式立体交叉等部分工程,必要时可采用三阶段设计。即在初步设计和施工图设计之间,增加一个设计阶段,称为技术设计。技术设计是根据批准的初步设计和初测与定测资料来进行编制的。

2. **答案:C**

【解析】 根据《公路工程技术标准》(JTG B01—2014),公路根据使用任务、功能和适应的交通量分为高速公路、一级公路、二级公路、三级公路、四级公路五个等级。

3. **答案:B**

【解析】 公路工程一阶段设计是以批准的可行性研究报告为依据,详测后做施工图设计。

4. **答案:C**

【解析】 在初步设计和施工图设计之间,增加一个设计阶段,称为技术设计,其是根据批准的初步设计和初测与定测资料来进行编制的。

5. **答案:C**

【解析】 初步设计文件一经主管部门批准,其概算就是建设项目投资的最高限额,不得随意突破。

6. **答案:B**

【解析】 根据有关文件规定,三阶段技术设计必须编制修正概算。

7. **答案:B**

【解析】 本题为2022年考题。政府投资公路建设项目的实施基本程序是:编制项目建议书、可行性研究报告、初步设计文件、施工图设计文件;组织项目招标;申报施工许可;组织

项目实施；编制竣工图表、工程决算和竣工财务决算，办理项目交、竣工验收和财产移交手续；竣工验收和组织项目后评价。

8. 答案：C

【解析】 未经批准擅自增加建设内容、扩大建设规模、提高建设标准、改变设计方案等造成超概算的，不予调整设计概算。

Ⅱ. 多项选择题

1. 答案：ABC

【解析】 D选项(施工图预算文件)属于前期阶段造价文件。

公路建设工程各阶段的造价文件如下：①前期阶段，项目建议书(投资估算文件)、工程可行性研究(投资估算文件)、设计阶段(设计概算、施工图预算)；②实施阶段，招标阶段[招(投)标工程量清单、工程量清单预算文件]、施工阶段(合同工程量清单、计量与支付文件、工程变更费用文件、造价管理台账)；③竣工(交)阶段，工程结算文件、竣工决算文件、造价执行情况报告。

2. 答案：ABD

【解析】 公路设计交通量预测规定：高速公路和一级公路设计交通量一般按20年预测；二级、三级公路设计交通量一般按15年预测；四级公路可根据实际情况确定。

3. 答案：BCD

【解析】 初步设计文件一经主管部门批准，对应的工程概算就是建设项目投资的最高限额，不得随意突破。

4. 答案：ACD

【解析】 公路工程标准体系是公路工程建设、管理、养护、运营相关标准按其内在联系形成的科学有机整体。其体系结构分为三层，第一层为板块，第二层为模块，第三层为标准，公路造价标准体系运用在公路建设、公路管理、公路养护、公路运营板块。

5. 答案：BCD

【解析】 根据交通运输部颁发的《公路工程造价管理暂行办法》，交通运输主管部门应当按照职责权限加强对公路工程造价活动进行监督检查，检查主要内容有：①相关单位对公路工程造价管理法律、法规、规章、制度以及公路工程造价依据的执行情况；②各阶段造价文件编制、审查、审批、备案以及对批复意见的落实情况；③建设单位工程造价管理台账和计量支付制度的建立与执行、造价全过程与控制；④设计变更原因及费用变更情况；⑤建设单位对项目造价信息的收集、分析及报送情况；⑥从事公路工程造价活动的单位和人员的信用情况；⑦其他相关事项。

第二章 工程地质、水文与气象

一、考纲要求

（一）工程地质

1. 岩土的工程地质性质。
2. 岩土的分类。
3. 地下水的类型与特征。
4. 常见工程地质问题及其处理方法。
5. 工程地质对工程建设的影响。

（二）工程水文

1. 工程水文。
2. 水文条件对工程建设的影响。

（三）工程气象

1. 工程气象。
2. 气象条件对工程建设的影响。

二、本章知识架构

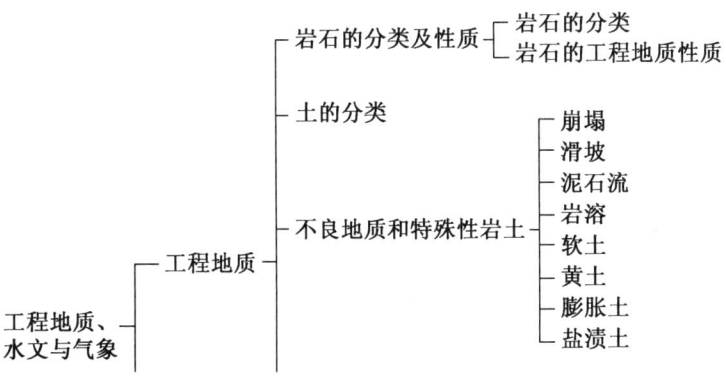

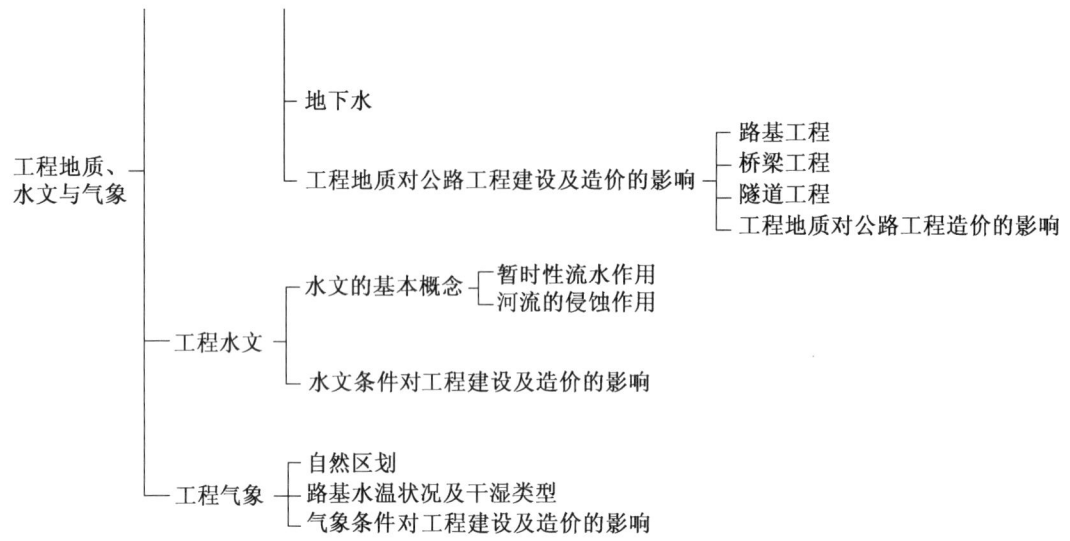

三、题型详解

（一）工程地质

例 题 解 析

1. 根据成因的不同，岩石可分为岩浆岩、沉积岩和（　　）三大类。
 A. 变质岩　　　　B. 花岗岩　　　　C. 石灰岩　　　　D. 复矿岩

答案：A

【解析】　本题为2021年考题，考查的是自然界的岩石按成因可分为岩浆岩、沉积岩和变质岩三大类。

2. 下列性质不属于岩石的水理性质的是（　　）。
 A. 吸水性　　　　B. 膨胀性　　　　C. 溶解性　　　　D. 抗冻性

答案：B

【解析】　本题为2022年考题，岩石的工程地质性质包括物理性质、水理性质和力学性质三个主要方面。岩石的水理性质包括吸水性、透水性、溶解性、软化性和抗冻性。

3. 岩石的工程地质性质，主要指岩石的物理性质和（　　）、水理性质。
 A. 力学性质　　B. 化学性质　　C. 岩土性质　　D. 结构性质

答案：A

【解析】　本题为2022年考题，岩石的工程地质性质包括物理性质、水理性质和力学性质三个主要方面。

4. 下列岩石中，属于沉积岩的是（　　）。

A.片岩 B.石灰岩 C.花岗岩 D.石英岩

答案:B

【解析】 本题为2023年考题,沉积岩的主要特征是具有层理构造。工程中常见的沉积岩有砂岩、粉砂岩、泥岩、页岩、石灰岩、白云岩、泥灰岩、砾岩、角砾岩、盐岩、石膏、煤等。

5.根据土的分类,粒径大于200mm的土属于( )。

A.碎石土 B.漂石土 C.砾类土 D.卵石土

答案:B

【解析】 本题为2019年考题,考查的是土的分类。漂石土粒径大于200mm。

6.黄土最主要的特性是( )。

A.膨胀性 B.收缩性 C.流变性 D.湿陷性

答案:D

【解析】 本题为2019年考题,考查的是黄土的特性,湿陷性是黄土的特征。

7.激发较大范围内瞬间出现大量滑坡的重要因素是( )。

A.岩石风化 B.暴雨 C.人工挖掘 D.地震

答案:D

【解析】 本题为2019年考题,考查影响滑坡的因素。其中只有地震能造成在较大范围内瞬间出现大量滑坡。

8.根据岩石矿物组成,属于软岩的是( )。

A.石灰岩 B.岩浆岩
C.沉积岩中硅质岩 D.沉积岩中黏土岩

答案:D

【解析】 本题为2020年考题,从岩石矿物组成来看,岩浆岩的全部,沉积岩中的硅质、铁质及钙质胶结的碎屑岩、石灰岩、白云岩,变质岩中的石英岩、片麻岩、大理岩等都属于硬岩。属于软岩的有沉积岩中黏土岩及黏土含量高的碎屑岩、化学沉积岩,变质岩中的千枚岩、片岩等。

9.软土具有高孔隙性、高含水率、高压缩性、( )强度低且触变性和流变性等特性。

A.低透水性 B.高抗剪性 C.高渗透性 D.固结迅速

答案:A

【解析】 本题为2020年考题,考查软土的特性。软土具有孔隙比大(一般大于1.0,高的可达5.8)、含水率高(最大可达300%)、透水性小和固结缓慢、压缩性高、强度低且具有触变性、流变性等的工程性质特点。

10.岩石的物理特性不包括( )。

A.密度 B.孔隙率 C.相对密度 D.抗压强度

答案:D

【解析】 本题为2020年考题,岩石的物理性质包括密度、相对密度和孔隙率等,抗压强度是岩石的力学性质。

11.根据粒组划分界限及范围,粒径3mm的属于( )。

A.中砂 B.细砾 C.中砾 D.细砂

答案:B

【解析】 本题为2020年考题,考查《公路土工试验规程》(JTG 3430—2020)中土的粒组划分,见下图。

	200		60		20	5		2		0.5	0.25	0.075		0.002(mm)
巨粒组				粗粒组									细粒组	
漂石(块石)		卵石(小块石)		砾(角砾)				砂				粉粒		黏粒
				粗	中	细		粗	中	细				

12. 下列地下水中,不属于裂隙水的是( )。
   A. 风化裂隙水   B. 岩溶裂隙水   C. 构造裂隙水   D. 成岩裂隙水

答案:B

【解析】 本题为2021年考题,裂隙水可分为风化裂隙水、成岩裂隙水和构造裂隙水3种类型。

13. 评定岩石稳定性的重要指标有抗剪强度和( )。
   A. 抗压强度   B. 抗拉强度   C. 抗切强度   D. 抗扭强度

答案:A

【解析】 本题为2021年考题,岩石的抗剪强度和抗压强度是评价岩石稳定性的重要指标。

14. 地表下第一个连续隔水层之上的含水层中具有自由水面的水,称为( )。
   A. 潜水   B. 承压水   C. 岩溶水   D. 上层滞水

答案:A

【解析】 本题为2023年考题,地表下面第一个连续隔水层之上的含水层中具有自由水面的水,称为潜水。

15. 根据土的颗粒组成特征、塑性指标和有机质含量,属于粗粒土的是( )。
   A. 砂类土   B. 粉质土   C. 黏质土   D. 有机质土

答案:A

【解析】 本题为2023年考题。根据《公路土工试验规程》(JTG 3430—2020),我国公路用土依据土的颗粒组成特征、土的塑性指标和土中含有机质含量的情况,分为巨粒土、粗粒土、细粒土和特殊土4类。其中巨粒土分为漂石土和卵石土;粗粒土分为砾类土和砂类土;细粒土分为粉质土、黏质土和有机质土;特殊土分为黄土、膨胀土、红黏土、盐渍土、冻土和软土。

16. 属于软土工程地质特性的是( )。
   A. 天然含水率小于液限   B. 天然孔隙比小于1.0
   C. 压缩系数大于$0.5MPa^{-1}$ D. 标准贯入试验击数小于5击

答案:C

【解析】 本题为2023年考题。具有以下工程地质特性的土,应判定为软土。(1)天然含水率大于或等于液限。(2)天然孔隙比大于或等于1.0。(3)压缩系数大于$0.5MPa^{-1}$。(4)标准贯入试验锤击数 N 小于3击。(5)静力触探比贯入阻力 P 小于或等于50kPa。(6)十字板抗剪强度 cu 小于35kPa。

本节习题

Ⅰ.单项选择题

1. 岩浆岩的(　　)是识别和确定岩浆岩类型的重要依据。
   A. 结构和构造　　B. 结构和美观　　C. 色泽和结晶　　D. 片理和构造

2. 以下关于岩石的叙述,错误的是(　　)。
   A. 岩石是由一种或多种矿物以一定规律组成的自然集合体
   B. 岩浆岩的特点是由于具有片理构造,岩石具有强烈的方向性或各向异性。
   C. 岩石的抗压强度最高,抗剪强度居中,抗拉强度最小。
   D. 沉积岩的主要特征是具有层理构造。

3. 以下关于岩石的叙述,正确的是(　　)。
   A. 抗压强度和抗拉强度是评价岩石稳定性的重要指标
   B. 石灰岩和砂岩,当黏土类矿物的含量大于30%时,就会直接降低岩石的强度和稳定性
   C. 岩石的物理性质包括密度、相对密度、孔隙率、吸水性等
   D. 从岩石矿物组成来看,变质岩中的石英岩、片麻岩、大理岩属于硬岩

4. 矿物的成分、性质及其在各种因素影响下的变化,都会对岩石的强度和(　　)发生影响。
   A. 密度　　　　B. 湿度　　　　C. 抗压性　　　　D. 稳定性

5. 地表面分布最广的一种岩石是(　　)。
   A. 岩浆岩　　　B. 沉积岩　　　C. 变质岩　　　D. 花岗岩

6. 岩石的(　　)和抗压强度是评价岩石稳定性的重要指标。
   A. 抗剪强度　　B. 抗拉强度　　C. 软化性　　　D. 抗冻性

7. 以下哪种粒径的土属于粉质土(　　)。
   A. $d = 0.06$mm　B. $d = 0.15$mm　C. $d = 0.45$mm　D. $d = 1.25$mm

8. 根据《公路土工试验规程》(JTG 3430—2020),不属于特殊土的是(　　)。
   A. 黄土　　　　B. 冻土　　　　C. 黏质土　　　　D. 红黏土

9. 以下关于特殊性土的叙述,错误的是(　　)。
   A. 土体中易溶盐含量大于0.5%,且具有吸湿、松胀等特性的土称为盐渍土
   B. 膨胀土的胀缩性指标有自由膨胀率、膨胀率和线缩率
   C. 黄土的颗粒组成以黏土颗粒为主,含量占60%～70%
   D. 软土是一类土的总称,并非指某一种特定的土

10. 软土可根据天然孔隙比和有机质含量进行分类,天然孔隙比 $e = 2.0$、有机质含量为6%的土属于(　　)。
    A. 淤泥质土　　B. 泥炭　　　　C. 淤泥　　　　D. 泥炭质土

11. 气候、覆盖层、植被和地形是影响岩溶发育的地理因素,其中(　　)因素对岩溶影响

最为显著。

　　A. 气候　　　　B. 覆盖层　　　　C. 植被　　　　D. 地形

12. 以下关于工程地质的叙述,错误的是( )。

　　A. 泥石流主要通过堵塞、淤埋、冲刷和撞击等方式对路基、桥涵及其附属构造物产生直接危害

　　B. 水对斜坡土石的作用,是形成滑坡的重要条件

　　C. 岩溶即岩溶作用及其所产生的一切岩溶现象的总称,也称喀斯特

　　D. 斜坡高(高度大于30m)、陡(坡度大于55°)是形成滑坡的必要条件

13. 膨胀土遇水后膨胀,是因为膨胀土中含有较多的( )。

　　A. 蒙脱石　　　B. 高岭石　　　C. 白云石　　　D. 长石

14. 我国公路用土依据土的颗粒特征、塑性指标、有机质含量的情况分成下列四类,其中黄土属于( )。

　　A. 特殊土　　　B. 细粒土　　　C. 粗粒土　　　D. 巨粒土

15. ( )是激发滑坡的重要因素,或造成较大范围内瞬间出现大量滑坡。

　　A. 地震　　　　B. 侵蚀　　　　C. 堆积　　　　D. 流沙

16. 盐渍土的强度与土的含水率关系密切,( )时,土的强度就较高。

　　A. 含水率较高且含盐率较高　　　B. 含水率较低且含盐率较高

　　C. 含水率较低且含盐率较低　　　D. 含水率较高且含盐率较低

17. 黄土的( )是黄土地区浸水后产生大量沉陷的重要原因。

　　A. 湿陷性　　　B. 崩解性　　　C. 潜蚀性　　　D. 易冲刷性

18. 以下关于工程地质的叙述,错误的是( )。

　　A. 影响岩溶发育的地理因素有气候、覆盖层、植被和地形等,其中气候因素对岩溶影响最为显著

　　B. 泥石流的形成和发展,与流域的地质、地形和水文气象条件有密切的关系

　　C. 滑坡的发生是斜坡岩(土)体平衡条件遭到破坏的结果

　　D. 一般认为盐渍土的硫酸盐含量在5%以内时,膨胀带来的危害性较小,高于这个含量则膨胀量迅速增加

19. 隧道选线无法避开断层时,应尽可能使隧道轴线与断层走向( )。

　　A. 方向大些　　B. 方向相反　　C. 交角大些　　D. 交角小些

20. 以下关于工程地质的叙述,错误的是( )。

　　A. 路基所出现的各种软化、变形和整体失稳一般称为路基病害

　　B. 在软、硬相间的情况下,隧道拱部应当尽量设置在软岩中

　　C. 围岩分级是可以作为选择施工方法的依据

　　D. 岩质边坡的破坏失稳与岩体中发育的各种结构面有很大关系

21. 一般情况下,应当避免将隧道设置在( )。

　　A. 褶曲翼部　　B. 褶曲的轴部　　C. 横穿褶曲轴　　D. 横穿褶曲向斜

22. 以下关于工程地质对公路工程建设影响的叙述,错误的是( )。

　　A. 影响桥位选择的因素有路线走向、河道宽窄、水文地质条件

B. 山区公路坡积层内发生的滑坡是常见的边坡病害

C. 围岩分级有利于给出衬砌结构的类型及尺寸

D. 桥位应选择在岸坡稳定、地基条件良好、无不良地质现象的地段,应尽可能避开大断裂带

23. 在有褶皱构造的地区进行隧道工程设计,选线的基本原则是( )。
   A. 尽可能沿褶曲构造的轴部   B. 尽可能沿褶曲构造的翼部
   C. 尽可能沿褶曲构造的向斜轴部   D. 尽可能沿褶曲构造的背斜核部

24. 以下关于工程地质对公路工程建设及造价影响的叙述,错误的是( )。
   A. 选择工程地质条件有利的路线,对工程造价起着决定作用
   B. 桥墩台地基稳定性主要取决墩台地基中岩土体承载力的大小
   C. 应尽可能避免将隧道位置选在褶曲翼部或横穿褶曲轴
   D. 当隧道轴线顺岩层走向通过时,倾向洞内的一侧岩层易发生顺层坍滑,边墙承受偏压

25. 不受气候影响的地下水是( )。
   A. 上层滞水   B. 潜水   C. 承压水   D. 裂隙水

26. 以下关于地下水的说法错误的是( )。
   A. 在寒冷的北方地区,上层滞水易引起道路的冻胀和翻浆
   B. 潜水通过包气带与地表发生联系,不受气候、水文的影响,因此潜水的动态变化稳定
   C. 风化裂隙水常常是边坡失稳和浅层滑坡形成的重要原因
   D. 岩溶水可以是潜水,也可以是承压水

27. 上层滞水的主要补给来源是( )。
   A. 大气降水   B. 潜水   C. 承压水   D. 地表水

28. 某岩石的抗压强度为200MPa,则其抗剪强度和抗拉强度可能约为( )。
   A. 100MPa和400MPa   B. 60MPa和20MPa
   C. 300MPa和100MPa   D. 50MPa和100MPa

29. 某竣工验收合格的道路工程,经历长期大暴雨天气后两岸坡体出现了很长的纵向裂缝,局部地面下沉,该地区土层可能为( )。
   A. 红黏土   B. 软岩   C. 砂土   D. 湿陷性黄土

30. 道路选线难以避开地质缺陷,但尽可能使路线( )。
   A. 处于顺向坡上方   B. 处于顺向坡下方
   C. 与岩层面走向接近正交   D. 与岩层面走向接近平行

31. 路基不均匀变形是常见的路基病害,冰冻地区路基冻胀翻浆变形的原因是( )。
   A. 路基沉陷   B. 路基鼓胀
   C. 路基顶部水分集中与冻融变化   D. 路基施工碾压不够

32. 影响桥位选择的因素有路线走向、水文地质条件与( )。
   A. 线路景观条件   B. 工程地质条件
   C. 河流水文特征   D. 政治经济因素

33. 从河流的情况来看,最理想的桥位应选择在水流集中、河床稳定、河道顺直、坡降均匀、河谷较窄的地段,以下桥梁与河流关系的说法最准确的是( )。
   A. 桥梁的方向与河流方向一致
   B. 桥梁的方向与河流方向交叉
   C. 桥梁的轴线与河流方向垂直
   D. 桥梁的轴线与河流方向平行

34. 对路基稳定最不利的是( )。
   A. 岩层倾角小于坡面倾角的逆向坡
   B. 岩层倾角大于坡面倾角的逆向坡
   C. 岩层倾角小于坡面倾角的顺向坡
   D. 岩层倾角大于坡面倾角的顺向坡

35. 应避免因工程地质勘察不详而引起工程造价增加的情况是( )。
   A. 地质对结构选型的影响
   B. 地基对基础选型的影响
   C. 设计阶段发现特殊不良地质条件
   D. 施工阶段发现特殊不良地质条件

36. 以下不属于地下水中的岩溶水特征的是( )。
   A. 岩溶水空间分布极不均匀
   B. 主要集中于岩溶管道或暗河系统中
   C. 水量在时间上变化大
   D. 水的矿化度高

Ⅱ. 多项选择题

1. 以下关于岩石说法正确的有( )。
   A. 岩石单轴饱和抗压强度 R_c 为 50MPa 的属坚硬岩
   B. 变质岩的特点是岩石具有强烈的方向性或各向异性
   C. 工程中常见的岩浆岩有花岗岩、辉绿岩、玄武岩、安山岩、石灰岩、白云岩等
   D. 沉积岩主要特征是具有层理构造

2. 从岩石矿物组成来看,以下岩石中属于软岩的有( )。
   A. 石灰岩
   B. 大理岩
   C. 化学沉积岩
   D. 片岩

3. 以下哪些属于岩石的水理性质( )。
   A. 抗冻性　　B. 孔隙率　　C. 软化性　　D. 透水性

4. 我国公路工程用土的分类依据有( )。
   A. 土的颗粒组成特征
   B. 土的成因
   C. 土中有机质含量
   D. 土的塑性指标

5. 以下哪些属于特殊性土( )。
   A. 膨胀土　　B. 盐渍土　　C. 有机质土　　D. 黏质土

6. 按照固体物质组成分类,泥石流可以分为( )几类。
   A. 泥流　　B. 稀性泥石流　　C. 水石流　　D. 黏性泥石流

7. 以下关于不良地质现象和特殊性土,说法正确的是( )。
   A. 滑坡的发生,是斜坡岩(土)体平衡条件遭到破坏的结果

B. 泥石流的堆积区一般位于流域的中、下游地段
C. 膨胀土是一种黏性土,具有明显的膨胀、收缩特性
D. 水对盐渍土的稳定性影响很大,盐渍土的水稳定性较高

8. 工程地质对公路工程造价的影响,以下说法正确的是( )。
   A. 工程地质勘察资料的准确性不会直接影响工程造价,后续可弥补
   B. 对特殊不良工程地质问题认识不足会导致工程造价增加
   C. 因在施工期间才发现特殊不良地质的现象,会导致工程投资大幅增加
   D. 软岩大变形会导致隧道后期的长期变形问题,造成工程损失,加大工程建设费用

9. 以下关于桥梁工程建设说法中正确的是( )。
   A. 当桥梁为静定结构时,由于各桥孔是独立的,相互之间没有联系,对工程地质条件的适应范围较广
   B. 地基承载力的确定取决于岩土体的力学性质及水文地质条件,应通过室内试验和原位测试综合判定
   C. 桥梁工程地质勘察一般应包括两项内容,首先应对各比较方案进行调查后选择地质条件比较好的桥位;然后再对选定的桥位进行详细的工程地质勘察
   D. 从河流的情况来看,最理想的桥位应选择在水流集中、河床稳定、河道顺直、坡降均匀、河谷较窄的地段,桥梁的轴线与河流方向平行

10. 以下关于工程地质的叙述,正确的是( )。
    A. 风化作用能促使岩石的结构、构造和整体性遭到破坏,孔隙度增大,密度减小,吸水性和透水性显著增高,强度和稳定性大为降低
    B. 隧道位置与地质构造的关系密切,穿越水平岩层的隧道,应选择在岩性坚硬、完整的岩层中,如石灰岩或砂岩
    C. 天然状态下,膨胀土的剪切强度、弹性模量都比较低
    D. 泥石流的发育,具有一定的间歇性,一般多发生在较长的干旱年头之前,出现集中而强度较大的暴雨年份

11. 按成因,岩石可分为( )三大类。
    A. 岩浆岩   B. 变质岩   C. 沉积岩   D. 大理岩

12. 工程中常见的沉积岩有( )。
    A. 花岗岩   B. 砂岩   C. 白云岩   D. 石灰岩

13. 岩石的变形在弹性变形范围内用( )指标表示。
    A. 抗压强度   B. 泊松比   C. 弹性模量   D. 抗剪强度

14. 根据《公路土工试验规程》(JTG 3430—2020)规定,依据土的颗粒组成特征、土的塑性指标和土中有机质含量的情况,将土分为( )。
    A. 巨粒土   B. 粗粒土   C. 中粒土   D. 细粒土

15. 不同成因的软土都具有近似相同的共性,主要表现为( )。
    A. 透水性大   B. 压缩性高   C. 抗剪强度低   D. 流变性显著

16. 以下哪些属于膨胀岩土工程特性指标试验( )。
    A. 剪切试验   B. 收缩系数试验   C. 压缩试验   D. 自由膨胀率试验

17. 滑坡按照滑坡体的主要物质组成分类,正确的是( )。
    A. 堆积层滑坡　　　B. 黄土滑坡　　　C. 切层滑坡　　　D. 黏土滑坡

18. 以下关于路基工程建设的说法中,正确的是( )。
    A. 路基病害常与特殊的工程地质条件有关,其实质是路基工程地质问题
    B. 边坡整体失稳是指边坡的整体塌滑或滑坡
    C. 一般来看,顺倾向岸坡地形较缓,但整体稳定性较好;反倾向坡地形陡峭,但整体稳定性较差
    D. 在盐渍土和膨胀土分布地区的路基则出现冻胀翻浆

19. 地下水按埋藏条件可分为( )。
    A. 潜水　　　　　B. 裂隙水　　　　C. 承压水　　　　D. 孔隙水

20. 岩溶发育的基本条件包括( )。
    A. 具有明显的膨胀、收缩特性
    B. 具有可溶性的岩层
    C. 具有溶解能力(含 CO_2)和足够流量的水
    D. 具有地表水下渗和地下水流动的途径

21. 关于泥石流形成的基本条件,正确的有( )。
    A. 流域中有丰富的固体物质来源
    B. 有陡峭的地形和较大的沟床纵坡
    C. 流域的下游有宽缓的可供堆积的斜坡
    D. 流域的中、上游有暴雨或冰雪强烈消融等形成的充沛水源
    E. 人类活动的影响,如在山区建设中滥伐山林,使山坡失去保护

本节习题答案及解析

Ⅰ. 单项选择题

1. 答案:A
【解析】 岩浆岩的结构和构造是识别和确定岩浆岩类型的重要依据。《公路工程地质勘察规范》(JTG C20—2011)要求应对岩浆岩的矿物结晶颗粒大小和结晶程度进行描述,这反映了岩浆岩结构特征对岩石工程性质影响的重要性。

2. 答案:B
【解析】 本题 B 选项错误,岩浆岩的主要特点是无层理、产状复杂,其岩样则表现在结晶程度上;变质岩的特点是由于具有片理构造,岩石具有强烈的方向性或各向异性。

3. 答案:D
【解析】 本题考查的是岩石的工程地质性质。抗压强度和抗剪强度是评价岩石稳定性的重要指标,选项 A 错误;岩石的矿物成分对岩石的物理力学性质产生直接的影响,石灰岩和砂岩,当黏土类矿物的含量大于 20%时,就会直接降低岩石的强度和稳定性,选项 B 错误;选项 C 中的吸水性应属于岩石的水理性质,选项 C 错误。选项 D 表述正确。

4. 答案:D

【解析】 强调岩石的强度和稳定性。矿物的成分、性质及其在各种因素影响下的变化,都会对岩石的强度和稳定性产生影响。

5. 答案:B

【解析】 沉积岩是地表面分布最广的一种岩石。

6. 答案:A

【解析】 岩石的抗压强度最高,抗剪强度居中,抗拉强度最小。岩石的抗剪强度和抗压强度是评价岩石稳定性的重要指标。

7. 答案:A

【解析】 粉质土属细粒土,粒径范围为 $0.002\text{mm} < d \leqslant 0.075\text{mm}$,因此选项 A 正确,其余选项都为粗粒土中的砂类土。

8. 答案:C

【解析】 黏质土属细粒土。特殊土主要有黄土、膨胀土、红黏土、盐渍土、冻土和软土。

9. 答案:C

【解析】 黄土的颗粒组成以粉土颗粒(粒径为 $0.005 \sim 0.075\text{mm}$)为主,含量占 $60\% \sim 70\%$。因此选项 C 错误。

10. 答案:C

【解析】 本题考查软土的分类。按天然孔隙比和有机质含量分类,软土可分为淤泥质土、淤泥、泥炭质土、泥炭四类。其中,淤泥质土:$1 < e < 1.5$,有机质含量为 $3\% \sim 10\%$;淤泥:$e > 1.5$,有机质含量为 $3\% \sim 10\%$;泥炭质土:$e > 3$,有机质含量为 $10\% \sim 60\%$。天然孔隙比 $e = 2.0$,有机质含量为 6% 的土属于淤泥。

11. 答案:A

【解析】 影响岩溶发育的地理因素中气候因素对岩溶影响最为显著。

12. 答案:D

【解析】 本题考查工程不良地质的内容。斜坡高、陡是形成崩塌的必要条件,调查表明,规模较大的崩塌一般多发生在高度大于30m、坡度大于55°的陡峻斜坡上。

13. 答案:A

【解析】 蒙脱石具有强烈的亲水性,吸收水分后强烈膨胀,失水后收缩。

14. 答案:A

【解析】 黄土、膨胀土、红黏土、盐渍土、冻土以及软土都属于特殊土。

15. 答案:A

【解析】 影响滑坡的因素有:土层的岩性、土体和岩石的构造、水对斜坡土石的作用和地震,地震是激发滑坡的重要因素。

16. 答案:B

【解析】 盐渍土的强度与土的含水率关系密切,含水率较低且含盐率较高时,土的强度就较高,反之较低。

17. 答案:A

【解析】 黄土湿陷性是指天然黄土在自重压力或自重压力与附加压力作用下,受水侵蚀后,土的结构迅速破坏,发生显著的湿陷变形的性质。

18. 答案：D

【解析】 一般认为盐渍土的硫酸盐含量在2%以内时，膨胀带来的危害性较小，高于这个含量则膨胀量迅速增加。

19. 答案：C

【解析】 隧道轴线与断层走向方向一致和方向相反实质都是平行关系，这是最不利的，应该垂直相交；无法垂直的情况下尽量扩大交角（接近垂直），交角小即接近平行。

20. 答案：B

【解析】 在软、硬相间的情况下，隧道拱部应当尽量设置在硬岩中，设置在软岩中有可能发生坍塌。

21. 答案：B

【解析】 应当避免将隧道设置在褶曲的轴部，该处岩层弯曲、节理发育、地下水常常由此渗入地下，容易诱发塌方。

22. 答案：A

【解析】 影响桥位选择的因素有路线走向、水文地质条件与工程地质条件，工程地质条件是评价桥位好坏的重要指标之一。

23. 答案：B

【解析】 本题考查的是褶皱构造中轴部和翼部的工程地质特性。在褶皱构造中轴部（无论是向斜轴部还是背斜轴部）弯曲变形大岩层较破碎，而在翼部变形较小、岩层破碎不显著，遇到的工程地质问题相对较轻。

24. 答案：C

【解析】 通常尽量将隧道位置选在褶曲翼部或横穿褶曲轴，垂直穿越背斜的隧道，其两端的拱顶压力大，中部岩层压力小；隧道横穿向斜时，情况则相反，因此选项C错误。

25. 答案：C

【解析】 承压水是充满于两个隔水层之间的含水层中的地下水。因有隔水顶板存在，所以与大气不相通，故不受气候影响。

26. 答案：B

【解析】 潜水含水层直接与包气带相接，所以潜水在其分布范围内，都可以通过包气带接受大气降水、地表水或凝结水的补给。潜水受气象、水文因素的影响，承压水的动态有明显的季节变化。

27. 答案：A

【解析】 上层滞水接近地表，接受大气降水的补给。

28. 答案：B

【解析】 岩石的抗压强度最高，抗剪强度居中，抗拉强度最小，由此可排除其他答案。

29. 答案：D

【解析】 黄土湿陷性是指天然黄土在自重压力，或自重压力与附加压力作用下，受水侵蚀后，土的结构迅速破坏，发生显著的湿陷变形性质。使结构物大幅度沉降、开裂、倾斜，严重影响其安全和使用。该地区经历长期大暴雨天气后，就可能产生地面下沉，两岸出现与道路平行的裂缝，而红黏土不具有湿陷性。

30. 答案:C

【解析】 题中选项给出的顺向坡系指岩层倾向与边坡倾向一致的情况,道路选线应避开顺向坡,无论是顺向坡的上方还是下方都是不利的。选项 D 表述不够严谨,只指出道路路线与岩层面走向平行,并没有说明该岩层与边坡的倾向关系,如系逆向坡仍属有利条件,如系顺向坡当然不利。总体看来,还是选项 C 比较符合题意。因为接近正交就一穿而过,危险性减小。

31. 答案:C

【解析】 冰冻地区路基顶部水分集中与冻融变化是造成路基冻胀翻浆的原因。

32. 答案:B

【解析】 影响桥位选择的因素有路线走向、水文地质条件与工程地质条件。工程地质条件是评价桥位好坏的重要指标之一。

33. 答案:C

【解析】 从河流的情况来看,最理想的桥位选择是桥梁的轴线与河流方向垂直。

34. 答案:C

【解析】 本题考查的是岩层产状与道路边坡稳定性关系,对路基稳定最不利的情况是岩层倾向和道路边坡倾向一致即顺向坡,且岩层倾角小于边坡倾角时,此时岩层容易沿层面滑动,发生塌方堵塞道路。

35. 答案:D

【解析】 本题考查的是工程地质对工程造价的影响。其体现在三个方面:一是选择工程地质条件有利的路线,对工程造价起着决定作用;二是工程地质勘察资料的准确性直接影响工程造价;三是由于对特殊不良工程地质问题认识不足导致工程造价增加。通常,往往存在着因施工期间才发现特殊不良地质的现象,这对造价影响更为严重。

36. 答案:D

【解析】 本题为2023年考题。岩溶水具有以下基本特征和规律:与地表水的流域系统相似,岩溶含水层系统独立完整,空隙、裂隙、竖井、落水洞中水向支流管道汇集,支流管道向暗河集中;岩溶水空间分布极不均匀,主要集中于岩溶管道或暗河系统中,地表及地下岩溶现象不发育地区则严重缺水;岩溶管道和暗河中水流动迅速,运动规律与地表河流相似;水量在时间上变化大,受气候影响明显,雨季水量大,旱季明显减小;水的矿化度低,但易污染。总体来看,岩溶水虽属地下水,但许多特征与地表水相近,因埋藏于地下则比地表水更为复杂。

Ⅱ. 多项选择题

1. 答案:BD

【解析】 岩石单轴饱和抗压强度 R_c 大于60MPa的属坚硬岩,50MPa属较坚硬岩,因此选项 A 错误。石灰岩、白云岩属沉积岩,因此选项 C 错误。

2. 答案:CD

【解析】 属于硬岩的有岩浆岩的全部,沉积岩中的硅质、铁质及钙质胶结的碎屑岩、石灰岩、白云岩,变质岩中的石英岩、片麻岩、大理岩等;属于软岩的有沉积岩中的黏土岩及黏土含量高的碎屑岩、化学沉积岩,变质岩中的千枚岩、片岩等。因此选项 A 和选项 B 错误。

3. 答案：ACD

【解析】 岩石的水理性质包括吸水性、透水性、溶解性、软化性和抗冻性，而选项 B 中的孔隙率是属于岩石的物理性质。

4. 答案：ACD

【解析】 根据《公路土工试验规程》(JTG 3430—2020)，我国公路用土依据土的颗粒组成特征、土的塑性指标和土中有机质含量的情况，将土划分为四类，因此可排除选项 B。

5. 答案：AB

【解析】 特殊性土是指黄土、膨胀土、红黏土、盐渍土、冻土以及软土，而有机质土和黏质土属于细粒土，因此选项 C 和选项 D 错误。

6. 答案：AC

【解析】 本题主要考查泥石流的分类。按固体物质组成分类，泥石流可分为泥流、泥石流、水石流三种，而稀性泥石流和黏性泥石流是按照泥石流的流体性质来进行分类的，因此选项 B 和选项 D 错误。

7. 答案：AC

【解析】 本题可采用排除法，典型的泥石流流域一般可以分为形成、流通和堆积三个动态区，流通区一般位于流域的中、下游地段，而堆积区多在沟谷的出口处，选项 B 错误。选项 D 考查的是盐渍土的水稳定性，在潮湿的情况下，一般均表现为吸湿软化，其水稳定性较低。因此选项 A 和选项 C 正确。其考查的是滑坡和膨胀土的概念。

8. 答案：BCD

【解析】 工程地质勘察资料的准确性会直接影响工程造价，因此选项 A 错误。

9. 答案：ABC

【解析】 从河流的情况来看，最理想的桥位应选择在水流集中、河床稳定、河道顺直、坡降均匀、河谷较窄的地段，桥梁的轴线与河流方向垂直。因此选项 D 错误。

10. 答案：AB

【解析】 天然状态下，膨胀土的剪切强度、弹性模量都比较高，但遇水后强度降低，有的甚至接近饱和淤泥的强度，因此选项 C 错误。形成泥石流的三个基本条件之一是流域中有丰富的固体物质补给泥石流，因此泥石流一般多发生在较长的干旱年头之后，可积累大量固体物质，因此选项 D 错误。

11. 答案：ABC

【解析】 本题主要考查岩石的分类。按成因，岩石可分为岩浆岩、沉积岩和变质岩三大类。

12. 答案：BCD

【解析】 本题选项 A 花岗石是属于岩浆岩中常见的矿物。

13. 答案：BC

【解析】 岩石的变形指标指弹性模量、变形模量、泊松比三种，而抗压强度和抗剪强度属于岩石的强度指标，因此选项 A 和选项 D 错误。

14. 答案：ABD

【解析】 本题考查土的分类。根据《公路土工试验规程》(JTG 3430—2020)，我国公路用土依据土的颗粒组成特征、土的塑性指标和土中有机质含量的情况,可分为巨粒土、粗粒土、细粒土和特殊土四类。

15. 答案:BCD

【解析】 本题考查软土的工程性质。软土具有孔隙比大(一般大于1.0,高的可达5.8),含水率高(最大可达300%),透水性小和固结缓慢,压缩性高,抗剪强度低且具有触变性、流变性显著的工程性质特点。

16. 答案:BD

【解析】 本题考查的是膨胀土试验。膨胀岩土工程特性指标试验包括自由膨胀率及不同应力下的膨胀率、膨胀力、收缩系数试验,而剪切试验和压缩试验都是属于膨胀土的力学强度试验。

17. 答案:ABD

【解析】 本题主要考查滑坡的分类。按照滑坡体的主要物质组成分类,滑坡可分为堆积层滑坡、黄土滑坡、黏土滑坡、岩层滑坡四个类型,由此排除选项C。

18. 答案:AB

【解析】 一般来看,顺倾向岸坡地形较缓,但整体稳定性较差;反倾向坡地形陡峭,但整体稳定性较好,道路选线应避开顺向坡。在盐渍土和膨胀土分布地区的路基则会出现不均匀鼓胀变形,路基冻胀翻浆是冰冻地区路基顶部水分集中与冻融变化的结果。

19. 答案:AC

【解析】 本题考查的是范畴混淆。地下水有两种分类,按埋藏条件分为上层滞水、潜水和承压水。按含水层空隙性质分为孔隙水、裂隙水和岩溶水。

20. 答案:BCD

【解析】 具有明显的膨胀、收缩特性的是膨胀土。由此选项A错误。

21. 答案:ABD

【解析】 本题为2023年考题。形成泥石流有3个基本条件:(1)流域中有丰富的固体物质补给泥石流。(2)有陡峭的地形和较大的沟床纵坡。(3)流域的中、上游有暴雨或冰雪强烈消融等形成的充沛水源。

(二)工程水文

例 题 解 析

1.积雪、冰川融化不属于地表流水中的( )。

A.经常性流水　　B.暂时性流水　　C.间歇性流水　　D.季节性流水

答案:A

【解析】 本题为2019年考题,考查的是水文的基本概念。地表流水分为暂时性流水和经常性流水,而积雪、冰川融化属于暂时性流水。

2.山区河流河床纵坡大、流速大,纵流占主导地位,侵蚀以( )作用为主。

A.溶蚀　　　　B.机械侵蚀　　　C.下蚀　　　　D.侧蚀

答案:C

【解析】 本题为2019年考题,考查的是河流侵蚀作用。当纵坡大、流速大时,侵蚀作用主要是下蚀作用。

3.河流挟带泥、沙、砾石,并以自身的动能和溶解力对河床两岸的岩石进行侵蚀,使河谷加宽的作用称为( )。

  A.溶蚀   B.侧蚀   C.下蚀   D.磨蚀

答案:B

【解析】 本题为2020年考题,考查的是河流侵蚀作用。侧蚀和下蚀是河流侵蚀作用的两个密切联系方面。一般在河流的中下游、平原区或处于老年期的河流,以侧蚀作用为主;在河流的上游,以下蚀作用为主。

4.河流的( )常引起沿河、湖布设的公路路基发生水毁现象。

  A.水位变化和侧蚀作用   B.水位变化和下蚀作用
  C.山洪冲刷和侧蚀作用   D.山洪冲刷和下蚀作用

答案:A

【解析】 本题为2021年考题。路基边坡在雨水形成的坡面细流冲刷和下渗作用下,容易形成沟壑,甚至引起边坡滑塌。沿河、湖布设的公路,往往由于河流的水位变化及侧蚀作用,常使路基发生水毁现象,特别是在河湾凹岸地段最为显著,容易引发路基拥岸,造成经济损失。

5.我国黄土高原地区常呈现千沟万壑的地貌特点,形成这种地貌的主要水文原因是( )。

  A.坡面细流   B.山洪急流   C.河流下蚀   D.河流侧蚀

答案:B

【解析】 本题为2023年考题。山洪急流具有极强的侵蚀和搬运能力,并把冲刷下来的碎屑物质带到山麓平原或沟谷口堆积下来。我国黄土区是冲沟发育最为典型的地区。在黄土中冲沟发展迅速,常常把地面切割得千沟万壑。

6.路基水毁常发生的位置是( )。

  A.河湾   B.河湾凹岸   C.河流平直段   D.河流宽缓段

答案:B

【解析】 本题为2023年考题。路基边坡在雨水形成的坡面细流冲刷和下渗作用下,容易形成沟壑,甚至引起边坡滑塌。沿河、湖布设的公路,往往由于河流的水位变化及侧蚀作用,常使路基发生水毁现象,特别是在河湾凹岸地段最为显著,容易引发路基坍岸,造成经济损失。

本 节 习 题

Ⅰ.单项选择题

1.河流属于地表流水中的( )类。

  A.暂时流水   B.经常流水   C.季节性流水   D.间歇性流水

2.( )是河流侵蚀的主要方式,尤其是对山区河流的侵蚀。

  A.溶蚀   B.机械侵蚀   C.降水   D.山洪暴发

3. 一般在河流的中下游、平原区河流或处于老年期的河流,由于河湾增多,纵坡变小,流速降低,横向环流的作用相对增强,从这个意义上来说,以(　　)为主。
　　A. 侧蚀作用　　　　B. 下蚀作用　　　　C. 溯源侵蚀　　　　D. 溶蚀

4. 以下关于地表流水的叙述,错误的是(　　)。
　　A. 暂时性流水是一种季节性、间歇性流水,它主要以大气降水以及积雪、冰川融化为水源,所以一年中有时水量充沛,有时水量不足
　　B. 坡面细流的地质作用强度比较大,作用范围和作用时间相对较广
　　C. 侧蚀作用是指河流以挟带的泥、沙、砾石,并以自身的动能和溶解力对河床两岸的岩石进行侵蚀
　　D. 冲沟的发展是以溯(逆)源侵蚀的方式向上逐渐延伸扩展的,即由沟内某一部位向沟的上游侵蚀发展

5. 河水运动过程的(　　)作用,是促使河流产生侧蚀的经常性因素。
　　A. 纵向环流　　　　B. 横向环流　　　　C. 侧向环流　　　　D. 回旋环流

6. 河流的上游,因河床纵坡大、流速大、纵流占主导地位,所以侵蚀是以(　　)为主。
　　A. 下蚀作用　　　　B. 侧蚀作用　　　　C. 拓宽作用　　　　D. 冲击作用

7. 以下关于地表流水的叙述,错误的是(　　)。
　　A. 侵蚀基准面是指河流下蚀作用消失的平面
　　B. 冲沟的发展常使路基被冲毁、边坡坍塌,而我国黄土区是冲沟发育最为典型的地区
　　C. 地表流水是经常影响公路建设的一个条件
　　D. 坡面细流的地质作用常常把地面切割得千沟万壑

8. 桥梁设计时,(　　)的计算和布置,应以建桥前后桥位河段内水流和泥沙运动变化的客观规律为依据。
　　A. 桥长　　　　　　B. 桥高　　　　　　C. 孔径　　　　　　D. 孔数

Ⅱ. 多项选择题

1. 根据流水特征,暂时性流水可以分为(　　)。
　　A. 河流　　　　　　B. 山洪急流　　　　C. 经常流水　　　　D. 坡面细流

2. 以下关于工程水文的叙述,错误的是(　　)。
　　A. 坡面细流的侵蚀作用是边坡坡面冲刷的主要动因
　　B. 冲沟是指由冲刷作用形成的沟底狭窄、两壁陡峭的沟谷
　　C. 河流的下蚀作用强度只取决于河水的流速和流量
　　D. 溯源侵蚀是指河流的侵蚀过程总是从河源方向逐渐向河的下游发展的

3. 以下关于工程水文的叙述,正确的是(　　)。
　　A. 地表流水可分为暂时性流水和经常性流水两类
　　B. 河流的下蚀作用和侧蚀作用两者并不是独立存在,而是互相制约和互相影响的
　　C. 侵蚀基准面基本固定不变,流入主流的支流基本上以主流的水面为其侵蚀基准面,流入湖泊、海洋的河流则以湖面或海平面为其侵蚀基准面
　　D. 侧蚀作用是山区公路水毁的重要原因

4. 按照河床不断加深和拓宽的发展过程,河流的侵蚀作用可分为( )。
   A. 溶蚀　　　　　B. 下蚀作用　　　　C. 侧蚀作用　　　D. 机械侵蚀
5. 以下关于工程水文的叙述,正确的是( )。
   A. 河流的溶蚀作用在石灰岩、白云岩等可溶性岩类分布地区比较显著
   B. 在河流的上游,由于河床纵坡大、流速大、纵流占主导地位,一般以侧蚀作用为主
   C. 对于水力水文条件复杂的大桥,除必要的水力计算以外,还可借助水力模型试验,探求合理的桥孔设计方案
   D. 河流的下蚀作用指河水在流动过程中使河床逐渐下切加深的作用

本节习题答案及解析

Ⅰ. 单项选择题

1. 答案:B

   【解析】 地表流水分为暂时流水和经常流水两类,暂时流水如坡面细流和山洪急流。经常流水在一年中大部分时间流水不断,如河流。

2. 答案:B

   【解析】 机械侵蚀在河流的侵蚀作用中具有普遍意义,它是对山区河流的一种主要侵蚀方式。

3. 答案:A

   【解析】 本题考查河流侵蚀作用的特点。在河湾部分形成横向环流的现象最为显著。河水运动过程的横向环流作用,是促使河流产生侧蚀的经常性因素,一般在河流的中下游、平原区河流或处于老年期的河流,由于河湾增多、纵坡变小、流速降低,横向环流的作用相对增强,从这个意义上来说,以侧蚀作用为主。

4. 答案:B

   【解析】 本题考查水文的基本概念。坡面细流的地质作用强度比较小,但其作用范围和作用时间相对较广,对山区公路建设影响较为普遍。

5. 答案:B

   【解析】 河水过程的横向环流作用,是促使河流产生侧蚀的经常性因素。

6. 答案:A

   【解析】 河流的上游,因河床纵坡大、流速大、纵流占主导地位,从总体上来说,以下蚀作用为主。

7. 答案:D

   【解析】 山洪急流的地质作用在黄土中冲沟发展迅速,常常把地面切割得千沟万壑。

8. 答案:C

   【解析】 桥梁设计时,孔径的计算和布置,应以建桥前后桥位河段内水流和泥沙运动变化的客观规律为依据。

Ⅱ. 多项选择题

1. 答案:BD

【解析】 暂时性流水根据流水特征可以分为坡面细流和山洪急流两类。因此选项AC错误。

2. 答案：CD

【解析】 河流下蚀作用的强度不仅取决于河水的流速和流量，还与河床的岩性和地质构造有密切的关系，因此错误的选C。河流的侵蚀过程总是从河的下游逐渐向河源方向发展，这种溯源推进的侵蚀过程称为溯源侵蚀，也称为逆源侵蚀。因此错误的选项D。

3. 答案：ABD

【解析】 侵蚀基准面并不是固定不变的，由于构造运动的区域性和差异性，会引起水系侵蚀基准面发生变化。侵蚀基准面一经变动，则会引起相关水系的侵蚀和堆积过程发生重大的改变。因此选项C错误。

4. 答案：BC

【解析】 本题考查河流侵蚀作用的分类。按照河床不断加深和拓宽的发展过程，河流的侵蚀作用可分为下蚀作用和侧蚀作用。溶蚀和机械侵蚀是根据其作用的方式分类的。

5. 答案：ACD

【解析】 在河流的上游，由于河床纵坡大、流速大，纵流占主导地位。从总体上来说，以下蚀作用为主。因此选项B错误。

(三) 工程气象

例题解析

1. 下列不属于《公路自然区划标准》制定原则的是（　　）。
   A. 对工程建设影响的原则
   B. 道路工程特征相似的原则
   C. 地表气候区划差异性原则
   D. 自然气候因素既有综合又有主导作用的原则

   答案：A

   【解析】 本题为2020年考题，《公路自然区划标准》的制定主要以道路工程特征相似、地表气候区划差异性和自然气候因素既有综合又有主导作用为原则。

2. 公路高填方路基在较长时间的降雨、降雪等形成的地表积水渗透作用下，使路基中土体（　　），出现路基开裂、沉陷，甚至滑塌失稳。
   A. 颗粒增大，有效应力和摩擦力减小
   B. 颗粒减小，有效应力和摩擦力减小
   C. 孔隙水压力增大，强度和摩擦力减小
   D. 孔隙水压力增大，有效应力和摩擦力减小

   答案：D

   【解析】 本题为2020年考题，考查气象条件对路基施工的影响。公路高填方路基在较长时间的降雨、降雪等形成的地表积水渗透作用下，使路基中土体孔隙水压力增大，有效应力

和摩擦力减小,出现路基开裂、沉陷,甚至滑塌失稳。

3. 路基的水温状况是指(　　)变化对路基产生的共同影响。
   A. 冰冻与融沉　　B. 温差与湿度　　C. 温差与水量　　D. 温度与湿度

答案:D

【解析】　本题为2023年考题,考查路基水温状况及干湿类型。湿度与温度变化对路基产生的共同影响,称为路基的水温状况。

本 节 习 题

Ⅰ. 单项选择题

1. 路基湿度除了受水的影响之外,另一个重要因素是受(　　)的影响。
   A. 路基温度　　　B. 路面湿度　　　C. 当地大气温度　D. 当地降雨量

2. 北方在春融时期不利季节施工容易出现(　　)病害。
   A. 冲刷　　　　　B. 翻浆　　　　　C. 水毁　　　　　D. 冰冻

3. 南方施工的不利季节在雨季,容易出现(　　)病害。
   A. 冲刷和水毁　　B. 翻浆和冰冻　　C. 水毁和翻浆　　D. 冲刷和冰冻

4. 自然气候的变化是各种因素综合作用的结果,西北干旱区的道路冻害轻于东北潮湿区,说明是(　　)起主导作用。
   A. 水　　　　　　B. 热　　　　　　C. 温度　　　　　D. 干旱

5. 路面基层施工质量受混合料含水率的影响。某道路路面基层采用二灰碎石,碾压时混合料含水率必须控制在(　　)。
   A. 3%～4%　　　B. 4%～5%　　　C. 5%～6%　　　D. 6%～7%

6. 以下关于气象条件对路基施工影响的叙述,错误的是(　　)。
   A. 冻胀现象是指积聚的水冻结后体积增大,使路基隆起而造成面层开裂
   B. 路基施工过程中遇暴雨、连续降雨、降雪等,容易出现纵向裂纹和路基不均匀下沉
   C. 渗透性较高的砂类土易发生冻胀与翻浆
   D. 季节性冰冻地区的路基在冬季冻结的过程中会在负温度差的影响下,极易出现湿度积聚现象

7. 某公路路面基层采用水泥稳定砂砾,碾压时对混合料含水率的控制要求及偏差分别为(　　)。
   A. 5%～6%、-0.5%～1.5%　　　　B. 4%～5%、-0.5%～1.5%
   C. 5%～6%、-1.5%～0.5%　　　　D. 4%～5%、-1.5%～0.5%

8. 气温过低会影响桥梁施工质量,所以保证钢筋混凝土桥梁正常施工的温度在(　　),合龙的温度宜选在一天中气温最低且稳定的时段内。
   A. 15℃左右　　　B. 3℃以上　　　C. 5℃以上　　　D. 10℃左右

9. 某一级公路采用沥青路面,碾压温度会影响沥青密实度,因此规定碾压时气温必须在(　　)。
   A. 3℃以上　　　　B. 5℃以上　　　C. 不得低于15℃　D. 不得低于10℃

10.在桥梁施工时期的连续阴雨和暴雨会严重威胁桥梁（　　）施工的质量和安全。

A.水下基础　　　　B.桥台浇筑　　　　C.主梁合龙　　　　D.桥面铺装

Ⅱ.多项选择题

1.为了区分各地自然区域的筑路特性,制定了《公路自然区划标准》(JTJ 003—86),该区划是根据（　　）制定的。

A.道路工程特征相似的原则

B.地表气候区划差异性原则

C.自然气候因素既有综合又有主导作用的原则

D.自然气候因素相对一致的原则

2.以下关于工程气象的叙述,正确的是（　　）。

A.并不是在季节性冰冻地区所有的道路都会产生冻胀与翻浆,对于粉质土和极细砂,就不易发生冻胀与翻浆

B.道路工程特征相似的原则指在同一区划内,在同样的自然因素下筑路具有相似性

C.公路高填方路基裂缝及沉降的出现,主要是在连续阴雨季节和高寒地区冰冻后的春融季节

D.路基的水温状况是指湿度与温度变化对路基产生的共同影响

3.以下关于自然区划原则的叙述,正确的是（　　）。

A.北方不利季节主要是春融时期,有翻浆病害;南方不利季节在雨季有冲刷、水毁等病害

B.通常非地带性差异是指地表气候随着当地纬度而变

C.自然气候因素既有综合又有主导作用的原则,即自然气候的变化是各种因素综合作用的结果,但其中又有某种因素起着主导作用

D.西北干旱区与东北潮湿区,同样都有负温度区,但前者冻害轻于后者,说明水起主导作用

4.以下关于工程气象的叙述,正确的是（　　）。

A.渗透性很低的黏质土易发生冻胀与翻浆

B.负温度区的水分移动一般发生在 $-3 \sim 0$℃等温线之间

C.道路冻害是水和热综合作用的结果,但是在南方,只有水而没有寒冷气候的影响,不会有冻害,说明温度起主导作用

D.路面施工中,如遇大于10mm降水,会导致路面基床含水率饱和,强度降低,碎石、砾石湿度超标,路面施工停止

本节习题答案及解析

Ⅰ.单项选择题

1.答案：C

【解析】 路基湿度除了受水的影响之外,另一个重要因素是受当地大气温度的影响。

2. 答案:B

   【解析】 北方不利季节主要是春融时期,有翻浆病害;

3. 答案:A

   【解析】 南方不利季节在雨季,有冲刷、水毁等病害。

4. 答案:A

   【解析】 自然气候因素既有综合又有主导作用。道路冻害是水和热综合作用的结果,南方无冻害,说明是温度起主导作用;西北干旱区的道路冻害轻于东北潮湿区,说明是水起主导作用。

5. 答案:B

   【解析】 本题考查气象条件对路面基层施工的影响。如路面基层采用二灰碎石,碾压时混合料含水率必须控制在4%~5%。

6. 答案:C

   【解析】 对于渗透性较高的砂类土以及渗透性很低的黏质土,水分都不容易积聚,因此不易发生冻胀与翻浆。因此选项C是错误。

7. 答案:C

   【解析】 本题考查气象条件对路面基层施工的影响。如路面基层采用水泥稳定砂砾,碾压时混合料含水率必须控制在5%~6%,偏差为-1.5%~0.5%,因此路面施工过程中遇到连续阴雨天气必须停工,否则施工质量不能保证。

8. 答案:C

   【解析】 本题考查气温对桥梁施工的影响。桥梁施工对气温的要求十分严格,不论是钢筋混凝土梁桥还是拱桥,正常施工温度必须在5℃以上,合龙温度宜选择在一天中气温最低且稳定的时段内,如果气温过低,就会导致混凝土出现裂缝和强度降低,最终影响桥梁质量和使用寿命。

9. 答案:D

   【解析】 本题考查气温对沥青面层施工的影响。碾压温度影响沥青密实度,在沥青路面施工规范中除规定了沥青混合料摊铺、碾压外,还规定不得在低于10℃(高速公路和一级公路)或5℃(其他等级公路),以及雨天、路面潮湿的情况下施工。

10. 答案:A

    【解析】 在桥梁基础施工中遇到暴雨、连阴雨,威胁着桥梁水下基础施工的质量和安全。若洪水中再挟带20%的泥沙,就会使桥梁下部正在开挖的基础全部报废。

Ⅱ. 多项选择题

1. 答案:ABC

   【解析】 本题考查的是划分自然区划的三个原则,即道路工程特征相似的原则、地表气候区划差异性原则、自然气候因素既有综合又有主导作用的原则。

2. 答案:BCD

   【解析】 冻胀翻浆使路面遭受严重破坏,对于粉质土和极细砂,则由于毛细水活动力强,极易发生冻胀与翻浆。因此选项A错误。

3. 答案：ACD

【解析】 地表气候是地带性差异与非地带性差异的综合结果。通常,地表气候随着当地纬度而变,如在北半球的北方寒冷、南方温暖,这称为地带性差异。而非地带性差异是指沿垂直方向的变化,与高程有关。因此选项 B 错误。

4. 答案：BCD

【解析】 渗透性很低的黏质土,水分不容易积聚,因此不易发生冻胀与翻浆。因此选项 A 错误。

第三章 工程构造

一、考纲要求

1. 公路工程的基本组成。
2. 路基工程的组成、分类及构造。
3. 路面工程的分类、组成及构造。
4. 隧道工程的分类、组成及构造。
5. 桥涵工程的组成、分类及构造。
6. 交叉工程的组成、分类及构造。
7. 交通工程及沿线设施。
8. 绿化工程及环境保护。
9. 智慧公路。

二、本章知识架构

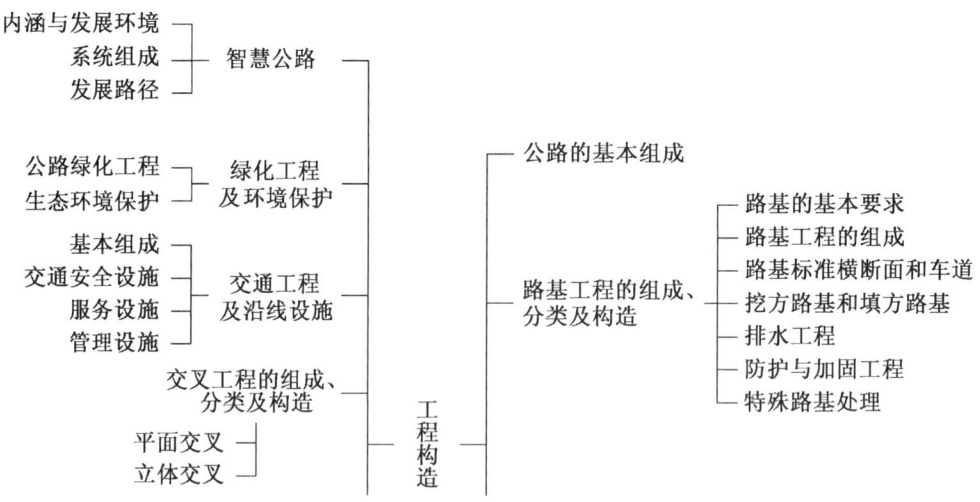

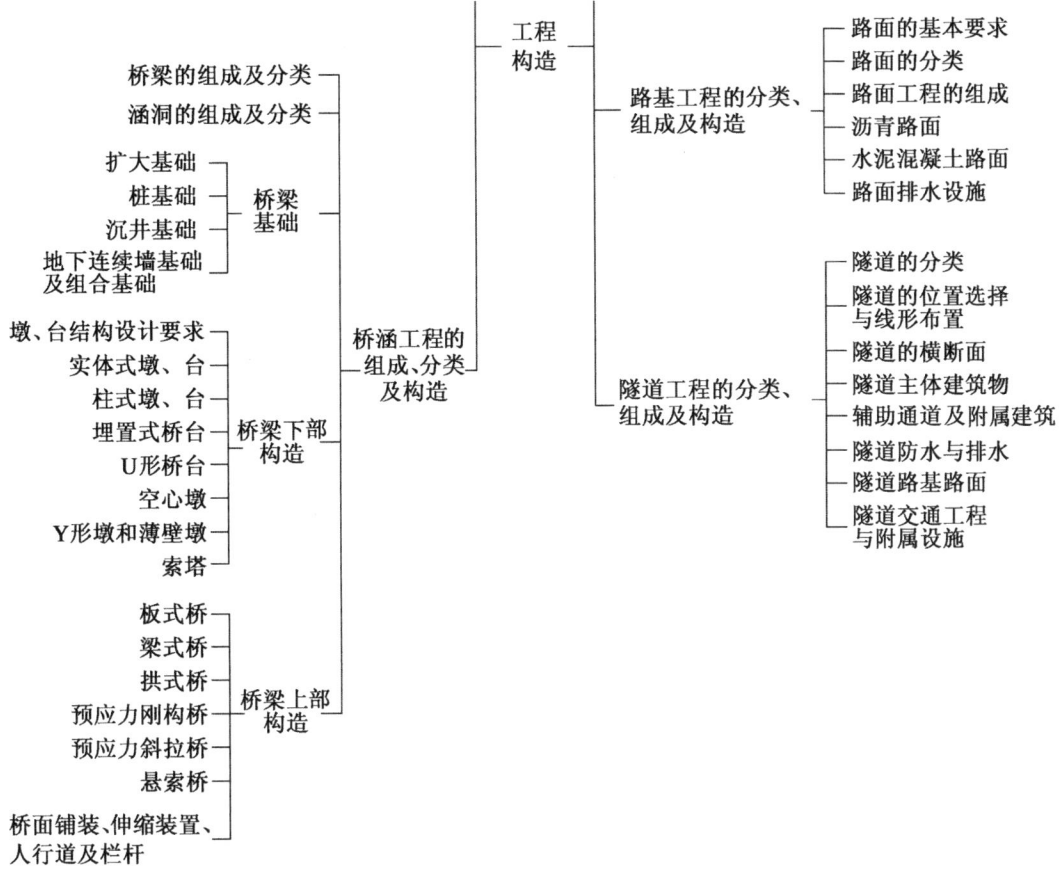

三、题型详解

(一) 公路工程的基本组成

例 题 解 析

1. 公路是指连接(   )等,主要供汽车行驶,具备一定条件和设施的道路,对国民经济具有举足轻重的作用。

  A. 城市与城市之间　　　　　　　B. 不同行政区之间
  C. 城市、乡村和居民小区　　　　D. 城市、乡村和工矿基地

答案: D

【解析】 本题为2020年考题。公路是指连接城市、乡村和工矿基地等,主要供汽车行驶,具备一定条件和设施的道路,对国民经济具有举足轻重的作用。

2. 公路线形是指公路(   )的空间几何形状和尺寸。

  A. 结构　　　　B. 平面　　　　C. 中线　　　　D. 纵面

答案：C

【解析】 本题为2022年考题。公路线形是指公路中线的空间几何形状和尺寸,包括平面线形和纵面线形。科学、合理地布设路线平纵面线形,对控制工程造价、降低公路对沿线自然环境和社会环境的影响有着至关重要的作用。

3.公路不包括( )。
A.桥梁　　　　B.隧道　　　　C.排水系统　　　　D.供水系统

答案：D

【解析】 本题为2021年考题。公路的结构是承受荷载和自然因素影响的结构物,包括路基、路面、桥涵、隧道、排水系统、防护工程、交叉工程、特殊构造物、监控设施、通信设施、收费设施、服务设施等。

4.公路的结构是承受荷载和( )影响的结构物。
A.自身　　　　B.车辆　　　　C.自然因素　　　　D.社会因素

答案：C

【解析】 本题为2021年考题。考查的是公路的基本组成。公路的结构是承受荷载和自然因素影响的结构物。

本 节 习 题

Ⅰ.单项选择题

1.连接城市的道路是( )。
A.城市道路　　　B.铁路　　　C.城际铁路　　　D.公路

2.( )是道路中最主要的组成部分。
A.公路　　　　B.城市道路　　　C.高速公路　　　D.乡村道路

3.( )是供各种无轨车辆和行人通行的基础设施的统称。
A.公路　　　　B.道路　　　　C.轨道　　　　D.铁路

Ⅱ.多项选择题

1.公路的线形组成包括( )。
A.平面线形　　　B.纵断面线形　　　C.横断面线形　　　D.剖断面线形

2.科学、合理地布设公路路线平纵面线形,可以( )。
A.控制造价　　　　　　　　B.增加自然环境影响
C.降低自然环境影响　　　　D.增加社会环境影响

本节习题答案及解析

Ⅰ.单项选择题

1.**答案**：D

【解析】 公路是道路中最主要的组成部分,是指连接城市、乡村和工矿基地等,主要供汽车行驶,具备一定条件和设施的道路,对国民经济具有举足轻重的作用。

2. 答案:A

【解析】 公路是道路中最主要的组成部分,是指连接城市、乡村和工矿基地等,主要供汽车行驶,具备一定条件和设施的道路。

3. 答案:B

【解析】 道路是供各种无轨车辆和行人通行的基础设施的统称。

Ⅱ. 多项选择题

1. 答案:AB

【解析】 公路线形是指公路中线的空间几何形状和尺寸,包括平面线形和纵断面线形。

2. 答案:AC

【解析】 科学、合理地布设路线平纵面线形,可以控制工程造价、降低公路对沿线自然环境和社会环境的影响。

(二)路基工程的组成、分类及构造

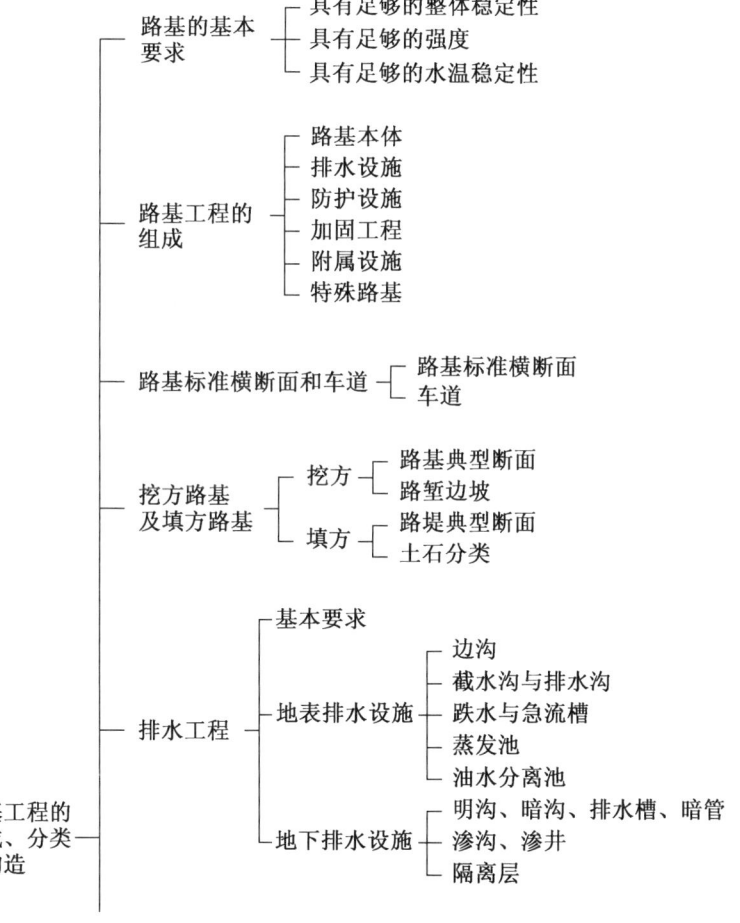

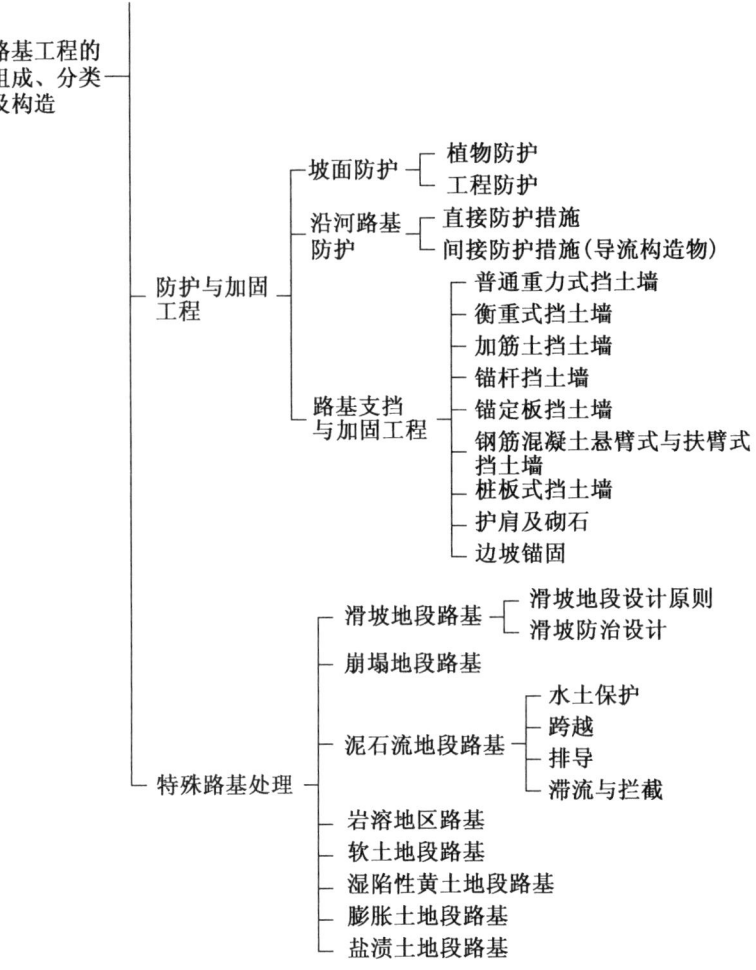

例 题 解 析

1. 路基防护根据防护的目的或重点不同,一般可分为( )。
   A. 石笼防护和网格防护　　　　　　　B. 坡面防护和冲刷防护
   C. 封面防护和护面墙　　　　　　　　D. 植物防护和工程防护

答案:B

【解析】 本题为2019年考题。路基防护根据防护的目的或重点不同,一般可分为坡面防护和冲刷防护。

2. 当路基挖方上侧山坡汇水面积较大时,应于挖方坡顶( )以外设置截水沟。
   A. 4m　　　　B. 5m　　　　C. 5.5m　　　　D. 6m

答案:B

【解析】 本题为2015年考题。当路基挖方上侧山坡汇水面积较大时,应于挖方坡顶5m以外设置截水沟。

3. 路基边坡及河岸冲刷防护中,水流方向与路线近乎平行,不受各种洪水主流冲刷的季节性漫水的路堤边坡防护,应采用的防护措施是( )。

A. 浆砌片石护坡　　　　　　B. 植物防护
C. 抛石　　　　　　　　　　D. 浸水挡土墙

答案:B

【解析】 本题为2015年考题。植物防护包括铺草皮、种植防水林、挂柳等,适用于水流方向与路线近乎平行,不受各种洪水主流冲刷的季节性漫水的路堤边坡防护或有浅滩地段的河岸冲刷防护;浆砌片石护坡适用于主流冲刷及波浪作用强烈处的路堤边坡;浸水挡土墙适用于峡谷急流地段,水流冲刷严重地段;抛石适用于水流方向较平顺,无严重局部冲刷地段,已被水浸的路堤边坡及河岸,抛石厚度不应小于石块尺寸的2倍。

4. 路基设计中,当地下水位高,路线纵面设计难于满足最小填土高度时,可在路基内设置隔离层。隔离层应设在最高地下水位之上,同时应高出边沟水位( )。

A. 0.2m　　　B. 0.25m　　　C. 0.3m　　　D. 0.4m

答案:A

【解析】 本题为2015年考题。当地下水位高,路线纵面设计难于满足最小填土高度时,可在路基内设置隔离层。隔离层由透水材料或不透水材料筑成。隔离层应设在最高地下水位之上,同时应高出边沟水位0.2m;隔离层至路基边缘的高度视公路等级而定,一般为0.45~0.70m。

5. 土石分类在《公路工程预算定额》(JTG/T 3832—2018)中采用六级分类,在一般土木工程中采用十六级分类。公路工程定额中普通土对应土木工程十六级分类中的( )。

A. Ⅰ类　　　B. Ⅱ类　　　C. Ⅲ类　　　D. Ⅳ类

答案:C

【解析】 本题为2020年考题。公路工程定额土石分类与十六级分类对应关系见下表:

公路土、石分类对照表

公路工程定额分类	松土	普通土	硬土	软石	次坚石	坚石
十六级分类	Ⅰ~Ⅱ	Ⅲ	Ⅳ	Ⅴ~Ⅵ	Ⅶ~Ⅸ	Ⅹ~ⅩⅥ

6. 下列沿河路基防护中,属于间接防护措施的是( )。

A. 抛石防护　　B. 丁坝防护　　C. 石笼防护　　D. 植物防护

答案:B

【解析】 本题为2020年考题。抛石防护、石笼防护、植物防护属于直接防护。

7. 下列不属于地下排水设施的是( )。

A. 盲沟　　　B. 渗井　　　C. 急流槽　　　D. 暗沟

答案:C

【解析】 本题为2021年考题。路基工程排水设施分为两类,分别是地表排水设施和地下排水设施,其中地表排水设施主要有路堑和路堤边沟、截水沟、急流槽、排水沟等,地下排水设施主要有盲沟、暗沟、渗沟、渗井、仰式排水斜孔等。

8. 普通重力式挡土墙依靠墙身自重支撑土压力。其断面形式简单,施工方便,可就地取材,适用性极强,在公路工程中应用最为广泛。以下关于普通重力式挡土墙描述正确的是( )。

A. 一般采用片块石砌筑,在缺乏石料地区有时也用混凝土修建
B. 应有排水设施,以疏干墙后土体
C. 为避免地基不均匀沉陷引起墙体开裂,应在地质条件变化处设置伸缩缝
D. 为防止圬工硬化收缩及温度变化产生裂缝,应设置沉降缝

答案:AB

【解析】 本题为2014年考题。普通重力式挡土墙依靠墙身自重支撑土压力,一般多采用片块石砌筑,在缺乏石料地区有时也用混凝土修建。

重力式挡土墙应有排水设施,以疏干墙后土体,避免墙后积水形成静水压力,减少寒冷地区回填土的冻胀压力,消除黏性土填料浸水后的膨胀压力。为避免地基不均匀沉陷引起墙体开裂,应在地质条件变化处设置沉降缝;为防止圬工硬化收缩及温度变化产生裂缝,应设置伸缩缝。沉降缝和伸缩缝可合并设置,一般墙长10~15m设置一道。

9. 地下排水设施中,渗沟按排水层的构造形式,可分为( )。

A 填石渗沟   B.管式渗沟
C.洞式渗沟   D.接堆式渗沟

答案:ABC

【解析】 渗沟按排水层的构造形式,可分为填石渗沟、管式渗沟、洞式渗沟三类。

10. 高速公路、一级公路爬坡车道长度大于( )m时,按照规定在其右侧设置紧急停车带。

A.500   B.800   C.100   D.200

答案:A

【解析】 本题为2022年考题。爬坡车道是指设置在上坡路段,供慢速上坡车辆行驶的专用车道。高速公路、一级公路爬坡车道长度大于500m时,应按照规定在其右侧设置紧急停车带。二级公路如需要保留原来供非汽车交通行驶的硬路肩时,可设置在爬坡车道的外侧。

11. 以下软土路基加固处理方法中的( )可用于深厚软土地基上荷载较大、变形要求严格的高路堤段、桥头或涵洞与路基衔接段,以及拓宽路堤段。

A.粒料桩   B.加固土桩
C.CFG桩   D.刚性桩

答案:D

【解析】 本题为2022年考题。公路软土路基加固处理方法主要有浅层处理、排水固结、粒料桩、加固土桩、水泥粉煤灰碎石桩(CFG桩)、刚性桩复合地基、强夯与强夯置换等。

刚桩复合地基法:刚性桩可用于深厚软土地基上荷载较大、变形要求严格的高路堤段、桥头或涵洞与路基衔接段,以及拓宽路堤段。公路软土路基处理采用的刚性桩包括预应力混凝土薄壁管桩(PTC)、预应力高强混凝土管桩(PHC)、预制混凝土方桩等。目前应用较多的是预应力混凝土薄壁管桩。管桩为工厂预制,桩外径一般为300~500mm,壁厚为60~100mm,桩长标准化定制,现场可焊接接长。刚性桩桩顶宜设桩帽,并铺设柔性土工合成,料加筋体垫层。

12. 湿陷性黄土地基常用的处理措施包括( )。

A. 粒料桩法 B. 换填垫层
C. 挤密法 D. 桩基础
E. 强夯

答案：BCDE

【解析】 本题为2022年考题。本题主要考查特殊路基的处治措施，其中湿陷性黄土地基，应根据公路等级、湿陷等级、处理深度要求、施工条件、材料来源及对周围环境的影响等，经技术经济比较后确定处理措施。常用的处理措施包括：换填垫层、冲击碾压、表面重夯、强夯、挤密法、桩基础等。

本 节 习 题

Ⅰ. 单项选择题

1. 路基强度不足，会引起路基（　　）。
   A. 整体稳定性不足 B. 刚度不足
   C. 变形不足 D. 水温稳定性不足

2. 下列工程中，不属于路基工程的分项工程的是（　　）。
   A. 路基土石方工程 B. 急流槽
   C. 砌体挡土墙 D. 导流工程

3. 下列说法错误的是（　　）。
   A. 路基的强度和稳定性是保证路面强度和稳定性的先决条件
   B. 路堤是指高于原地面的填方路基，其作用是支承路面体
   C. 路堑是指低于原地面由开挖所形成的路基
   D. 路基在地面水和地下水作用下，其刚度将会显著降低

4. 路床以下0.7m厚度范围内的填方部分是（　　）。
   A. 上路堤 B. 下路床 C. 下路堤 D. 路堤

5. 下列排水设施中属于地表排水设施的是（　　）。
   A. 边沟 B. 盲沟 C. 暗沟 D. 渗井

6. 天沟指的是（　　）。
   A. 边沟 B. 排水沟 C. 截水沟 D. 暗沟

7. （　　）可以用来将取土坑、边坡和路基附近积水引排至桥涵或路基以外的洼地或天然河沟。
   A. 边沟 B. 排水沟 C. 截水沟 D. 暗沟

8. 下列排水设施中，（　　）设置在地面以下以引导水流的沟渠，本身没有渗水或汇水的作用。
   A. 边沟 B. 渗沟 C. 渗井 D. 暗沟

9. （　　）不承受侧墙压力。
   A. 重力式挡土墙 B. 护面墙
   C. 桩板墙 D. 加筋挡土墙

10. 当平曲线半径≤( )m时,平曲线路段的行车道部分和路基都应予加宽。
   A. 100   B. 200   C. 150   D. 250

11. 下列挖方路基典型断面中,( )适用于边坡为均质的岩土,且路基开挖不深的路段。
   A. 直线形边坡断面   B. 折线形边坡断面
   C. 挡土墙断面   D. 台阶形断面

12. 公路工程定额中的普通土与土木工程十六级分类中的( )类土对应。
   A. Ⅰ   B. Ⅱ   C. Ⅲ   D. Ⅳ

13. 下列防护类型中,( )适用于容许流速为2~4m/s,水流方向较平顺的河岸滩地边缘,不受主流冲刷的路堤边坡。
   A. 干砌片石护坡   B. 浆砌片石护坡
   C. 植物防护   D. 抛石

14. 钢筋混凝土悬臂式、扶壁式挡土墙依靠墙自重和地板上填料及车辆荷载维持挡墙稳定,当墙高大于( )m时,宜采用扶壁式挡墙。
   A. 3   B. 4   C. 5   D. 6

15. 用以汇集和排除路面、路肩及边坡的流水,设置于路基两侧的水沟,称为( )。
   A. 排水沟   B. 截水沟   C. 边沟   D. 纵向水沟

16. 公路沿河路基,必须采取措施防止冲刷,其间接防护措施有( )。
   A. 护面墙   B. 喷射混凝土   C. 石笼防护   D. 顺坝

17. 支挡构造物用以防止路基变形或支撑路基本身,以保证路基稳定性。常用的支挡构造物有( )。
   A. 石笼   B. 石垛   C. 护面墙   D. 喷射混凝土封面

18. 公路工程中,依靠墙身自重支撑土压力的支挡构造物是( )。
   A. 石笼   B. 护面墙
   C. 重力式挡土墙   D. 喷射混凝土封面

19. 利用台上的填料使重心后移增加墙身稳定,减小墙体断面尺寸的支挡构造物称为( )。
   A. 重力式挡土墙   B. 衡重式挡土墙
   C. 加筋土挡土墙   D. 锚杆挡土墙

20. 公路路基防护与加固工程,按其作用不同可分为( )。
   A. 坡面防护、沿河路基防护和支挡构造物三大类
   B. 植物防护、坡面处治、护坡、护面墙四大类
   C. 草皮防护、砌石防护、砌预制块防护、现浇混凝土防护四大类
   D. 植物防护、坡面处治、护坡、护面墙、挡土墙五大类

21. 下列属于公路路基坡面防护的是( )。
   A. 抛石防护   B. 石笼防护
   C. 植物防护、坡面处治、护坡及护面墙   D. 挡土墙

Ⅱ.多项选择题

1. 路基的基本要求包括( )。
   A. 整体稳定性　　B. 刚度　　　　C. 强度　　　　D. 水温稳定性
2. 路基横断面包括( )基本形式。
   A. 路堤　　　　　　　　　　　　B. 路堑
   C. 半填半挖　　　　　　　　　　D. 不填不挖
3. 路基修建后,改变了原地面的天然平衡状态,当地质不良时,修建路基可能加剧原地面的不平衡状态,从而发生( )等病害,造成路基损害。
   A. 沉陷　　　　B. 滑塌　　　　C. 崩塌　　　　D. 滑落
4. 路基防护一般可分为( )。
   A. 坡面防护　　B. 冲刷防护　　C. 直接防护　　D. 间接防护
5. 下列防护措施中,( )属于冲刷防护中的直接防护。
   A. 砌石防护　　B. 抛石防护　　C. 石笼防护　　D. 丁坝
6. 下列关于车道,说法正确的是( )。
   A. 加速车道是为了保证驶入干道的车辆在进入干道之前,能够安全加速以保证汇流所需的距离而设置的变速车道
   B. 爬坡车道是指在长的上坡路上为高速行驶的载货车辆不影响其他车辆正常行驶而考虑的补充措施
   C. 高速公路和一级公路的特长桥梁、隧道,必须设置紧急停车带
   D. 当四级公路采用单车道路基时,为错车而在适当距离内设置错车道
7. 填方路基应优先选用天然级配较好的( )等粗粒土作为填料。
   A. 漂石土　　　B. 卵石土　　　C. 砾类土　　　D. 砂类土
8. 下列病害中,( )是路基病害。
   A. 冲刷　　　　B. 翻浆　　　　C. 冻胀　　　　D. 唧泥
9. ( )是一种轻型支挡构造物,适用于石料缺乏及地基承载力较低的填方地段。
   A. 加筋土挡土墙
   B. 钢筋混凝土悬臂式挡土墙
   C. 锚杆挡土墙
   D. 钢筋混凝土扶壁式挡土墙
10. 渗沟设置在地面以下,用以( )。
    A. 排除路基边坡雨水　　　　　　B. 降低地下水位
    C. 渗入路堤的雨水　　　　　　　D. 拦截地下水
11. 公路路基边坡坡面防护,可采用( )。
    A. 铺草皮　　　　　　　　　　　B. 水泥砂浆抹面
    C. 喷射混凝土封面　　　　　　　D. 锚杆喷浆
12. 公路工程对边坡进行支挡和加固的主要方法有( )。
    A. 重力式挡土墙　　B. 锚杆加固　　C. 喷射混凝土　　D. 抗滑桩

13. 公路土质路堑边坡的稳定性受( )因素影响。
    A. 公路等级   B. 边坡高度
    C. 土的类型   D. 地下水和地面水发育状况
14. ( )是影响公路岩石路堑边坡稳定性的因素。
    A. 岩石性质、岩体结构   B. 水和风化的作用
    C. 公路行车速度   D. 地形地貌
15. 公路路基的地下排水设施一般有( )。
    A. 暗沟   B. 暗管   C. 明沟   D. 排水沟
16. 公路路基的坡面防护主要是根据( )采取相应防护措施。
    A. 土质和岩性   B. 水文地质条件和坡度
    C. 边坡高度及当地材料情况 D. 公路的等级
17. 公路边坡植物坡面防护的方式有( )。
    A. 植树   B. 种草
    C. 铺草皮   D. 种植灌木丛
18. 处于较陡山坡上的公路半挖半填路基,或距生产石料地点较近之处的支挡构造物,宜采用( )。
    A. 干砌垒石   B. 填石
    C. 护肩   D. 砌石
19. 下列说法正确的是( )。
    A. 防护工程应按照"安全稳定、植物防护为主、圬工防护为辅"的原则实施
    B. 悬壁式挡墙墙高一般不大于5m,当墙高大于5m时,宜采用扶壁式挡墙,扶壁式挡墙墙高一般不超过15m
    C. 高度小于20m的石质边坡,防护时宜选用被动柔性防护形式;高度大于20m的石质边坡,防护时宜选用主动柔性防护形式
    D. 黄土高边坡应按"多台阶、陡边坡、宽平台、固坡脚"的原则进行防护
20. 膨胀土高边坡应按( )的原则进行防护,其综合坡率应满足稳定性要求。
    A. 缓边坡   B. 陡边坡
    C. 宽平台   D. 固坡脚

本节习题答案及解析

Ⅰ. 单项选择题

1. 答案:C
   【解析】 为保证路基在外力及自重作用下,不致产生超过容许范围的变形,要求路基应具有足够的强度。故选C。

2. 答案:A
   【解析】 由教材表3.2.1中可以得出,路基土石方工程为分部工程,选项BCD都是分项工程,故选A。

路基工程各分部工程所含分项工程　　　　　　　　　　教材表 3.2.1

分部工程	分项工程
路基土石方工程	土方路基、填石路基、软土地基处治、土工合成材料处治层
排水工程	管节预制、混凝土排水管施工、检查(雨水井)砌筑、土沟、浆砌水沟、盲沟、跌水、急流槽、水簸箕、排水泵站沉井、沉淀池等
防护工程	边坡锚固支护、土钉支护、砌体坡面防护、石笼防护、导流工程等
支挡工程	钢筋加工及安装、砌体挡土墙、悬臂式挡土墙、桩板墙、扶壁式挡土墙、锚杆、锚定板和加筋挡土墙、墙背填土等

3. 答案:D

【解析】 路基在地面水和地下水作用下,其强度将会显著降低。

4. 答案:A

【解析】 路堤在结构上分为上路堤和下路堤,上路堤是指路床以下 0.7m 范围内的填方部分,下路堤是指上路堤以下的填方部分。路床分上路床和下路床,上路床是指路面底面以下 0.3m 范围内的部分,下路床是指路面底面以下 0.3~0.8m 范围内的部分。

5. 答案:A

【解析】 路基工程排水设施分为两类,分别是地表排水设施和地下排水设施,其中地表排水设施主要有路堑和路堤边沟、截水沟、急流槽、排水沟等类型。地下排水设施主要有盲沟、暗沟、渗沟、渗井等。

6. 答案:C

【解析】 截水沟(又称天沟)是设置在挖方路基边坡坡顶以外或山坡填方路基上侧适当位置的截水设施,用以汇集并排除路基边坡上侧的地表径流。

7. 答案:B

【解析】 排水沟的作用是将边沟、截水沟、取土坑、边坡和路基附近积水引排至桥涵或路基以外的洼地或天然河沟。

8. 答案:D

【解析】 边沟属于地面排水设施,设置在地面以上路基两侧,故选项 A 错误;渗沟、渗井属于地下排水设施,设置在地面以下,单具有渗水和汇水的功能,故选项 B 和 C 排除。

9. 答案:B

【解析】 护面墙是一种浆砌片(块)石的坡面覆盖层,适用于防护易风化或风化严重的软质岩石或较破碎岩石的挖方边坡以及坡面易受侵蚀的土质边坡。护面墙除自重力外不承受墙后的侧压力,故被防护的挖方边坡不宜陡于 1:0.5,并应符合极限稳定边坡的要求。

10. 答案:D

【解析】 对于平曲线半径≤250m 时,平曲线路段的行车道部分和路基都应予加宽。

11. 答案:A

【解析】 直线形边坡断面适用于边坡为均质的岩土,且路基开挖不深的路段。

折线形边坡断面适用于上部分边坡为土质覆盖层,下部分边坡为岩石的路段。

挡土墙(或矮墙、护面墙)断面适用于当路基挖方为软弱土质、易风化岩层时,需要采取挡土墙或护面墙等支挡措施,以确保坡面稳定。

台阶形断面适用于边坡由多层土质组成且边坡较高的路段。边坡平台设为2%～4%向内侧倾斜的排水坡度,平台宽度不小于2m,平台排水沟可做成斜口形或矩形断面。

12. 答案:C

【解析】 公路工程定额土石分类与十六级分类对应关系见教材表3.2.4。

公路土、石分类对照 　　　　　　　　　　　　　　　　　教材表3.2.4

公路工程定额分类	松土	普通土	硬土	软石	次坚石	坚石
十六级分类	Ⅰ～Ⅱ	Ⅲ	Ⅳ	Ⅴ～Ⅵ	Ⅶ～Ⅸ	Ⅹ～ⅩⅥ

13. 答案:A

【解析】 从路基边坡及河岸冲刷防护工程表3.2.5中可以得出选项A正确。

路基边坡及河岸冲刷防护工程 　　　　　　　　　　　　教材表3.2.5

防护类型	结构形式	适用条件		注意事项
		容许流速(m/s)	水文地形条件	
植物防护	铺草皮	1.2～1.8	水流方向与路线近乎平行,不受各种洪水主流冲刷的季节性漫水的路堤坡面防护	经常浸水或长期浸水时不宜采用
	种植防水林、挂柳		有浅滩地段的河岸冲刷防护	
干砌片石护坡	单层干砌厚一般为0.25～0.35m 双层干砌厚上层为0.25～0.35m 双层干砌厚下层为0.15～0.25m	2～4	水流方向较平顺的河岸滩地边缘。不受主流冲刷的路堤边坡	应设置垫层。厚度一般为0.1～0.2m
浆砌片石护坡	厚0.25～0.4m	4～6	主流冲刷及波浪作用强烈处的路堤边坡	有冻胀变形的边坡上,应设置垫层
	厚0.3～0.6m	4～8		
抛石	石块尺寸根据流速波浪大小计算,一般0.3～0.5m	3	水流方向较平顺,无严重局部冲刷地段。已被水浸的路堤边坡及河岸	抛石厚度不应小于石块尺寸的2倍
石笼	镀锌铁丝编织成箱形或圆形,笼内填石块	5～6	受洪水冲刷,但无滚石的地段和大石料缺少地区	
浸水挡土墙	浆砌片(块)石或混凝土	5～8	峡谷急流地段,水流冲刷严重地段	基础应埋在冲刷线以下1m,冰冻线以下0.25m。基础前应设冲刷防护措施,墙身设泄水孔
混凝土预制块板	平面尺寸一般为0.3～0.5m²,厚度为0.06～0.25m。在受波浪作用严重的地方,平面尺寸可用2.0～3.0m²,厚度可用0.5m	3～12	水流急、冲刷严重地段及无石料地区	应设置垫层,厚度一般为0.1～0.2m

14. 答案：C

【解析】 悬壁式挡墙墙高一般不大于5m,当墙高大于5m时,宜采用扶壁式挡墙,扶壁式挡墙墙高一般不超过15m。

15. 答案：C

【解析】 边沟是指在路基两侧设置的纵向水沟,用以汇集和排除路面、路肩及边坡的流水。

16. 答案：D

【解析】 选项A和B属于坡面防护,选项C属于冲刷防护中的直接防护,选项D属于冲刷防护中的间接防护,故选项D是正确的。

17. 答案：B

【解析】 选项A属于冲刷防护,选项B属于支挡结构,选项C和D属于坡面防护。

18. 答案：C

【解析】 选项A、B、D属于防护工程,选项C属于支挡构造物,且依靠自重支承土压力。

19. 答案：B

【解析】 衡重式挡土墙利用衡重台上的填料和全墙重心后移来增加墙身稳定,减小墙体断面尺寸。衡重式挡土墙墙面坡度较陡,下墙墙背又为仰斜,故可降低墙高,减少基础开挖工程量,避免过多扰动山体的稳定。

20. 答案：A

【解析】 路基防护与加固工程,按其作用不同,可以分为坡面防护、沿河路基防护和支挡构造物等。一般把防止冲刷和风化,主要起隔离作用的措施称为防护工程;把防止路基或山体因重力作用而坍滑,主要起支承作用的支挡结构物称为加固工程。

21. 答案：C

【解析】 选项A和B属于冲刷防护,选项D属于加固工程,故选C。

Ⅱ．多项选择题

1. 答案：ACD

【解析】 路基应满足下列基本要求:具有足够的整体稳定性、具有足够的强度、具有足够的水温稳定性。

2. 答案：ABC

【解析】 路基横断面一般有路堤、路堑、半填半挖路基三种基本形式。

3. 答案：AB

【解析】 路基修建后,改变了原地面的天然平衡状态,当地质不良时,修建路基可能加剧原地面的不平衡状态,从而发生滑塌、沉陷等病害,造成路基损害。

4. 答案：AB

【解析】 路基防护一般可分为坡面防护和冲刷防护两类。

5. 答案：ABC

【解析】 冲刷防护主要有两种形式:一种是加固岸坡的直接防护;另一种是采用导流构造物以改变水流性质的间接防护。前者有砌石防护、抛石防护和石笼防护;后者有丁坝和顺坝两种。

6. 答案：AD

【解析】 爬坡车道是指在长的上坡路上为低速行驶的载货车辆不影响其他车辆正常行驶而考虑的补充措施。故选项B错误。

高速公路和一级公路的特长桥梁、隧道，可根据需要设置紧急停车带，不是必须设置，故选项C错误。

7. 答案：CD

【解析】 填方路基应优先选用天然级配较好的砾类土、砂类土等粗粒土作为填料。根据公路土的分类，漂石土和卵石土属于巨粒土。

8. 答案：ABC

【解析】 路基病害包括沉陷、冲刷、坍塌、冻胀、翻浆；沥青路面病害有松散、剥落、龟裂；水泥混凝土路面病害有唧泥、错台、断裂等。

9. 答案：BD

【解析】 钢筋混凝土悬臂式、扶壁式挡土墙依靠墙身自重和底板上填料及车辆荷载的重量维持挡墙稳定，也是一种轻型支挡构造物，适用于石料缺乏及地基承载力较低的填方地段。

10. 答案：BD

【解析】 渗沟是一种常用的地下排水沟渠，用以降低地下水位或拦截地下水。渗沟按排水层的构造可分为填石渗沟、管式渗沟和洞式渗沟。

11. 答案：ABC

【解析】 锚杆喷浆承受土压力，属于支挡构造物。

12. 答案：ABD

【解析】 喷射混凝土属于边坡防护措施，故选项C错误。

13. 答案：BCD

【解析】 土质路堑边坡的稳定性受土的成因及生成年代、土的类型、密实程度、地面和地下水发育状况、边坡高度等因素影响。

14. 答案：ABD

【解析】 影响岩石路堑边坡稳定的因素有岩石性质、岩体结构、水的作用、风化作用、地震、地应力、地形地貌及人为因素等。故排除选项C。

15. 答案：ABC

【解析】 排水沟属于地表水排水设施。

16. 答案：ABC

【解析】 坡面防护主要是用以防护易于冲蚀的土质边坡和易于风化的岩石边坡，应根据边坡的土质、岩性、水文地质条件、坡度、高度及当地材料，采取相应防护措施。

17. 答案：ABC

【解析】 植物防护包括种草、铺草皮、植树，不包括种植灌木丛。

18. 答案：CD

【解析】 陡山坡上的半填半挖路基，填方边坡不易填筑时可以采用护肩和砌石支挡结构,一般设于石方路段或距生产石料地点较近之处。

19.答案:ABD

【解析】 高度小于20m的石质边坡,防护时宜选用主动柔性防护形式;高度大于20m的石质边坡,防护时宜选用被动柔性防护形式。故选项C错误。

20.答案:ACD

【解析】 膨胀土高边坡应按"缓边坡、宽平台、固坡脚"的原则进行防护,其综合坡率应满足稳定性要求。

(三)路面工程的分类、组成及构造

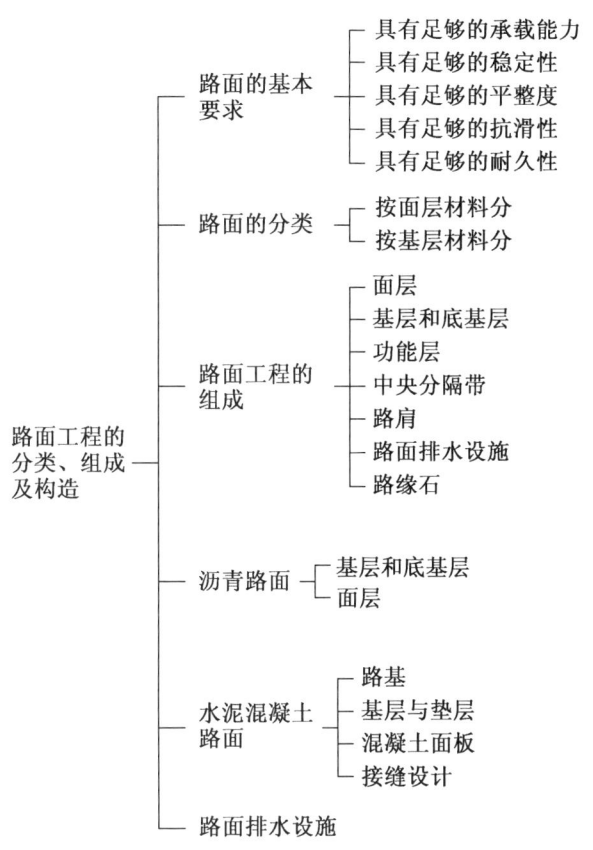

例 题 解 析

1.( )的强度和耐久性最好。

A.沥青表面处治路面　　　　　B.沥青混凝土路面
C.沥青碎石路面　　　　　　　D.沥青贯入式路面

答案:B

【解析】 本题为2014年考题。沥青混凝土路面强度是按密实原则形成,黏聚力大、空隙率小、强度大、耐久性好,适用于各级公路。沥青表面处治路面、沥青碎石路、沥青贯入式路面仅适用于三级公路和四级公路。

2. 每日施工结束,或浇筑混凝土过程中因故中断浇筑时,必须设置(　　)。
A. 横向缩缝　　　　　　　　　B. 胀缝
C. 纵向施工缝　　　　　　　　D. 横向施工缝

答案:D

【解析】 本题为2014年考题。一次铺筑宽度小于路面宽度时,应设置纵向施工缝;每日施工结束或浇筑混凝土过程中因故中断浇筑时,应设置横向施工缝。

3. 普通水泥混凝土路面最大板长不宜大于(　　)。
A. 6m　　　　B. 4.5m　　　　C. 5m　　　　D. 8m

答案:A

【解析】 本题为2014年考题。普通水泥混凝土面层宜为4~6m,面层板的长度比不宜超过1.35,平面面积不宜大于25m²;碾压混凝土或钢纤维混凝土面层宜为6~10m;钢筋混凝土面层宜为6~15m,面层板的长度比不宜超过2.5,平面面积不宜超过45m²。

4. 一般路段中央分隔带排水系统的主要作用是(　　)。
A. 排除路面结构内的积水
B. 排除路面结构中渗流到路面边缘的水
C. 排除中央分隔带范围内的表面渗水
D. 以上都不是

答案:C

【解析】 本题为2015年考题。一般路段中央分隔带排水:一般路段的中央分隔带,其排水系统的主要作用是排除中央分隔带范围内的表面渗水。

5. 沥青贯入式路面处治适用于(　　)公路路面面层施工。
A. 高速及一级　　　　　　　　B. 二级及三级
C. 三级及四级　　　　　　　　D. 全部适用

答案:C

【解析】 本题为2021年考题。沥青面层类型应与公路等级、使用要求交通荷载等级相适应。沥青混凝土可用作各级公路的面层。沥青贯入式、沥青碎石、沥青表面处治适用于三级及四级公路的面层。

6. 适用各级公路基层的材料有(　　)。
A. 水泥稳定类材料
B. 石灰粉煤灰稳定类材料
C. 水泥稳定细粒土
D. 石灰粉煤灰稳定细粒土

答案:AB

【解析】 本题为2014年考题。无机结合稳定土只能作高速公路、一级公路的底基层,不能作基层,故排除C和D。

7. 路基基层是路面结构中的承重部分,可选用(　　)等材料。

A. 沥青混合料　　　　　　　　　　B. 无机结合稳定集料
C. 泥土　　　　　　　　　　　　　D. 贫混凝土

答案：ABD

【解析】　本题为2015年考题。泥土不可用作基层材料。

8. 下列关于沥青混凝土路面和混凝土路面的适用范围,说法正确的是(　　)。
A. 碎砾石路面适用于四级公路
B. 沥青贯入式路面适用于三级公路、四级公路
C. 沥青表面处治适用于一级公路、二级公路
D. 水泥混凝土路面适用于高速公路、一级公路、二级公路、三级公路,四级公路

答案：ABD

【解析】　本题为2019年考题。路面面层类型的选用应符合下表：

路面面层类型及适用范围　　　　　　　　　　　　　　　　　　　教材表3.3.1

面层类型	适用范围
沥青混凝土路面	高速公路、一级公路、二级公路、三级公路、四级公路
水泥混凝土路面	高速公路、一级公路、二级公路、三级公路、四级公路
沥青贯入式、沥青碎石、沥青表面处治路面	三级公路、四级公路
碎、砾石路面	四级公路

9. 适用于极重、特重和重交通荷载等级的表面层,以及对抗滑有特殊要求的表面层是(　　)。
A. 连续级配沥青混合料　　　　　B. 沥青玛琋脂碎石混合料
C. 厂拌热再生沥青混合料　　　　D. 上拌下贯沥青碎石

答案：B

【解析】　本题为2022年考题。连续级配沥青混合料适用于各交通荷载等级的表面层、中面层和下面层；沥青玛琋脂碎石混合料适用于极重、特重和重交通荷载等级的表面层,以及对抗滑有特殊要求的表面层；厂拌热再生沥青混合料适用于各交通荷载等级的表面层、中面层和下面层；上拌下贯沥青碎石适用于中等、轻交通荷载等级的面层；沥青表面处治适用于中等、轻交通荷载等级的表面层。

10. 下列排水设施中,属于路面结构内部排水的是(　　)。
A. 渗沟　　　　　　　　　　　　B. 渗水管
C. 横向排水管　　　　　　　　　D. 排水性基层

答案：D

【解析】　本题为2023年考题。路面排水设施主要有以下4种形式。(1)路面表面排水：漫流排水方式、集中排水方式。包括路肩沟、超高路段排水中沟、集水井、横向排水管等。(2)中央分隔带排水：包括渗沟、渗水管、集水井、横向排水管等。(3)路面结构内部排水：包括排水性基层、排水性土工织物中间层、升级配透水性沥青混凝土表层、路肩边缘排水等。(4)桥面铺装体系排水。

本 节 习 题

Ⅰ. 单项选择题

1. ( )不是路面基本要求。
   A. 足够的承载力　　　　　　　　B. 足够的刚度
   C. 足够的平整度　　　　　　　　D. 足够的抗滑性

2. ( )是直接承受车轮荷载反复作用和自然因素影响的结构层。
   A. 面层　　　　　　　　　　　　B. 黏层
   C. 基层　　　　　　　　　　　　D. 垫层

3. ( )是起主要承重作用的层次。
   A. 面层　　　　　　　　　　　　B. 封层
   C. 基层　　　　　　　　　　　　D. 垫层

4. 为保障高速公路、一级公路高速行车安全,在双向车道中间设置中央分隔带,其宽度根据设计速度确定,设计速度为100km/h时宽度为( )m。
   A. 2　　　　B. 2.5　　　　C. 3　　　　D. 3.5

5. 中央分隔带开口一般以2km设置一处,开口长度一般为( )m。
   A. 100　　　　B. 150　　　　C. 50　　　　D. 200

6. 土路肩一般情况用( )填筑。
   A. 粉土　　　　　　　　　　　　B. 砂类土
   C. 黏土　　　　　　　　　　　　D. 砾类土

7. 下列不是沥青路面优点的是( )。
   A. 行车舒适　　　　　　　　　　B. 噪声低
   C. 施工期长　　　　　　　　　　D. 养护维修简单

8. 水泥混凝土路面设计以( )的单轴-双轮组荷载作为标准轴载。
   A. 100kN　　　　B. 150kN　　　　C. 200kN　　　　D. 250kN

9. 下列关于水泥混凝土路面说法错误的是( )。
   A. 其设计的主要内容包括结构组合设计、板的平面尺寸和接缝构造设计、确定板厚和配筋、水泥混凝土配合比设计等
   B. 水泥混凝土路面下的路基必须密实、稳定和均质
   C. 基层应具有足够的抗冲刷能力和一定的刚度
   D. 岩石路基上铺筑水泥混凝土面板时,应根据需要设置整平层,其厚度一般为15cm

10. 新建公路的水泥混凝土路面基层的最小厚度一般为( )cm。
    A. 10　　　　B. 15　　　　C. 20　　　　D. 25

11. 采用轨模式摊铺机施工时,基层宽度应比混凝土面板每侧宽出( )cm。
    A. 30　　　　B. 50　　　　C. 65　　　　D. 75

12. 下列关于水泥混凝土面板说法错误的是( )。
    A. 普通混凝土面板一般采用矩形、纵向和横向接缝应垂直相交,其纵缝两侧的横缝不

得互相错位
B. 纵向缩缝间距(即板宽)可按路面宽度和每个车道宽度而定,其间距不得小于5m
C. 横向缩缝间距(即板长)应根据当地气候条件、板厚和实践经验确定,一般采用4~6m,最大不得超过6m
D. 面层板的长宽比不宜超过1:1.35,平面尺寸不宜大于25m²

13. 水泥混凝土路面一次铺筑宽度大于( )m时,应增设纵向缩缝。
    A. 5.5   B. 5.0   C. 4.5   D. 4.0

14. 横向缩缝采用( )。
    A. 假缝   B. 真缝
    C. 平缝   D. 企口缝

15. 在临近桥梁或其他固定构筑物处、与柔性路面相接处、板厚改变处、隧道口、小半径平曲线和凹形竖曲线纵坡变换处,均应设置( )。
    A. 胀缝   B. 缩缝
    C. 施工缝   D. 沉降缝

16. 胀缝应采用( )。
    A. 传力杆、光圆钢筋   B. 拉杆、光圆钢筋
    C. 传力杆、螺纹钢筋   D. 拉杆、螺纹钢筋

17. 下列关于补强钢筋说法正确的是( )。
    A. 混凝土面板纵、横向自由边边缘下的基础,当有可能产生较大的塑性变形时,宜在角隅处加设补强钢筋,板边缘加设发针形钢筋或钢筋网
    B. 混凝土面板边缘部分的补强,一般选用2根直径为12~16mm的螺纹钢筋,布置在板的上部
    C. 混凝土板的角隅补强,可选用2根直径为12~16mm的螺纹钢筋,布置在板的下部
    D. 钢筋的混凝土保护层厚度应不小于5cm

Ⅱ. 多项选择题

1. 路面结构的稳定性包括( )。
   A. 高温稳定性   B. 低温稳定性
   C. 水稳定性   D. 耐久性

2. 路面结构的力学特性分为( )。
   A. 柔性路面   B. 混凝土路面
   C. 复合式路面   D. 刚性路面

3. 路面面层所用材料主要有( )。
   A. 水泥混凝土   B. 沥青混凝土
   C. 沥青碎石混合料   D. 石灰粉煤灰

4. 路面工程的功能层包括防冻层、粒料路基改善层和( )。
   A. 封层   B. 黏层
   C. 透层   D. 垫层

5. 按面层材料分,碎、砾石路面包括级配碎石路面、级配砾石路面及( )等。
   A. 泥(灰)结碎石路面　　　　　　B. 未筛分碎石路面
   C. 天然砂砾路面　　　　　　　　D. 粒料改善土路面
6. 中央分隔带下部需要设置排水设施及通信管道,外露部分需要设置( )。
   A. 绿化　　　　　　　　　　　　B. 防眩设施
   C. 防撞设施　　　　　　　　　　D. 排水设施
7. 路面表面排水方式包括( )等。
   A. 路肩沟　　　　　　　　　　　B. 超高路段排水中沟
   C. 集水井、横向排水管　　　　　D. 渗水管
8. 中央分隔带排水方式包括( )。
   A. 渗沟和渗水管　　　　　　　　B. 集水井和横向排水管
   C. 明沟和暗沟　　　　　　　　　D. 渗沟和暗沟
9. 路缘石设置在( )两侧。
   A. 中间分隔带　　　　　　　　　B. 两侧分隔带
   C. 土路肩　　　　　　　　　　　D. 路侧带
10. 下列路面中,属于铺装路面的是( )。
    A. 沥青混凝土路面　　　　　　　B. 水泥混凝土路面
    C. 沥青碎石路面　　　　　　　　D. 沥青表面处治路面
11. 沥青表面处治路面适用于( )及其以下公路面层。
    A. 一级　　　　　　　　　　　　B. 二级
    C. 三级　　　　　　　　　　　　D. 四级
12. 沥青路面应具有( )以及防止雨水渗入基层的功能。
    A. 高温抗车辙　　　　　　　　　B. 低温抗开裂
    C. 抗水损害　　　　　　　　　　D. 抗冲刷能力
13. 水泥混凝土路面下的路基应具有( )的特性。
    A. 密实　　　　　　　　　　　　B. 稳定
    C. 均质　　　　　　　　　　　　D. 抗滑
14. 沥青路面面层材料类型可分为连续级配沥青混合料、沥青玛琦脂碎石混合料和( )。
    A. 沥青表面处治　　　　　　　　B. 上拌下贯沥青碎石
    C. 厂拌热再生沥青混合料　　　　D. 无机结合稳定料
15. 下列说法正确的是( )。
    A. 沥青路面应具有坚实、平整、抗滑、耐久的品质
    B. 无机结合料稳定类基层沥青路面适用于各种交通荷载等级
    C. 水泥混凝土基层沥青路面适用于各种交通荷载等级
    D. 沥青结合料类基层沥青路面适用于各种交通荷载等级
16. 沥青表面处治可分为单层、双层、三层。下列说法正确的是( )。
    A. 沥青表面处治厚度宜为40～80mm

B. 单层表面处治厚度宜为 10~15mm
C. 双层表面处治厚度宜为 15~25mm
D. 单层表面处治厚度宜为 25~30mm

17. 关于水泥混凝土路面接缝设计,下列说法正确的是(　　)。
    A. 混凝土面板的纵缝必须与路线中线平行
    B. 在邻近构造物处的胀缝,应根据施工温度至少设置 5 条
    C. 收费广场的横向缩缝,应采用设传力杆假缝形式
    D. 设在缩缝处的施工缝应采用平缝加传力杆型

本节习题答案及解析

Ⅰ. 单项选择题

1. 答案:B

   【解析】 路面的基本要求:具有足够的承载能力、具有足够的稳定性、具有足够的平整度、具有足够的抗滑性、具有足够的耐久性。

2. 答案:A

   【解析】 面层是指直接承受车轮荷载反复作用和自然因素影响的结构层。

3. 答案:C

   【解析】 基层是指设置在面层之下,并与面层一起将车轮荷载的反复作用传到底基层和土基是起承重作用的层次。

4. 答案:A

   【解析】 为保障高速公路、一级公路高速行车安全,在双向车道中间设置中央分隔带,其宽度根据设计速度确定,设计速度为120km/h 时宽度为 3m,其余为 2m。

5. 答案:C

   【解析】 中央分隔带开口一般以 2km 设置一处,开口长度一般为 50m。

6. 答案:C

   【解析】 土路肩是为行车安全而设置的位于在硬路肩边缘至路肩边缘,具有一定宽度的带状结构部分。一般情况用黏土填筑,安全设施的波形护栏立柱打入或埋置在土路肩范围内,路表排水的路肩沟设置在土路肩范围内。

7. 答案:C

   【解析】 沥青路面具有行车舒适、噪声低、施工期短、养护维修简便等优点。

8. 答案:A

   【解析】 水泥混凝土路面设计以100kN 的单轴-双轮组荷载作为标准轴载。

9. 答案:D

   【解析】 岩石路基上铺筑水泥混凝土面板时,应根据需要设置整平层,其厚度一般为 6~10cm。故 D 错误。

10. 答案:B

    【解析】 新建公路的水泥混凝土路面基层的最小厚度一般为 15cm。

51

11. 答案:B

【解析】 基层宽度应比混凝土面板每侧宽出30cm(采用小型机具或轨道式摊铺机施工)或50cm(采用轨模式摊铺机施工)或65cm(采用滑模式摊铺机施工)。

12. 答案:B

【解析】 普通混凝土面板一般采用矩形、纵向和横向接缝应垂直相交,其纵缝两侧的横缝不得互相错位。纵向缩缝间距(即板宽)可按路面宽度和每个车道宽度而定,宜在3.0~4.5m范围内选用。横向缩缝间距(即板长)应根据当地气候条件、板厚和实践经验确定,一般采用4~6m,面层板的长宽比不宜超过1:1.35,平面尺寸不宜大于25m²。

13. 答案:C

【解析】 水泥混凝土路面一次铺筑宽度大于4.5m时,应增设纵向缩缝。

14. 答案:A

【解析】 横向缩缝采用假缝。

15. 答案:A

【解析】 在临近桥梁或其他固定构筑物处、与柔性路面相接处、板厚改变处、隧道口、小半径平曲线和凹形竖曲线纵坡变换处,均应设置胀缝。

16. 答案:A

【解析】 胀缝应采用滑动传力杆,传力杆应采用光圆钢筋。故选A。

17. 答案:D

【解析】 混凝土面板纵、横向自由边边缘下的基础,当有可能产生较大的塑性变形时,宜在板边缘加设补强钢筋,角隅处加设发针形钢筋或钢筋网。

混凝土面板边缘部分的补强,一般选用2根直径为12~16mm的螺纹钢筋,布置在板的下部,距底板一般为板厚的1/4,并应不小于5cm,间距一般为10cm,钢筋两端应向上弯起。钢筋保护层最小厚度应不小于5cm。

混凝土板的角隅补强,可选用2根直径为12~16mm的螺纹钢筋,布置在板的上部,距板顶应不小于5cm,距板边一般为10cm。板角小于90°时,亦可采用双层直径为6mm的钢筋网补强,布置在板的上、下部,距板顶和板底5~10cm为宜。

钢筋的混凝土保护层厚度应不小于5cm。

Ⅱ.多项选择题

1. 答案:ABC

【解析】 路面结构的稳定性包括:高温稳定性、低温稳定性、水稳定性。

2. 答案:ACD

【解析】 按路面结构力学特性分为柔性路面、复合式路面和刚性路面。

3. 答案:ABC

【解析】 路面面层所用材料主要有水泥混凝土、沥青混凝土和沥青碎石混合料。石灰粉煤灰一般用于路面基层和底基层。

4. 答案:ABC

【解析】 路面工程的功能层包括防冻层、粒料路基改善层、封层、黏层和透层。

5. 答案：ACD

【解析】 按面层材料分,碎、砾石路面包括泥(灰)结碎石路面、级配碎石路面、级配砾石路面及天然砂砾路面、粒料改善土路面等。

6. 答案：ABC

【解析】 中央分隔带下部需要设置排水设施及通信管道,外露部分需要绿化和设置防眩、防撞设施。

7. 答案：ABC

【解析】 路面表面排水分为漫流排水方式、集中排水方式,包括路肩沟、超高路段排水中沟、集水井、横向排水管等。

8. 答案：AB

【解析】 中央分隔带排水方式包括渗沟、渗水管、集水井、横向排水管等。

9. 答案：ABD

【解析】 路缘石是设置在中间分隔带、两侧分隔带及路侧带两侧。

10. 答案：AB

【解析】 一般将路面等级分为铺装路面、简易铺装路面和未铺装路面,沥青混凝土路面和水泥混凝土路面等称为铺装路面,沥青碎石、沥青贯入式、沥青表面处治路面等称为简易铺装路面,碎、砾石路面等称为未铺装路面。

11. 答案：CD

【解析】 路面面层类型的选用应符合教材表 3.3.1 的规定。

12. 答案：ABC

【解析】 沥青路面应具有高温抗车辙、低温抗开裂、抗水损害以及防止雨水渗入基层的功能。

13. 答案：ABC

【解析】 水泥混凝土路面下的路基必须密实、稳定和均质。

14. 答案：ABC

【解析】 沥青路面面层材料类型可分为连续级配沥青混合料、沥青玛琋脂碎石混合料、厂拌热再生沥青混合料、上拌下贯沥青碎石和沥青表面处治。

15. 答案：ABD

【解析】 水泥混凝土基层沥青路面适用于重及以下交通荷载等级,故选项 C 错误。

16. 答案：BCD

【解析】 沥青表面处治可分为单层、双层、三层。单层表面处治厚度宜为 10～15mm,双层表面处治厚度宜为 15～25mm,单层表面处治厚度宜为 25～30mm。沥青贯入碎石层的厚度宜为 40～80mm。

17. 答案：ACD

【解析】 在邻近构造物处的胀缝,应根据施工温度至少设置 2 条。

(四)隧道工程的分类、组成及构造

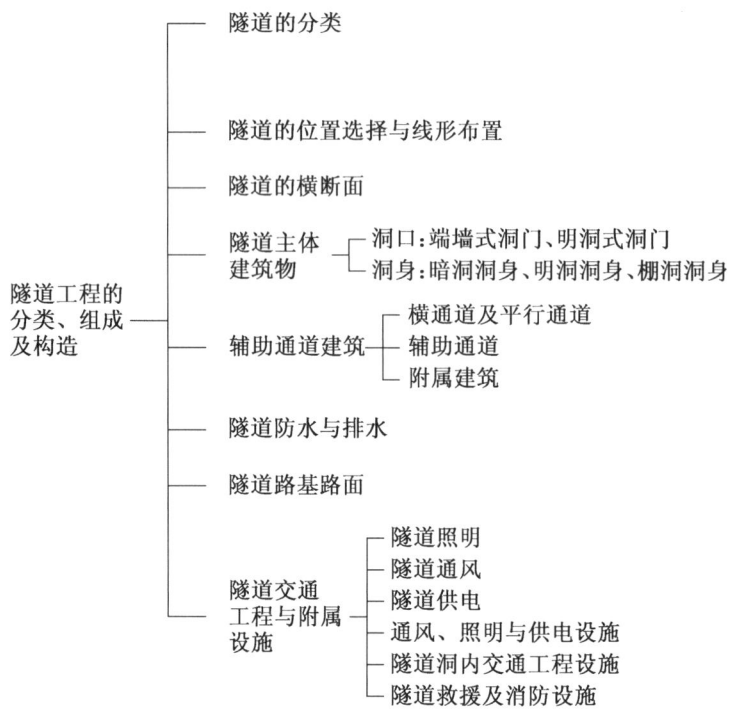

例 题 解 析

1. 某隧道长 3000m,属于( )。
   A. 特长隧道　　B. 长隧道　　C. 中隧道　　D. 短隧道

答案:B

【解析】 本题为 2014 年考题。根据隧道分类:特长隧道($L>3000$m)、长隧道(3000m$\geq L>1000$m)、中隧道(1000m$\geq L>500$m)、短隧道($L\leq 500$m)。3000m 的隧道是长隧道。

2. 隧道内的纵坡一般大于( ),以利于排泄雨水,但不应大于 3.0%。独立的明洞和短于 50m 的隧道可不受此限制。

   A. 0.1%　　B. 0.2%　　C. 0.3%　　D. 0.5%

答案:C

【解析】 本题为 2015 年考题。隧道内的纵坡一般大于 0.3%,以利排泄雨水,但不大于 3.0%,独立的明洞和短于 50m 的隧道可不受此限制。

3. 隧道在通过不良的地质和特殊围岩时,如软弱和膨胀性围岩的隧道,应采用( )衬砌结构。
   A. 直墙带铺底　　　　　　　　B. 曲墙带仰拱的混凝土或钢筋混凝土
   C. 复合式　　　　　　　　　　D. 模筑混凝土

54

答案:B

【解析】 本题为2015年考题。一般通过不良的地质和特殊围岩的隧道衬砌,如软弱和膨胀性围岩的隧道,应采用曲墙带仰拱的混凝土或钢筋混凝土衬砌结构,必要时还应设置钢拱支撑混凝土衬砌结构。

4. 为了增加工作面,缩短工期,加快施工进度,可以设置的辅助坑道有竖井、斜井和( )。
   A. 正井和反井　　　　　　　　B. 正洞斜交和正洞平行
   C. 横洞和平行导坑　　　　　　D. 泄水洞和通风孔

答案:C

【解析】 本题为2019年考题。在隧道建设中,为运营通风、防灾救援或增加工作面、改善施工通风与排水条件等,可适当增设辅助通道。辅助坑道主要包括竖井、斜井、平行导坑、横导坑、风道及泄水洞等。

5. 隧道堵水主要是针对隧道( )等漏水地段,采用向围岩体内注浆、设堵水墙等封堵方法。
   A. 围岩裂隙水、断层水、下渗水　　　　B. 围岩裂隙水、断层水、溶洞水
   C. 山体地表水、断层水、溶洞水　　　　D. 山体地表水、山体涵养水、溶洞水

答案:B

【解析】 本题为2020年考题。隧道堵水只要是针对隧道围岩裂隙水、断层水、溶洞水等漏水地段,采用向围岩体内注浆、设堵水墙等封堵方法。

6. 关于隧道通风、照明与供电设施的说法,正确的是( )。
   A. 隧道内供电分动力供电和照明供电
   B. 隧道机械通风包括纵向通风、横向通风、组合通风三种
   C. 机械通风中最主要的设备是风机,主要有涡流风机和射流风机
   D. 长度超过150m的高速公路及一级公路隧道,应设置照明设施

答案:A

【解析】 本题为2020年考题。隧道机械通风包括纵向通风、横向通风、半横向风、组合通风四种。机械通风中最主要的设备是风机,主要有轴流风机和射流风机。长度超过200m的高速公路及一级公路隧道,应设置照明设施。

7. 高速及一级公路的隧道,长度超过( )m,需要设置照明设施。
   A. 100　　　　　　B. 150　　　　　　C. 200　　　　　　D. 250

答案:C

【解析】 本题为2021年考题。为了保证车辆的正常行驶和交通安全,隧道应设置电光照明。长度超过200m的高速公路及一级公路隧道,应设置照明设施。长度超过100m的光学长隧道也应设置照明。

8. 下列不属于隧道衬砌按功能分类的是( )。
   A 承载衬砌　　　　　　　　B 构造衬砌
   C. 支挡衬砌　　　　　　　　D. 装饰衬砌

答案:C

【解析】 本题为2021年考题。隧道工程构造。根据地质条件的不同,隧道衬砌按功能分为承载衬砌、构造衬砌和装饰衬砌。

9.隧道按其所处位置不同可分为( )。
   A.公路隧道 B.铁路隧道 C.山岭隧道 D.城市隧道
答案:CD
【解析】 本题为2014年考题。隧道按其所处的位置不同可分为山岭隧道、水下隧道(河底和海底)以及城市隧道。

10.隧道洞口包括( )。
   A.明洞 B.洞门 C.洞口排水设施 D.边仰坡支挡
答案:BCD
【解析】 本题为2019年考题。洞口工程是隧道出入口部位的建筑物,包括隧道洞门、边仰坡支挡、洞口排水设施和洞口管沟等。

11.关于修建明洞的主要原因,正确的有( )。
   A.靠山一侧地形陡峻,可能发生山坡风化碎落、少量塌方和落石危害行车安全的地段
   B.洞顶覆盖层薄,围岩成洞条件差,不宜大规模开挖修建路堑而又难以采用暗挖法修建隧道的地段
   C.路基或隧道口可能发生雪崩、溜雪、积雪和风吹雪堆积路面,阻塞交通,危害行车安全的地段
   D.当公路、铁路、沟渠和其他人工构造物等跨越道路时,由于地形、地质以及线路条件的限制,无法避开的地段
   E.道路两侧有受影响的重要建(构)筑物,路堑开挖会危及建(构)筑物安全,或将来交通运营噪声和烟尘对建(构)筑物使用者造成严重影响的地段
答案:BDE
【解析】 本题为2020年考题。隧道明洞是采用明挖方法进行施工,修建明洞主要基于:①洞顶覆盖层薄,围岩成洞条件差,不宜大规模开挖修建路堑而又难以采用暗挖法修建隧道的地段;②道路两侧有受影响的重要建(构)筑物,路堑开挖会危及建(构)筑物安全,或将来交通运营噪声和烟尘对建(构)筑物使用者造成严重影响的地段;③当公路、铁路、沟渠和其他人工构造物等跨越道路时,由于地形、地质以及线路条件的限制,无法避开的地段等。A 和 C 不是修建隧道明洞的主要原因,应采用修建棚洞方法施工。

12.隧道主体建筑包括( )。
   A.洞口和洞身
   B.洞口工程包括隧道洞门、边仰坡支挡、洞口排水设施和洞口管沟等
   C.隧道洞身分为暗洞洞身和明洞洞身
   D.隧道衬砌按组成分为喷锚衬砌、整体式衬砌和复合式衬砌
答案:ABD
【解析】 本题为2021年考题。隧道主体建筑物包括洞口和洞身。洞口工程是隧道出入口部位的建筑物,包括隧道洞门、边仰坡支挡、洞口排水设施和洞口管沟等。洞身是公路隧道的主要组成部分,按其所处地形地质条件、施工方法和结构形式的不同,分为暗洞洞身、明洞洞

身和棚洞洞身。根据地质条件的不同,隧道衬砌按功能分为承载衬砌、构造衬砌和装饰衬砌,按组成可分为喷锚衬砌、整体式衬砌和复合式衬砌。

13. 濒临水库、沿河、沿溪的隧道,其洞口路肩设计高程应高出计算洪水位(含浪高和壅水高)不小于( )m。
   A. 0.3   B. 0.5   C. 0.8   D. 1.0
   答案:B
   【解析】 本题为2022年考题。濒临水库、沿河、沿溪的隧道,其洞口路肩设计高程应高出计算洪水位(含浪高和壅水高)不小于0.5m。

14. ( )不属于隧道洞身衬砌的分项工程。
   A. 喷射混凝土   B. 锚杆   C. 混凝土衬砌   D. 锚杆混凝土
   答案:D
   【解析】 本题为2022年考题。隧道工程作为单位工程,包括总体及装饰装修、洞口工程、洞身工程、洞身衬砌、防排各分部工程所含的单项工程见教材表3.4.2。

隧道分部、分项工程表　　　　　　　　　　教材表3.4.2

分部工程	分项工程
总体及装饰装修	隧道总体、装饰装修工程
洞口工程	洞口边仰坡防护、洞门和翼墙的浇(砌)筑、截水沟、洞口排水沟、明洞浇筑、明洞防水层、明洞回填
洞身工程	洞身开挖
洞身衬砌	喷射混凝土、锚杆、钢筋网、钢架、仰拱、仰拱回填、衬砌钢筋、混凝土衬砌、超前锚杆、超前小导管、管棚
防排水	防水层、止水带、排水
路面	基层、面层
辅助通道	洞身开挖、喷射混凝土、锚杆、钢筋网、钢架、仰拱、仰拱回填、衬砌钢筋、混凝土衬砌、超前锚杆、超前小导管、管棚、防水层、止水带、排水

15. 车行横通道的设置间距宜为( )m。
   A. 350   B. 500   C. 750   D. 1000
   答案:C
   【解析】 本题为2022年考题。上、下行隧道之间设人行横通道和车行横通道。人行横通道限界宽度不得小于2.0m、限界高度不得小于2.5m,设置间距宜为250m,并不应大于350m;车行横通道限界宽度不得小于4.5m、限界高度不得小于5.0m,设置间距宜为750m,并不应大于1000m,中、短隧道可不设。

16. ( )隧道衬砌应采用复合式衬砌
   A. 高速公路   B. 一级公路
   C. 二级公路   D. 三级公路
   E. 四级公路
   答案:ABC
   【解析】 本题为2022年考题。复合式衬砌是由内外两层衬砌组合而成,第一层称为初期支护(一般是喷锚衬砌),第二层为二次衬砌(一般是整体式衬砌),初期支护与二次衬砌之间夹防水层。在高速公路、一级公路、二级公路中的隧道衬砌应采用复合式衬砌。

17.隧道喷锚衬砌可加固围岩、控制围岩变形,并能充分利用和发挥围岩的( )。
A.耐久性　　　　B.建筑特性　　　　C.强度特性　　　　D.自承能力

答案:D

【解析】 本题为2023年考题。喷锚衬砌是喷射混凝土支护、喷射混凝土+锚杆支护、喷射混凝土+锚杆+钢筋网支护、喷射混凝土+锚杆+钢筋网+钢架支护的统称,是一种加固围岩、控制围岩变形、能充分利用和发挥围岩自承能力的支护衬砌形式,具有支护及时、柔性、紧贴围岩、与围岩共同变形等特点,在受力条件上比整体式衬砌优越,对加快施工进度,节约劳动力及原材料,降低工程成本等效果显著,能保证围岩的长期稳定。

18.根据《公路隧道设计规范》(JTG 3370.1—2018),隧道内的人行横通道应( )。
A.在单端设置可自动关闭的防火门　　B.在两端设置可自动关闭的防火门
C.在单端设置可自动关闭的防火卷帘　D.在两端设置可自动关闭的防火卷帘

答案:B

【解析】 本题为2023年考题。隧道救援及消防设施。双洞分离的公路隧道,双洞之间应根据现行《公路隧道设计规范 第一册 土建工程》(JTG 3370.1)的规定设置人行横通道、车行横通道。单洞双向通行的特长公路隧道,宜设置平行通道、人行横通道、车行横通道等设施,有条件时可设置直接通向地面的横通道,并应符合现行公路隧道设计规范 第一册 土建工程)(JTG 3370.1)的规定。车行横通道应设防火卷帘,防火卷帘应采用钢质防火、防烟卷帘,防火卷帘应具备现场和远程控制开闭功能。人行横通道的两端应设防火门,防火门在正常情况下应关闭,其开启方向应为疏散方向,应能在门两侧开启,且应具有自动关闭功能。

19.根据《公路隧道照明设计细则》(JTG/T D70/2-01—2014),公路隧道照明设施的设计应包括( )。
A.照明控制　　　　　　　　　　B.照明光源
C.入口段照明　　　　　　　　　D.中间段照明
E.出口段照明

答案:ACDE

【解析】 本题为2023年考题。公路隧道照明设施的设计应包含入口段照明、过渡段照明、中间段照明、出口段照明、紧急停车带和横通道照明、应急照明和洞外引道照明、照明控制的设计等。

本 节 习 题

Ⅰ.单项选择题

1.隧道按其所处的位置不同可分为( )。
A.山岭隧道　　　B.连拱形　　　　C.公路隧道　　　D.铁路隧道

2.某公路隧道长度为1500m,应为( )。
A.特长隧道　　　B.长隧道　　　　C.中隧道　　　　D.短隧道

3. 公路隧道长度,是指( )。
   A. 进出口洞门端墙之间的水平距离
   B. 两端路面路线中线的距离
   C. 进出口洞门端墙与路面之间的水平距离
   D. 两端端墙面与路面的交线同路线中线交点间的距离

4. 隧道洞口仰坡坡脚至洞门墙背的水平距离( )。
   A. 不应小于1.0m B. 不应小于1.5m C. 应大于3.0m D. 应大于3.5m

5. 在山体岩石整体性很好的情况下,为防止表面岩石风化而做的衬砌,称为( )。
   A. 构造衬砌 B. 承载衬砌
   C. 复合式衬砌 D. 装饰衬砌

6. 公路隧道按其长度的不同可分为( )。
   A. 一类 B. 二类 C. 三类 D. 四类

7. 隧道洞门端墙与仰坡之间水沟的沟底至衬砌拱顶外缘的高度( )m。
   A. 不应小于0.5 B. 不应小于1.0
   C. 不应小于1.5 D. 不应小于2.0

8. 隧道洞门墙顶应高出仰坡坡脚( )。
   A. 0.5m以上 B. 1.0m以上 C. 1.5m以上 D. 2.0m以上

9. 承受围岩压力,需进行荷载计算,一般都做成整体式衬砌,此衬砌称为( )。
   A. 构造衬砌 B. 承载衬砌
   C. 复合式衬砌 D. 装饰衬砌

10. 对于傍山线路靠河的一侧,其纵坡向外下坡,出口有河槽或谷地便于排水和堆渣,可设置( )。
    A. 横洞 B. 竖井 C. 斜井 D. 平行导坑

11. 对于隧道覆盖层较薄,或虽厚但在适宜处旁侧有低洼地形时,可设置( )。
    A. 横导坑 B. 竖井 C. 斜井 D. 平行导坑

12. 公路隧道内的纵坡,一般( )。
    A. 大于0.2%,但不应大于2.0% B. 大于0.3%,但不应大于2.0%
    C. 大于0.3%,但不应大于3.0% D. 大于0.4%,但不应大于4.0%

13. 公路隧道应设计为上、下分离的独立双洞,是( )。
    A. 高速公路、一级公路 B. 二级公路
    C. 三级公路 D. 四级公路

14. 公路隧道的防水排水系统应采取的措施是( )。
    A. 主要是防、堵两项 B. 主要是防、排、堵三项
    C. 主要是防、排、堵、截四项 D. 主要是防、排、堵、截、引五项

15. 公路隧道的横断面设计,当不设置检修道或人行道时,应设不小于( )cm的余宽。
    A. 20 B. 25 C. 30 D. 35

16. 公路隧道的围岩分级,分为( )。
    A. Ⅲ级 B. Ⅳ级 C. Ⅴ级 D. Ⅵ级

17. 按《公路工程技术标准》(JTG B01—2014)中的隧道分类标准,特长隧道指长度 L 为( )。

    A. $L \geq 3000$m   B. $L > 3000$m   C. $L \geq 2500$m   D. $L > 2500$m

18. 按《公路隧道设计规范 第一册 土建工程》(JTG 3370.1—2018)规定,隧道长度大于( )m时,必须设置照明。

    A. 50   B. 100   C. 150   D. 200

19. 公路隧道的横断面,主要是指隧道的( )。

    A. 净空断面与衬砌断面之和   B. 施工开挖断面

    C. 设计开挖断面   D. 净空断面

20. 高速公路、一级公路隧道建筑限界高度为( )m。

    A. 4.0   B. 4.5   C. 5.0   D. 5.5

Ⅱ. 多项选择题

1. 隧道按其所处的位置不同,可分为( )。

    A. 山岭隧道   B. 水下隧道

    C. 公路隧道   D. 城市地铁

2. 隧道洞门墙的基础必须置于稳固的地基上,应根据实际需要设置( )。

    A. 防水层   B. 伸缩缝

    C. 沉降缝   D. 泄水孔

3. 隧道衬砌按组成可分为( )。

    A. 承载衬砌   B. 构造衬砌

    C. 整体式衬砌   D. 复合式衬砌

4. 当公路隧道位置处于下列( )情况时,一般都设置明洞。

    A. 行人或牲畜通过公路山边上方时

    B. 洞顶覆盖层薄,不宜大开挖修建路堑而又难于采用暗挖法修建隧道的地段

    C. 可能受到塌方、落石或泥石流威胁的洞口或路堑

    D. 铁路、公路、水渠和其他人工构造物必须在拟建公路的上方通过,又不宜采用隧道或立交桥或涵渠跨越的地点

5. 公路明洞的结构形式有( )。

    A. 拱形明洞   B. 箱形明洞

    C. 曲墙形明洞   D. 直墙形明洞

6. 隧道洞门正面端墙是洞门的主要组成部分,其作用是( )。

    A. 抵抗山体的纵向推力   B. 支撑仰坡

    C. 缩短隧道长度   D. 支撑管棚

7. 隧道承载衬砌常用的材料有( )。

    A. 混凝土   B. 钢筋混凝土

    C. 锚喷混凝土   D. 浆砌片石

8. 关于公路隧道照明,以下说法正确的是( )。

A. 为了保证车辆的正常行驶和交通安全,隧道应设电光照明
B. 对于交通量较小且长度小于200m的短隧道,可以不设照明设施
C. 对于交通量较小和行人密度不大的隧道,可以不设白天照明设施
D. 长度超过200m的高速公路、一级公路隧道,应设置照明设施

9. 公路隧道内保持良好的通风是行车安全的必要条件,其通风方式有(　　)。
A. 机械通风　　　　　　　　B. 自然通风
C. 人力通风　　　　　　　　D. 空气压缩机通风

10. 公路隧道的内轮廓限界包括(　　)。
A. 隧道通风所需的空间断面积
B. 隧道建筑限界
C. 隧道照明所需的空间断面积
D. 隧道衬砌所需的空间断面积

本节习题答案及解析

Ⅰ.单项选择题

1. 答案:A
【解析】 隧道按其所处的位置不同,可分为山岭隧道、水下隧道(河底和海底)以及城市隧道等。

2. 答案:B
【解析】 某公路隧道长度1500m,应为长隧道。

3. 答案:D
【解析】 公路隧道长度是指进出口洞门端墙之间的水平距离,即两端端墙面与路面的交线同路线中线交点间的距离。

4. 答案:B
【解析】 洞口仰坡坡脚至洞门墙背的水平距离不应小于1.5m。

5. 答案:D
【解析】 装饰衬砌是在山体岩石整体性很好,为防止表面岩石风化而做的衬砌。

6. 答案:D
【解析】 公路隧道按其长度的不同,可分为特长隧道、长隧道、中隧道、短隧道四类。

7. 答案:B
【解析】 洞门端墙与仰坡之间水沟的沟底至衬砌拱顶外缘的高度不应小于1.0m。

8. 答案:A
【解析】 洞门墙顶应高出仰坡坡脚0.5m以上。

9. 答案:B
【解析】 承载衬砌的作用是承受围岩压力,一般由拱顶、边墙和仰拱(无仰拱时做铺底)组成。承载衬砌需进行荷载计算和衬砌设计,一般都做成整体式,常用的材料有混凝土、钢筋混凝土或浆砌片石。

10. 答案:A

【解析】 横导坑多用于傍山线路靠河的一侧,其纵坡向外下坡,出口有河槽或谷地便于排水和堆渣,且有利于正洞的施工通风。

11. 答案:C

【解析】 斜井适用于隧道覆盖层较薄,或虽厚但在适宜处旁侧有低洼地形时。

12. 答案:C

【解析】 隧道内的纵坡一般大于0.3%,以利排泄雨水,但不应大于3.0%,独立的明洞和短于50m的隧道可不受此限制。

13. 答案:A

【解析】 高速公路、一级公路隧道应设计为上、下分离的独立双洞。

14. 答案:C

【解析】 隧道的防水排水要求拱部不滴水,边墙不漏水,路面不冒水、不积水,设备箱洞处不渗水,冻害地区隧道衬砌背后不积水、排水沟不冻结。为达到上述要求,应采取防、截、排、堵综合治理,形成防水排水系统。该系统包括洞顶防水排水、洞门排水、洞内排水和洞内防水4个方面。

15. 答案:B

【解析】 当设置检修道或人行道时,不设余宽;当不设检修道或人行道时,应设不小于25cm的余宽。

16. 答案:D

【解析】 《公路隧道设计规范 第一册 土建工程》(JTG 3370.1—2018)规定,公路隧道的围岩分级,分为Ⅵ级。

17. 答案:B

【解析】 按《公路工程技术标准》(JTG B01—2014)中的隧道分类标准,特长隧道指长度 $L > 3000$ m。

18. 答案:D

【解析】 按《公路隧道设计规范 第一册 土建工程》(JTG 3370.1—2018)规定,长度超过200m的高速公路及一级公路隧道应设置照明设施;长度超过100m的光学长隧道也应设置照明。

19. 答案:D

【解析】 公路隧道的横断面,主要是指隧道的净空断面,即衬砌内轮廓线所包围的空间,也称为内轮廓限界。

20. 答案:C

【解析】 建筑限界高度,高速公路、一级公路、二级公路为5.0m,三级公路、四级公路为4.5m。

Ⅱ.多项选择题

1. 答案:AB

【解析】 隧道按其所处的位置不同,可分为山岭隧道、水下隧道(河底和海底)以及城市隧道等。

2. 答案：BCD

【解析】 洞门墙应根据实际需要设置伸缩缝、沉降缝和泄水孔。

3. 答案：CD

【解析】 隧道衬砌按组成可分为喷锚衬砌、整体式衬砌和复合式衬砌。

4. 答案：BCD

【解析】 修建明洞主要基于下列原因：

(1)洞顶覆盖土层薄，围岩成洞条件差，不宜大规模开挖修建路堑而又难以采用暗挖法修建隧道的地段。

(2)路基或隧道口受不良地质危害、难以整治的地段；受路线线形控制无法避开，清理会造成更大病害的地段。

(3)道路两侧有受影响的重要建(构)筑物，路堑开挖会危及建(构)筑物安全，或将来交通运营噪声和烟尘对建(构)筑物使用者造成严重影响的地段。

(4)当公路、铁路、沟渠和其他人工构造物等跨越道路时，由于地形、地质以及线路条件的限制，无法避开的地段，可以用明洞结构代替道路上方跨线桥、过水渡槽等。

(5)为了保持洞口的自然环境，减少洞口开挖或防止洞口边仰坡对隧道洞口造成的危害，可将隧道延长，以明洞方式接长隧道。

5. 答案：AB

【解析】 明洞的结构形式有拱形明洞和箱形明洞两种。

6. 答案：AB

【解析】 洞门正面端墙是洞门的主要组成部分，其作用是抵抗山体的纵向推力、支撑仰坡。

7. 答案：ABD

【解析】 承载衬砌需进行荷载计算和衬砌设计，一般都做成整体式，常用的材料有混凝土、钢筋混凝土或浆砌片石。

8. 答案：AD

【解析】 为了保证车辆的正常行驶和交通安全，隧道应设光电照明，隧道的照明要考虑洞内有合理的光过渡。尤其是白天，要避免"黑洞"效应，使之由亮到暗(洞外到洞内)或由暗到亮(洞内到洞外)有很好的适应过程。长度超过200m的高速公路及一级公路隧道应设置照明设施；长度超过100m的光学长隧道也应设置照明。

9. 答案：AB

【解析】 公路隧道的通风方式有机械通风和自然通风两种。

10. 答案：ABC

【解析】 公路隧道的横断面，主要是指隧道的净空断面，即衬砌内轮廓线所包围的空间，也称为内轮廓限界。它包括隧道建筑限界，以及照明、通风等所需的空间断面积。

(五) 桥涵工程的组成、分类及构造

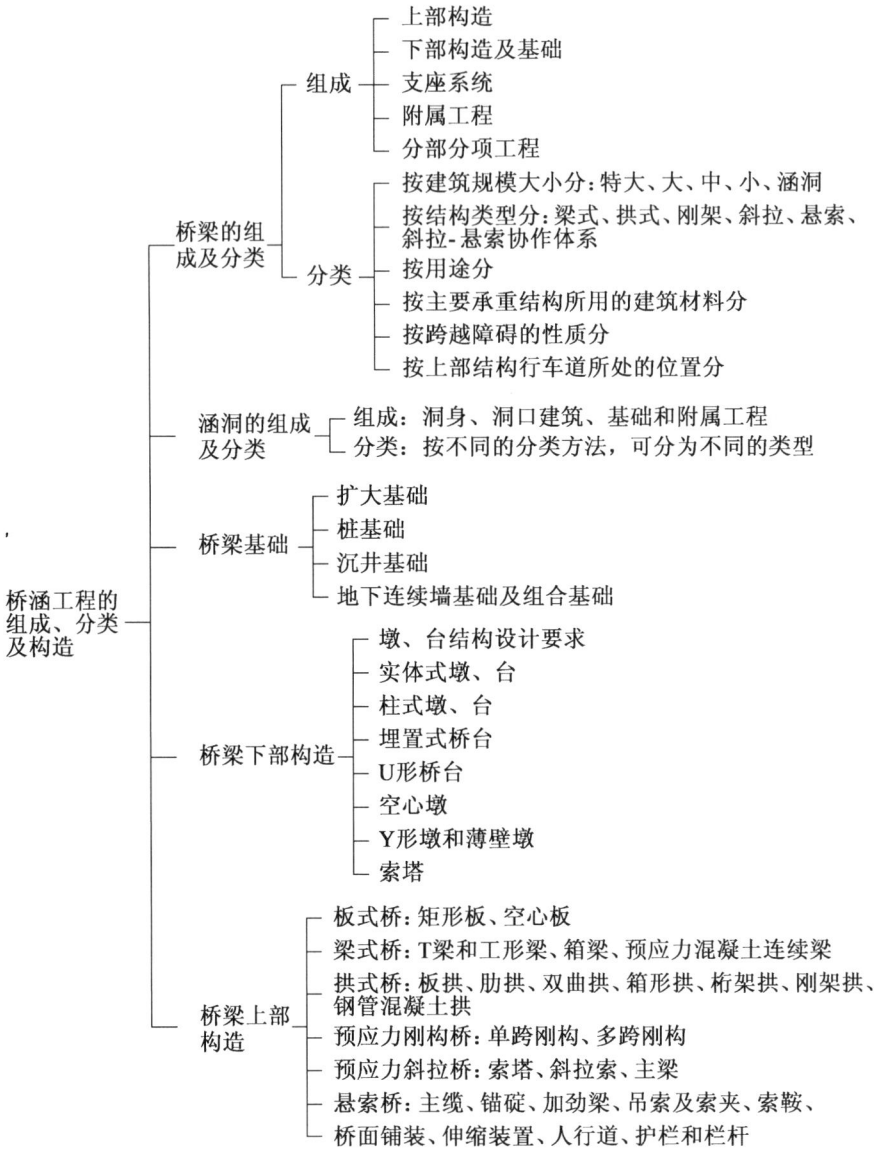

例 题 解 析

1. 下列关于桥梁分类,正确的是( )。
   A. 单孔跨径≥150m 为特大桥
   B. 20m≤单孔跨径≤40m 为中桥
   C. 40m＜单孔跨径≤150m 为大桥
   D. 100m≤多孔总跨径≤1000m 为大桥

答案:D

【解析】 本题为2021年考题。《公路工程技术标准》(JTG B01—2014)规定的桥涵划分标准,见教材表3.5.2。

桥梁涵洞按跨径分类

教材表3.5.2

桥涵分类	特大桥	大桥	中桥	小桥	涵洞
多孔跨径总长$L(m)$	$L>1000$	$100 \leq L \leq 1000$	$30 < L < 100$	$8 \leq L \leq 30$	—
单孔跨径$L_k(m)$	$L_k>150$	$40 \leq L_k \leq 150$	$20 \leq L_k < 40$	$5 \leq L_k < 20$	$L_k<5$

2.适用于拱桥的重力式桥台由( )组成。
　A.台身、台帽、侧墙或八字墙、台背排水
　B.台身、盖梁、耳背墙
　C.台身、拱座、侧墙或八字墙、台背排水
　D.台身、盖梁、耳背墙、锥坡
答案:C
【解析】 本题为2012年考题。拱桥重力式桥台由台身、拱座、侧墙或八字墙及台背排水等所组成。

3.某涵洞表示为 2-3×1.5,其中的"2"表示( )。
　A.跨径为2m　　B.台高为2m　　C.孔数为2孔　　D.基础为2m
答案:C
【解析】 本题为2012年考题。涵洞的建设规模以孔数、跨径、台高的形式来表示。

4.在桥梁工程中,与其他基础形式相比,抗水平作用能力及竖直支承力均较大的基础形式是( )。
　A.桩基础　　B.沉井基础　　C.管柱基础　　D.地下连续墙
答案:B
【解析】 本题为2013年考题。桩基础的特点:耗材少,施工简便。沉井基础的特点:埋置深度大、整体性强、稳定性好,能承受较大的垂直荷载和水平荷载,而且施工设备简单,工艺不复杂,工期长,但易发生流砂现象,造成沉井倾斜,沉井下沉过程中遇到大孤石、树干或岩石表面倾斜较大等,均会给施工带来一定的困难。地下连续墙的特点:①刚度大、强度高,变形小;②对地基无扰动,基础与地基的密着性好,墙壁的摩擦力比沉井井壁大;③施工所占用空间较小,对周围地基及现有建筑物的影响小,可近距离施工,特别适宜于在建筑群中施工;④施工时振动小、噪声低,无须降低地下水位,浇筑混凝土无须设置模板和养护,故可使费用降低。

5.桥梁总跨径为多孔桥梁中各孔( )的总和。
　A.净跨径　　B.计算跨径　　C.基础跨径　　D.标准跨径
答案:A
【解析】 本题为2013年考题。总跨径为各孔净跨径之和。

6.明涵与暗涵的区别是以( )为依据。
　A.洞中有光还是无光　　　　　B.洞口形式
　C.洞身形式　　　　　　　　　D.洞顶填土情况
答案:D

【解析】 本题为2014年、2015年考题。根据涵洞洞顶填土情况的不同,可分为明涵和暗涵。明涵洞顶不填土,适用于低路堤或浅沟渠;洞顶填土厚度大于50cm的称为暗涵,适用于高路堤和深沟渠。

7.下列不属于桥梁下部构造的是(   )。
   A.锥坡　　　　　B.桥墩　　　　　C.台帽　　　　　D.耳背墙
   答案:A
【解析】 本题为2014年考题。下部构造包括桥墩和桥台,台帽、耳背墙属于桥台的组成部分,故选A。

8.悬索桥的主要承重构件是(   )。
   A.加劲梁　　　　B.吊索　　　　　C.锚碇　　　　　D.主缆索
   答案:D
【解析】 本题为2015年考题。主缆索是悬索桥的主要承重构件。

9.关于涵洞洞口设置的说法,错误的是(   )。
   A.进出口应与路基衔接平顺且保证水流畅通
   B.出水口应设置落水井,进水口应设置跌水井等消能设施
   C.洞口有一字式和八字式两种结构形式
   D.改沟移位的涵洞,进出水口的河床应整理顺直,做好上下游导流排水设施
   答案:B
【解析】 本题为2020年考题。本题主要考查涵洞洞口的设置要求。涵洞出水口应设置跌水坎,在进水口处有时应设置落水井(竖井)等减冲、防冲消能设施,一般下游至少应铺设出洞口外3~5m,压力式涵洞宜更长些。

10.关于桥梁桩基础分类的说法,错误的是(   )。
   A.按桩的受力条件分为支承桩和摩擦桩
   B.按施工方法分为钻(挖)孔灌注桩和沉入桩
   C.按桩轴方向分为竖直桩、单向斜桩和多向斜桩
   D.按材料分为木桩、粒料桩、钢桩和钢筋混凝土桩
   答案:D
【解析】 本题为2020年考题。本题主要考查桩基础的分类。桩基础按材料分类有木桩、钢桩和钢筋混凝土桩。

11.关于桥梁上部构造的说法,错误的是(   )。
   A.桥梁上部构造件受力方式分为弯、压和拉三种
   B.桥梁上部构造按照受力和体系主要分为梁、拱两大体系
   C.拱式桥的截面的形式有板拱、薄壳拱、肋拱、双曲拱、箱形拱、桁架拱和刚架拱
   D.梁板式桥的截面形式有矩形板、空心板、肋形梁、箱形梁、组合箱梁和桁架梁
   答案:B
【解析】 本题为2020年考题。桥梁结构按照受力体系划分,主要分为梁、拱、索三大体系。

12.关于预应力斜拉桥的索塔、斜拉索和主梁三者结合方法的说法,错误的是(   )。

A. 漂浮体系　　　　B. 支承体系　　　　C. 刚构体系　　　　D. 悬吊体系

答案：D

【解析】 本题为2020年考题。预应力斜拉桥的索塔、斜拉索和主梁三者不同的结合方法,可以分为漂浮、支承、塔梁固结和刚构四种体系。

13. 下列关于桥墩作用的说法,错误的是(　　)。

　　A. 承受河中水压力

　　B. 承受水面以上的风力

　　C. 承受漂流物或流冰、排筏、船只撞击力

　　D. 承受两岸路堤填土所产生的附加侧压力

答案：D

【解析】 本题为2021年考题。桥墩是多跨桥梁的中间支承上部的构筑物。因此,它还要承受河中水压力,水面以上的风力,以及可能出现的漂流物或流冰、排筏、船只撞击力等。

14. 下列关于埋置式桥台说法正确的是(　　)。

　　A. 埋置式桥台包括有肋形式、框架式、前倾式和双柱式等多种形式

　　B. 台帽部分的内角到护坡表面的距离不应小于50cm,否则应当在台帽的两侧设置挡板,用以挡住护坡填土,以免侵入支座平台

　　C. 双柱式桥台适用跨径40m以内的梁桥

　　D. 埋置式桥台是一种重力式桥台

答案：B

【解析】 本题为2021年考题。埋置式桥台也是一种轻型桥台。埋置式桥台包括有肋形式、框架式、后倾式和双柱式等多种形式。肋形埋置式桥台适用跨径40m以内的梁桥。

15. 下列说法正确的是(　　)。

　　A. 纵向和横向都呈独柱形的索塔仅限于单面斜拉索的桥梁

　　B. 双柱式索塔是双平面索常用的形式,而且它适用于较高的索塔

　　C. 索塔高度和工程量应从基础顶面算起至塔顶

　　D. 索塔施工一般采用翻模法

答案：A

【解析】 本题为2021年考题。斜腿门式索塔是双平面索常用的形式,而且它适用于较高的索塔。索塔的高度要根据塔柱的固结情况来进行区分,当索塔是墩塔相连的固结形式时,其高度和工程量应从基础顶面算起。索塔的施工可以采用滑模法、爬模法和翻模法,一般采用爬模法。

16. 斜拉桥主要由(　　)组成。

　　A. 斜拉索　　　　B. 主梁　　　　C. 钢索　　　　D. 索塔

答案：ABD

【解析】 本题为2019年考题。斜拉桥是将主梁用许多拉索直接拉在桥塔上的一种桥梁,是有承压的塔、受拉的索和承弯的梁体组合起来的一种结构体系。主要由索塔、梁、斜拉索组成。

17. 关于涵洞分类的说法,正确的有( )。
　　A. 根据涵洞洞顶填土情况的不同,可分为明涵和暗涵
　　B. 按涵洞水力特性的不同,可分为无压力式和压力式涵
　　C. 根据涵洞洞身截面形状的不同,可分为圆形涵和方形涵
　　D. 根据涵洞中线与路线中线的关系,可分为正交涵洞和斜交涵洞
　　答案:AD
　　【解析】 本题为2020年考题。按涵洞水力特性的不同,可分为无压力式、半压力式和压力式等。根据涵洞洞身截面形状的不同,可分为圆管涵、盖板涵、拱涵和箱涵等。

18. 悬索桥的加劲梁、主缆及吊索是桥跨( )结构。
　　A. 承重　　　B. 支撑　　　C. 上部　　　D. 下部
　　答案:A
　　【解析】 本题为2022年考题。桥梁的上部结构即桥跨结构,由于桥梁有梁式、拱式、斜拉、悬吊等不同的基本结构体系,故其承重结构的组成各不相同。桥跨承重结构主要指梁、拱圈,斜拉桥的主梁及拉索,悬索桥的加劲梁、主缆及吊索等,在路线中断时跨越障碍的承载结构。

19. 入口水深大于洞口高度,在涵洞全长范围内都充满水流,无自由水面的涵洞属于( )涵洞。
　　A. 无压力式　　　　　　　　　B. 半压力式
　　C. 压力式　　　　　　　　　　D. 倒虹吸式
　　答案:C
　　【解析】 本题为2022年考题。本题考查涵洞按水力特性的不同,可分为无压力式、半压力式,压力式等。其中,压力式涵洞入口水深大于洞口高度,在涵洞全长范围内都充满水流,无自由水面。此类涵洞仅在深沟高路堤或允许壅水但不危害农田时采用。

20. ( )具有埋置深度大、整体性强、稳定性好,能承受较大的垂直荷载和水平荷载的特点。
　　A. 桩基础　　　　　　　　　　B. 刚性扩大基础
　　C. 沉井基础　　　　　　　　　D. 锚碇基础
　　答案:C
　　【解析】 本题为2022年考题。沉井是井筒状构造物。通过井内挖土、依靠自身重力克服井壁摩阻力后下沉至设计高程,然后经过混凝土封底,并填塞井孔,使其成为桥梁墩台或其他结构物的基础。沉井基础的特点是埋置深度大、整体性强、稳定性好,能承受较大的垂直荷载和水平荷载,而且施工设备简单,工艺不复杂,在桥梁工程中应用较为广泛。缺点是工期长,易发生流沙现象造成沉井倾斜,沉井下沉过程中遇到大孤石、树干或岩石表面倾斜较大等,均会给施工带来一定的困难。

21. 空心板预应力施工的两种方法为( )。
　　A. 先张法　　　　　　　　　　B. 后张法
　　C. 现浇法　　　　　　　　　　D. 预制法
　　E. 悬臂法
　　答案:AB

【解析】 本题为 2022 年考题。预应力混凝土空心板的跨径为 10～20m,板厚为 50～100cm,一般采用 C50 混凝土。对构件施加预应力有先张法和后张法两种不同的方法,还要对孔道压入水泥浆和浇筑梁端封锚混凝土。

22. 悬索桥的主缆是悬索桥的主要承重构件之一,可采用( )。
    A. 预应力螺纹钢筋　　　　　　　　B. 钢绞线钢缆
    C. 钢丝绳钢缆　　　　　　　　　　D. 预应力螺纹钢筋
    E. 平行钢丝束钢缆柳

答案:BCE

【解析】 本题为 2022 年考题。主缆是悬索桥的主要承重构件之一,不仅承担自重恒载,还通过索夹和吊索承担加劲梁(包括桥面)等其他恒载以及各种活载。此外,主缆还要承担部分横向风载,并将其传至索塔顶部。主缆可采用钢丝绳钢缆、钢绞线钢缆或平行钢丝束钢缆,由于平行钢丝束钢缆弹性模量高,空隙率低,抗锈蚀性能好,因此大跨度悬索桥的主缆均采用这种形式。选项 AD 为普通桥梁所用预应力钢材。

23. 关于支座的说法,正确的是( )。
    A. 支座的作用仅是传递上部结构的支撑反力。
    B. 连续梁桥每联的所有墩台均应设置活动支座,
    C. 标准跨径小于 20m 的简支梁、板桥,宜采用盆式橡胶支座
    D. 悬臂端的锚固墩应在一侧设置固定支座,另一侧设置活动支座

答案:D

【解析】 本题为 2023 年考题。选项 A 支座不仅要传递上部结构的支撑反力,而且要保证结构在活载、温度变化、混凝土收缩和徐变等因素作用下的自由变形和桥梁的正常运营。梁式桥的支座一般分为固定式和活动式两种。选项 B 连续梁桥则应在每联的一个桥墩上设置固定支座,而在其余的墩台上设置活动支座。选项 C 切线式钢支座由两块厚为 40～50mm 的铸钢制成,适用于跨径不大于 20m 和支承反力不超过 600kN 的梁桥。选项 D 悬臂梁的锚固跨应在一侧设置固定支座,另一侧设置活动支座。多孔悬臂梁桥的挂梁支座设置与简支梁相同。

24. 下列情形中,宜采用扩大基础的是( )。
    A. 施工水位或地下水位较高
    B. 地基计算沉降过大且结构物对不均匀沉降敏感
    C. 基础埋置深度较浅,地基的承载力能满足设计的要求
    D. 荷载较大,地基上部土层软弱,适宜的地基持力层位置较深

答案:C

【解析】 本题为 2023 年考题。天然地基上的浅基础的特点是将基础底面直接设置在土层或岩层上,其埋置深度较浅,一般从地表面至地基的深度在 5m 以内,而地基的承载力又能满足设计的要求,则采用这种天然地基上的浅基础。

25. 某高速公路桥梁,盖梁设计长度为 19m,经济合理的墩柱形式是( )。
    A. 独柱式　　B. 双柱式　　C. 三柱式　　D. 五柱式

答案:C

【解析】 本题为 2023 年考题。采用三柱式。高等级公路桥梁的桥面一般都比较宽,斜

交时桥墩的盖梁长度可达 18m 左右。通常采用桩连柱的形式设置较小的盖梁高度和跨径,此相间距离一般在 6~8m。若按双柱设计,盖梁内力必然增大,势必加大钢筋混凝土盖梁的高度,相应会使路堤高度增加,从总体上来讲是不经济的。

26. 关于桥面铺装的说法,正确的有(　　)。

　　A. 设置混凝土调平层的桥面,调平层厚度不宜小于 70mm
　　B. 对特大桥或有特殊使用要求的钢结构桥梁,其桥面铺装宜进行专项设计
　　C. 高速公路、一级公路水泥混凝土桥桥面沥青混合料铺装层厚度不宜小于 80mm
　　D. 桥面铺装设计时应综合考虑桥梁类型、公路等级、交通荷载等级和气候条件等因素
　　E. 钢桥面铺装结构应简单、有效,可由防腐层、防水黏结层、沥青混凝土铺装层等组成,总厚度不宜超过 80mm

【答案】:BDE

【解析】　本题为 2023 年考题。设置混凝土调平层的桥面,调平层厚度不宜小于 80mm;高速公路、一级公路水泥混凝土桥桥面沥青混合料铺装层厚度不宜小于 70mm。

27. 关于悬索桥的说法,正确的有(　　)。

　　A. 大跨度悬索桥的加劲梁均为预应力混凝土结构
　　B. 吊索与加劲梁的连接方式有骑跨式和销接式两种
　　C. 吊索可布置成垂直形式的直吊索或倾斜形式的斜吊索
　　D. 索鞍是支撑主缆的重要构件,其作用是保证主缆平顺转折
　　E. 现代悬索桥一般由索塔、主缆、锚碇、钢锚梁、吊索、索夹,加劲梁及索鞍等主要部分组成

【答案】:CD

【解析】　本题为 2023 年考题。本题主要考查悬索桥的主要结构特点。悬索桥由承受拉力的悬索作为主要承重结构。现代悬索桥一般由索塔、主缆、锚碇、吊索、索夹、加劲梁及索鞍等主要部分组成。大跨度悬索桥的加劲梁均为钢结构,通常采用桁架梁和箱形梁。吊索是将加劲梁等恒载和桥面活载传递到主缆的主要构件,可布置成垂直形式的直吊索或倾斜形式的斜吊索。吊索与加劲梁连接的两种方式为锚头承压式和铰接式,而骑跨式和销接式是吊索与主缆索的连接方式。

本 节 习 题

Ⅰ. 单项选择题

1. 桥梁是在路线中断时跨越障碍的承载结构,其承重结构主要指(　　),斜拉桥的拉索、悬索桥的主缆及吊索、墩台等。

　　A. 桥台　　　　B. 桥墩　　　　C. 梁或拱圈　　　D. 桥面系

2. 承重结构与墩、台的支承处所设置的传力装置,称为(　　)。

　　A. 铰　　　　　B. 盖梁　　　　C. 支座　　　　　D. 墩台帽

3. 中小跨径的桥梁通常采用的支座有(　　)。

　　A. 钢盆式橡胶支座　　　　　　　B. 辊轴钢支座

C. 钢筋混凝土支座　　　　　　　　D. 板式橡胶支座

4. 辊轴钢支座适用于较大跨径的桥梁,支座的垫板可采用铸钢,铰轴和滚轴可采用锻钢,滚轴的直径一般在(　　)mm以上。
   A. 50　　　　B. 75　　　　C. 90　　　　D. 100

5. 支撑桥跨结构并将恒载和车辆等活载传至基础的建筑物,称为(　　)。
   A. 桥台　　　　B. 台帽　　　　C. 支座　　　　D. 盖梁

6. 将桥梁墩、台所承受的各种荷载传递到地基上的结构物,称为(　　)。
   A. 系梁　　　　B. 基础　　　　C. 铺底　　　　D. 地下连续墙

7. 《公路工程技术标准》(JTG B01—2014)对桥涵的划分标准是以桥涵的长度和跨径的大小进行划分,桥梁标准跨径为5×20m属于(　　)。
   A. 特大桥　　　B. 大桥　　　　C. 中桥　　　　D. 小桥

8. 在竖向荷载作用下无水平反力的桥梁,称为(　　)。
   A. 组合体系桥　B. 刚构桥　　　C. 拱式桥　　　D. 梁式桥

9. 根据现行《公路桥涵设计通用规范》(JTG D60)的规定,高速公路和一级公路中的特大桥,设计洪水位应为(　　)一遇。
   A. 25年　　　　B. 50年　　　　C. 100年　　　D. 300年

10. 根据现行《公路桥涵设计通用规范》(JTG D60)的规定,桥跨结构在相邻两个支座中心之间的水平距离,称为(　　)。
    A. 计算跨径　　B. 净跨径　　　C. 总跨径　　　D. 标准跨径

11. 有桥台的桥梁为两岸桥台的侧墙或八字墙尾端之间的距离,无桥台的桥梁则为桥面系行车道的长度,称为(　　)。
    A. 桥梁全长　　B. 多孔跨径总长　C. 总跨径　　　D. 计算跨径总长

12. 梁式、板式桥涵为多孔标准跨径之和,拱式桥以两岸桥台内起拱线之间的水平距离为准;其他形式的桥梁为桥面系的行车道长度,称为(　　)。
    A. 桥梁全长　　B. 多孔跨径总长　C. 总跨径　　　D. 计算跨径总长

13. 高速公路、一级公路和二级公路,桥上的净空高度是(　　)。
    A. 4.0m　　　　B. 4.5m　　　　C. 5.0m　　　　D. 5.5m

14. 公路桥梁桥下净空,是指(　　)。
    A. 施工水位至上部结构最下缘之间的净空高度
    B. 壅水水位至上部结构最下缘之间的净空高度
    C. 设计洪水位至上部结构最下缘之间的净空高度
    D. 通航水位至上部结构最下缘之间的净空高度

15. 行车道路面的高程至上部结构最下缘之间的距离,称为(　　)。
    A. 桥梁的建筑高度　　　　　　　B. 桥梁高度
    C. 桥梁的限界　　　　　　　　　D. 桥梁的净空高度

16. 根据涵洞洞顶填土情况的不同,可分为明涵和暗涵。明涵洞顶不填土,适用于低路堤或浅沟渠;洞顶填土厚度大于(　　)cm的称为暗涵,适用于高路堤和深沟渠。
    A. 50　　　　B. 60　　　　C. 80　　　　D. 100

17. 涵洞的建设规模以孔数、跨径、台高的形式来表示,其长度则以路基横断面方向的水平距离作为计算依据。如 2-1.0×1.2 其中的 2 表示( )。
   A. 跨径 2m   B. 台高 2m   C. 双孔   D. 涵长 2m

18. 对于跨径在 16m 以内的梁桥,其上部构造宜选用( )。
   A. T 梁   B. 工形梁   C. 箱梁   D. 板梁

19. 公路整体式钢筋混凝土板,适用于跨径( )的桥梁。
   A. <13m   B. <16m   C. <8m   D. <6m

20. 公路预应力混凝土空心板,一般采用( )混凝土。
   A. C25   B. C30   C. C40   D. C50

21. 先张法预制空心板时,在立模和浇筑混凝土之前,张拉预应力钢绞线或高强钢丝,待混凝土达到了( )时,逐渐将预应力筋放松。
   A. 设计强度
   B. 设计强度的 90%
   C. 设计强度的 80%
   D. 设计强度的 70%

22. 公路钢筋混凝土悬臂板桥一般做成双悬臂式结构,中间跨径一般为( )。
   A. 6~8m   B. 8~10m   C. 10~12m   D. 12~14m

23. 公路钢筋混凝土悬臂板桥,两端伸出的悬臂长度约为中间跨径的( )。
   A. 0.3 倍   B. 0.4 倍   C. 0.5 倍   D. 0.6 倍

24. 预应力空心板封头混凝土的强度等级,应采用( )。
   A. 构件本身混凝土相同强度等级
   B. 构件本身混凝土强度等级的 90%
   C. 构件本身混凝土强度等级的 80%
   D. 构件本身混凝土强度等级的 70%

25. 箱梁有单箱、多箱和组合箱梁等多种形式。一般设计为等截面的 C40 钢筋混凝土和 C50 预应力混凝土结构,其梁的高度常为跨径的( )。
   A. 1/20~1/16   B. 1/19~1/17   C. 1/18~1/16   D. 1/17~1/15

26. 在较宽阔的河谷上修建连续梁时,通常采用( )一联的多联结构形式。
   A. 2~3 孔   B. 2~5 孔   C. 4~7 孔   D. 5~8 孔

27. 公路实腹式的拱桥,一般适用于跨径( )。
   A. 20m 以下   B. 25m 以下   C. 30m 以下   D. 35m 以下

28. 公路大跨径空腹式拱桥的伸缩装置一般设置在( )。
   A. 在墩(台)两拱脚起拱线的上方
   B. 在紧靠墩(台)的一孔做成的三铰拱的拱铰上方
   C. 在紧靠跨中两铰拱的铰上方
   D. 在任意两铰拱的铰上方

29. 修建预应力连续刚构桥上部构造时,一般采用的施工方法是( )。
   A. 悬臂法   B. 顶推   C. 缆索吊装   D. 支架现浇

30. 关于拱式桥,说法有误的是( )。
   A. 由于水平推力的作用,使拱的弯矩与同跨径的梁板桥的弯矩相比就要小得多

B. 采用抗压性能较好而抗拉性能较差的天然石料和混凝土修建

C. 其缺点是自重较大,水平推力也大

D. 其优点是承载能力大,跨越能力大,施工简单

31. 关于箱形拱桥,说法有误的是( )。

    A. 箱形拱圈预制,采用无支架缆索吊装施工,通常根据跨径大小,分为三段、五段及七段

    B. 箱形拱以采用闭合箱形为宜,故在实际中多采用闭合箱形

    C. 箱形拱横向整体性强,稳定性好

    D. 箱形拱抗扭刚度大

32. 关于钢管混凝土拱桥,说法有误的是( )。

    A. 钢管的套箍作用大大提高了混凝土的塑性性能,使得混凝土,特别是高强度混凝土脆性的弱点得到克服

    B. 钢管混凝土拱桥,具有自重轻、强度大、抗变形能力强的优点

    C. 内填型钢管混凝土使得混凝土的径向变形受到钢管的约束而处于三向受力状态,承载能力大大提高

    D. 钢管混凝土是钢管与混凝土的组合材料,由于材料性质不同,因而发展有限

33. 关于预应力刚构桥,说法有误的是( )。

    A. 连续刚构是墩、梁固结的连续结构

    B. 由于固结的桥墩能提供部分固端弯矩,从而使跨中弯矩减小,因而可以达到较大的跨径

    C. 修建预应力刚构桥时,无论是现浇还是预制安装,都采用悬臂的施工方法

    D. 预应力刚构桥现浇同预应力连续梁桥的施工方法基本上是不相同的

34. 预应力斜拉桥梁的高度,一般只有跨径的( )。

    A. 1/50~1/20   B. 1/70~1/30   C. 1/80~1/40   D. 1/200~1/100

35. 斜拉桥的主梁,其外缘做成尖嘴形,主要是为( )。

    A. 美观   B. 减少风的阻力

    C. 利于斜拉索的锚固   D. 增加桥面宽度

36. 预应力斜拉桥,将桥墩、索塔与主梁三者固结在一起,属于( )。

    A. 悬浮体系   B. 支承体系

    C. 塔梁固结体系   D. 刚构体系

37. 目前世界上跨径最大的桥型是( )。

    A. 悬索桥   B. 钢箱梁斜拉桥

    C. 预应力刚构桥   D. 预应力连续梁桥

38. 恒载与活载之比最小的桥型是( )。

    A. 钢箱梁斜拉桥   B. 悬索桥

    C. 预应力刚构桥   D. 预应力连续梁桥

39. 目前,大跨度悬索桥的主缆索均采用( )。

    A. 钢丝绳钢缆   B. 钢绞线钢缆

C. 直径 5mm 的高强度镀锌钢丝　　　　D. 平行钢丝束钢缆

40. 关于悬索桥的锚碇,说法有误的是(　　)。
   A. 重力式锚碇,适用于锚碇处有坚实基岩的地质条件
   B. 锚碇主要由锚碇基础、锚块、主索的锚碇架及固定装置和遮棚组成
   C. 锚碇是主缆索的锚固构造
   D. 主缆索中的拉力通过锚碇传至基础

41. 关于悬索桥的吊索,说法有误的是(　　)。
   A. 吊索是将加劲梁等恒载和桥面活载传递到主缆索的主要构件
   B. 吊索可布置成垂直形式的直吊索或倾斜形式的斜吊索
   C. 吊索与加劲梁联结是将带有耳板的吊索锚头与固定在加劲梁上的吊耳通过销钉连接
   D. 吊索上端通过索夹将吊索的锚头锚固在主缆索上相连

42. 关于悬索桥索鞍的主要作用,说法有误的是(　　)。
   A. 为主缆索的穿索提供支撑
   B. 索鞍是支承主缆索的重要构件,其作用是保证主缆索平顺转折
   C. 将主缆索中的拉力在索鞍处分解为垂直力和不平衡水平力
   D. 将主缆索中的拉力在索鞍处均匀地传至塔顶或锚碇的支架处

43. 公路桥面应沿横桥向设置(　　)的横坡。
   A. 1%~2%　　　　　　　　　　B. 1%~2.5%
   C. 1.5%~2%　　　　　　　　　D. 2%~4%

44. 大跨径公路桥梁,要求伸缩量大于 100mm 的伸缩装置,宜采用(　　)。
   A. 异形钢单缝式伸缩装置　　　　B. 镀锌铁皮沥青麻絮伸缩装置
   C. 模数式伸缩装置　　　　　　　D. 梳形钢板伸缩装置

45. 位于城镇附近和行人较多的桥梁,一般均应设置人行道,其宽度一般为 0.75m 或 1m,当大于 1m 时按(　　)m 的倍数增加。
   A. 0.25　　　　B. 0.5　　　　C. 0.75　　　　D. 1.0

46. 目前,我国公路桥梁建设中较为广泛使用的桥墩结构形式,为(　　)。
   A. 双叉形墩　　　　　　　　　　B. 四叉形墩
   C. X 形墩　　　　　　　　　　　D. 重力式墩

47. 主要采用天然石料或片石混凝土砌筑,不需要耗用钢筋,靠自身的质量来平衡外力而保持其稳定的桥墩,称为(　　)。
   A. 轻型桥墩　　　　　　　　　　B. 重力式墩
   C. X 形墩　　　　　　　　　　　D. 双柱式墩

48. 公路桥梁需要设置制动墩的桥形为(　　)。
   A. 单孔拱桥　　　　　　　　　　B. 简支梁桥
   C. 多孔拱桥　　　　　　　　　　D. 连续梁桥

49. 公路实体式轻型桥台(块石砌筑)适宜用于(　　)。
   A. 跨径不大于 13m 的拱桥　　　　B. 跨径为 20m 以内的梁桥

C.跨径不大于13m的板式上部构造　　　　D.刚架拱桥

50.公路 U 形桥台是一种实体重力式桥台,它由前墙和两个侧墙构成一个 U 形,侧墙尾墙应有( )的长度插入路堤内。
  A.不小于30cm　　B.不小于50cm　　C.不小于75cm　　D.不小于90cm

51.公路混凝土或钢筋混凝土空心桥墩目前多用于( )。
  A.高度40m以内的桥墩　　　　　　B.50～150m高墩
  C.连续刚构的桥墩　　　　　　　　D.拱桥桥墩

52.关于索塔,说法有误的是( )。
  A.索塔主要承受轴力
  B.独柱形的索塔,外形轻巧美观,结构简单,是吊桥和斜拉桥常用的结构形式
  C.斜腿门式索塔,是单面斜拉索常用的形式
  D.索塔一般都比较高,施工时应采用提升模架,并设置施工电梯

53.天然地基上的浅基础开挖基坑,基坑的大小应满足基础施工作业的要求,一般基底应比设计的平面尺寸( )。
  A.相等　　　　　　　　　　　　　B.各边增宽20～40cm
  C.各边增宽50～100cm　　　　　　D.各边增宽100～150cm

54.刚构桥的多跨墩、梁固结的结构,通常称为( )。
  A.T形刚构桥　　　　　　　　　　B.斜腿刚构
  C.连续刚构　　　　　　　　　　　D.门式刚构

55.桥梁全长的计算规定是,有桥台的桥梁为( )。
  A.各桥孔标准跨径之和
  B.两岸桥台前墙之间的距离
  C.两岸桥台的侧墙或八字墙尾端之间的距离
  D.桥面系行车道的长度

56.梁式桥多孔跨径总长是桥梁中各孔( )的总和。
  A.净跨径　　　　　　　　　　　　B.计算跨径
  C.理论跨径　　　　　　　　　　　D.标准跨径

57.矩形板上部构造是小跨径公路桥梁最常用的钢筋混凝土梁,有整体式和装配式两种结构,整体式适用于跨径不大于( )的桥梁。
  A.6m　　　　　B.8m　　　　　C.16m　　　　　D.20m

58.预应力连续梁可以做成等跨和不等跨,对于大跨径的预应力连续梁桥其截面形式一般都采用( )截面。
  A.T形　　　　　B.工形　　　　　C.矩形　　　　　D.箱形

59.行车道路面的高程至上部结构最下缘之间的距离称为( )。
  A.桥梁净空　　　　　　　　　　　B.桥梁结构高度
  C.桥下净空高度　　　　　　　　　D.桥梁通航高度

60.设计洪水位至上部结构最下缘之间的净空高度,是为保证洪水、流冰排泄无阻和符合河流通航净空要求所规定的一个重要设计参数是( )。

A. 桥梁建筑高度 B. 桥梁高度
C. 桥下净空高度 D. 桥梁通航高度

61. 埋置式桥台是一种( )桥台。
　　A. 重力式　　B. 轻型　　C. 组合式　　D. 孔腹式

62. 当地基计算沉降过大或结构物对不均匀沉降敏感时,可采用( )基础。
　　A. 沉井　　B. 桩　　C. 管柱　　D. 刚性

63. 不受环境影响、适用于低温地区的支座,是( )。
　　A. 切线式钢支座 B. 辊轴钢支座
　　C. 球型支座 D. 橡胶支座

Ⅱ. 多项选择题

1. 梁式桥支座的作用,是( )。
　　A. 传递上部结构的支承反力
　　B. 支承上部结构抗弯抗扭
　　C. 保证结构在活载、温度变化下自由变形
　　D. 保证结构在混凝土收缩和徐变等因素作用下的自由变形

2. 桥梁的下部结构包括( )。
　　A. 桥台　　B. 桥墩　　C. 承台　　D. 索塔

3. 桥梁的附属工程主要包括( )等。
　　A. 桥面铺装　　B. 支座　　C. 锥坡　　D. 调治构造物

4. 涵洞水利特性的不同,可分为( )。
　　A. 倒虹吸式　　B. 压力式　　C. 半压力式　　D. 无压力式

5. 涵洞由( )组成。
　　A. 洞身　　B. 洞口建筑　　C. 基础　　D. 附属工程

6. 涵洞的附属工程包括( )等。
　　A. 锥形护坡　　B. 河床铺砌　　C. 路基边坡铺砌　　D. 人工水道

7. 根据涵洞洞身截面形状的不同,可分为( )等。
　　A. 圆管涵　　B. 盖板涵　　C. 拱涵　　D. 箱涵

8. 在桥梁工程中,通常采用的基础有( )。
　　A. 扩大基础　　B. 桩基础　　C. 砂砾垫层基础　　D. 沉井基础

9. 公路桥梁实腹式拱桥拱上建筑包括( )。
　　A. 主拱圈　　B. 护拱　　C. 侧墙　　D. 拱背填料

10. 公路桥梁梁板式桥的上部构造截面形式有( )。
　　A. 矩形板　　B. 梯形板　　C. 肋形梁　　D. 箱形梁

11. 公路空心板桥上部构造的建筑材料有( )。
　　A. 混凝土　　B. 钢筋混凝土　　C. 预应力混凝土　　D. 钢材

12. 公路T形梁主梁由( )组成。
　　A. 梁肋　　B. 横隔板　　C. 伸缩装置　　D. 翼板

13. 公路梁桥的箱梁具有( )。
   A. 有足够的能承受正、负弯矩的混凝土受压区
   B. 横向刚度和抗扭刚度特别大
   C. 适用于中、小跨径的简支梁桥
   D. 易于做成与曲线、斜交等复杂线形相适应的桥型结构

14. 公路刚构桥有多种形式,较多采用的有( )。
   A. T形刚构桥　　　　　　　　B. 刚构连续组合梁桥
   C. 连续刚构　　　　　　　　　D. 简支刚构

15. 斜拉桥是一种造型美观的组合体系结构,由( )组成。
   A. 锚碇　　　　B. 索塔　　　　C. 斜拉索　　　　D. 主梁

16. 斜拉桥的斜拉索在立面上的设置形状,有( )。
   A. 辐射形　　　B. 竖琴形　　　C. 三角形　　　　D. 扇形

17. 现代悬索桥通常采用的锚碇形式有( )。
   A. 码头桩式锚碇　B. 重力式锚碇　C. 隧道式锚碇　D. 铸铁式锚碇

18. 大跨径悬索桥的加劲梁均为钢结构,通常采用( )。
   A. 工形钢梁　　B. 槽形钢梁　　C. 桁架梁　　　　D. 箱形梁

19. 适用于伸缩量不大于80mm的公路桥梁,异形钢单缝式伸缩装置,由( )组成。
   A. 单缝钢　　　B. 边钢梁　　　C. 橡胶密封带　　D. 钢横梁

20. 公路桥梁的人行道一般都采用装配式结构,它包括( )。
   A. 人行道块件　B. 人行道板　　C. 防撞护栏　　　D. 缘石

21. 公路桥梁桥墩,常用的结构形式有( )。
   A. 实体式墩　　B. 埋置式墩　　C. 空心墩　　　　D. Y形墩

22. 建造公路桥梁实体式桥台的主要材料是( )。
   A. 浆砌块片石　B. 片石混凝土　C. 混凝土　　　　D. 钢结构

23. 公路桥梁的轻型桥台有( )形。
   A. 八字　　　　B. 一字　　　　C. U　　　　　　D. 耳墙式

24. 桥梁桩基础,按受力条件可分为( )。
   A. 竖直桩　　　B. 斜桩　　　　C. 摩擦型桩　　　D. 端承型桩

25. 公路桥梁按上部结构行车道位置分有( )。
   A. 上承式桥　　B. 下承式桥　　C. 中承式桥　　　D. 浮桥

26. 下列关于天然地基上的浅基础的特点说法正确的有( )。
   A. 天然地基上的浅基础要开挖基坑,基坑的大小应满足基础施工作业的要求,一般基底应比设计平面尺寸各边增宽50~100cm,并以此作为计算开挖基坑数量的依据,不能作为编制工程造价的依据
   B. 天然地基上的浅基础要开挖基坑,基坑的大小应满足基础施工作业的要求,一般基底应比设计平面尺寸各边增宽50~100cm,并以此作为计算开挖基坑数量和编制工程造价的依据
   C. 渗水土质的基坑坑底的开挖尺寸,还应考虑设置排水沟河集水井的宽度。因此增

加的数量可以作为编制桥梁工程挖基的计价依据

D. 渗水土质的基坑坑底的开挖尺寸,还应考虑设置排水沟河集水井的宽度。因此增加的数量不可以作为编制桥梁工程挖基的计价依据

本节习题答案及解析

Ⅰ. 单项选择题

1. **答案**:C

   【解析】 承重结构主要指梁、拱圈,斜拉桥的拉索、悬索桥的主缆及吊索、墩台等。它是在路线中断时跨越障碍的承载结构。

2. **答案**:C

   【解析】 承重结构与墩、台的支承处所设置的传力装置,称为支座。

3. **答案**:D

   【解析】 板式橡胶支座一般适用于中小跨径的桥梁。

4. **答案**:B

   【解析】 辊轴钢支座适用于较大跨径的桥梁,支座的垫板可采用铸钢,铰轴和滚轴可采用锻钢,滚轴的直径一般在75mm以上。

5. **答案**:A

   【解析】 桥梁的下部工程包括桥台和桥墩或索塔,它是支撑桥跨结构并将恒载和车辆等活载传至基础的建筑物。

6. **答案**:B

   【解析】 基础是将桥梁墩、台所承受的各种荷载传递到地基上的结构物,是确保桥梁安全使用的关键部位。

7. **答案**:B

   【解析】 5×20m 标准跨径,多孔跨径总长为100m,应为大桥。

8. **答案**:D

   【解析】 梁式桥是一种在竖向荷载作用下无水平反力的结构,其主要承重构件是梁。

9. **答案**:D

   【解析】 高速公路和一级公路中的特大桥是以300年一遇的最大洪水位作为设计洪水位,其目的是充分考虑桥位上游村镇和农田的安全,使其不受壅水淹没的危害。

10. **答案**:A

    【解析】 设支座的桥涵指桥跨结构在相邻两个支座中心之间的水平距离,称为计算跨径。

11. **答案**:A

    【解析】 对于桥梁全长,有桥台的桥梁为两岸桥台的侧墙或八字墙尾端之间的距离,无桥台的桥梁则为桥面系行车道的长度。

12. **答案**:B

    【解析】 对于多孔跨径总长,梁式、板式桥涵为多孔标准跨径之和;拱式桥以两岸桥

台内起拱线之间的水平距离为准,其他形式的桥梁为桥面系的行车道长度。

13. 答案:C

【解析】 高速公路、一级公路和二级公路,桥上的净空高度是5.0m。

14. 答案:C

【解析】 桥下净空,即设计洪水位至上部结构最下缘之间的净空高度,是为保证洪水、流冰排泄无阻和符合河流通航净空要求所规定的一个重要设计参数。

15. 答案:A

【解析】 桥梁行车道路面的高程至上部结构最下缘之间的距离,称为桥梁的建筑高度。

16. 答案:A

【解析】 根据涵洞洞顶填土情况的不同,可分为明涵和暗涵。明涵洞顶不填土,适用于低路堤或浅沟渠;洞顶填土厚度大于50cm的称为暗涵,适用于高路堤和深沟渠。

17. 答案:C

【解析】 涵洞的建设规模以孔数、跨径、台高的形式来表示,其长度则以路基横断面方向的水平距离作为计算依据。如2-1.0×1.2其中的2表示双孔。

18. 答案:D

【解析】 目前,我国公路跨径16m以内的梁桥,基本上都是板梁。

19. 答案:B

【解析】 矩形板是公路小跨径钢筋混凝土桥中最常用的桥型之一,有整体式和装配式两种结构,前者是就地浇筑而成,适用于跨径不大于16m的桥梁。

20. 答案:D

【解析】 预应力混凝土空心板的跨径范围在10~20m之间,厚度为50~100cm,一般采用C50混凝土。

21. 答案:C

【解析】 先张法预制空心板时,要修建张拉台座,在立模和浇筑混凝土之前,张拉预应力钢绞线、高强钢丝、钢筋等混凝土达到了规定的强度(不得低于设计强度的80%)时,逐渐将预应力筋放松,并将其张拉的工作长度切割掉。

22. 答案:B

【解析】 悬臂板桥一般做成双悬臂式结构,中间跨径为8~10m,两端伸出的悬臂长度约为中间跨径的0.3倍,板在跨中的厚度约为跨径的1/18~1/14,在支点处的板厚要比跨中加大30%~40%。悬臂端可以直接伸到路堤上,不用设置桥台。

23. 答案:A

【解析】 悬臂板桥一般做成双悬臂式结构,中间跨径为8~10m,两端伸出的悬臂长度约为中间跨径的0.3倍,板在跨中的厚度约为跨径的1/18~1/14,在支点处的板厚要比跨中加大30%~40%。悬臂端可以直接伸到路堤上,不用设置桥台。

24. 答案:A

【解析】 后张法的预应力空心板封头混凝土的强度等级应采用与结构或构件同强度的混凝土。

25. 答案：A

【解析】 箱梁有单箱、多箱和组合箱梁等多种形式。一般设计为等截面的 C40 钢筋混凝土和 C50 预应力混凝土结构，其梁的高度常为跨径的 1/16～1/20。它具有截面挖空率高、材料用量少、结构简单、施工方便等优点。

26. 答案：B

【解析】 在较宽阔的河谷上修建连续梁时，通常采用 2～5 孔一联的多联结构形式。

27. 答案：A

【解析】 实腹式的拱上建筑包括侧墙、拱座、护拱、防水层、拱背填料等工程内容，一般适用于跨径 20m 以下的小型石拱桥。

28. 答案：B

【解析】 空腹式拱桥则在紧靠墩(台)的一孔做成的三铰拱的拱铰上方设置伸缩装置。

29. 答案：A

【解析】 修建预应力刚构桥时，无论是现浇还是预制安装，都采用悬臂施工方法。

30. 答案：D

【解析】 由于水平推力的作用，使拱的弯矩与同跨径的梁板桥的弯矩相比就要小得多，使承重结构的拱圈主要承受压力。因此，采用抗压性能较好而抗拉性能较差的天然石料和混凝土修建。采用圬工材料或钢筋混凝土材料的拱桥缺点是自重较大，水平推力也大，相应增加了墩、台和基础的圬工数量，对地基的条件要求高，采用拱盔、支架来施工，故机械化程度低，耗用劳动力多，施工周期长，施工工序较多，相应地增加了施工难度。采用预制构件及无支架施工可以增大拱桥跨越能力，扩大拱桥的使用范围。采用钢结构或钢管混凝土结构时，可以减小自重，跨径可以进一步加大。

31. 答案：B

【解析】 在施工可能的情况下，箱形拱以采用闭合箱形为宜。但开口箱不仅构件单元质量轻，有利于安装，而且预制工作比闭口箱也要方便，故在实际中多采用开口箱形。一般是在开口箱体安装好后，再安砌盖板(顶板)，然后现浇接缝和整体化混凝土，使之连成整体，最后形成闭合箱形，故横向整体性强，稳定性好，抗扭刚度也大。箱形拱圈及其他肋拱通常根据跨径大小，分为三段、五段及七段等更多段预制，采用无支架的缆索吊装施工。

32. 答案：D

【解析】 钢管混凝土拱桥是我国近年来公路桥梁建筑发展的新技术，具有自重轻、强度大、抗变形能力强的优点。在结构受力方面，随着轴向力 N 的增大，内填型钢管混凝土使得混凝土的径向变形受到钢管的约束而处于三向受力状态，承载能力大大提高。同时，钢管的套箍作用大大提高了混凝土的塑性性能，使得混凝土，特别是高强度混凝土脆性的弱点得到克服。另一方面，混凝土填于钢管之内，增强了钢管管壁的稳定性，刚度也远大于钢结构，使其整体稳定性也有了极大的提高。因此，钢管混凝土材料应用于以受压为主的构件中，较之钢结构和混凝土结构有着极大的优越性。

33. 答案：D

【解析】 连续刚构是墩、梁固结的连续结构，由于固结的桥墩能提供部分固端弯矩，从而使跨中弯矩减小,因而可以达到较大的跨径。有时为了适应特殊的水文地质条件或地形条件,也可以将连续梁桥与连续刚构桥结合起来,成为所谓刚构-连续组合梁桥。其做法通常是在一联连续梁的中部数孔采用墩梁固结的刚构,边部数孔为设置支座的连续梁结构。修建预应力刚构桥时,无论是现浇还是预制安装,都采用悬臂的施工方法。预应力刚构桥的预制安装或现浇同预应力连续梁桥的施工方法基本上是相同的。

34. 答案:D

【解析】 斜拉桥是一种造型美观的组合体系结构,由索塔、斜索和主梁三部分组成,主梁就像小跨度的多孔弹性支承的连续梁一样承受着全部荷载。因此,不仅可以增大跨越的能力,而且梁的高度也可以大大减小,一般只有跨径的1/200至1/100。

35. 答案:B

【解析】 半封闭箱形截面结构。两箱之间设有横隔板,其外缘做成尖嘴形,主要是为减少风的阻力,两侧局部加固,以利于斜拉索的锚固。

36. 答案:D

【解析】 将桥墩、索塔与主梁三者固结在一起,从而形成了在跨度内具有弹性支承的一个刚构体系。

37. 答案:A

【解析】 悬索桥的跨越能力是目前所有桥梁体系中最大的,也是目前能超过千米跨径的桥型。

38. 答案:B

【解析】 悬索桥采用高强钢材作为主要承重结构,所以与其他桥型相比,其恒载与活载之比最小,因此在一般情况下,悬索桥是一种用料最省的桥型。

39. 答案:D

【解析】 悬索桥主缆可采用钢丝绳钢缆、钢绞线钢缆和平行钢丝束钢缆,由于平行钢丝束钢缆弹性模量高、空隙率低、抗锈蚀性能好,因此大跨径悬索桥的主缆均采用这种形式。现代悬索桥的主缆多采用5mm左右的高强度镀锌或镀锌铝钢丝组成。

40. 答案:A

【解析】 锚碇是主缆索的锚固构造。主缆索中的拉力通过锚碇传至基础。重力式锚碇依靠其巨大的自重来承担主缆索的垂直分力,而水平分力则由锚碇与地基之间的摩阻力或嵌固阻力承担。隧道式锚碇则是将主缆索中拉力直接传递给周围的基岩。隧道式锚碇适用于锚碇处有坚实基岩的地质条件。当锚固地基处无岩层可利用时,均采用重力式锚碇。锚碇主要由锚碇基础、锚块、主索的锚碇架及固定装置和遮棚组成。

41. 答案:D

【解析】 吊索也称吊杆,是将加劲梁等恒载和桥面活载传递到主缆索的主要构件。吊索可布置成垂直形式的直吊索或倾斜形式的斜吊索,其上端通过索夹与主缆索相连,下端与加劲梁连接。吊索与主缆索的连接方式有两种:鞍挂式和销接式。吊索与加劲梁连接也有两种方式:锚头承压式和销接式。锚头承压式是将吊索的锚头通过承压板与加劲梁的锚箱连接。销接式连接是将带有耳板的吊索锚头与固定在加劲梁上的吊耳通过销钉连接。

42. 答案:A

【解析】 索鞍是支承主缆索的重要构件,其作用是保证主缆索平顺转折;将主缆索中的拉力在索鞍处分解为垂直力和不平衡水平力,并均匀地传至塔顶或锚碇的支架处。

43. 答案:C

【解析】 为了迅速排除桥面雨水,桥面铺装要根据桥面铺装不同类型沿横桥向设置1.5%~2%的横坡。

44. 答案:C

【解析】 在大位移量情况下能承受车辆荷载的各种类型模数式伸缩装置系列,可根据要求的伸缩量,随意增加中梁钢和密封橡胶条(带),加工组装成各种伸缩量的系列产品。其单缝伸缩量为0~80mm,位移量可根据桥梁实际需要随意组合,最大可达1200mm。

45. 答案:B

【解析】 位于城镇附近和行人较多的桥梁,一般均应设置人行道,其宽度一般为0.75m或1m,当大于1m时按0.5m的倍数增加。

46. 答案:D

【解析】 四种桥墩相比,重力式墩应用较广泛。

47. 答案:B

【解析】 重力式墩、台的主要特点是靠自身的质量来平衡外力而保持其稳定。因此,墩、台身比较厚实,圬工体积相应较大,主要采用天然石料或片石混凝土砌筑,不需要耗用钢筋,是比较经济的。

48. 答案:C

【解析】 单向推力墩是指在它的一侧的桥孔因某种原因遭到毁坏时,能承受住单向水平推力,以保证其另一侧的桥孔不致因此而倒塌,故又称为制动墩。因此,多孔拱桥可设置制动墩。

49. 答案:C

【解析】 实体式轻型墩、台是相对于重力式墩、台而言的,其主要特点是力求体积轻巧,自重较小,它借助结构物的整体刚度和材料的强度来承受外力,从而可大量节省圬工材料,减轻地基的负担,为在软土地基上修建桥梁开辟了经济可行的途径。但它只适用于跨径不大于13m的梁(板)式上部构造。

50. 答案:C

【解析】 U形桥台是一种实体重力式桥台,它由前墙和两个侧墙构成为一个U形,大都采用天然石料砌筑。侧墙尾墙应有不小于75cm的长度插入路堤内,以保证与路堤有良好的衔接。

51. 答案:B

【解析】 用混凝土或钢筋混凝土将墩身内部做成空腔结构,故称为空心墩,其自重较实体式桥墩要轻,介于实体重力式和轻型桥墩之间,由于工艺要求高,低于40m的,一般仍用实心,目前多用于50~150m高墩。

52. 答案:C

【解析】 索塔主要承受轴力,除塔底铰支的辐射式斜索布置形式外,也承受弯矩。独柱形的索塔,外形轻巧美观,结构简单,是吊桥和斜拉桥常用的结构形式。而纵向和横向都呈独柱形的索塔,则仅限于单面斜拉索的桥梁,当需要加强侧向抗风刚度时,可以配合采用倒 Y 形式。斜腿门式索塔,是双平面索常用的形式,而且它适用于较高的索塔。门式索塔一般用于设置竖直双平面索的场合,钢索吊桥则通常都是采用这种索塔的结构形式。

53. 答案:C

【解析】 开挖基坑,基坑的大小应满足基础施工作业的要求,一般基底应比设计的平面尺寸各边增宽 50~100cm。

54. 答案:C

【解析】 连续刚构是墩、梁固结的连续结构。

55. 答案:C

【解析】 桥梁全长,有桥台的桥梁为两岸桥台的侧墙或八字墙尾端之间的距离;无桥台的桥梁则为桥面系行车道的长度。

56. 答案:D

【解析】 梁式、板式桥涵为多孔标准跨径之和。

57. 答案:C

【解析】 矩形板是公路小跨径钢筋混凝土桥中最常用的桥型之一,有整体式和装配式两种结构,前者是就地浇筑而成,只适用于跨径不大于 16m 的桥梁。

58. 答案:D

【解析】 预应力连续梁,可以做成等跨和不等跨、等高和不等高的结构形式。其截面形式,除了中等跨径的梁桥采用 T 形或工形截面外,对大跨径的连续梁桥和采用顶推法或悬臂法施工的连续梁桥,都采用箱形截面。

59. 答案:B

【解析】 建筑高度是指桥梁的结构高度,即行车道路面的高程至上部结构最下缘之间的距离,它对降低路基平均填土高度有极其重要的影响。

桥梁净空包含两个方面的内容:一方面指桥面净空,即桥面的宽度和桥上的净空高度;另一方面指桥下净空,即设计洪水位至上部结构最下缘间的净空高度。

60. 答案:C

【解析】 桥下净空,即设计洪水位至上部结构最下缘之间的净空高度,是为保证洪水、流冰排泄无阻和符合河流通航净空要求所规定的一个重要设计参数。

61. 答案:B

【解析】 埋置式桥台是一种轻型桥台。

62. 答案:B

【解析】 当地基计算沉降过大或结构物对不均匀沉降敏感时,采用桩基础穿过松软土层,将荷载传到较坚实土层,减少结构沉降并使沉降较均匀。

63. 答案:C

【解析】 球型支座是在盆式橡胶支座的基础上发展起来的一种新型桥梁支座。由于承压部位不使用橡胶块,不存在橡胶低温脆性等影响,因此特别适用于低温区。

Ⅱ. 多项选择题

1. 答案:ACD

   【解析】 梁式桥的支座,起着十分重要的作用。它不仅要传递上部结构的支承反力,而且要保证结构在活载、温度变化、混凝土收缩和徐变等因素作用下的自由变形和桥梁的正常运营。

2. 答案:ABD

   【解析】 桥梁的下部工程包括桥台和桥墩或索塔。

3. 答案:ACD

   【解析】 桥梁的附属工程主要包括桥面铺装、伸缩装置、人行道、防撞护栏及栏杆、排水设施、桥头搭板、锥坡、为了保持桥位处河道稳定的护岸、导流堤等调治水流的构造物等。

4. 答案:BCD

   【解析】 按涵洞水力特性的不同,可分为无压力式、半压力式、压力式涵等。

5. 答案:ABCD

   【解析】 涵洞由洞身、洞口建筑、基础、附属工程组成。

6. 答案:ABCD

   【解析】 涵洞的附属工程包括锥形护坡、河床铺砌、路基边坡铺砌、人工水道等。

7. 答案:ABCD

   【解析】 根据涵洞洞身截面形状的不同,可分为圆管涵、盖板涵、拱涵、箱涵等。

8. 答案:ABD

   【解析】 在桥梁工程中,通常采用的基础有扩大基础、桩基础、沉井基础等。

9. 答案:BCD

   【解析】 实腹式的拱上建筑包括侧墙、拱座、护拱、防水层、拱背填料等工程内容。

10. 答案:ACD

    【解析】 公路桥梁梁板式桥的上部构造截面形式有矩形板、肋形梁、箱形梁。

11. 答案:BC

    【解析】 公路空心板桥上部构造的建筑材料有钢筋混凝土和预应力混凝土。

12. 答案:ABD

    【解析】 T形梁和工形梁统称为肋形梁,主梁由梁肋、横隔梁(横隔板)、行车道板(T梁为翼板)组成。

13. 答案:ABD

    【解析】 箱梁的底部由于有扩展的底板。因此,它提供了有足够的能承受正、负弯矩的混凝土受压区。箱梁的另一个特点,是它的横向刚度和抗扭刚度特别大,在偏心的活载作用下各梁肋的受力比较均匀。所以箱梁适用于较大跨径的悬臂梁桥(T形刚构)和连续梁桥,还易于做成与曲线、斜交等复杂线形相适应的桥型结构。

14. 答案:ABC

    【解析】 在公路桥梁中属于刚架结构体系采用较多的桥型有T形刚构桥、连续刚构桥及刚构-连续组合梁桥等。

15. **答案**：BCD

    【解析】 斜拉桥是一种造型美观的组合体系结构,由索塔、斜拉索和主梁三部分组成。

16. **答案**：ABD

    【解析】 斜拉索在立面上的设置形状,有辐射形、竖琴形和扇形等三种形式。

17. **答案**：BC

    【解析】 锚碇是主缆索的锚固构造,通常采用的锚碇有两种形式:重力式和隧道式。

18. **答案**：CD

    【解析】 大跨度悬索桥的加劲梁均为钢结构,通常采用桁架梁和箱形梁。

19. **答案**：BC

    【解析】 由边钢梁和橡胶密封带组成的单缝式伸缩装置,适用于伸缩量不大于80mm的公路桥梁工程。

20. **答案**：ABD

    【解析】 人行道一般都采用装配式结构,它包括人行道块件、人行道板、缘石等。

21. **答案**：ACD

    【解析】 常用的墩台结构形式有实体式墩、台,柱式墩、台,埋置式桥台,空心墩,Y形墩和薄壁墩。

22. **答案**：ABC

    【解析】 实体式墩、台有重力式墩、台和轻型墩、台两种,通常用天然石料、片石混凝土、混凝土和钢筋混凝土等建筑材料修建。

23. **答案**：ABD

    【解析】 轻型桥台按照翼墙的不同形式,有八字形轻型桥台、一字墙轻型桥台和耳墙式轻型桥台三种。

24. **答案**：CD

    【解析】 桩穿过较松软土层,桩底支承在岩层或硬土层等实际非压缩性土层时,桩顶荷载主要由桩端阻力承受,并考虑桩侧阻力,这种桩称为端承型桩;桩穿过并支承在各种压缩性土层或极软岩中,桩顶荷载主要由桩侧的摩阻力承受,并考虑桩端阻力,这种桩称为摩擦型桩。

25. **答案**：ABC

    【解析】 按上部结构行车道的位置分有:上承式、下承式和中承式三种。

26. **答案**：BD

    【解析】 天然地基上的浅基础要开挖基坑,基坑的大小应满足基础施工作业的要求,一般基底应比设计平面尺寸各边增宽50～100cm,并以此作为计算开挖基坑数量和编制工程造价的依据。渗水土质的基坑坑底的开挖尺寸,还应考虑设置排水沟河集水井的宽度。但因此增加的数量不得作为编制桥梁工程挖基的计价依据,因为概预算定额中已综合了这些作业的用工。

(六)交叉工程的组成、分类及构造

例 题 解 析

1. 互通式立体交叉的基本形式根据交叉处车流轨迹线的交叉方式和几何形状的不同,又可分为( )。
   A. 部分互通式、弯曲互通式和环形立体交叉三种
   B. 部分互通式、完全互通式和环形立体交叉三种
   C. 部分互通式、弯曲互通式和定向式立体交叉三种
   D. 部分互通式、完全互通式和组合式立体交叉三种

   答案:B

   【解析】 本题为2019年考题,互通式立体交叉的基本形式根据交叉处车流轨迹线的交叉方式和几何形状的不同,又可分为部分互通式、完全互通式和环形立体交叉。

2. 平面交叉必须进行渠化设计的是( )。
   A. 高速公路　　　　　　　　B. 二级公路
   C. 三级公路　　　　　　　　D. 四级公路

   答案:B

   【解析】 本题为2020年考题,考查交叉工程的设计要求。二级及二级以上公路的平面交叉必须进行渠化设计;三级公路的平面交叉应进行渠化设计;四级公路的平面交叉宜进行渠化设计。高速公路不允许有平面交叉。

3. 部分互通式立体交叉的代表形式有( )。
   A. 菱形　　　　　　　　　　B. 喇叭形
   C. 半定向形　　　　　　　　D. 涡轮形

   答案:A

   【解析】 本题为2021年考题。相交道路的车流轨迹线之间至少有一个平面冲突点的交叉称为部分互通式立体交叉。当交叉口个别方向的交通量很小或分期修建时,高速道路与次要道路相交或受用地和地形地物限制时可采用部分互通式立体交叉。部分互通式立体交叉的代表形式有菱形立体交叉和部分苜蓿叶式立体交叉等。

4. 在设置双车道匝道的互通式立交的分、合流处,为保持基本车道数连续和车道数平衡,应增设( )。
   A. 加速车道　　　　　　　　B. 辅助车道
   C. 集散车道　　　　　　　　D. 减速车道

   答案:B

   【解析】 本题为2023年考题。辅助车道是在正线的分、合流附近,为使匝道与高速公路车道数平衡和保持正线的基本车道数而在正线外侧增设的加车道。

第三章 工程构造

本 节 习 题

Ⅰ.单项选择题

1. 国外的交通事故统计资料分析,(　　)左右的交通事故发生在交叉口或附近。
   A. 60%　　　　　B. 50%　　　　　C. 70%　　　　　D. 80%

2. 常见的平面几何交叉口形式中(　　)使用最广泛,具有形式简单、交通组织方便,外形整洁、行车视线好等特点。
   A. 十字形　　　　B. T 字形　　　　C. X 形　　　　　D. Y 形

3. (　　)是立体交叉的重要组成部分,是供上、下相交道路转弯车辆行驶的连接道。
   A. 辅助车道　　　　　　　　　　　B. 匝道
   C. 集散车道　　　　　　　　　　　D. 变速车道

4. (　　)是组成立体交叉的主体,指相交道路的直行车行道,主要包括连接跨线构造物两端到地坪高程的引道和立体交叉范围内引道以外的直行路段。
   A. 主线　　　　　B. 次线　　　　　C. 正线　　　　　D. 场线

5. (　　)立体交叉,适用于高速道路之间或高速道路与其他交通量大的道路相交。
   A. 菱形　　　　　　　　　　　　　B. 部分苜蓿叶式
   C. 苜蓿叶形　　　　　　　　　　　D. 圆形

Ⅱ.多项选择题

1. 立体交叉按其交通功能划分为(　　)。
   A. 分离式立体交叉　　　　　　　　B. 上跨式立体交叉
   C. 互通式立体交叉　　　　　　　　D. 下穿式立体交叉

2. 下列关于立体交叉说法正确的是(　　)。
   A. 下穿式立体交叉施工方便,造价较低,排水易处理,占地较大
   B. 上跨式立体交叉占地较少,排水困难,施工期较长,造价较高
   C. 互通式立体交叉结构复杂,构造物多,占地大,造价高
   D. 分离式立体交叉结构简单,占地少,造价低

3. 互通式立体交叉的基本形式根据交叉处车流轨迹线的交叉方式和几何形状的不同,又可分为(　　)。
   A. 部分互通式　　　　　　　　　　B. 完全互通式
   C. 互通式立体交叉　　　　　　　　D. 环形立体交叉

4. 按层数分类立体交叉可分为(　　)等。
   A. 双层式立体交叉　　　　　　　　B. 三层式立体交叉
   C. 多层式立体交叉　　　　　　　　D. 四层式立体交叉

5. 环形立体交叉的中心岛可采用(　　)或其他形状。
   A. 圆形　　　　　　　　　　　　　B. 椭圆
   C. 多边形　　　　　　　　　　　　D. 三角形

本节习题答案及解析

Ⅰ.单项选择题

1. **答案**：A

   【解析】 国外的交通事故统计资料分析,60%左右的交通事故发生在交叉口或附近。

2. **答案**：A

   【解析】 十字形：是常见的交叉口形式,两条道路以90°正交,使用最广泛。具有形式简单、交通组织方便、外形整洁、行车视线好等特点。

3. **答案**：B

   【解析】 匝道是立体交叉的重要组成部分,是供上、下相交道路转弯车辆行驶的连接道。

4. **答案**：C

   【解析】 正线是组成立体交叉的主体,指相交道路的直行车行道,主要包括连接跨线构造物两端到地坪高程的引道和立体交叉范围内引道以外的直行路段。正线可分为主线和次线。

5. **答案**：C

   【解析】 完全互通式立体交叉,适用于高速道路之间或高速道路与其他交通量大的道路相交。其代表形式有喇叭形、苜蓿叶形、Y形、半定向形、涡轮形、组合式等。

Ⅱ.多项选择题

1. **答案**：AC

   【解析】 立体交叉按其交通功能划分为分离式立体交叉和互通式立体交叉两大类。

2. **答案**：CD

   【解析】 立体交叉按相交道路的跨越方式分为上跨式和下穿式两类。上跨式是用跨线桥从相交道路的上方跨过的交叉形式。这种立体交叉主线采用高出地面的跨线桥,施工方便,造价较低,与地下管线干扰小,排水易处理;但占地较大,跨线桥影响视线和周围景观,引道较长或纵坡较大,不利于非机动车辆的行驶。下穿式是利用地道或隧道从相交道路的下方穿过的交叉形式。这种立体交叉主线采用低于地面的地道或隧道,占地较少,易处理,下穿构造物对实现和周围景观影响小;但施工时对地下管线干扰较大,排水困难,施工期较长,造价较高,养护和管理费用大。

3. **答案**：ABD

   【解析】 互通式立体交叉的基本形式根据交叉处车流轨迹线的交叉方式和几何形状的不同,又可分为部分互通式、完全互通式和环形立体交叉三种。

4. **答案**：ABC

   【解析】 按层数分类：分为双层式立体交叉、三层式立体交叉、多层式立体交叉等。

5. **答案**：AB

   【解析】 布设时,应让主线直通,中心岛可采用圆形、椭圆形或其他形状。

(七)交通工程及沿线设施

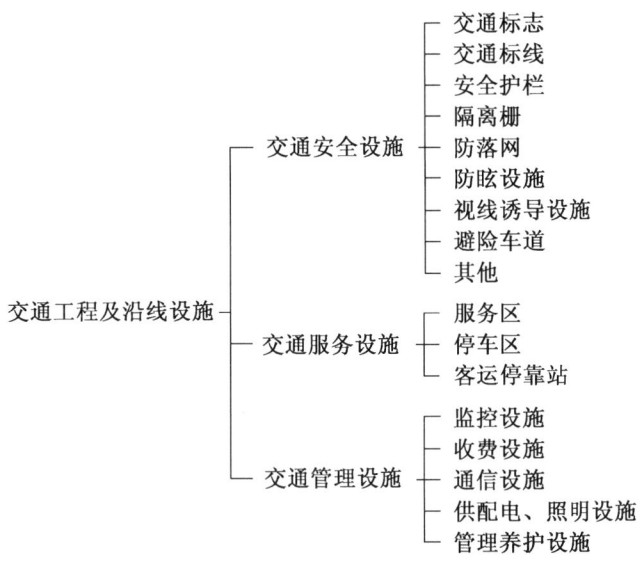

例 题 解 析

1. 公路工程监控的主要内容不包括( )。
   A. 道路状况　　　　　　　　B. 气象状况
   C. 交通违法行为　　　　　　D. 交通事故告警

   答案:C

   【解析】 本题为2019年考题,监控设施硬件设备包括信息采集设施、控制设施、监视设施、情报设施、传输设施、显示设施以及控制中心等。其中信息采集功能主要包括视频信息、交通信息、气象信息、交通异常事件信息等。

2. 交通安全设施中的视线诱导设施主要包括线形诱导标、轮廓标和( )。
   A. 指示标志　　B. 限速标志　　C. 禁令标志　　D. 分流、合流标志

   答案:D

   【解析】 本题为2012年考题。视线诱导设施按功能可分为:轮廓标,分流、合流诱导标,指示性或警告性线形诱导标三类。

3. 下列( )属于公路建设项目的安全设施。
   A. 服务区　　　　　　　　　B. 交通信号灯
   C. 路面标线　　　　　　　　D. 监控系统

   答案:C

   【解析】 本题为2014年考题。公路安全设施主要包括:交通标志、交通标线(含突起路标)、护栏和栏杆、视线诱导设施、隔离栅、防落网、防眩设施、避险车道和其他交通安全设施。其他交通安全设施有防风栅、防雪栅、积雪标杆、限高架、减速丘、凸面镜等设施。

4.以下不属于高速公路监控系统功能的是( )。
　　A.信息采集　　B.信息的分析处理　　C.信息提供　　D.信息传输
答案:D
【解析】 本题为2015年考题。根据公路监控系统的设置宗旨,它应当具备以下三方面功能:第一,信息采集,即实时地采集变化着的道路交通状态,包括交通信息、气象信息、交通异常事件信息等;第二,信息的分析处理功能,包括对交通运行状态正常与否的判断、交通异常事件严重程度的确认、交通异常状态的预测,对已经发生或可能发生的异常事件处置方案的确定等;第三,信息提供功能,包括为在公路上行驶着的驾驶人员提供道路状况信息,对行驶车辆发出限制、劝诱、建议性指令,为交通事故和其他异常事件的处理部门提供处置指令,向媒体或社会提供更广泛应用的公路交通信息。

5.在路口处设置的左转、直行标志属于( )。
　　A.警告标志　　B.禁令标志　　C.指路标志　　D.指示标志
答案:D
【解析】 本题为2021年考题。标志牌的形状为圆形、矩形和正方形,颜色除个别标志外,为蓝底、白图案。一般设置于开始路段的起点附近,用于指示准许行驶方向,表示机动车道、非机动车道等。如直行,左右转弯,人行横道,停车场,公共汽车停靠站,道路的起、终点等。

6.下列不属于交通安全设施的是( )。
　　A.交通标志　　　　　　B.避险车道
　　C.凸面镜　　　　　　　D.照明设施
答案:D
【解析】 本题为2021年考题。交通安全设施主要包括:交通标志、交通标线(含突起路标)、护栏和栏杆视线诱导设施、隔离栅、防落网、防眩设施、避险车道和其他交通安全设施。其他交通安全设施有防风栅、防雪栅、积雪标杆限高架、减速丘、凸面镜等。

7.下列设施中,不属于交通工程及沿线设施的是( )。
　　A.积雪标杆　　　　　　B.紧急停车带
　　C.客运汽车停靠站　　　D.收费广场摄像头
答案:B
【解析】 本题为2020年考题。本题考查交通工程及沿线设施的基本组成,包括交通安全设施、服务设施和管理设施。

8.道路交通标志是用图形符号、颜色、文字向交通参与者传递特定信息,用以管制、警告及引导交通的安全设施。按标志牌的立柱形式,分为( )。
　　A.单柱　　B.双柱　　C.门架　　D.矩形
答案:ABC
【解析】 本题为2015年考题。标志牌的立柱形式,有单、双柱、悬臂、门架和附着等不同形式。

9.停车让行标志的形状为( )。
　　A.圆形　　B.三角形　　C.正八边形　　D.倒等边三角形
答案:C

【解析】 本题为2022年考题。标志牌的形状为圆形,但"停车让行标志"为八角形,"减速让行标志"一般为顶角向下的倒等边三角形,颜色为白底、红圈、红杠和黑图案。

停车让行标志表示车辆必须在进入路口前完全停止,确认安全后,方可通行。标志形状为正八边形,颜色为红底白字。

10. 波形梁护栏属于( )。
A.刚性护栏　　　B.半刚性护栏　　　C.柔性护栏　　　D.半柔性护栏

答案:B

【解析】 本题为2022年考题。半刚性护栏是一种连续的梁柱结构,具有一定的刚度和韧性,波形梁护栏是公路中应用最广泛的一类半刚性护栏;刚性护栏是一种基本不变形的护栏结构,主要通过车轮转动角的改变、车体变位、变形等吸收碰撞能量,主要有钢筋混凝土墙式护栏、钢筋混凝土梁柱式护栏、桥梁用箱梁护栏和管梁护栏及组合式护栏;柔性护栏是一种具有较大缓冲能力的韧性护栏,缆索护栏是其主要代表形式。不同形式的护栏适用于不同防护等级和不同设置位置等情况。

11. ( )属于视线诱导设施。
A.轮廓标　　　B.突起路标　　　C.防眩网　　　D.防落网

答案:A

【解析】 本题为2022年考题。视线诱导设施是对公路沿线的路线走向、构造物、行车隐患路段、小型平面交叉等的分布进行主动告知,对驾驶员的行驶进行主动引导的一种安全设施。它包括轮廓标、注意合流标志、线形诱导标、隧道轮廓标、示警桩、示警墩、道口标柱等设施。视线诱导设施选型,应综合考虑使用效果、技术经济比较、耐久性等。

12. 下面图形属于( )。

十字交叉

A.告示标志　　　B.警告标志　　　C.指示标志　　　D.指路标志

答案:B

【解析】 本题为2023年考题。本题主要考查各类标志牌的特征。

警告标志用于警告驾驶员及行人注意前方道路存在的危险或应该注意的路段,以提高警觉,准备防范措施,形状为等边三角形、叉形或矩形,三角形顶角向上。

本 节 习 题

Ⅰ.单项选择题

1. 以下属于道路交通标志的是( )。
A.轮廓标　　　B.合流诱导标　　　C.指示标志　　　D.线形诱导标

2. 标志牌的形状为等边三角形,颜色为黑边框、黄底和黑色图案是( )。
A.警告标志　　　B.指示标志　　　C.禁令标志　　　D.辅助标志

3. 百米桩属于( )标志。
   A. 指示　　　B. 指路　　　C. 辅助　　　D. 管理
4. 悬臂式标志指标志安装在单柱上,并将标志设置在车行道上方的方式。安装高度应满足建筑限界的规定。高速公路的净空高度必须在( )。
   A. 4.0m以上　　B. 4.5m以上　　C. 5m以上　　D. 5.5m以上
5. 标画于路面上的各种线条、箭头、文字、立面标记、突起路标和轮廓标等构成,引导驾驶员视线,管制驾驶员驾车行为的重要设施是( )。
   A. 线形诱导标　　　　　　B. 分流、合流诱导标
   C. 交通标线　　　　　　　D. 交通标志
6. 安全护栏是公路的重要交通安全设施,以下说法错误的是( )。
   A. 安全护栏可起警示作用
   B. 安全护栏可防止失控车辆越出路外
   C. 安全护栏可防止车辆穿越中央分隔带闯入对面行车道
   D. 高速公路在高填路堤、悬崖、急弯的外侧等路段必须设置柱式护栏
7. 高速公路的隔离设施属于( )。
   A. 养护设施　　B. 安全设施　　C. 限界设施　　D. 美观设施
8. 隔离栅的高度主要以成人高度为参考标准,其取值范围在( )。
   A. 1.5~1.7m　　B. 1.6~1.8m　　C. 1.5~1.8m　　D. 1.6~1.9m
9. 防眩设施的高度,一般为( )m,高度不宜超过( )m,板与板之间的间距为50~100cm。
   A. 1.5,2　　B. 1.6,2　　C. 1.7,2.5　　D. 1.8,2.5
10. 以指示道路线形轮廓为主要目标的一种视线诱导设施是( )。
    A. 轮廓标　　　　　　　　B. 合流诱导标
    C. 分流诱导标　　　　　　D. 线形诱导标
11. 设置在急弯或视距不良地段的一种视线诱导设施是( )。
    A. 轮廓标　　　　　　　　B. 合流诱导标
    C. 分流诱导标　　　　　　D. 线形诱导标
12. 交通监控系统不包括( )。
    A. 信息采集　　B. 信息提供　　C. 信息处理　　D. 电子收费
13. 交通监控信息采集系统主要是( )。
    A. 将交通运行状态或控制指令告知驾驶人员
    B. 将实时信息的分析处理
    C. 采集信息的设备和装备
    D. 指令的决策发布
14. 关于高速公路照明设施设计的基本要求,下列说法有误的是( )。
    A. 车行道的亮度水平(照度标准)适宜
    B. 亮度均匀,路面不出现光斑
    C. 控制眩光,主要避免光源的直接眩光、反射眩光及光幕反射

D. 凡隧道地段必须设置照明

15. 以下不属于交通工程设施的是( )。
    A. 交通标线　　　　　　　　B. 道路防滑工程
    C. 道路休息设施　　　　　　D. 照明设施

16. ( )不单独设立。
    A. 告示标志　　　　　　　　B. 辅助标志
    C. 指路标志　　　　　　　　D. 禁令标志

17. 宜设在省会城市,每省一处的是( )。
    A. 省管理中心　　　　　　　B. 区域(路段)管理分中心
    C. 管理站　　　　　　　　　D. 养护工区

Ⅱ. 多项选择题

1. 交通工程设施是根据交通工程学的原理和方法为使道路( )而设置的系统、设施和给人或车配备的装备。
    A. 通行能力最大　　　　　　B. 经济效益最高
    C. 交通事故最少　　　　　　D. 控制行人进入

2. 公路交通安全设施主要包括( )。
    A. 隔离设施　　　　　　　　B. 防眩设施
    C. 监控系统　　　　　　　　D. 视线诱导

3. 高速公路视线诱导设施按功能可分为( )。
    A. 轮廓标　　　　　　　　　B. 道口标柱
    C. 突起路标　　　　　　　　D. 示警桩

4. 高速公路和一级公路上的隔离栅,是为了( )。
    A. 保证行车和行人安全
    B. 防止人、畜进入或穿越公路
    C. 避免杂物掉入路上造成交通事故
    D. 防止非法侵占公路用地

5. 高速公路监控系统包括( )。
    A. 电子收费系统　　　　　　B. 信息采集系统
    C. 控制与信息提供系统　　　D. 信息处理系统

6. 管理养护设施根据公路业务养护需求可设置( )。
    A. 养护工区　　　　　　　　B. 管理中心
    C. 管理站(所)　　　　　　　D. 道班房

7. 交通工程及沿线设施包括( )。
    A. 交通安全设施　　　　　　B. 服务设施
    C. 管理设施　　　　　　　　D. 环境保护

8. 道路交通标志是用( ),向交通参与者传递特定信息,用于管理交通的设施。
    A. 灯光　　　B. 图形符号　　　C. 颜色　　　D. 文字

9. 路面交通标线按功能分为( )。
   A. 指示标线   B. 指路标线
   C. 禁止标线   D. 警告标线
10. 省管理中心宜设置( ),负责全省(自治区、直辖市)高速公路的管理与养护,收集监控、收费、运行信息并反馈决策信息,应具备从行政、技术和信息等方面对全省(自治区、直辖市)路网和任一路段进行实时监视、调度、管理和控制的能力。
   A. 收费中心   B. 信号中心
   C. 监控中心   D. 通信中心

本节习题答案及解析

Ⅰ. 单项选择题

1. 答案:C

【解析】 交通标志有主标志和辅助标志两大类。主标志按其作用,可分为:指示标志、指路标志、警告标志和禁令标志、旅游区标志、其他标志灯。辅助标志为附设在主标志下起辅助说明作用的标志,可用于表示车辆种类、表示时间、表示区域或距离、表示禁令和警告的理由等。

2. 答案:A

【解析】 警告标志的标志牌形状为等边三角形或矩形,颜色为黑边框、黄底和黑色图案。

3. 答案:B

【解析】 指路标志。为道路使用者提供去往目的地所经过的道路、沿途相关城镇、重要公共设施、服务设施、地点、距离和行车方向。有里程牌、百米桩、公路界牌、指路牌、地名牌、立交行车示意牌、高速公路和一级公路中途出入口和服务区标志等。

4. 答案:C

【解析】 悬臂式标志指标志安装在单柱上,并将标志设置在车行道上方的方式。安装高度应满足建筑限界的规定。一般道路,标志下缘到路面的净空高度必须4.5m以上,高速公路的净空高度必须在5m以上。

5. 答案:C

【解析】 道路交通标线是交通安全设施的重要组成部分,由标画于路面上的各种线条、箭头、文字、立面标记、突起路标和轮廓标等构成,是引导驾驶员视线,管制驾驶员驾车行为的重要设施。

6. 答案:D

【解析】 安全护栏是公路的重要交通安全设施,其作用一是起警示作用,二是防止失控车辆越出路外或穿越中央分隔带闯入对面行车道,以保护路边和中央分隔带内的构造物及其他设施,并使失控车辆平滑改变方向,防止危及其他车辆,保障人身安全,使事故损失减至最低程度。

7. 答案:B

【解析】 设置隔离栅的目的在于防止人、畜进入或穿越公路,防止非法侵占公路用地。

8. 答案:C

【解析】 隔离栅的高度主要以成人高度为参考标准,其取值范围在1.5～1.8m。

9. 答案:B

【解析】 防眩设施的高度,一般为1.6m,高度不宜超过2m,板与板之间的间距为50～100cm。

10. 答案:A

【解析】 轮廓标是以指示道路线形轮廓为主要目标的一种视线诱导设施。

11. 答案:D

【解析】 线形诱导标是设置在急弯或视距不良地段,用以指示道路改变方向或警告驾驶员改变行驶方向的一种设施。

12. 答案:D

【解析】 监控系统包括信息采集系统、控制与信息提供系统和信息处理系统三大部分。

13. 答案:C

【解析】 信息采集系统是公路上设置的用来采集信息的设备和装备。

14. 答案:D

【解析】 照明设计的基本要求为:①车行道的亮度水平(照度标准)适宜;②亮度均匀,路面不出现光斑;③控制眩光,主要避免光源的直接眩光、反射眩光及光幕反射;④良好的视觉诱导性;⑤良好的光源光色及显色性;⑥节约电能;⑦便于维护管理;⑧与道路景观协调。

15. 答案:B

【解析】 道路防滑属于路面工程,不是交通工程设施。

16. 答案:B

【解析】 辅助标志是附设在指标、警告和禁令标志牌的下面,起辅助说明作用的标志,不单独设立。

17. 答案:A

【解析】 管理中心宜设在省会城市,每省一处。

Ⅱ.多项选择题

1. 答案:ABC

【解析】 交通工程设施是根据交通工程学的原理和方法为使道路通行能力最大、经济效益最高、交通事故最少、公害程度低而设置的系统、设施和给人或车配备的装备。

2. 答案:ABD

【解析】 交通安全设施主要包括:交通标志、交通标线(含突起路标)、护栏和栏杆、视线诱导设施、隔离栅、防落网、防眩设施、避险车道和其他交通安全设施。

3. 答案:ABD

【解析】 视线诱导设施按功能可分为:轮廓标、合流诱导标、线形诱导标、隧道轮廓标、示警桩、示警墩、道口标柱等。

4. 答案:BD

【解析】 高速公路和一级公路进行隔离封闭的人工构造物,统称为隔离栅。其目的在于防止人、畜进入或穿越公路,防止非法侵占公路用地。

5. 答案:BCD

【解析】 监控系统包括信息采集系统、控制与信息提供系统和信息处理系统。

6. 答案:AD

【解析】 养护设施应根据公路养护业务需求设置养护工区和道班房。高速公路宜设置养护工区,其他等级公路宜设置道班房。

7. 答案:ABC

【解析】 交通工程及沿线设施包括交通安全设施、服务设施和管理设施三种。

8. 答案:BCD

【解析】 道路交通标志是用图形符号、颜色和文字,向交通参与者传递特定信息,用于管理交通的设施。

9. 答案:ACD

【解析】 路面标线按功能可分为指示标线、禁止标线和警告标线三类。

10. 答案:ACD

【解析】 省管理中心宜设置收费中心、监控中心、通信中心,负责省(自治区、直辖市)高速公路的管理与养护,收集监控、收费、运行信息并反馈决策信息,应具备从行政、技术和信息等方面对省(自治区、直辖市)路网和任一路段进行实时监视、调度、管理和控制的能力。

(八) 绿化工程及环境保护

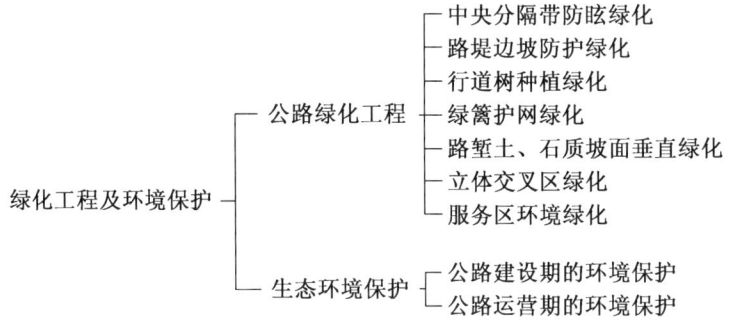

例 题 解 析

1. 中央分隔带防眩树种植时要采取( )方式。
   A. 全遮光绿篱式和半遮光散栽式
   B. 半遮光绿篱式和半遮光散栽式
   C. 全遮光绿篱式和全遮光散栽式
   D. 半遮光绿篱式和全遮光散栽式

答案:A

【解析】 本题为2019年考题,中央分隔带防眩树种植时要采取全遮光绿篱式和半遮光散栽式两种方式。

2.路堑坡面垂直绿化目前国内外常使用的方式是( )。
   A.挂网喷播绿化　　　　　　B.自动灌溉绿化
   C.墙面贴植绿化　　　　　　D.机械喷播绿化

答案:D

【解析】 本题为2019年考题,路堑的坡度一般较大,绿化难度大,国内外目前主要采取机械喷播绿化和人工沟、挖穴绿化。

3.下列因素中,属于公路运营期环境影响的是( )。
   A.服务设施排污　　　　　　B.施工驻地排污
   C.振动压路机噪声　　　　　D.取弃土场水土流失

答案:A

【解析】 本题为2020年考题。公路在运营期,其对环境的影响主要在于路基可能发生的崩塌、水毁,危险品运输可能发生的泄漏、汽车运营产生的汽车尾气和噪声污染以及公路附属服务设施产生的固体废弃物和污水。

4.关于绿化工程的说法,错误的是( )。
   A.服务区可按照园林景观进行绿化
   B.分隔带一般选择低矮缓生、耐旱的植物
   C.可以在高速公路的路肩上种植乔木美化环境
   D.在立体交叉区较密栽乔灌花木可以提高路口的识别性

答案:C

【解析】 本题为2020年考题。本题主要考察公路绿化部位的功能要求确定。

5.防眩树株距依据的确定不包括( )。
   A.行车速度　　　　　　　　B.人的动视觉
   C.车灯光的扩散角　　　　　D.植物的生长特性

答案:D

【解析】 本题为2021年考题。防眩树株距是在车辆高速行驶的线性环境下,依据车灯光的扩散角、行车速度和人的动觉视三者之间的关系来确定。

6.下列属于公路施工期对环境影响的项目有( )。
   A.光污染、水土流失　　　　B.空气污染、噪声污染
   C.水污染、土壤污染　　　　D.放射性污染

答案:AB

【解析】 本题为2015年考题。公路施工期环境保护除水土保持外,涉及环境污染的项目较多,一般包括空气污染、光污染、噪声污染、污水污染及固体废弃物污染等。

7.中央分隔带植物种植的防眩树株高一般在( )m。
   A.0.8~1.0　　　　　　　　B.1.0~1.2
   C.1.2~1.5　　　　　　　　D.1.5~2.0

答案:C

【解析】 本题为2022年考题。公路中央分隔带的主要功能是隔离双向交通、减少双向交通干扰,保障车辆行驶安全,中央分隔带植物种植的主要技术指标一般包括:防眩树要四季常青、低矮缓生,株高在1.2~1.5m,抗逆性强(抗旱、抗寒冷、抗病虫、抗污染、耐贫瘠、耐粗放管理)。

8.服务区的绿化按( )景观进行绿化。
   A.静态　　　B.园林　　　C.动态　　　D.观赏

答案:B

【解析】 本题为2022年考题。高速公路分车绿化带、边坡防护绿化带、防护林带等的绿化是营造行驶动态的观赏景观,而服务区、收费站的绿化是营造停车后静态的观赏景观,并且这部分大多为块状绿地,所以只能按园林景观进行绿化。

9.高路堤路段种植的行道树宜选用( )。
   A.小灌木　　　　　　B.大灌木
   C.中小乔木　　　　　D.高大乔木

答案:D

【解析】 本题为2023年考题。行道树主要栽植在路堤下方(边坡脚下)金属护网内侧,高路堤路段栽植高大乔木,低路堤路段栽植中小乔木或大灌木。行道树株距与外部环境景观应协调一致。行道树在一般路段应有景观特色,在特殊路段应有隔噪声、隔粉尘隔臭气、防风沙、防泥石流等作用。

10.关于行道树作用的说法,正确的有( )。
   A.隔臭气　　　　　　B.隔粉尘
   C.防眩目　　　　　　D.防噪声
   E.防泥石流

答案:ABDE

【解析】 本题为2023年考题。行道树株距与外部环境景观协调一致,一般路段应有景观特色,在特殊路段应有隔噪声、隔粉尘、隔臭气、防风沙、防泥石流等作用。

本 节 习 题

Ⅰ.单项选择题

1.高速公路路基边坡绿化主要作用是( )。
   A.防止冲刷,保土保水　　　B.观赏景观
   C.隔噪声　　　　　　　　　D.防风沙

2.高速公路行道树种植绿化主要作用是( )。
   A.防止冲刷
   B.防眩
   C.隔噪声、隔粉尘、隔臭气、防风沙
   D.形成封闭性绿篱

3. 公路在运营阶段对环境的影响,主要是指( )。
   A. 路基排水容易造成水土流失
   B. 建筑废渣的污染
   C. 车辆拥堵
   D. 汽车排出的废气
4. 公路在建设期对环境的影响,主要是指( )。
   A. 施工对树木的砍伐
   B. 噪声污染、污水污染及固体废弃物污染等
   C. 汽车的振动
   D. 交通事故破坏
5. 中央分隔带防眩绿化树,要四季常青、低矮缓生,株高范围为( )。
   A. 0.8~1.2m B. 1.0~1.3m
   C. 1.2~1.5m D. 1.3~1.6m
6. 绿篱护网在金属护网( )处,采取多栽植有刺灌木,形成封闭性绿篱的形式。
   A. 0.5~0.8m B. 0.6~0.8m
   C. 0.5~1.0m D. 0.6~1.0m

Ⅱ. 多项选择题

1. 公路项目的环境保护可以分为( )的环境保护。
   A. 公路勘测设计期 B. 公路建设期
   C. 公路质量保质期 D. 公路运营期
2. 公路施工期环境污染包括( )。
   A. 污水污染 B. 空气污染
   C. 光污染 D. 化学物污染
3. 公路在运营期,其对环境的影响主要在于( )。
   A. 路基可能发生的崩塌、水毁
   B. 路面可能发生的裂缝破坏
   C. 交通拥堵及交通事故污染
   D. 固体废弃物污染
4. 中央分隔带防眩树株距是在车辆高速行驶的线形环境下,依据( )之间的关系来确定。
   A. 车灯光的扩散速度 B. 行车速度
   C. 人的动视觉 D. 车灯光的扩散角

本节习题答案及解析

Ⅰ. 单项选择题

1. **答案:** A
   【解析】 高速公路路基一般都比普通公路路基高,形成的边坡绿化面积较大,这对稳

定路基,保障安全、防止冲刷、保土保水具有重要保障。

2. 答案:C

【解析】 行道树株距与外部环境景观协调一致,一般路段有景观特色,特殊路段有隔噪声、隔粉尘、隔臭气、防风沙、防泥石流等作用。

3. 答案:D

【解析】 公路在运营期,其对环境的影响主要在于路基可能发生的崩塌、水毁,危险品运输可能发生的泄漏,汽车营运产生的汽车尾气和噪声污染以及公路附属服务设施产生的固体废弃物和污水。

4. 答案:B

【解析】 公路施工期环境保护除水土保持外,涉及环境污染的项目较多,一般包括空气污染、光污染、噪声污染、污水污染及固体废弃物污染等。

5. 答案:C

【解析】 防眩树要四季常青、低矮缓生,株高范围为 1.2~1.5m,抗逆性强(抗旱、抗寒冷、抗病虫、抗污染、耐贫瘠),耐粗放管理。

6. 答案:C

【解析】 绿篱护网在金属护网 0.5~1m 处,采取多栽植有刺灌木,形成封闭性绿篱的形式。

Ⅱ.多项选择题

1. 答案:BD

【解析】 公路项目的环境保护可以分为公路建设期的环境保护和公路运营期的环境保护。

2. 答案:ABC

【解析】 公路施工期环境保护除水土保持外,涉及环境污染的项目较多,一般包括空气污染、光污染、噪声污染、污水污染及固体废弃物污染等。

3. 答案:AD

【解析】 公路在运营期对环境的影响主要在于路基可能发生的崩塌、水毁,危险品运输可能发生的泄漏,汽车营运产生的汽车尾气和噪声污染以及公路附属服务设施产生的固体废弃物和污水。

4. 答案:BCD

【解析】 中央分隔带防眩树株距是在车辆高速行驶的线形环境下,依据车灯光的扩散角、行车速度和人的动视觉三者的关系来确定。

(九) 智慧公路

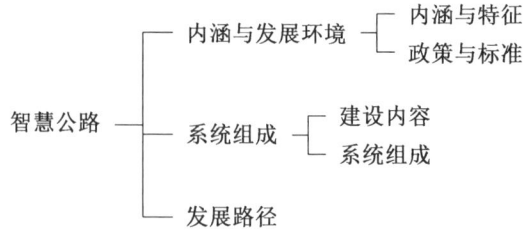

例 题 解 析

1. 智慧公路是实现公路建设、运营、养护、( )的新一代公路系统。
   A. 服务智慧化　　　　　　　　B. 科技信息化
   C. 服务模块化　　　　　　　　D. 人工智能化

答案：A

【解析】 本题考查智慧公路特征的知识点。智慧公路具有准全域实时感知、泛在互联、融合计算、智能决策、高效协同、服务触达等能力，是实现公路建设、运营、养护、服务智慧化的新一代公路系统。

2. 智慧公路的重点是提升( )等道路管理能力。
   A. 智能感知　　　　　　　　　B. 智能决策
   C. 规范管理　　　　　　　　　D. 精细管理

答案：ABD

【解析】 本题考查智慧公路建设内容的知识点。智慧公路的重点是提升智能感知、智能决策和精细管理等道路管理能力。除了传统机电系统，增加了基础设施数字化、智能运维、智慧隧道智慧桥梁，智慧收费站，智慧服务区，准/全天候通行保障、车路协同、伴随式出行服务等建设内容。精细管理是涵盖规范化管理的内容，因此选项C表述不对。

本 节 习 题

Ⅰ．单项选择题

1. 智慧公路为公众提供更加( )和安全的交通出行服务。
   A. 舒适、便捷　　　　　　　　B. 绿色、环保
   C. 便捷、高效　　　　　　　　D. 科技、环保

2. 智慧公路除了传统机电系统，增加了基础设施数字化、( )、智慧隧道、智慧桥梁、智慧收费站、智慧服务区、准/全天候通行保障、车路协同、伴随式出行服务等建设内容。
   A. 智能运维　　　　　　　　　B. 智能导航
   C. 智慧通行　　　　　　　　　D. 智慧预警

3. 信息感知系统是将感知设备布设在道路沿线，实时收集道路、车辆、环境等各类信息，为智慧公路提供( )。
   A. 决策依据　　　　　　　　　B. 出行体验
   C. 信息交互　　　　　　　　　D. 数据源

4. 智慧公路是现代交通工程的重要组成部分，随着技术的不断进步和应用场景的不断拓展，智慧公路具有显著的( )特征。
   A. 开创先河　　　　　　　　　B. 技术革新
   C. 智能融合　　　　　　　　　D. 迭代演进

5.《交通运输部关于推进公路数字化转型加快智慧公路建设发展的意见》(交公路发

〔2023〕131号)中指出我国智慧公路的发展目标:到2027年,构建公路设计、施工、养护、运营等( ),基本实现全生命期数字化。

　　A."一套模型、一套数据"　　　　　B.数字孪生
　　C.数据共享　　　　　　　　　　　D.全面数字化

6.《交通运输部关于推进公路数字化转型加快智慧公路建设发展的意见》(交公路发〔2023〕131号)中指出我国智慧公路的发展目标:到2035年,全面实现公路数字化转型,建成安全、便捷、高效、绿色、经济的( )两个体系。

　　A.图纸化和数字化　　　　　　　　B.实体公路和数字孪生公路
　　C.实体公路和BIM模型　　　　　　D.纸质文件和电子档案

7.智慧公路的指导思想是发展推动公路建设、管理、养护、运行和( )全流程数字化转型。

　　A.指导　　　　B.服务　　　　C.策划　　　　D.掌控

8.智慧公路发展的远期目标是( )、全流程、全场景、全天候广泛应用智慧公路技术,全面建成智慧公路网。

　　A.全智能　　　　B.全要素　　　　C.全方位　　　　D.全网络

Ⅱ.多项选择题

1.交通运输部陆续发布( )等政策文件,提出了智慧公路分阶段发展目标和示范建设任务要求。

　　A.《交通强国建设纲要》
　　B.《公路"十四五"发展规划》
　　C.《数字交通"十四五"发展规划》
　　D.《交通运输部关于推进公路数字化转型加快智慧公路建设发展的意见》

2.与公路传统机电系统相比,智慧公路更侧重于提升公路交通的( )水平。

　　A.智能化　　　B.科技化　　　C.信息化　　　D.绿色化

3.智慧公路由信息感知系统和( )组成。

　　A.信息感知系统　　　　　　　　　B.网络通信系统
　　C.出行数据系统　　　　　　　　　D.决策处理系统
　　E.服务提供系统

4.智慧公路的网络通信系统负责将信息感知系统获取的数据传输至数据处理中心,同时为智能网联汽车提供( )等信息交互。

　　A.车辆与通信设施　　　　　　　　B.车辆与行人
　　C.车辆与基础设施　　　　　　　　D.车辆与车辆

5.智慧公路的服务提供系统是向驾驶人、乘客等提供实时( )等服务,提升交通出行体验。

　　A.安全预警　　　　　　　　　　　B.路况预测
　　C.交通信息　　　　　　　　　　　D.娱乐休闲

6.《交通运输部关于推进公路数字化转型加快智慧公路建设发展的意见》(交公路发

〔2023〕131号)的指导思想是坚持"（　　　）"的原则。
A. 安全适用　　　　　　　　　　B. 便利出行
C. 协同共享　　　　　　　　　　D. 需求导向
E. 统筹谋划

7.《交通运输部关于推进公路数字化转型加快智慧公路建设发展的意见》(交公路发〔2023〕131号)中指出的六项主要任务中包括(　　　)。
A. 提升公路数字化基础支撑水平,筑牢数字底座
B. 提升公路设计施工数字化水平,推动智慧建造
C. 提升公路标准数字化水平,推动标准升级
D. 提升公路应用场景建设,推动智慧施工
E. 提升公路养护业务数字化水平,推动智慧养护

8. 关于智慧公路发展的近期目标,下列叙述正确的是(　　　)。
A. 完善顶层设计,建立发展架构体系,明确智慧公路内涵和建设目标,从全国性统一标准规范、政策法规等方面逐步建立和完善,深入开展示范试点
B. 加快研究智慧公路商业模式,解决"投入与效益"行业痛点,为智慧公路健康发展提供可行的产业经济模式。
C. 突破关键技术,实现数智动,全面提升管理服务能力,通过加大信息感知、数据处理、科学决策、业务协同等智慧公路应用场景关键技术研发投入
D. 实现"人-车-路-云"之间的足量信息交互,满足公路智慧建设护、运营管理和服务的业务需求
E. 全要素、全流程、全场景、全天候广泛应用智慧公路技术,全面建成智慧公路网

本节习题答案及解析

Ⅰ. 单项选择题

1. 答案:C

【解析】 智慧公路为公众提供更加便捷、高效、安全的交通出行服务。

2. 答案:A

【解析】 智慧公路除了传统机电系统,增加了基础设施数字化、智能运维、智慧隧道、智慧桥梁、智慧收费站、智慧服务区、准/全天候通行保障、车路协同、伴随式出行服务等建设内容。

3. 答案:D

【解析】 信息感知系统是将感知设备布设在道路沿线,实时收集道路、车辆、环境等各类信息,为智慧公路提供丰富的数据源。

4. 答案:D

【解析】 智慧公路是现代交通工程的重要组成部分,随着技术的不断进步和应用场景的不断拓展,智慧公路具有显著的迭代演进特征。

5. 答案:A

【解析】 到2027年,构建公路设计、施工、养护、运营等"一套模型、一套数据",基本实现全生命期数字化。

6. 答案:B

【解析】 到2035年,全面实现公路数字化转型,建成安全、便捷、高效、绿色、经济的实体公路和数字孪生公路两个体系。

7. 答案:B

【解析】 智慧公路的指导思想是发展推动公路建设、管理、养护、运行、服务全流程数字化转型。

8. 答案:B

【解析】 智慧公路发展的远期目标是全要素、全流程、全场景、全天候广泛应用智慧公路技术,全面建成智慧公路网。

Ⅱ. 多项选择题

1. 答案:BCD

【解析】 交通运输部陆续发布《数字交通"十四五"发展规划》《公路"十四五"发展规划》和《交通运输部关于推进公路数字化转型加快智慧公路建设发展的意见》(交公路发〔2023〕131号)等政策文件,提出了智慧公路分阶段发展目标和示范建设任务要求。选项A《交通强国建设纲要》是中共中央、国务院发布的,不是交通运输部发布的。

2. 答案:ACD

【解析】 公路传统机电系统主要是保障公路基础设施的安全、稳定和有效运行,满足基本的交通管理需求。智慧公路更侧重于提升公路交通的智能化、信息化和绿色化水平,为公众提供更加便捷、高效、安全的交通出行服务。

3. 答案:ABDE

【解析】 智慧公路由信息感知系统、网络通信系统、决策处理系统、服务提供系统组成。

4. 答案:BCD

【解析】 网络通信系统负责将信息感知系统获取的数据传输至数据处理中心,同时为智能网联汽车提供车辆与车辆(V2V)、车辆与基础设施(V2I)、车辆与行人(V2P)等信息交互。

5. 答案:ABC

【解析】 智慧公路的服务提供系统:通过道路沿线可变信息标志、App、网站、广播等各类信息发布平台,向驾驶人、乘客等提供实时交通信息、路况预测、安全预警等服务,提升交通出行体验。

6. 答案:ACDE

【解析】 《交通运输部关于推进公路数字化转型加快智慧公路建设发展的意见》(交公路发〔2023〕131号)提出了智慧公路的发展目标和建设任务。指导思想是坚持"统筹谋划、需求导向、协同共享、安全适用"的原则。

7. 答案:ABCE

【解析】《交通运输部关于推进公路数字化转型加快智慧公路建设发展的意见》(交公路发〔2023〕131号)中指出的六项主要任务:一是提升公路设计施工数字化水平,推动智慧建造;二是提升公路养护业务数字化水平,推动智慧养护;三是提升路网管理服务数字化水平,推动智慧出行;四是提升公路政务服务数字化水平,推动智慧治理;五是提升公路标准数字化水平,推动标准升级;六是提升公路数字化基础支撑水平,筑牢数字底座。

8. **答案:AB**

【解析】 智慧公路发展应分阶段有序开展。近期目标:一是完善顶层设计,建立发展架构体系,明确智慧公路内涵和建设目标,从全国性统一标准规范、政策法规等方面逐步建立和完善,深入开展示范试点;二是加快研究智慧公路商业模式,解决"投入与效益"行业痛点,为智慧公路健康发展提供可行的产业经济模式。中期目标:突破关键技术,实现数智动,全面提升管理服务能力,通过加大信息感知、数据处理、科学决策、业务协同等智慧公路应用场景关键技术研发投入,实现"人-车-路-云"之间的足量信息交互,满足公路智慧建设护、运营管理和服务的业务需求。

选项C、D是中期目标,选项E是远期目标,因此是错误的。

第四章

工程材料与工程机械

一、考纲要求

1. 工程主要材料的分类。
2. 主要材料的特性和标准。
3. 常用施工机械及适用范围。

二、本章知识架构

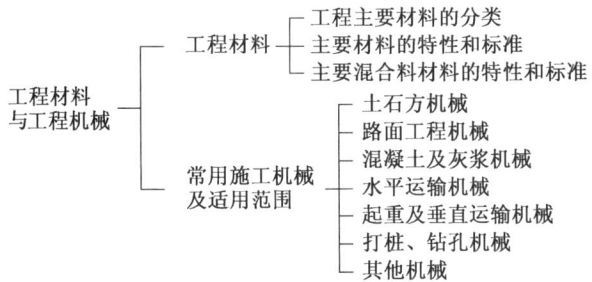

三、题型详解

(一) 工程主要材料的分类、特性和标准

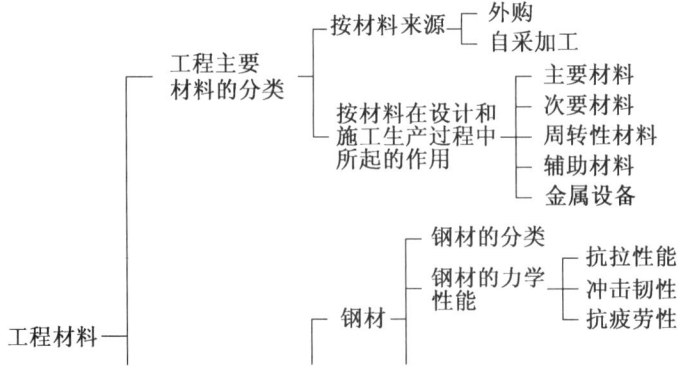

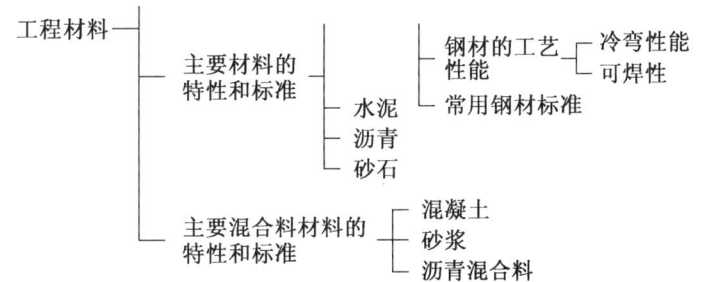

例 题 解 析

1. 对于钢材的塑性变形及伸长率,以下说法正确的是( )。
   A. 塑性变形在标距内分布是均匀的
   B. 伸长率的大小与标距长度有关
   C. 离颈缩部位越远,变形越大
   D. 同一种钢材,δ_5 应小于 δ_{10}

答案: B

【解析】 本题为2017年考题,考查的是有关钢材的性能。伸长率 δ 表征了钢材的塑性变形能力,伸长率的大小与标距长度有关。塑性变形在标距内的分布是不均匀的,颈缩处的伸长较大,离颈缩部位越远变形越小。因此,原标距与试件的直径之比越大,颈缩处伸长值在整个伸长值中的比重越小,计算伸长率越小。常用 $L_0/d_0=5$ 及 $L_0/d_0=10$ 两种试件,相应 δ 分别记作 δ_5 与 δ_{10},对同一种钢材,$\delta_5 > \delta_{10}$。

2. 下列( )材料属于外购材料。
   A. 玻璃、石子   B. 砂、砖
   C. 石材、瓦   D. 钢材、水泥、化工材料、五金

答案: D

【解析】 本题为2019年考题,考查的是材料来源的相关知识点。外购材料指承包人在市场上购买的材料。

3. 关于材料分类的说法,正确的是( )。
   A. 石灰属于次要材料   B. 油燃料属于次要材料
   C. 钢筋绑扎的铁丝属于辅助材料 D. 机械的各种零配件属于辅助材料

答案: D

【解析】 本题为2020年考题,考查的是材料来源的相关知识点。石灰属于主要材料;油燃料属于辅助材料;钢筋绑扎的铁丝属于次要材料;机械的各种零配件属于辅助材料。

4. 关于钢材性能的说法,正确的是( )。
   A. 抗压和抗拉性能是钢材最重要的性能
   B. 钢材的冲击韧性随温度的下降而上升
   C. 在一定范围内,屈强比大则表明钢材在超过屈服点工作时可靠性高,较为安全。
   D. 疲劳极限是试件在交变应力下工作,在规定的周期基数内不发生断裂的最大应力。

答案:D

【解析】 本题为2023年考题。考查的是钢材的力学性能相关知识点。抗拉性能是钢材最重要的性能,选项 A 错误;钢材的冲击韧性随温度的下降而降低,当温度下降到某一范围时,呈脆性断裂。选项 B 错误;在一定范围内,屈强比小则表明钢材在超过屈服点工作时可靠性高,较为安全。选项 C 错误;疲劳极限其含义为试件在交变应力下工作,在规定的周期基数内不发生断裂的最大应力。因此选项 D 正确。

5. 按照水泥的用途及性能分类,属于特性水泥的是(　　)。
   A. 砌筑水泥　　　　　　　　B. 复合硅酸盐水泥
   C. 道路硅酸盐水泥　　　　　D. 膨胀硫铝酸盐水泥

答案:D

【解析】 本题为2023年考题。考查水泥按用途及性能分类相关知识点。砌筑水泥、道路硅酸盐水泥属专用水泥;复合硅酸盐水泥属通用水泥;膨胀硫铝酸盐水泥属于特性水泥。因此选项 D 正确。

6. 关于沥青材料应用范围的说法,错误的是(　　)。
   A. 煤沥青可用于热拌热铺的沥青混合料
   B. 改性沥青可用于重交通路面铺装
   C. 液体石油沥青可用于拌制冷拌沥青混合料
   D. 乳化沥青可用于公路工程稀浆封层、裂缝修补等方面

答案:A

【解析】 本题为2020年考题,考查的是沥青材料适用的相关知识点。道路用的煤沥青严禁用于热拌热铺的沥青混合料,作其他用途时的储存温度宜为70~90℃,且不得长时间储存。

7. 根据混凝土外加剂性能特点,(　　)多用于冬季施工的混凝土工程。
   A. 早强剂　　　　　　　　　B. 膨胀剂
   C. 缓凝剂　　　　　　　　　D. 减水剂

答案:A

【解析】 本题为2020年考题,考查的是混合材料特性的相关知识点。早强剂能提高混凝土的早期强度,多用于抢修工程和混凝土的冬季施工。

8. 下列因素中,不属于影响沥青混凝土强度的主要因素是(　　)。
   A. 温度　　　　　　　　　　B. 沥青的稳定性
   C. 沥青用量和矿料比　　　　D. 沥青材料本身黏结力

答案:B

【解析】 本题为2020年考题,影响沥青混凝土强度的主要因素有沥青与矿料相互作用、沥青用量和矿料比、沥青材料本身黏结力和温度。

9. 关于水泥混凝土凝结时间的说法,正确的是(　　)。
   A. 气温越高,凝结时间越长　　　　B. 水灰比越高,凝结时间越长
   C. 强度等级越高,凝结时间越长　　D. 掺有混合料的水泥,凝结时间短

答案:B

【解析】 本题为2021年考题。影响水泥混凝土凝结时间的因素中:气温越高,凝结时间越快;掺有混合料的水泥凝结时间较长;其他条件相同时,混凝土凝结时间随着等级强度的提高而缩短;随着水灰比增高,凝结时间延长。因此只有选项B正确。

10.下列混凝土性能中,不属于耐久性的是( )。
 A.抗渗性 B.抗冻性
 C.碱-集料反应 D.稳定性
答案:D
【解析】 本题为2021年考题。混凝土的耐久性是一个综合性概念,包含的内容很多,如抗渗性、抗冻性、抗侵蚀性、碳化反应、碱-集料反应等,这些性能都决定着混凝土经久耐用的程度,故统称为耐久性。

11.道路石油沥青中的B级不适用于( )。
 A.高速公路、一级公路沥青上面层
 B.高速公路、一级公路沥青下面层及以下的层次
 C.二级及二级以下公路的各个层次
 D.三级及三级以下公路的各个层次
答案:A
【解析】 本题为2022年考题。道路石油沥青的适用范围:A级沥青适用各个等级的公路,任何场合和层次;B级沥青用作改性沥青、乳化沥青、改性乳化沥青、稀释沥青的基质沥青,适用于高速公路、一级公路沥青下面层及以下的层次,二级及二级以下公路的各个层次;C级沥青适用于三级及三级以下公路的各个层次。

12.高速公路和一级公路面层不得使用的粗集料为( )。
 A.碎石 B.钢渣
 C.筛选砾石 D.破碎砾石
答案:C
【解析】 本题为2023年考题。考查沥青混合料用集料的技术要求知识点。沥青面层使用的粗集料包括碎石、破碎砾石、筛选砾石、钢渣、矿渣等,高速公路和一级公路不得使用筛选砾石和矿渣。粗集料必须由具有生产许可证的采石场生产或施工单位自行加工。因此选项C错误。

13.抗剥落剂的性能不包括( )。
 A.耐热性 B.耐水性
 C.高温稳定性 D.长期性能好
答案:C
【解析】 本题为2022年考题。当粗集料与沥青的黏附性不符合相关技术要求时,粗集料宜掺加消石灰、水泥或用饱和石灰水处理后使用,也可同时在沥青中掺加耐热、耐水、长期性能好的抗剥落剂。选项C高温稳定性是沥青路面抵抗流动变形的能力,是为了保证沥青路面在高温季节行车荷载反复作用下不致产生诸如波浪、推移、车辙、拥包等病害。因此选项C不包括在内。

14.以下材料中属于辅助材料的是( )。

A. 石料 B. 铁丝 C. 支架 D. 氧气

答案:D

【解析】 本题为2022年考题。辅助材料主要是指有助于产品和工程实体的形成或便于施工生产的顺利进行而使用的材料,它们不构成公路基本建设工程的实体,如油、燃料、氧气、脱模剂、减水剂及机械的各种零配。

本 节 习 题

Ⅰ. 单项选择题

1. 建筑材料中,钢材最重要的性能是( )。
   A. 冷弯性 B. 抗拉性
   C. 可塑性 D. 抗疲劳性

2. 要求合格的硅酸盐水泥终凝时间不迟于390min,是为了( )。
   A. 满足早期强度要求 B. 保证体积安定性
   C. 确保养护时间 D. 保证水化反应充分

3. ( )钢筋强度高,塑性和可焊性均好,广泛用于大、中型钢筋混凝土结构的主筋。
   A. 热轧光圆钢筋 B. 普通热轧带肋钢筋
   C. 细晶粒热轧钢筋 D. 冷轧带肋钢筋

4. 以下材料不属于外购材料的是( )。
   A. 铁钉 B. 原木 C. 碎石 D. 水泥

5. 抗拉性能是钢材最重要的性能,在一定范围内,屈强比( )表明钢材在超过屈服点工作时可靠性高。
   A. 大 B. 小 C. 不变 D. 变化

6. 水泥凝结时间在建设工程中十分重要,初凝时间( ),终凝时间( )。
   A. 不宜过短;不宜过长 B. 不宜过长;不宜过短
   C. 不限定;也不限定 D. 15min 之内;60min 之内

7. 以下材料属于自采加工材料的是( )。
   A. 木材 B. 燃料 C. 沥青 D. 碎石

8. 以下材料属于次要材料的是( )。
   A. 石灰 B. 铁钉 C. 水泥 D. 中(粗)砂

9. 考察路用石料性能的两大主要指标是岩石的抗磨耗性和( )。
   A. 抗压强度 B. 抗拉强度
   C. 抗风化 D. 抗腐蚀

10. 混凝土实心板的粗集料最大粒径不宜超过板厚的( )且不得超过( )mm。
    A. 1/3;37.5 B. 1/2;75.0 C. 1/4;37.5 D. 1/4;75.0

11. 钢材冷弯性能是指钢材在( )承受弯曲变形的能力。
    A. 冷冻情况下 B. 低温情况下
    C. 常温情况下 D. 冲击荷载下

12. 钢材的冲击韧性(　　)而降低。
    A. 随温度的下降　　　　　　　　　　B. 随温度的升高
    C. 随冲击力增大　　　　　　　　　　D. 随冲击力减小

13. 钢材按化学成分分类,其含碳量(　　)为低碳钢。
    A. 小于0.25%　　　　　　　　　　　B. 等于0.25%
    C. 0.25%~0.60%　　　　　　　　　 D. 等于0.60%

14. 以下关于工程材料的叙述,错误的是(　　)。
    A. 预应力钢绞线一般用于大跨径、重荷载的混凝土结构
    B. 中砂的细度模数为2.3~3.0
    C. 水泥强度是指净浆的强度,其等级按规定龄期的抗压强度和抗折强度来划分
    D. 乳化沥青的缺点是路面成型时间长,稳定性差

15. 对于硬钢,以(　　)作为屈服强度。
    A. 上屈服点　　　　　　　　　　　　B. 下屈服点
    C. 以产生0.2%残余变形时的应力$\sigma_{0.2}$　　D. 上、下屈服点的平均值

16. 合金元素总含量(　　)的为低合金钢。
    A. 小于3%　　　B. 小于5%　　　C. 5%~10%　　　D. 大于10%

17. 以下关于工程材料的叙述,错误的是(　　)。
    A. 混凝土的抗拉强度只有抗压强度的1/20~1/10
    B. 气温越低,水泥混凝土的凝结时间越快
    C. "C30"即表示立方体抗压强度标准值$f_{cu,k}=30MPa$的混凝土
    D. 混凝土抗冻性一般以抗冻等级表示,一共有9个等级

18. (　　)属于公路工程建设中的"主要材料"。
    A. 钢材、水泥、减水剂、电焊条、砂、石料
    B. 钢材、水泥、电焊条、钢轨、砂、石料
    C. 钢材、水泥、石油沥青、石灰、砂、石料
    D. 钢材、水泥、模板、石灰、砂、钢轨

19. 通常要求普通硅酸盐水泥的初凝时间和终凝时间(　　)。
    A. >45min 和 >10h　　　　　　　　　B. >45min 和 <10h
    C. <45min 和 <10h　　　　　　　　　D. <45min 和 >10h

20. 在砂浆中掺入石灰膏、粉煤灰等粉状混合材料,可提高砂浆的(　　)。
    A. 流动性　　　　B. 保水性　　　　C. 稳定性　　　　D. 抗裂性

21. 沥青混合料应具备良好的(　　),并能被压实到规定的密度,是保证沥青路面使用质量的必要条件。
    A. 高温稳定性　　　　　　　　　　　B. 低温抗裂性
    C. 抗滑性　　　　　　　　　　　　　D. 施工和易性

22. 混凝土强度等级是指150mm标准立方体试件,在温度(　　)℃、相对湿度大于95%的潮湿环境下,养护28d经抗压强度试验所得极限抗压强度。
    A. 20±1　　　　B. 20±2　　　　C. 20±3　　　　D. 20±5

23. 野外混凝土施工时,粗、细集料,水泥和水的质量应以( )。
   A. 设计配合比计   B. 施工配合比计
   C. 体积配合比计   D. 经验配合比计
24. 对于大体积混凝土的外加剂,一般应使用( )。
   A. 速凝剂   B. 膨胀剂   C. 引气剂   D. 缓凝剂
25. 混凝土外加剂中,引气剂的主要作用在于( )。
   A. 调节混凝土的凝结时间   B. 提高混凝土早期强度
   C. 缩短混凝土的终凝时间   D. 提高混凝土的抗冻性
26. 评定水泥混凝土的抗压强度,应以标准养护到( )龄期的试件在标准试验条件下测得的极限抗压强度为准,该试件为边长( )的立方体。
   A. 14d,100mm   B. 28d,150mm   C. 14d,150mm   D. 28d,100mm

Ⅱ. 多项选择题

1. 公路工程材料按其来源分为( )。
   A. 外购材料   B. 地方性材料
   C. 自采加工材料   D. 利用隧道出渣加工材料
2. 公路工程材料按其在设计和施工生产过程中所起的作用分为( )。
   A. 主要材料   B. 次要材料
   C. 辅助材料   D. 利用隧道出渣加工材料
3. 钢材按化学成分,可分为( )。
   A. 合金钢   B. 镇静钢
   C. 碳素钢   D. 沸腾钢
4. 钢材的力学性能中,表征抗拉性能的主要技术指标有( )。
   A. 屈服点   B. 抗拉强度
   C. 伸长率   D. 疲劳强度
5. 影响钢材冲击韧性的重要因素是( )。
   A. 钢材的冶炼方法   B. 钢材内部组织状态
   C. 环境温度   D. 内在缺陷
6. 水泥安定性不良会导致构件(制品)产生( )。
   A. 收缩性裂纹   B. 膨胀性裂纹
   C. 大量的水化热   D. 翘曲变形
7. 高速公路和一级公路沥青面层施工使用沥青混合料的粗集料,可以选用( )。
   A. 碎石   B. 破碎砾石
   C. 筛选砾石   D. 矿渣
8. 以下关于工程材料的叙述,正确的是( )。
   A. 水泥的水化热是指水泥加水后,发生水化作用逐渐凝结硬化放出的热量,其对大体积混凝土工程是有利的
   B. 拌和用乳化沥青BCR适用于改性稀浆封层和微表处

C. 若试件按规定条件弯曲,若弯曲处的外表无裂痕、裂缝或起层,即认为冷弯性能合格
D. 热轧光圆钢筋强度较低,但具有塑性好、伸长率高等优点,可用作中、小型钢筋混凝土结构的主要受力钢筋

9. 以下关于工程材料的叙述,正确的是(　　)。
   A. 砂的含泥量超过规定时应水洗后使用,海砂中的贝壳类材料要筛除。
   B. 水泥的细度直接影响水泥的活性和强度
   C. 粉煤灰是高速公路、一级公路沥青面层的主要填料
   D. 热拌沥青混合料路面的表面层不宜采用煤沥青

10. 预应力混凝土结构构件中,可使用的钢材包括(　　)。
    A. 热处理钢筋　　　　　　　　　B. 冷拔带肋钢筋
    C. 预应力冷拉钢丝　　　　　　　D. 冷拔低碳钢丝

11. 关于钢筋性能,说法正确的是(　　)。
    A. 设计时应以抗拉强度作为钢筋强度取值的依据
    B. 伸长率表征了钢材的塑形变形能力
    C. 一定范围内,钢材在超过屈服点工作时,屈强比小可靠性高
    D. 冷弯性能是钢材的重要工艺性能

12. 能增加混凝土和易性,同时减少施工难度的混凝土外加剂有(　　)。
    A. 膨胀剂　　　　B. 减水剂　　　　C. 早强剂　　　　D. 引气剂

13. 速凝剂主要用于(　　)。
    A. 混凝土冬季滑模施工　　　　　B. 梁桥铰缝混凝土施工
    C. 喷射混凝土　　　　　　　　　D. 水下混凝土施工

14. 膨胀剂主要用于(　　)。
    A. 地脚螺栓灌浆料　　　　　　　B. 桥面混凝土施工
    C. 水下混凝土施工　　　　　　　D. 混凝土接头施工

15. 关于混凝土混合料材料的叙述,正确的是(　　)。
    A. 混凝土拌合物的凝结时间通常是用贯入阻力法进行测定的
    B. 环境温度的变化会影响混凝土的凝结时间
    C. 当混凝土强度等级提高时,抗拉强度比抗压强度提高得快
    D. 抗渗性直接影响混凝土的抗冻性和抗侵蚀性

16. 以下关于工程材料的叙述,错误的是(　　)。
    A. 试验室配合比设计指一般要采用三组以上的配合比进行试验,最后选择水灰比较小的一组配合比
    B. 混凝土的抗侵蚀性与所用水泥的品种、混凝土的密实程度和孔隙特征有关
    C. 混凝土配制强度的成功率与强度等级要求的混凝土立方体抗压强度标准值无关
    D. 伸长率是指试件在拉断后,其标距部分所增加的长度与原标距长度的百分比

17. 影响混凝土强度的主要因素有(　　)。
    A. 养护的温度和湿度　　　　　　B. 集料粒径
    C. 水泥强度等级　　　　　　　　D. 龄期

18. 以下关于混凝土立方体抗压强度的叙述,正确的是( )。
   A. 一组试件抗压强度的最低值
   B. 一组试件抗压强度的最高值
   C. 一组试件抗压强度的技术平均值
   D. 一组试件不低于95％保证率的强度统计值

19. 引气剂主要能改善混凝土的( )。
   A. 凝结时间   B. 和易性   C. 耐久性   D. 后期强度

20. 当混凝土的初步配合比设计不符合要求时,可进行调整,使其和易性满足施工要求,方法正确的有( )。
   A. 坍落度小于设计要求时,在保持水灰比不变的情况下,增加水泥浆
   B. 坍落度大于设计要求时,在保持砂率不变的情况下,减少水泥浆
   C. 黏聚性和保水性不良时,减小砂率
   D. 拌合物的砂浆过多时,加入石料

本节习题答案及解析

Ⅰ.单项选择题

1. **答案:B**
   【解析】 抗拉性能是钢材最重要的性能。

2. **答案:A**
   【解析】 水泥凝结时间在施工中具有重要意义。硅酸盐水泥终凝时间不大于390min,目的是浇筑振捣后能尽快硬化,满足早期强度要求。

3. **答案:B**
   【解析】 普通热轧带肋钢筋强度高,塑性和可焊性均好,广泛用于大、中型钢筋混凝土结构的主筋。

4. **答案:C**
   【解析】 外购材料:钢材、水泥、化工材料、五金、燃料、沥青、木材等,而碎石属于自采加工材料。

5. **答案:B**
   【解析】 在钢材设计中,屈强比 σ_s/σ_b 有参考价值。在一定范围内,屈强比小则表明钢材在超过屈服点工作时可靠性高,较为安全。

6. **答案:A**
   【解析】 水泥从加水拌和起(调成标准稠度)到水泥浆失去塑性所需的时间,称为初凝时间。水泥从加水拌和起到水泥浆完全失去塑性开始产生强度所需的时间称为终凝时间。初凝时间不宜过短,终凝时间不宜过长。

7. **答案:D**
   【解析】 按材料来源分外购材料和自采加工材料,其中木材、燃料、沥青属外购材料,碎石由承包人自行组织人员进行自采加工。

8. 答案:B

【解析】 石灰、水泥和砂属于主要材料,铁钉属于次要材料。

9. 答案:A

【解析】 岩石的抗压强度和抗磨耗性是考察路用石料性能的两大主要指标。

10. 答案:A

【解析】 混凝土实心板的粗集料最大粒径不宜超过板厚的1/3且不得超过37.5mm。

11. 答案:C

【解析】 冷弯性能是指钢材在常温下承受弯曲变形的能力,它表征在恶劣变形条件下钢材的塑性,是钢材的一项重要工艺性能。

12. 答案:A

【解析】 冲击韧性是指钢材抵抗冲击荷载的能力。钢材的冲击韧性随温度的下降而降低,当温度下降到某一范围时,呈脆性断裂,这种现象称为冷脆性。

13. 答案:A

【解析】 钢材按化学成分可分为碳素钢和合金钢两类。而碳素钢按含碳量又可分为低碳钢、中碳钢、高碳钢,其中含碳量小于0.25%的为低碳钢、0.25%～0.60%的为中碳钢、大于0.60%的为高碳钢。

14. 答案:C

【解析】 水泥强度是指胶砂的强度,而不是净浆的强度。

15. 答案:C

【解析】 对屈服现象不明显的钢材,例如硬钢,规定以产生0.2%残余变形时的应力$\sigma_{0.2}$作为屈服强度。

16. 答案:B

【解析】 合金元素总含量小于5%的为低合金钢、5%～10%的为中合金钢、大于10%的为高合金钢。

17. 答案:B

【解析】 气温越高,水泥混凝土的凝结时间越快。因此选项B错误。

18. 答案:C

【解析】 材料按在设计和施工生产过程中所起的作用可分为主要材料、次要材料、周转性材料和辅助材料四种。主要材料包括钢材、水泥、石油沥青、石灰、砂、石料等;次要材料包括电焊条、铁钉、铁丝等;周转性材料包括模板、脚手架、支架、拱盔、钢轨、钢丝绳以及配套的附件等;辅助材料包括油燃料、氧气、脱模剂、减水剂及机械的各种零配件等。

19. 答案:B

【解析】 普通硅酸盐水泥初凝时间不得早于45min,终凝时间不得迟于600min。

20. 答案:B

【解析】 在砂浆中掺入石灰膏、粉煤灰等粉状混合材料,可提高砂浆的保水性。

21. 答案:D

【解析】 沥青混合料应具备良好的施工和易性,在拌和、摊铺与碾压过程中,集料颗粒应保持分布均匀,表面被沥青膜完整裹覆,并能被压实到规定的密度,是保证沥青路面使用质量的必要条件。

22. 答案：B

【解析】 规范规定温度为20℃±2℃。

23. 答案：B

【解析】 野外混凝土施工时，粗、细集料含水率是变化的，应按施工配合比计。

24. 答案：D

【解析】 缓凝剂是指延缓混凝土凝结时间，并对后期强度发展无不利影响的外加剂，主要用于大体积混凝土、炎热条件下施工的混凝土或长距离运输的混凝土和某些在施工操作上需要保持较长处理混凝土时间的项目。

25. 答案：D

【解析】 混凝土搅拌过程中加入引气剂，能引入大量分布均匀的微小气泡，阻塞有害的毛细孔通道，从而减少拌合物的泌水离析，改善和易性，提高抗渗性、抗冻性和耐久性。

26. 答案：B

【解析】 按照《混凝土物理力学性能试验方法标准》（GB/T 50081—2019），制作边长为150mm的立方体试件，在标准条件（温度20℃±2℃，相对湿度95%以上）下，养护到28d龄期，测得的抗压强度值为混凝土立方体试件抗压强度（简称"立方抗压强度"），以f_{cc}表示。

Ⅱ. 多项选择题

1. 答案：AC

【解析】 公路工程材料按其来源分为外购材料和自采加工材料两类。

2. 答案：ABC

【解析】 公路工程材料按其在设计和施工生产过程中所起的作用分为主要材料、次要材料、辅助材料、周转性材料。

3. 答案：AC

【解析】 钢材按化学成分分为碳素钢和合金钢。

4. 答案：ABC

【解析】 钢材表征抗拉性能的主要技术指标有：屈服点、抗拉强度及伸长率。

5. 答案：BCD

【解析】 钢材的化学成分、组织状态、内在缺陷及环境温度等都是影响冲击韧性的重要因素。

6. 答案：BD

【解析】 水泥在硬化过程中，体积变化的均匀性称为水泥的安定性。安定性不良会导致构件（制品）产生膨胀性裂纹或翘曲变形，造成质量事故。

7. 答案：AB

【解析】 高速公路和一级公路沥青面层施工使用沥青混合料的粗集料不得使用筛选砾石和矿渣。因此选项C、D错误。

8. 答案：BCD

【解析】 水泥加水后，发生水化作用逐渐凝结硬化放出的热量，称为水泥的水化热。

对大型基础、桥墩等大体积混凝土工程,由于水化热积聚在内部不易发散,使内部温度上升到50℃以上,内外温差引起的应力使混凝土可能产生裂缝,因此水化热对大体积混凝土工程是不利的。因此选项A错误。

9. 答案:ABD

【解析】 粉煤灰作为填料使用时,用量不得超过填料总量的50%,其质量应符合相关技术要求,高速公路和一级公路的沥青面层不宜采用粉煤灰作填料。因此选项C错误。

10. 答案:AB

【解析】 热处理钢筋具有高强、高韧性、低松弛性,与混凝土握裹力强等特点,广泛用于预应力混凝土结构。冷拔带肋钢筋为预应力混凝土用筋。因此选项A、B正确。预应力冷拉钢丝仅用于压力管道。冷拔低碳钢丝主要用于小型预应力构件,不得作为预应力钢筋使用。因此选项C、D错误。

11. 答案:BCD

【解析】 答案A是错误的。钢筋设计时以屈服强度 σ_s 作为强度取值的依据,而不是抗拉强度。对屈服现象不明显的钢材,规定以产生0.2%残余变形时的应力 $\sigma_{0.2}$ 作为屈服强度,结构设计一般要求屈强比不应大于0.85。其余选项正确。

12. 答案:BD

【解析】 减水剂可在用水量不变的情况下增大混凝土坍落度从而改善和易性。混凝土搅拌过程中加入引气剂,能引入大量分布均匀的微小气泡,阻塞有害的毛细孔通道,从而减少拌合物的泌水离析,改善和易性。而膨胀剂和早强剂对混凝土和易性无关。

13. 答案:AC

【解析】 速凝剂主要用于冬季滑模施工及喷射混凝土等需要速凝的混凝土工程。

14. 答案:AD

【解析】 膨胀剂主要用于补偿混凝土收缩,常与减水剂一起配制地脚螺栓灌浆料,设备安装时的坐浆材料及混凝土接头等,还可用于防水工程,防止大体积混凝土的收缩裂缝,也可用于预应力混凝土,调整掺量以控制膨胀值。

15. 答案:ABD

【解析】 混凝土的抗拉强度只有抗压强度的1/20~1/10,且随着混凝土强度等级的提高,比值有所降低,即当混凝土强度等级提高时,抗拉强度不及抗压强度提高得快。因此选项C错误。

16. 答案:AC

【解析】 试验室配合比设计主要是满足强度、耐久性、经济性的要求,一般要采用三组以上的配合比进行试验,通过实测强度、耐久性后,选择强度、耐久性满足要求而水灰比较大的一组配合比作为试验室配合比。因此选项A错误。为确保一定的成功率,混凝土配制强度要比强度等级要求的混凝土立方体抗压强度标准值高。因此选项C错误。

17. 答案:ACD

【解析】 影响混凝土强度的主要因素中不包括集料的粒径。因此选项B错误。

18. 答案:ABC

【解析】 D选项是立方体抗压强度标准值的含义,标准值是用于确定混凝土强度等级的,因此 D 选项错误。

19.答案:BC

【解析】 本题考查混凝土外加剂的作用。调节混凝土凝结时间的外加剂:缓凝剂、早强剂、速凝剂。改善混凝土和易性,提高抗渗性、抗冻性和耐久性的外加剂:引气剂。改善混凝土后期强度的外加剂:缓凝剂。

20.答案:ABD

【解析】 C 选项错误。当黏聚性和保水性不良时,通常原因是砂率不足,可增加砂用量,即增大砂率。

(二)常用施工机械及适用范围

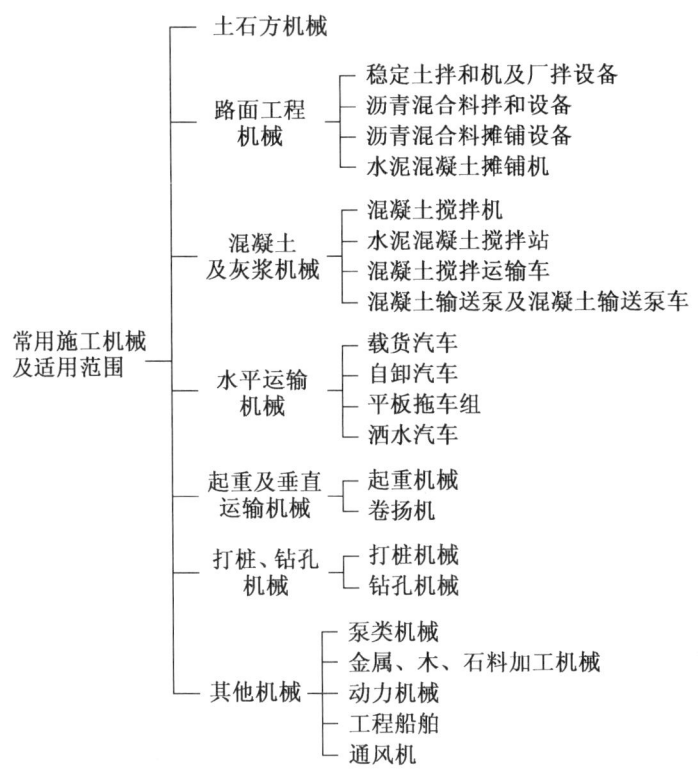

例 题 解 析

1.( )的挖土特点是:后退向下,自重切土。其挖土深度和挖土半径均较大,可开挖停机面以下的Ⅰ~Ⅱ类土。适用于开挖大型基坑和水下挖土。

A.拉铲挖掘机 B.反铲挖掘机
C.正铲挖掘机 D.抓斗挖掘机

答案:A

【解析】 本题为2014年考题,考查挖掘机的挖土特点及适用范围。B 选项反铲挖掘机的挖土特点是:后退向下,强制切土。挖掘力比正铲小,可开挖停机面以下Ⅰ~Ⅱ类土,深度在 4m 左右的基坑、基槽、管沟,也可用于地下水位较高的土方开挖。C 选项正铲挖掘机的挖土特点是:前进向上,强制切土。挖掘力大,生产率高,可开挖停机面以上的Ⅰ~Ⅳ类土。D 选项抓斗挖掘机的挖土特点是:直上直下,自重切土。挖掘力较小,只能开挖Ⅰ~Ⅱ类土,用于开挖窄而深的独立基坑和基槽、沉井,适用于水下挖土,是地下连续墙施工挖土的专用机械。

2. 公路中常用的凿岩机是( )。
   A. 风动凿岩机　　　　　　　　B. 液压凿岩机
   C. 电动凿岩机　　　　　　　　D. 内燃凿岩机
   答案:A
   【解析】 本题为 2021 年考题,凿岩机是按照工作动力分类的,分为风动凿岩机(公路工程中常用)、液压凿岩机、电动凿岩机和内燃凿岩机四种。

3. 公路建设中主要应用的起重机不包括( )。
   A. 汽车式起重机　　　　　　　B. 轮胎式起重机
   C. 缆索起重机　　　　　　　　D. 履带式起重机
   答案:C
   【解析】本题为 2022 年考题,公路建设中主要应用的起重机为汽车式起重机、轮胎式起重机、履带式起重机及塔式起重机。

4. 某水泥混凝土路面采用滑膜摊铺机施工工艺,已知铺筑厚度为 25cm,摊铺机宽度 22.5m,行进速度为 1m/min,时间利用系数取 0.85,求摊铺机的生产率为( )。
   A. 287m^3/h　　　　B. 338m^3/h　　　　C. 5.6m^3/h　　　　D. 4781m^3/h
   答案:A
   【解析】本题为 2022 年考题,按教材 P181 公式 4.43 计算水泥混凝土摊铺机生产率。
   $$Q = 1000 \times h \times B \times \gamma_p \times K_b = 1000 \times 0.25 \times 22.5 \times 1 \times 60 \times 0.001 \times 0.85$$
   $$= 287(m^3/h)$$
   式中:Q——生产率(m^3/h);
   　　　h——铺层厚度(m);
   　　　B——摊铺带宽度(m);
   　　　γ_p——摊铺工作速度(km/h);
   　　　K_b——时间利用系数。

5. 关于铲运机应用的说法,正确的有( )。
   A. 适宜岩石类地区作业　　　　　B. 不适宜在沼泽地带作业
   C. 不适宜在干燥的粉砂土中作业　D. 适合在Ⅱ级土中直接施工
   E. 适宜中距离的大规模土方转运作业
   答案:BCE
   【解析】本题为 2023 年考题,铲运机主要用于中距离的大规模土方转运工程,广泛用于公路与铁路建设。铲运机应在Ⅰ级土中施工,如遇Ⅱ、Ⅲ级土应预先疏松。在土的湿度方面,最适宜在湿度较小(含水率在 25% 以下)的松散砂土和黏土中施工,但不适宜于在干燥的粉砂土和潮湿的黏土中作业,更不宜在地下水位高的潮湿地区和沼泽地带,以及岩石类地区作业。

6.水泥混凝土路面施工中,对滑模式摊铺机施工描述正确的是( )。
   A.将各作业装置装在同一机架上,使路面挤压成型
   B.可实现多种功能摊铺,如路肩、路缘石
   C.主要特点是不需要轨模
   D.靠固定在路基上的轨道、模板来控制摊铺厚度和平整度

答案:ABC

【解析】 本题为2014年考题,考查水泥混凝土摊铺机施工特点。滑模式摊铺机是将各作业装置装在同一机架上,通过位于模板外侧的行走装置随机移动滑动模板,按照要求使路面板挤压成型,并可实现多种功能的摊铺,如路肩、路缘石等。轨道式水泥混凝土摊铺机是靠固定在路基上的轨道、模板来控制摊铺厚度和平整度。因此选项D错误。

7.下列属于土石方机械的有( )。
   A.推土机   B.挖掘机   C.平地机   D.稳定土拌和机

答案:ABC

【解析】 本题为2013年考题,考查土石方机械种类。土石方机械包括推土机、铲运机、挖掘机、装载机、平地机、压路机、凿岩穿孔机械。而稳定土拌和机是属于路面工程机械。因此选项D错误。

8.按照压实力的作用原理,压路机可分为( )。
   A.静作用碾压机械   B.振动碾压机械
   C.夯实机械   D.拖式碾压机械

答案:ABC

【解析】 本题为2013年考题,考查压路机的分类。按照压实力的作用原理,可分为静作用碾压机械、振动碾压机械和夯实机械三类。

9.某施工单位进行土方工程的二次转运,采用$1.2m^3$的装载机运土,装载机每循环一次需2min,机械的时间利用系数0.8,充盈系数0.9,土的松散系数1.2,则该装载机的生产率为( )。
   A.21.6 天然 m^3/h B.24.0 天然 m^3/h
   C.31.10 天然 m^3/h D.34.56 天然 m^3/h

答案:A

【解析】本题为2023年考题,$1.2×0.9×30×0.8÷1.2=21.60$ 天然 m^3/h。

本 节 习 题

Ⅰ.单项选择题

1.推土机在运距( )以内生产率较高。
   A.100m   B.150m   C.200m   D.250m

2.小型和中型铲斗容积的铲运机的经济运距为( )。
   A.100m以内运土   B.100~350m运土
   C.350~800m运土   D.800~1500m运土

3. 以下不适合平地机工作的内容是( )。
   A. 修筑路基横断面　　　　　　　　B. 修整边坡
   C. 平整场地　　　　　　　　　　　D. 碾压路基
4. 推土机最适合于( )距离作业。
   A. 50~100m　　　　　　　　　　　B. 100~350m
   C. 350~500m　　　　　　　　　　D. 500~1000m
5. 在土坝施工中,需要分层碾压不透水的黏性土料,采用的压实机械宜选择( )。
   A. 轮胎压路机　　　　　　　　　　B. 光轮压路机
   C. 羊足碾　　　　　　　　　　　　D. 夯实机械
6. 一般桥梁的预应力混凝土 T 梁吊装,宜选用的起重设备是( )。
   A. 汽车式起重机　　　　　　　　　B. 塔式起重机
   C. 缆索起重机　　　　　　　　　　D. 履带式起重机
7. 某公路项目开挖量较大的路堑土石方施工,运距为 3km,最好经济效果的机械搭配方式是( )。
   A. 单斗挖掘机与运输车辆配合作业
   B. 装载机与自卸汽车配合作业
   C. 自行式铲运机作业
   D. 装载机运输作业
8. 轨道式水泥混凝土摊铺机是靠固定在路基上的轨道、模板来控制摊铺( )和平整度的。
   A. 宽度　　　　　　　　　　　　　B. 厚度
   C. 速度　　　　　　　　　　　　　D. 坍落度
9. 适合于打桩又能拔桩的机械,宜选用( )。
   A. 柴油打桩机　　　　　　　　　　B. 轨道式打桩机
   C. 蒸汽打桩机　　　　　　　　　　D. 振动打拔桩机
10. 沥青混合料拌和设备搅拌器内的料重 80000kg,时间利用系数 0.8,拌和时间 20min,该沥青混合料拌和设备的生产率为( )t/h。
    A. 162　　　　B. 172　　　　C. 182　　　　D. 192
11. 某公路路面用沥青混凝土摊铺设备施工,铺层厚度 $h=0.2$m,摊铺带宽度 $B=6$m,摊铺工作速度 $V_0=300$m/h,沥青混合料密度 $p=1.8$t/m³,时间利用系数 $K_b=0.8$,其生产率 $Q=$( )t/h。
    A. 0.518　　　B. 518.4　　　C. 0.648　　　D. 648
12. 对于狭窄工作面的土层压实,如桥台基坑两侧的回填压实,可采用的压实机械为( )。
    A. 轮胎压路机　　B. 光轮压路机　　C. 羊足碾　　D. 夯实机械
13. 公路打桩机中,施工噪声最小的是( )。
    A. 导杆式柴油打桩机　　　　　　　B. 轨道式打桩机
    C. 蒸汽打桩机　　　　　　　　　　D. 机械振动打拔桩机

14. 某山区公路峡谷地段施工,选用( )型号自卸汽车最合适。
   A. 轻、中型　　　　　　　　　　B. 中、重型
   C. 重、超重型　　　　　　　　　D. 都合适

15. 某公路路面用水泥混凝土摊铺机施工,铺层厚度 $h=0.3\text{m}$,摊铺带宽度 $B=6\text{m}$,摊铺工作速度 $V_0=0.01\text{km/h}$,时间利用系数 $K_b=0.8$,其生产率 $Q=(\ \ )\text{m}^3/\text{h}$。
   A. 16.0　　　　B. 14.4　　　　C. 35.4　　　　D. 48.8

Ⅱ. 多项选择题

1. 推土机按行走装置可分为( )。
   A. 履带式　　　　　　　　　　B. 轮胎式
   C. 自行式　　　　　　　　　　D. 拖式

2. 推土机主要用于( )施工。
   A. 路基修筑　　　　　　　　　B. 平整场地
   C. 基槽开挖　　　　　　　　　D. 清除树根

3. 铲运机是一种循环作业式铲土运输机械。按行走方式的不同,可分为( )。
   A. 强制式　　　　　　　　　　B. 拖式
   C. 自动式　　　　　　　　　　D. 自行式

4. 挖掘机按行走装置的不同,可分为( )。
   A. 履带式　　　　　　　　　　B. 轮胎式
   C. 汽车式　　　　　　　　　　D. 坦克式

5. 挖掘机按工作装置的不同,可分为( )。
   A. 正铲挖掘机　　　　　　　　B. 反铲挖掘机
   C. 拉铲挖掘机　　　　　　　　D. 单斗挖掘机

6. 挖掘机正铲挖掘的挖土特点是( )。
   A. 前进向上,强制切土　　　　B. 挖掘力大,生产率高
   C. 直上直下,自重切土　　　　D. 可开挖停机面以上的Ⅰ~Ⅳ类土

7. 装载机按行走机构特点的不同,可分为( )。
   A. 单斗式　　　　　　　　　　B. 回转式
   C. 轮胎式　　　　　　　　　　D. 履带式

8. 在( )情况下,选用抓斗挖掘机进行施工合适。
   A. 开挖较大的土方　　　　　　B. 开挖窄而深的独立基坑
   C. 开挖沉井　　　　　　　　　D. 地下连续墙挖土

9. 公路建设施工中,平地机可用于( )。
   A. 路基整平　　　　　　　　　B. 土方挖掘
   C. 修整路基横断面　　　　　　D. 清除杂草

10. 对羊足碾而言,有( )的特点。
    A. 较大的单位压力　　　　　　B. 适合于碾压高含水率黏土
    C. 压实深度大而均匀　　　　　D. 能挤碎土块

11. 根据钻孔机械设备的特点,下列叙述正确的是( )。
    A. 冲击钻机适合在卵石、漂石及硬质岩石地质条件下施工
    B. 回旋钻机适用于黏土、粉土、砂土、淤泥质土、人工回填土
    C. 回旋钻机适用于强度在中风化以上的岩层
    D. 旋挖钻机适用于黏土、粉土、砂土、填土、碎石土及风化表层
12. 工程施工中常用的工程船舶有( )。
    A. 泥浆船 B. 起重船
    C. 机动艇 D. 潜水艇
13. 通风机按气体流动方向的不同,主要分为( )等类型。
    A. 离心式 B. 竖流式
    C. 轴流式 D. 横流式

本节习题答案及解析

Ⅰ. 单项选择题

1. **答案:A**
   【解析】 正常情况下,推土机在运距100m以内生产率较高,超过100m生产率将大幅度下降。

2. **答案:B**
   【解析】 铲运机铲斗容积为小型(小于$5m^3$)和中型($5 \sim 15m^3$)的经济运距为$100 \sim 350m$,大型($15 \sim 30m^3$)和特大型(大于$30m^3$)的经济运距为$800 \sim 1500m$。

3. **答案:D**
   【解析】 平地机主要用于路基、砂砾路面的整平,及土方工程中场整形和平地作业,还可以用于修整路基横断面,修刮路堤和路堑边坡、开挖边沟和路槽等。还可用来在路基上拌和稳定土或其他路面材料、摊铺材料,修整和养护土路、松土、回填、清除杂草和积雪等。

4. **答案:A**
   【解析】 推土机主要用于$50 \sim 100m$短距离作业。

5. **答案:C**
   【解析】 羊足碾(羊足压路机)有较大的单位压力,压实深度大而均匀,适用于黏性土料的分层碾压。在土坝施工中经常用来碾压不透水黏性土料。

6. **答案:A**
   【解析】 解析:汽车式起重机具有良好的机动性和灵活性,能够迅速地从一个工作地点转移到另一个工作地点,利用率高,广泛应用于公路建设工地。

7. **答案:A**
   【解析】 单斗挖掘机具有挖掘能力强、通用性好、能适合不同作业要求的特点。在公路工程施工中,遇到开挖量较大的路堑时,选用挖掘机配合运输车辆组织施工比较合理。

8. **答案:B**
   【解析】 轨道式水泥混凝土摊铺机是靠固定在路基上的轨道、模板来控制摊铺厚度和

平整度的。

9. 答案:D

【解析】 振动打拔桩机可同时进行打桩和拔桩作业。

10. 答案:D

【解析】 按教材 P180 公式(4.4.1)沥青混合料拌和设备的生产率计算:

$$Q = \frac{60 \times G \times K_b}{1000 \times t} = 60 \times 80000 \times 0.8 / (1000 \times 20) = 192(t/h)$$

式中:Q——生产率(t/h);

G——搅拌器内的料重(kg);

K_b——时间利用系数,一般取 0.8~0.9;

t——一次拌和的循环时间,即混合料在搅拌容器内的停留时间(min)。

11. 答案:B

【解析】按教材 P180 的公式(4.4.2)计算:

$$Q = h \times B \times \gamma_0 \times \rho \times K_b = 0.2 \times 6 \times 300 \times 1.8 \times 0.8 = 518.4(t/h)$$

式中:Q——生产率(t/h);

h——铺层厚度(m);

B——摊铺带宽度(m);

γ_0——摊铺工作速度(m/h);

ρ——沥青混合料密度(t/m³);

K_b——时间利用系数。

12. 答案:D

【解析】 对于狭窄工作面的压实,大型机械无法进入,只能采用夯实机械。

13. 答案:D

【解析】 公路建设中多用机械振动打拔桩机,它具有施工速度快、使用方便、施工费用低、施工噪声小、没有其他公害污染等优点。

14. 答案:A

【解析】 山区、峡谷、河床施工宜选用中、轻型自卸汽车。

15. 答案:B

【解析】按教材 P181 公式(4.4.3)计算:

$$Q = 1000 \times h \times B \times \gamma_p \times K_b = 1000 \times 0.3 \times 6 \times 0.01 \times 0.8$$
$$= 14.4(t/h)$$

式中:Q——生产率(m³/h);

h——铺层厚度(m);

B——摊铺带宽度(m);

γ_p——摊铺工作速度(km/h);

K_b——时间利用系数。

Ⅱ. 多项选择题

1. **答案**：AB

   【解析】 推土机按行走装置的不同可分为履带式和轮胎式两大类。

2. **答案**：ABD

   【解析】 推土机适用于路基修筑、基坑开挖、平整场地、清除树根、推集石渣等。开挖窄而深的基槽应选用挖掘机。因此选项 C 错误。

3. **答案**：BD

   【解析】 铲运机是一种循环作业式铲土运输机械。按行走方式的不同,可分为拖式和自行式两种。

4. **答案**：ABC

   【解析】 挖掘机按行走装置的不同,可分为履带式、轮胎式、汽车式三种。

5. **答案**：ABC

   【解析】 挖掘机按工作装置的不同,可分为正铲挖掘机、反铲挖掘机、拉铲挖掘机、抓斗挖掘机四种。

6. **答案**：ABD

   【解析】 正铲挖掘机的挖土特点是：前进向上,强制切土。挖掘力大,生产率高,可开挖停机面以上的Ⅰ～Ⅳ类土。直上直下,自重切土是抓土挖掘机的特点。因此选项 C 错误。

7. **答案**：CD

   【解析】 装载机按行走机构特点的不同,可分为轮胎式、履带式两种。

8. **答案**：BCD

   【解析】 抓斗挖掘机挖掘力小,只能开挖Ⅰ～Ⅱ类土,用于开挖窄而深的独立基坑和基槽、沉井,适合用于水下挖土,是地下连续墙挖土的专用机械。因此选项 A 错误。

9. **答案**：ACD

   【解析】 平地机主要用于路基、砂砾路面的整平,以及土方工程中场整形和平地作业,还可用于修整路基的横断面、修刮路堤和路堑的边坡、开挖边沟和路槽等。此外还可用在路基上拌和稳定土或其他路面材料、摊铺材料,修整和养护土路、松土、回填、清除杂草和积雪等。土方挖掘需用挖掘机。因此选项 B 错误。

10. **答案**：ACD

    【解析】 羊足碾有较大的单位压力(包括羊足的挤压力),压实深度大而均匀,并能挤碎土块,广泛用于黏性土料的分层碾压。对非黏性土料和高含水率黏土的压实效果不好,不宜采用。因此选项 B 错误。

11. **答案**：ABD

    【解析】 冲击钻机适合各种土层和岩层的施工,尤其在卵石、漂石及硬质岩石地质条件下具有较明显的优势。回旋钻机一般适用于黏土、粉土、砂土、淤泥质土、人工填土及含有部分卵石、碎石的地层,不适用强度在中风化以上的岩层。因此选项 C 错误。旋挖钻机适用于黏土、粉土、砂土、填土、碎石土及风化表层。

12. **答案**：ABC

【解析】 工程船舶施工中常用的有：内燃拖轮、工程驳船、泥浆船、打桩船、起重船、混凝土搅拌船、抛锚船、机动艇等。因此选项 D 错误。

13. **答案**：ACD

【解析】 通风机按气体流动方向的不同,主要分为离心式、轴流式、斜流式和横流式等类型。因此选项 B 错误。

第五章

公路工程施工组织与施工技术

一、考纲要求

1. 公路工程施工组织设计。
2. 路基、路面工程施工技术。
3. 公路隧道施工技术。
4. 桥涵工程施工技术。
5. 交通工程设施施工技术。

二、本章知识架构

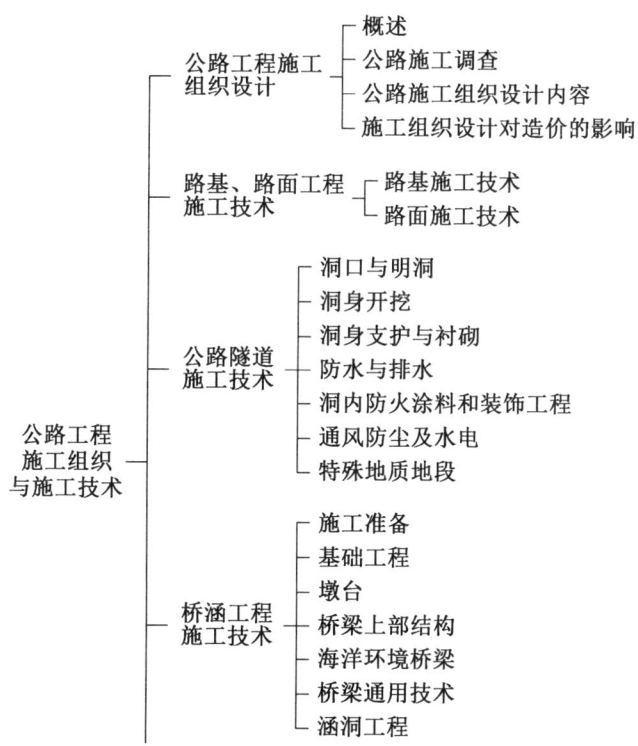

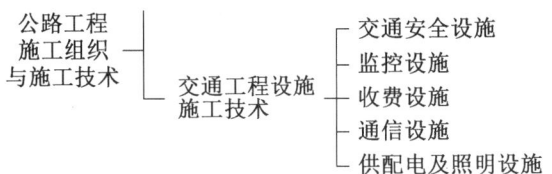

三、题型详解

(一) 公路工程施工组织设计

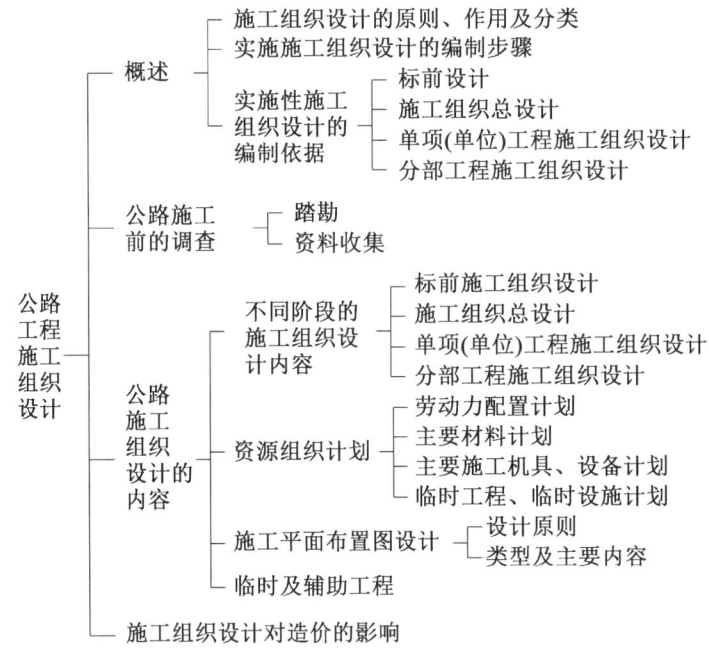

例 题 解 析

Ⅰ.单项选择题

1.复杂的基础工程、大型混凝土构件预制与安装工程以及有特殊要求的工程项目,在编制单项(或单位)工程施工组织设计之后,还应编制(　　)。

A.施工组织规划设计　　　　　　　B.施工组织总设计
C.单位工程施工组织设计　　　　　D.分部工程施工组织设计

答案:D

【解析】 本题为2013年考题,考查施工组织设计分类。对于施工难度大或者施工技术复杂的工程项目,在编制单项(或单位)工程施工组织设计之后,还应编制主要分部工程的施工组织设计,用以指导各分部工程的施工。

2.关于临时工程,以下说法正确的是( )。
   A.凡预制场、拌和场及生活区内部通行的汽车便道,均不能计入汽车便道工程数量
   B.临时电力线路长度,一般按设计长度计算
   C.临时工程在公路建成交付使用时,必须予以拆除,恢复生态环境
   D.临时工程一般有专一的服务对象
   答案:AC
   【解析】 本题为2015年考题,临时工程只是起着参与永久性工程形成的作用,公路建成交付使用后,必须拆除使其恢复原状。它与辅助工程有相同的性质,不同点在于临时工程一般不单作专一的服务对象。临时电力线路架设是指在公路工程施工过程中,当工程用电使用工业电源时,需要架设由高压输电线路到工地变电站之间的电力线路。工地变电站或自发电的厂房至施工现场各个作业用电点的线路,是一种低压线路,属于电力支线,费用已综合在施工场地建设费中,不能重复计。此外,在修建大型桥梁时,必须敷设水下电缆时,可结合实际情况,参照电力部门相关规定和要求,计入临时电力线路项目内,作为编制工程造价的依据。

3.关于施工组织设计,下列说法错误的是( )。
   A.施工组织是全局性的文件
   B.施工组织是根据工程承包组织的需要编制的技术经济文件
   C.施工组织是项目实施的依据
   D.施工组织是项目从立项到竣工结束的指导性
   答案:D
   【解析】 本题为2019年考题。施工组织设计是根据工程承包组织的需要编制的技术经济文件,是全局性文件,是指导从投标开始到竣工结束承包全过程的。

4.施工组织设计的四大基本内容不包括( )。
   A.组织机构设置   B.施工进度计划
   C.施工方案确定   D.施工现场平面设置
   答案:A
   【解析】 本题为2020年考题。施工方案确定、施工进度计划、资源计划、施工现场平面设置是施工组织设计的四大基本内容。

5.关于施工组织设计工程对象分类,正确的是( )。
   A.施工组织总设计、单项(或单位)工程施工组织设计
   B.施工组织总设计、单项(或单位)工程施工组织设计、分项工程施工组织设计
   C.施工组织总设计、单项(或单位)工程施工组织设计、分部工程施工组织设计
   D.施工组织总设计、单项(或单位)工程施工组织设计、分部工程施工组织设计、分项工程施工组织设计
   答案:C
   【解析】 本题为2020年考题。施工组织设计按照编制对象分类:施工组织总设计、单项(或单位)工程施工组织设计及分部工程施工组织设计。

6.关于临时工程的说法,错误的是( )。
   A.临时工程是相对于主体工程而言的

B.公路建成后,必须拆除并恢复原状
C.临时工程是为了保证永久性工程建设而修建的
D.临时工程一般不单作为专一的服务对象

答案:A

【解析】 本题为2020年考题。临时工程是为了保证永久性工程建设而修建的,公路建成后,必须拆除并恢复原状。它与辅助工程有相同的性质,辅助工程是相对于主体工程而言的,有具体的工程服务对象,临时工程一般不单作为专一的服务对象。故选项A错误。

7. 关于钢轨质量分类标准,正确的是( )。
   A. 11kg/m、15kg/m、32kg/m
   B. 11kg/m、18kg/m、32kg/m
   C. 12kg/m、16kg/m、35kg/m
   D. 12kg/m、18kg/m、35kg/m

答案:A

【解析】 本题为2020年考题。轨道铺设是指在进行大型混凝土构件预制时,铺设在预制厂内,预制厂至桥头和桥面上,以及供龙门架行走,专用于大型混凝土预制构件的出坑、运输、堆放和运至桥上安装的轨道。按钢轨的质量分为11kg/m、15kg/m、32kg/m。

8. 下列不属于施工组织设计必然包括内容的是( )。
   A. 施工进度计划
   B. 资金使用计划
   C. 施工现场平面布置
   D. 资源需要量及其供应

答案:B

【解析】 本题为2021年考题。施工组织设计必然应具有以下基本内容:①施工方案;②施工进度计划;③施工现场平面布置;④各种资源需要量及其供应;⑤采取的技术、组织管理措施等。

9. 下列不属于辅助工程的是( )。
   A. 大型预制构件底座
   B. 施工电梯
   C. 施工监控设施
   D. 混凝土蒸汽养护设施

答案:C

【解析】 本题为2021年考题。临时及辅助工程:汽车便道、临时便桥、临时码头、轨道铺设、架设输电线路、人工夯打小圆桩、大型拌和站(稳定土拌和站、沥青混合料拌和站、水泥混凝土拌和站)、混凝土蒸汽养护设施、大型预制构件底座、先张法预应力钢筋张拉、冷拉台座、船上混凝土搅拌台及泥浆循环系统、施工电梯、塔式起重机、钢结构拼装厂、大型预制厂吊移工具设备的选择、装配式混凝土桥梁的上部构造吊装、现浇混凝土梁式桥上部构造支架及挂篮。

10. 下列适用于墩台高度在12m以内和跨中地质情况较差的是( )。
    A. 满堂式木支架
    B. 桁架式木支架
    C. 满堂式轻型钢支架
    D. 墩台自承式支架

答案:B

【解析】 本题为2021年考题。桁架式木支架适用于墩台高度在12m以内和跨中地质情况较差的桥梁。

11. 施工组织设计应满足标准化管理的要求,提高"机械化、工厂化、专业化、( )"水平。

A. 模块化　　　　　B. 装配化　　　　　C. 信息化　　　　　D. 规范化

答案：C

【解析】 本题为2022年考题。施工组织设计应满足标准化管理的要求，提高"机械化、工厂化、专业化、信息化"水平。

12. 临时电力线路是指在公路工程施工过程中，需要架设的(　　)之间的电力线路。
   A. 工地变电站到预制场　　　　　B. 发电机到现场作业点
   C. 高压输电线路到工地变电站　　D. 工地变电站到项目部

答案：C

【解析】 本题为2022年考题。临时电力线路架设是指在公路工程施工过程中，当工程用电使用工业电源时，需要架设由高压输电线路到工地变电站之间的电力线路。工地变电站或自发电的厂房至施工现场各个作业用电点的线路，是一种低压线路，属于电力支线，费用已综合在施工场地建设费中，不能重复计入临时电力线路内。

此外，在修建大型桥梁时，由于工程用电的需要，必须敷设水下电缆时，可结合建设工程的实际情况，参照电力部门的有关规定和要求确定，计入临时电力线路项目内，作为编制工程造价的依据。

接高压线路或变电站接线处至工地变压器之间的距离作为输电线路计算长度。

13. 在预制安装30m预应力混凝土箱梁时，预应力箱梁平面底座的数量应根据施工场地布置和(　　)等因素综合确定。
   A. 任务划分　　　　　　　　　B. 质量保证措施
   C. 施工进度计划　　　　　　　D. 施工准备工作计划

答案：C

【解析】 本题为2023年考题。以预制安装30m预应力T形梁为例，对于大型预制构件平面底座的个数，一般是按工期要求，计划可以周转使用的次数，确定需要修建的底座数量，底座费用需单独计算并摊入大型预制混凝土构件的单价内。

14. 标前施工组织设计的编制步骤中，编制施工进度计划的下一步是(　　)。
   A 绘制施工平面图
   B 编制施工方案并选用主要施工机械
   C. 设计保证质量和工期的技术组织措施
   D. 确定标价及钢材、水泥等主要材料及机械、人工用量

答案：A

【解析】 本题为2023年考题。标前设计的编制步骤：学习招标文件、招标图纸→进行调查研究→编制施工方案并选用主要施工机械→编制施工进度计划（确定开工日期、交工日期、分期分批开工与交工日期、总工期）→绘制施工平面图→确定标价及钢材、水泥等主要材料及机械、人工用量→设计保证质量和工期的技术组织措施→提出合同谈判方案，包括谈判组织、目标、准备和策略等。

15. 下列文件中，在可行性研究阶段编制的施工组织设计文件是(　　)。
   A. 工程施工方案　　　　　　　B. 标后施工组织设计
   C. 施工组织方案意见　　　　　D. 概略施工组织方案意见

答案：C

【解析】 本题为 2023 年考题。

施工组织设计分类表

编制阶段		名称	编制单位
设计阶段	预可行性研究	概略施工组织意见方案	设计单位
	可行性研究	施工组织方案意见	
	初步设计	工程施工方案(含施工组织设计)	
	施工图设计	工程施工方案(含施工组织设计)	
实施阶段		实施性施工组织设计(标前设计)	施工单位
		实施性施工组织设计(标后设计)	

16. 施工组织总设计的内容中,施工任务划分、机械设备配置等属于(   )。
    A. 施工方案　　　　　　　　B. 工作结构分解
    C. 进度计划准备　　　　　　D. 施工准备工作计划

答案：A

【解析】本题为 2023 年考题。施工组织总设计是对施工进行总体部署的战略性施工纲领,施工组织总设计内容包括工程概况、施工准备工作计划、施工方案确定、施工进度计划、施工现场平面布置、组织机构设置、资源计划、特殊季节施工措施、质量与安全保证措施、工期保证措施、工程重难点的分析、风险预测及防范应急措施、主要技术经济指标等内容。其中施工方案确定包括施工任务的划分、主要分部分项工程的施工方法,机械设备的配置等。

Ⅱ.多项选择题

1. 编制施工组织设计时,要充分考虑施工生产过程中的连续性和(   )的相互关系。
    A. 均衡性　　　B. 多样性　　　C. 协调性　　　D. 平行性

答案：ACD

【解析】 本题为 2020 年考题。编制施工组织设计时,要充分考虑施工生产过程中的连续性、平行性、协调性和均衡性的相互关系,它是公路工程施工作业的基本组合方式,是作为计算分析和合理配置各种资源的重要依据。

2. 对工程造价有影响的施工组织设计的内容有(   )。
    A. 施工调查　　B. 编制程序　　C. 施工顺序　　D. 平面布置

答案：CD

【解析】 本题为 2021 年考题。施工组织设计对造价的影响:①施工调查对造价的影响;②施工方案、方法对造价的影响;③材料的采购运输对造价的影响;④统筹兼顾,确定合理施工顺序;⑤抓好安全质量,减少返工费用;⑥施工现场平面布置对造价的影响。

3. 下列属于施工总平面图包含的内容的是(   )。
    A. 主要施工管理机构的平面布置图
    B. 重点工程施工场地布置图
    C. 沿线砂石料场平面布置图
    D. 施工用地范围和工程主要项目

答案：AD

【解析】 本题为2021年考题。公路工程施工总平面图应包括以下内容：①原有河流、居民点、交通路线（公路、铁路、大车道等）、车站、码头、通信、运输点等及工地附近与施工有关的建筑物；②施工用地范围和工程主要项目；③应将施工组织设计的成果直接标在图上；④施工管理机构；⑤其他与施工有关的内容。

4.（　　）属于临时工程。
　　A. 汽车便道　　　　　　　　B. 临时便桥
　　C. 施工场地建设　　　　　　D. 架设输电线路
　　E. 弃土场

答案：ABD

【解析】 本题为2022年考题。临时工程是为了保证永久性工程建设而修建的，公路建成后，必须拆除并恢复原状。它与辅助工程有相同的性质，辅助工程是相对于主体工程而言的，有具体的工程服务对象，临时工程一般不单作为专一的服务对象。

临时工程包括：汽车便道、临时便桥、临时码头、轨道铺设、架设输电线路、人工夯打小圆桩。

辅助工程包括：大型拌和站、混凝土蒸汽养护设施、大型预制构件底座、先张法预应力钢筋张拉冷拉台座、船上混凝土搅拌台及泥浆循环系统、施工电梯、塔式起重机、钢结构拼装厂、大型预制场吊移工具设备、装配式混凝土桥梁的上部结构吊装设备、现浇混凝土梁式桥上部结构支架及挂篮。

选项C属于专项费用的施工场地建设费，选项E属于临时用地范畴。

5. 现浇混凝土梁式桥上部结构现浇支架一般采用（　　）。
　　A. 满堂式钢或木支架　　　　B.（贝雷桁架）拼装支架
　　C. 满堂式轻型钢支架　　　　D. 墩台自承式支架
　　E. 挂篮

答案：ABCD

【解析】 本题为2022年考题。现浇混凝土梁式桥上部结构，一般采用满堂式和桁构式钢或木支架、满堂式轻型钢支架、钢木混合支架、万能杆件和装配式公路钢桥桁节（贝雷桁架）拼装支架、墩台自承式支架、模板车式支架等多种不同的结构形式。

选项E不属于支架，对于跨江河的大跨径桥梁能采用支架施工的上部现浇混凝土施工。

6. 施工组织总设计的编制依据有（　　）。
　　A. 招标文件　　　　　　　　B. 计划文件
　　C. 设计文件　　　　　　　　D. 合同文件
　　E. 建设地区的调查资料

答案：BCDE

【解析】 本题为2023年考题。施工组织总设计的编制依据有：①计划文件。包括国家批准的基本建设计划文件、单位工程项目一览表、分期分批投产的要求、投资指标和设备材料订货指标、建设地点所在地主管部门的批件、施工单位主管上级下达的施工任务等。②设计文件。包括批准的可行性研究报告等、初步设计或技术设计、施工图设计文件。③合同文件。即施工单位与建设单位签订的工程承包合同。④建设地区的调查资料。包括气象、地形水文、地质、进出场道路情况和其他地区性条件等。⑤定额、规范、建设政策法令、类似工程项目建设的经验资料等。⑥企业现有可投入本工程的施工技术力量和机械设备。

本 节 习 题

Ⅰ．单项选择题

1. (　　)是指导项目建设的纲领性文件,是以保证工程质量和安全为前提,以优化工期、资源配置和投资效益为目标,结合工程实际,对工程建设进行规划与组织的技术经济文件。
   A. 施工组织设计　　　　　　　B. 概算文件
   C. 预算文件　　　　　　　　　D. 项目建议书

2. 公路工程中"实施性施工组织设计"通常指由(　　)负责编制的(　　)。
   A. 设计单位;施工图设计　　　B. 设计单位;初步设计
   C. 施工单位;标前设计　　　　D. 施工单位;标后设计

3. (　　)是编制实施性施工组织总设计、单项工程施工组织设计及分部工程施工组织设计必不可少的重要依据。
   A. 合同文件　　　　　　　　　B. 计划文件
   C. 招标文件　　　　　　　　　D. 可行性研究报告

4. 以下不属于施工组织总设计的编制依据的是(　　)。
   A. 招标文件和工程量清单
   B. 可行性研究报告
   C. 施工单位与建设单位签订的工程承包合同
   D. 建设地区的调查资料,例如气象、地形、地质等资料

5. 以下关于施工组织设计的原则,叙述错误的是(　　)。
   A. 应尽量满足标准化管理的要求
   B. 必须采用最先进的施工技术和科学管理方法
   C. 应合理储存物资,科学合理布置施工现场
   D. 技术复杂的桥梁、特长或地质复杂隧道,应单独编制施工组织设计

6. 为做好施工组织设计,事先需对施工现场进行实地调查工作,招标阶段的踏勘是由(　　)完成。
   A. 设计单位　　　　　　　　　B. 招标人
   C. 投标人　　　　　　　　　　D. 施工单位

7. 为了做好施工组织设计,必须事先进行施工组织调查工作,收集相关资料。以下关于公路工程施工前的调查工作的叙述,错误的是(　　)。
   A. 为编制设计阶段的施工组织文件所进行的施工组织调查活动是在勘察设计阶段进行的
   B. 为编制施工阶段的施工组织文件所进行的施工组织调查活动是在开工前的施工准备阶段完成的

C.收集的资料包括气象资料,水文地质资料,技术经济情况,运输情况,供水、供电、通信情况等

D.调查工作要明确施工单位和施工组织方式,才能据此对施工过程进行空间组织和时间组织

8.以下关于施工平面图设计的叙述,错误的是( )。
   A.场地布置应与施工进度、施工方法、工艺流程和机械设备相适应
   B.施工平面图设计是施工过程空间组织的具体成果
   C.施工平面图设计是在保证施工顺利的前提下,所有临时性建筑和运输线路的布置,必须便于为基本工作服务,并不得妨碍地面和地下建筑物的施工
   D.施工平面图设计中应将笨重的和大型的预制构件或材料集中设置在料场附近,方便统一管理、取用

9.( )是以整个工程项目为对象的施工平面布置方案。
   A.施工总平面图   B.单项工程施工平面图
   C.分部分项工程施工平面图   D.施工场地布置图

10.以下关于公路工程施工总平面图包含内容的叙述,错误的是( )。
   A.原有河流、居民点、交通路线、车站码头、通信、运输点等工地附近与施工有关的建筑物
   B.施工用地范围和工程主要项目,沿线构筑物的位置
   C.临时供水、供电、供热基地及管线分布平面图
   D.地质不良地段、国家测量标志、安全设施等

11.施工组织设计对施工图预算的影响主要是对( )的影响。
   A.人工费   B.直接费
   C.设备购置费   D.材料费

12.以下所列工程不属于临时工程内容的是( )。
   A.汽车便道   B.架设输电线路
   C.平整场地   D.人工夯打小圆木桩

13.以下关于公路工程施工组织设计的叙述,说法错误的是( )。
   A.作为投标书的内容和合同文件的一部分,施工组织设计可以指导工程投标和签订工程承包合同
   B.施工组织设计可以作为指导施工准备工作和施工全过程的依据
   C.施工组织设计提出工程施工中进度控制、质量控制、成本控制等的目标及技术组织措施,可提高综合效益
   D.对于施工难度大或者施工技术复杂的工程项目,编制单项工程施工组织设计即可

14.关于实施施工组织设计的编制步骤,以下叙述正确的是( )。
   A.标前设计的编制步骤应为:进行调查研究,获得编制依据→确定施工部署→拟订施工方案→编制施工进度计划→编制各种资源需要量计划及运输计划→编制供水、供热、供电计划→编制施工准备工作计划→设计施工平面图→计算技术经济指标
   B.标后设计的编制步骤应为:进行调查研究,获得编制依据→确定施工部署→拟订施

工方案→编制施工进度计划→编制各种资源需要量计划及运输计划→编制供水、供热、供电计划→编制施工准备工作计划→设计施工平面图→计算技术经济指标

C.标前设计的编制步骤应为:编制施工进度计划→编制各种资源需要量计划及运输计划→进行调查研究,获得编制依据→确定施工部署→拟订施工方案→编制供水、供热、供电计划→编制施工准备工作计划→设计施工平面图→计算技术经济指标

D.标后设计的编制步骤应为:学习招标文件→进行调查研究→编制施工方案并选用主要施工机械→编制施工进度计划(确定开工日期、竣工日期、分期分批开工与竣工日期、总工期)→绘制施工平面图→确定标价及钢材、水泥等主要材料用量→设计保证质量和工期的技术组织措施→提出合同谈判方案,包括谈判组织、目标、准备和策略等

Ⅱ.多项选择题

1.根据编制对象的时间段分类,实施性施工组织设计可以划分为(   )。
　　A.标前设计　　　　　　　　　B.施工组织总设计
　　C.单项工程施工组织设计　　　D.标后设计

2.以下属于标前设计和施工组织总设计共有的编制依据的是(   )。
　　A.招标文件和工程量清单　　　B.可行性研究报告
　　C.设计文件　　　　　　　　　D.工程承包合同

3.以下输电线路可以计入临时电力线路内的是(   )。
　　A.高压输电线路到工地变电站
　　B.变电站至施工现场
　　C.自发电的厂房至施工现场
　　D.修建大型桥梁敷设的水下电缆

4.施工组织设计文件内容中,属于勘测设计单位编制的施工组织设计内容是(   )。
　　A.概略施工组织方案意见
　　B.修正施工组织方案意见
　　C.工程施工方案
　　D.实施性施工组织设计

5.公路施工组织设计是(   )和施工全过程的全局性的技术经济文件。
　　A.指导工程投标　　　　　　　B.签订承包合同
　　C.施工准备　　　　　　　　　D.工程结算

6.施工组织设计是项目管理的规划性文件,用于提出工程施工中(   )、安全控制、现场管理、各项生产要素管理的目标及技术组织措施,提高综合效益。
　　A.进度控制　　　　　　　　　B.质量控制
　　C.全过程造价控制　　　　　　D.成本控制

7.在公路工程设计阶段,必须编制相应的施工组织设计文件,分别是(   )。

A. 概略施工组织方案意见   B. 修正施工组织方案意见
C. 工程施工方案   D. 施工组织设计

8. 以下属于临时工程的是( )。
   A. 蒸汽养护室建筑   B. 汽车便道
   C. 临时便桥   D. 预应力张拉台座

9. 以下属于临时电力线路的是( )。
   A. 接高压线路至工地变压器之间的距离
   B. 变电站接线处至工地变压器之间的距离
   C. 发电机房至现场用电点的距离
   D. 大型桥梁敷设水下电缆

10. 以下属于辅助工程的是( )。
    A. 蒸汽养护室建筑   B. 汽车便道
    C. 临时便桥   D. 预应力张拉台座

11. 当面层为( )时,应计入拌和设备的安拆。
    A. 沥青贯入式   B. 沥青混凝土
    C. 水泥混凝土   D. 乳化沥青碎石混合料

12. 以下属于辅助工程的是( )。
    A. 平整场地   B. 大型拌和站
    C. 塔式起重机   D. 轨道铺设

13. 在公路建设工程中,需要设置的大型拌和站有( )。
    A. 厂拌稳定土拌和站
    B. 乳化沥青碎石混合料拌和站
    C. 沥青混合料拌和站
    D. 水泥混凝土搅拌站

14. 以下属于公路工程施工组织设计中完成的工作是( )。
    A. 确定合理的施工组织及施工方案
    B. 科学安排施工进度计划、施工平面、施工现场的规划
    C. 编制技术交底书
    D. 对拟建工程项目提出科学的实施计划

本节习题答案及解析

Ⅰ. 单项选择题

1. 答案:A

【解析】 本题考查施工组织设计概念。施工组织设计师指对拟建工程(包括新建、改建、扩建工程项目)在人力、物力(材料、机械、资金)、时间、空间、技术(施工方法)组织管理等方面所作的全面安排和部署,是对工程投标、签订承包合同、施工准备和施工全过程的指导性技术经济文件。

2. 答案:D

【解析】 中标签订工程承包合同后由施工单位编制的标后设计,施工单位称为"实施性施工组织设计"。施工组织设计分类表如下:

编制阶段		名称	编制单位
设计阶段	预可行性研究	概略施工组织方案意见	设计单位
	可行性研究	施工组织方案意见	
	初步设计	工程施工方案(含施工组织设计)	
	施工图设计	工程施工方案(含施工组织设计)	
实施阶段		实施性施工组织设计(标前设计)	施工单位
		实施性施工组织设计(标后设计)	

3. 答案:A

【解析】 合同文件是编制实施性施工组织总设计、单项工程施工组织设计及分部工程施工组织设计这三个阶段都必不可少的重要依据。计划文件和可行性研究报告只是在编制实施性施工组织总设计时作为参考的依据,其在做单项及分部工程施工组织设计时,不是必不可少的重要依据。招标文件是标前设计时的参考依据。

4. 答案:A

【解析】 本题考查标前设计、施工组织总设计以及单项(单位)工程施工组织设计的编制依据区分。招标文件和工程量清单是标前设计的编制依据。

5. 答案:B

【解析】 本题考查施工组织设计的设计原则,B选项正确表述应为:尽量采用国内外先进的施工技术和科学管理方法,重视管理创新与技术创新。

6. 答案:C

【解析】 踏勘工作在设计阶段由勘测队完成,在招标阶段由投标人完成,在施工阶段由施工单位完成。

7. 答案:D

【解析】 本题考查施工组织调查工作相关内容。在勘察阶段,如未明确施工单位,则应向建设单位调查落实施工单位,并明确是专业队伍施工或其他施工方式。对实行招标、投标的工程,在设计阶段一般不能明确施工单位,设计单位应从设计角度出发,提出最为合理的意见,作为编制概、预算的依据。

8. 答案:D

【解析】 本题考查施工平面图规划原则。平面图规划设计应力求材料直达工地,减少二次搬运和场内的搬运距离,并将笨重的和大型的预制构件或材料设置在使用点附近,所有货物的运输量和起重量必须减至最小。

9. 答案:A

【解析】 本题考查施工平面的类型及主要内容。施工总平面图是以整个工程项目为对象的施工平面布置方案。

10. 答案:C

【解析】 临时供水、供电、供热基地及管线分布平面图属于其他单项局部平面布置图。

11. 答案:B

【解析】 从施工图预算的组成来分析,与施工组织计划关系最大的是建筑安装工程费。在建筑安装工程费中,直接费又是主要的费用,它的高低基本决定了建筑安装费的高低,故施工组织计划对施工图预算的影响主要是对直接费的影响。

12. 答案:C

【解析】 本题考查辅助工程和临时工程的内容。现行概算预算定额规定,临时工程有汽车便道、临时便桥、临时码头、轨道铺设、架设输电线路和人工夯打小圆木桩6项。平整场地属于辅助工程。

13. 答案:D

【解析】 本题主要考查施工组织设计的作用,本题D选项错误。对于施工难度大或者施工技术复杂的工程项目,在编制单项(或单位)工程施工组织设计之后,还应编制主要分部工程的施工组织设计,用以指导各分部工程的施工。

14. 答案:B

【解析】 本题考查标前设计和标后设计的编制步骤,可采用排除法。标前设计是中标以前投标过程中编制的施工组织设计,追求主要目标为中标和经济效益,编制时间是在投标书编制前,故会进行招标文件学习;标后施工组织设计,被施工单位称为"实施性施工组织设计",此时的实施是相对于中标而言。由此可排除其他答案。

Ⅱ. 多项选择题

1. 答案:AD

【解析】 本题考查施工组织设计分类。实施性施工组织设计按编制对象的时间段分类:从中标时间角度来分,施工组织设计可分中标以前投标过程中编制的施工组织设计(简称"标前设计")和中标签订工程承包合同后编制的施工组织设计(简称"标后设计")。标后施工组织设计,施工单位称为"实施性施工组织设计",此时的实施是相对于中标而言的。

2. 答案:BC

【解析】 本题考查标前设计、施工组织总设计以及单项(单位)工程施工组织设计的编制依据区分。招标文件和工程量清单是标前设计的编制依据。工程承包合同是单项(单位)工程施工组织设计的编制依据。可行性研究报告和设计文件是标前设计和施工组织总设计都有的编制依据。

3. 答案:AD

【解析】 临时电力线路架设是指在公路工程施工过程中,当工程用电使用工业电源时,需要安设由高压输电线路到工地变电站之间的电力线路。至于变电站或自发电的厂房至施工现场各个作业用电点的线路,是一种低压线路,属于现场经费中的临时设施费的范围内容,不得计入临时电力线路内。在修建大型桥梁时,由于工程用电的需要,必须敷设水下电缆,可结合建设工程的实际情况,参照电力部门的有关规定和要求确定,计入临时电力线路项目内,作为编制工程造价的依据。

4. 答案:ABC

【解析】 概略施工组织方案意见、修正施工组织方案意见、工程施工方案由勘测设计单位负责编制,并编入相应的设计文件,按规定上报审批。

5. 答案:ABC

【解析】 公路施工组织设计是指导工程投标、签订承包合同、施工准备和施工全过程的全局性的技术经济文件。

6. 答案:ABD

【解析】 施工组织设计的作用是提出工程施工中进度控制、质量控制、成本控制、安全控制、现场管理、各项生产要素管理的目标及技术组织措施,提高综合效益。

7. 答案:ABC

【解析】 概略施工组织方案意见、修正施工组织方案意见、工程施工方案由勘测设计单位负责编制,并编入相应的设计文件,按规定上报审批。

8. 答案:BC

【解析】 现行概算预算定额规定,临时工程有汽车便道、临时便桥、临时码头、轨道铺设、架设输电线路和人工夯打小圆木桩6项。

9. 答案:ABD

【解析】 临时电力线路架设是指在公路工程施工过程中,当工程用电使用工业电源时,需要架设由高压输电线路至工地变电站之间的电力线路。工地变电站或自发电的厂房至施工现场各个作业用电点的线路,是一种低压线路,属于电力支线,费用已综合在施工场地建设费中,不能重复计入临时电力线路内。

10. 答案:AD

【解析】 汽车便道和临时便桥属于临时工程。

11. 答案:BC

【解析】 沥青混凝土和水泥混凝土施工时,必须配备大型拌和设备。

12. 答案:BC

【解析】 轨道铺设是临时工程。

13. 答案:ACD

【解析】 根据工程质量和任务要求,在公路建设工程中,需要设置的大型拌和站,有厂拌稳定土拌和站、沥青混合料拌和站、水泥混凝土搅拌站三种。

14. 答案:ABD

【解析】 公路工程施工组织设计是指对拟建工程项目提出科学的实施计划,从工程项目实际出发,确定合理的施工组织及施工方案,科学安排施工进度计划、施工平面、施工现场的规划,并作为编制工程造价和指导施工的依据。技术交底书不是施工组织设计工作的内容。

(二) 路基、路面工程施工技术

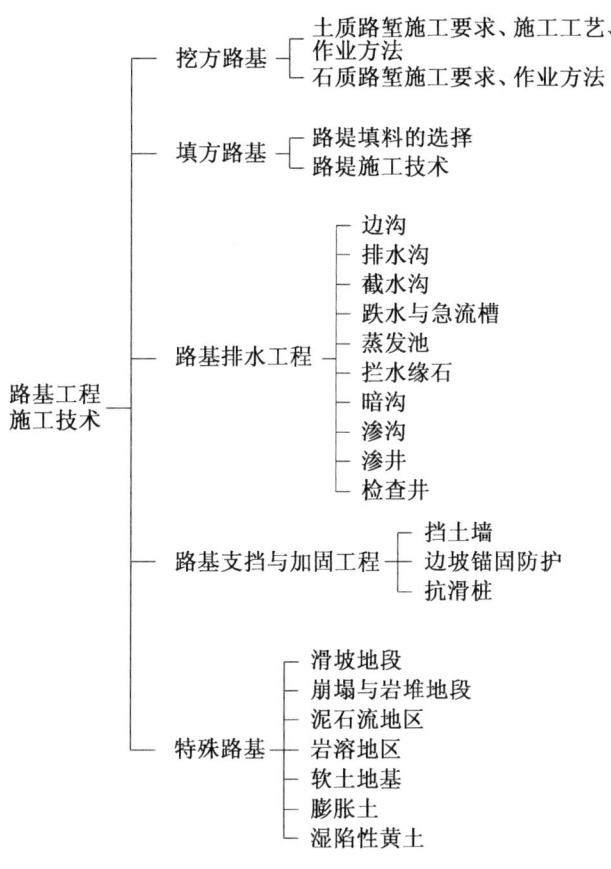

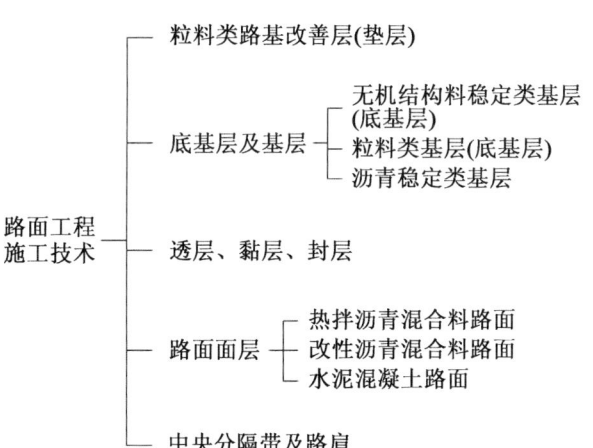

例 题 解 析

Ⅰ.单项选择题

1.一般路基土方施工时,可优先选作填料的是( )。
  A.亚砂土   B.粉性土   C.黏性土   D.粗砂

答案:D

【解析】 本题为2017年考题,主要考查的是有关路基土方施工工艺。土质路堤的填料要求如下:

(1)卵石、碎石、砾石、粗砂等透水性良好的填料,只要分层填筑、压实,可以不控制含水率。用黏性土等透水性不良的填料,应在接近最佳含水率的情况下分层填筑与压实。

(2)含草皮、生活垃圾、树根、腐殖质的土严禁作为填料。

(3)泥炭、淤泥、冻土、强膨胀土、有机质土及易溶盐超过允许含量的土,不得直接用于填筑路基;确需使用时,必须采取技术措施进行处理,经检验满足设计要求后方可使用。

(4)湿黏土宜采用石灰进行改良,经检验满足设计要求后方可使用。

(5)粉质土不宜直接用于填筑二级及二级以上公路的路床,不得直接填筑于冰冻地区的路床及浸水部分的路堤。当采用细粒土填筑时,宜掺用石灰、水泥、粉煤灰等无机结合料进行改良。

(6)膨胀土除非表层用非膨胀土封闭,一般也不宜用作高等级公路路基填料。工业废渣可用作路基填料,但应先进行试验及检验有害物质含量,以免污染环境。含盐量超过规定的强盐渍土和过盐渍土不能用作高等级公路路基填料。

2.路基填土施工应特别注意( )。
  A.优先采用竖向填筑法
  B.尽量采用水平分层填筑
  C.纵坡大于12%时不宜采用混合填筑
  D.不同性质的土不能任意混填

答案:D

【解析】 本题为2015年考题,考查路基施工方法。路堤填筑方法有:

水平分层填筑:按照横断面全宽分成水平层次,逐层向上填筑,是常用方式。

纵向分层填筑:依路线纵坡方向分层,逐层向上填筑。常用于地面纵坡大于12%、用推土机从路堑取料、填筑距离较短的路堤。不易碾压密实。

横向填筑:从路基的一端或两端按横断面全高逐步推进填筑。用于填土过厚、不易压实,仅用于无法自下而上填筑的深谷、陡坡、断岩、泥沼等机械无法进场的路堤。

联合填筑:路堤下层用横向填筑,上层用水平分层填筑。适用于因地形限制或填筑堤身较高,不宜采用水平分层或横向填筑的情况。

性质不同的填料,应水平分层、分段填筑、分层压实。同一水平层路基的全宽应采用同一种填料,不得混合填筑。

3. 路基开挖宜采用通道纵挖法的是( )。
   A. 长度较小的路堑
   B. 深度较小的路堑
   C. 两端地面纵坡较小的路堑
   D. 不宜采用机械开挖的路堑
   答案：C
   【解析】 本题为2015年考题，考查路堑的开挖方法。土质路堑纵向挖掘多采用机械作业，具体方法有：
   (1)分层纵挖法：沿路堑全宽，以深度不大的纵向分层进行挖掘。该方法适用于较长的路堑开挖。
   (2)通道纵挖法：先沿路堑纵向挖掘一通道，然后将通道向两侧拓宽以扩大工作面，并利用该通道作为运土路线及场内排水的出路。该层通道拓宽至路堑边坡后，再挖下层通道，如此向纵深开挖至路基高程。该方法适用于较长、较深、两端地面纵坡较小的路堑开挖。
   (3)分段纵挖法：沿路堑纵向选择一个或几个适宜处，将较薄一侧堑壁横向挖穿，使路堑分成两段或数段，各段再纵向开挖。该方法适用于过长、弃土运距过远、一侧堑壁较薄的傍山路堑开挖。

4. 热拌沥青混合料施工方法中表述错误的是( )。
   A. 碾压分为初压、复压和终压
   B. 为保证沥青混合料碾压过程中不黏轮，可采用雾状喷水法喷水碾压
   C. 碾压采用同型号压路机梯队碾压
   D. 碾压进行中，压路机不得中途停留、转向
   答案：C
   【解析】 本题为2019年考题。沥青混合料压实宜采用钢筒式静态压路机与轮胎压路机或者振动压路机组合的方式压实。

5. 为使沥青面层与基层结合良好，在基层上浇洒的薄层是( )。
   A. 封层　　　　B. 黏层　　　　C. 透层　　　　D. 联结层
   答案：C
   【解析】 本题为2020年考题。透层是为了使沥青面层与基层结合良好，在基层上浇洒乳化沥青、煤沥青或者液体沥青而形成的透入基层表面的薄层。

6. 湿黏土宜采用( )进行改良，经检验满足设计要求后方可用于路堤填筑。
   A. 石灰　　　　B. 水泥　　　　C. 粉煤灰　　　　D. 工业废渣
   答案：A
   【解析】 本题为2021年考题。填方路基工程施工技术关于土质路堤填料的选择，要求湿黏土宜采用石灰进行改良，经检验满足设计要求后方可用于路堤填筑。

7. 下列不属于填石路堤的填筑方法的是( )。
   A. 竖向填筑法　　　　　　B. 冲击压实法
   C. 强力夯实法　　　　　　D. 混合填筑法
   答案：D

【解析】 本题为2021年考题。填石路堤的填筑方法:竖向填筑法、分层压实法、冲击压实法、强力夯实法。

8.下列施工工序中,不属于热拌沥青混凝土路面施工工艺的是( )。
A.接缝处理　　　　　　　　B.混合料摊铺
C.模板安装与拆除　　　　　D.混合料拌和、运输
答案:C

【解析】 本题为2021年考题。热拌沥青稳定碎石的施工工艺:①施工准备;②拌和;③运输;④摊铺;⑤压实;⑥接缝处理;⑦检查试验;⑧开放交通。

9.沥青路面施工规范中,对沥青混合料摊铺、碾压温度规定以外,还规定高速公路和一级公路在( )以下温度,以及雨天、路面潮湿情况不得施工。
A.10℃　　　B.5℃　　　C.15℃　　　D.0℃
答案:A

【解析】 本题为2022年考题。沥青路面施工,碾压温度影响沥青混合料密实度,在沥青路面施工规范中,除规定了沥青混合料摊铺、碾压温度外,还规定施工温度不得低于10℃(高速公路和一级公路)。

10.适用于较长、较深、两端地面纵坡较小的路堑开挖方法为( )。
A.分层纵挖法　　　　　　　B.通道纵挖法
C.分段纵挖法　　　　　　　D.混合式挖掘法
答案:B

【解析】 本题为2022年考题。土方开挖可根据具体情况采用横向挖掘法、纵向挖掘法或混合式挖掘法。

通道纵挖法:先沿路堑纵向挖掘一通道,然后将通道向两侧拓宽以扩大工作面,并利用通道作为运土路线及场内排水的出路。该层通道拓宽至路堑边坡后,再挖下层通道,如此向纵深开挖至路基高程。该方法适用于较长、较深、两端地面纵坡较小的路堑开挖。

11.填石路堤粒径应不大于500mm,并不宜超过层厚的( )。
A.1/3　　　B.1/2　　　C.2/3　　　D.1
答案:C

【解析】 本题为2022年考题。填石路堤的填料要求:硬质、中硬质岩石可作为路床、路堤填料;软质岩石可用作路堤填料,不得用于路床填料;膨胀岩石、易溶性岩石和盐化岩石不得用于路堤填筑;路基的浸水部分,应采用稳定性好、不易膨胀崩解的岩石填筑;路堤填料粒径应不大于500mm,并不宜超过层厚的2/3。路床底面以下400mm范围内,填料粒径应小于150mm。

12.泡沫轻质土路堤地基施工时,每个浇筑区每隔( )m应设置一道变形缝。
A.5~10　　　B.10~15　　　C.15~20　　　D.20~25
答案:B

【解析】 本题为2022年考题。泡沫轻质土路堤地基应按设计高程和尺寸进行开挖、清理、整平、压实,设置排水沟或其他排水设施。当在地下水位以下浇筑时,应有降水措施,不得在基底有水的状态下浇筑。

泡沫轻质土路堤施工前,应将路基划分为面积不大于400m²、长轴不超过30m的浇筑

区,每个浇筑区单层浇筑厚度宜为0.3~1.0m,每隔10~15m应设置一道变形缝。

13. 土工合成材料施工铺设时,为保护土工合成材料,上下应铺设厚( )m的砂垫层。
   A. 0.1~0.2　　B. 0.2~0.3　　C. 0.3~0.4　　D. 0.1~0.3

答案:B

【解析】 本题为2022年考题。土工合成材料施工应符合以下规定:下承层应平整,摊铺时应拉直、平顺,紧贴下承层,不得扭曲、折皱。在斜坡上摊铺时,应保持一定松紧度。铺设时,应顺路堤坡脚回折2~3m,为保护土工合成材料,上下都应铺设厚0.2~0.3m的砂垫层。土工合成材料采用搭接方法时,搭接长度宜为300~6000mm;采用黏结方法时,黏合宽度应不小于50mm,黏合强度应不低于土工合成材料的抗拉强度;采用缝接方法时,缝接宽度应不小于50mm,缝接强度应不低于土工合成材料的抗拉强度,双层土工合成材料上、下层接缝应错开,错开长度应大于500mm。施工中应采取措施防止土工合成材料受损,出现破损时应及时修补或更换。

14. ( )是路面结构中用以阻止水下渗的功能层。
   A. 透层　　B. 封层　　C. 黏层　　D. 粒料路基改善层

答案:B

【解析】 本题为2022年考题。封层为路面结构中用以阻止水下渗的功能层。

15. 挡土墙墙背填料宜采用下面( )材料回填。
   A. 砂性土　　B. 粉质土　　C. 黏性土　　D. 细粒土

答案:A

【解析】 本题为2022年考题。墙背填料及施工:墙背宜采用砂性土、卵石土、砾石土或块石土等透水性好、抗剪强度高的材料。挡土墙混凝土或砂浆强度达到设计强度的75%时,应及时进行墙背回填。距墙背0.5~1.0m,不得使用重型振动压路机碾压。

16. 下列混合料限当天使用的是( )。
   A. 改性沥青混合料　　　　B. SMA混合料
   C. OGFC混合料　　　　　D. 沥青混合料

答案:B

【解析】 本题为2022年考题。改性沥青混合料储存时间不应超过24h;SMA混合料只限当天使用;OGFC混合料宜随拌随用。回收的粉尘不得利用,应全部废弃在指定地点进行处理,防止污染环境。

沥青料拌和时间根据具体情况经试拌确定,以沥青均匀裹覆集料为度。SMA混合料的拌和时间应适当延长;应严格控制拌和温度,不得超过195℃,超过时必须废弃。

17. 下列情形中,可以不设置黏层的是( )。
   A. 水泥混凝土路面、旧沥青路面层与加铺的沥青面层之间
   B. 热拌热铺沥青混合料路面的沥青面层与半刚性基层之间
   C. 热拌热铺沥青混合料路面的沥青面层与沥青稳定碎石基层之间
   D. 路缘石、雨水口、检查井等构造物与新铺沥青混合料接触的侧面

答案:B

【解析】 本题为2023年考题。黏层为路面结构中起黏结作用的功能层,符合下列情况

之一时应喷洒黏层油,双层式或三层式热拌热铺沥青混合料路面的沥青层之间;水泥混凝土路面、沥青稳定碎石基层或旧沥青路面层上加铺沥青层;路缘石、雨水口、检查井等构造物与新铺沥青混合料接触的侧面。

18. 填石路堤的填筑压实宜选用的质量最小的压实机械是(　　)。
   A. 16t 光轮压路机　　　　　　　　B. 16t 振动压路机
   C. 18t 光轮压路机　　　　　　　　D. 18t 振动压路机

答案:D

【解析】　本题为2023年考题。土石路堤不得倾填,宜选用质量不小于18t的振动压路机分层填筑压实。

19. 关于水泥稳定碎石混合料施工的说法,正确的是(　　)。
   A. 高速公路基层混合料不可以采用间歇式拌和生产工艺
   B. 双向四车道高速公路或一级公路的半幅摊铺时,应配备不少于4台重型压路机
   C. 混合料摊铺应保证足够的厚度,模压成型后每层摊铺的最小厚度宜不小于150mm,最大厚度宜不大于200mm
   D. 对高速公路和一级公路,水泥稳定材料从装车到运输至现场,时间宜不超过1h 超过1h 时应作为废料处置

答案:B

【解析】　本题为2023年考题。应根据施工情况配备足够的碾压设备,双向四车道高速公路或一级公路的半幅摊铺时,应配备不少于4台重型压路机;双向六车道的半幅摊铺时,应配备不少于5台重型压路机。

Ⅱ. 多项选择题

1. 土方开挖的方法包括(　　)。
   A. 横向开挖　　　　　　　　　　　B. 纵向开挖
   C. 自下而上开挖　　　　　　　　　D. 混合开挖

答案:ABD

【解析】　本题为2019年考题。土方开挖可根据具体情况采用横向挖掘法、纵向挖掘法或者混合挖掘法。

2. 关于石质路堑的开挖,常用的爆破方法有(　　)。
   A. 光面爆破　　　　　　　　　　　B. 预裂爆破
   C. 微差爆破　　　　　　　　　　　D. 静力爆破

答案:ABC

【解析】　本题为2020年考题。石质路堑开挖的常用爆破方法有:光面爆破、预裂爆破、微差爆破、定向爆破。

3. 下列属于沥青稳定类基层的材料是(　　)。
   A. 连续级配沥青混合料　　　　　　B. 热拌沥青碎石
   C. 贯入式沥青碎石　　　　　　　　D. 乳化沥青碎石混合料
   E. 沥青表面处治

答案：BCD

【解析】 本题为2022年考题。沥青稳定类基层又称柔性基层，包括热拌沥青碎石、贯入式沥青碎石、乳化沥青碎石混合料基层等。

选项 A、E 属于路面的范畴，沥青路面面层材料类型可分为连续级配沥青混合料、沥青玛蹄脂碎石混合料、厂拌热再生沥青混合料、上拌下贯沥青碎石和沥青表面处治。

4.石质路堑开挖的常用爆破方法是(　　)。

　　A.光面爆破　　　　　　　　B.预裂爆破
　　C.微差爆破　　　　　　　　D.定向爆破
　　E.静态破碎

答案：ABCD

【解析】 本题为2022年考题。石质路堑开挖的常用爆破方法有：光面爆破、预裂爆破、微差爆破、定向爆破。

5.关于预制管桩施工的说法，正确的有(　　)。

　　A.每根桩宜一次性连续沉至设计高程
　　B.桩的打设次序由两侧向路基中心线打设
　　C.桩的打设次序由结构物向路堤方向打设
　　D.预制管桩只能采用静压方式施工，不可采用锤击沉桩施工
　　E.桩帽钢筋应插入管桩内，连接混凝土与桩帽混凝土一起浇筑

答案：ACE

【解析】 本题为2023年考题。预制管桩宜采用静压方式施工，也可采用锤击沉桩方式施工。桩的打设次序宜由路基中心线向两侧打设，由结构物向路堤方向打设。每根桩宜一次性连续沉至设计高程，沉桩过程中停歇时间不应过长，沉桩过程中应严格控制桩身的垂直度。桩帽钢筋笼应插入管桩内，连接混凝土应与桩帽混凝土一起灌注。

本 节 习 题

Ⅰ.单项选择题

1.性质不同的填料，应水平分层、分段填筑，分层压实，填筑(　　)时，压实厚度不应小于100mm。

　　A.路堤材料变化顶层　　　　B.路堤顶层
　　C.路床底层　　　　　　　　D.路床顶层

2.路堤碾压应以尽可能小的压实功能获得良好的压实效果为目的，以下说法错误的是(　　)。

　　A.压实机具应先轻后重
　　B.碾压速度宜先快后慢
　　C.在整个全宽的填土上压实，宜纵向分行进行，直线段由两边向中间，曲线段由曲线内侧向外侧
　　D.碾压时，相邻两行之间的接头应重叠1/4～1/3轮迹，三轮压路机应重叠后轮的1/2

3. 对短而不深的路堑,最适合的开挖方法是(　　)。
   A. 单层横挖法　　　　　　　　B. 分层横挖法
   C. 分层纵挖法　　　　　　　　D. 分段纵挖法

4. 先顺路堑方向挖通通道,然后沿横向坡面挖掘的方法称(　　)。
   A. 纵挖法　　　　　　　　　　B. 通道纵挖法
   C. 横挖法　　　　　　　　　　D. 混合式开挖法

5. 开挖路基石方所采用的爆破方法,炮孔直径小于75mm,深度不超过5m的炮称(　　)。
   A. 浅孔爆破　　　　　　　　　B. 深孔爆破
   C. 葫芦炮　　　　　　　　　　D. 猫洞炮

6. 开挖路基石方所采用的爆破方法,将集中药包直接放入直径为0.2~0.5m、深度小于5m的水平或略有倾斜的炮洞中进行爆破称(　　)。
   A. 葫芦炮　　　　　　　　　　B. 猫洞炮
   C. 洞室炮　　　　　　　　　　D. 钢钎炮

7. 开挖路基石方所采用的爆破方法,将相邻药包或前后排药包以毫秒的时间间隔(一般15~75ms)依次起爆称(　　)。
   A. 光面爆破　　　　　　　　　B. 预裂爆破
   C. 微差爆破　　　　　　　　　D. 深孔爆破

8. 软基处理,当表层分布有软土且其厚度小于3m时,宜采用的方法有(　　)。
   A. 堆载预压法　　　　　　　　B. 爆破排淤
   C. 换填法　　　　　　　　　　D. 砂垫层法

9. 如果工期不紧,可以先填一部分或全部,使地基经过一段时间固结沉降,然后再填足或铺筑路面的软基处理法为(　　)。
   A. 堆载预压法　　　　　　　　B. 爆破排淤法
   C. 换填法　　　　　　　　　　D. 砂垫层法

10. 下面材料不可用作路堤填料的是(　　)。
    A. 生活垃圾　　　　　　　　　B. 建筑垃圾
    C. 砂　　　　　　　　　　　　D. 卵石

11. 公路工程填方路堤的压实,当路基在直线段时,压实机械的运行路线为(　　)。
    A. 应先从路基中心向两旁顺次碾压
    B. 应先从路缘向中心顺次碾压
    C. 应从路缘的一边向另一边顺次碾压
    D. 没有碾压顺序要求

12. 以下软土地基处治方法中,不属于排水固结法的是(　　)。
    A. 塑料排水板预压　　　　　　B. 真空预压法
    C. 袋装砂井预压　　　　　　　D. CFG桩法

13. 当采用不同性质的土填筑路基时,正确的填筑方式应满足(　　)要求。
    A. 不同土质分层填筑,透水性差的土填筑在下面时,其表面应做成一定的两面向外横坡

B.不同土质分层填筑,透水性差的土填筑在下面时,其表面应做成一定的两面向内横坡

C.为保证水分蒸发和排除,路基宜被透水性差的土层封闭

D.根据强度和稳定性的要求,安排强度差的土层在上层

14.石方爆破中,相邻药包按一定的时间间隔依次起爆的是( )。
    A.浅孔爆破   B.深孔爆破
    C.光面爆破   D.微差爆破

15.关于土质路堑施工要求,下列叙述不正确的是( )。
    A.应根据地面坡度、开挖断面及出土方向等因素,结合土方调配,选用安全经济的开挖方案
    B.应采取临时排水措施,确保施工作业面不积水
    C.边沟和截水沟应从上游往下游开挖
    D.土方开挖应自上而下进行,不得乱挖超挖,严禁掏底开挖

16.土质路堑开挖至零填、路堑路床部分后,应尽快进行路床施工,如不能及时施工宜在设计路床顶高程以上预留至少( )mm厚的保护层。
    A.300   B.100   C.200   D.500

17.从路堑的一端或两端按横断面全宽向前开挖,称为( )。
    A.纵向挖掘法   B.混合式挖掘法
    C.横向挖掘法   D.分段挖掘法

18.一般弃土运距过远的傍山路堑,可采用( )。
    A.混合式开挖法   B.分层纵挖法
    C.通道纵挖法   D.分段纵挖法

19.关于抛石挤淤软土处理,错误的说法是( )。
    A.抛填的片石不小于30cm
    B.片石抛出水面后应用小石块填塞垫平
    C.可用于常年积水且不易抽干的地方
    D.自中线向两侧抛填,若横坡陡于1:10时,自低向高展开

20.填石路堤石料最大粒径不得大于压实层厚的( )。
    A.1/3   B.1/2   C.2/3   D.3/4

21.下列路基开挖注意事项中,( )是不正确的。
    A.开挖土方严禁掏洞取土
    B.注意边坡稳定,及时支挡
    C.开挖应控制在一定超挖限度范围内
    D.开挖中,对适用的土、砂、石等材料,在经济合理的前提下,应尽量利用

22.公路工程中排除地面水的设施是( )。
    A.暗沟   B.渗沟   C.边沟   D.渗井

23.挖掘短且深的路堑宜采用( )。
    A.单层横挖法   B.多层横挖法

C. 分层纵挖法　　　　　　　　　D. 分段纵挖法

24. 当路堑较长且较深,两端地面纵坡较小时,宜采用(　　)。
   A. 通道纵挖法　　　　　　　　　B. 多层横挖法
   C. 分层纵挖法　　　　　　　　　D. 分段纵挖法

25. 路线纵向长度和挖深都很大的路堑开挖方法宜选择(　　)。
   A. 通道纵挖法　　　　　　　　　B. 多层横挖法
   C. 混合式挖掘法　　　　　　　　D. 分段纵挖法

26. 关于爆破法开挖,以下叙述错误的是(　　)。
   A. 爆破前应先查明空中缆线、地下管线的位置,根据地形、地质、挖深等选择适宜的爆破方法
   B. 爆破施工组织设计应按相关规定报批
   C. 石方开挖可以采用洞室爆破,近边坡部分宜采用定向爆破或预裂爆破
   D. 爆破时对不能满足安全距离的石方采用化学静态爆破或者机械开挖

27. 炮眼直径大于75mm、深度5m以上、采用延长药包,爆破比较安全的爆破技术是(　　)。
   A. 浅孔爆破　　　　　　　　　　B. 深孔爆破
   C. 葫芦炮　　　　　　　　　　　D. 猫洞炮

28. 利用爆破能将大量土石方按照指定的方向,搬移到一定的位置并堆积成路堤的爆破方法是(　　)。
   A. 微差爆破　　　　　　　　　　B. 预裂爆破
   C. 光面爆破　　　　　　　　　　D. 定向爆破

29. 以下石质路堑施工方法中,适用于施工场地开阔、大方量的软岩石方工程的是(　　)。
   A. 静态破碎法　　　　　　　　　B. 松土法
   C. 光面爆破法　　　　　　　　　D. 定向爆破法

30. 在设备附近、高压线下和开挖与浇筑过渡段等条件下的开挖可以采用(　　)。
   A. 静态破碎法　　　　　　　　　B. 松土法
   C. 钻爆开挖　　　　　　　　　　D. 定向爆破法

31. 路床填料最大粒径应小于(　　)mm,路床填料应均匀。
   A. 50　　　　　B. 100　　　　　C. 150　　　　　D. 200

32. 以下填料中,(　　)只要分层填筑、压实,可以不控制含水率。
   A. 腐殖土　　　B. 黏性土　　　C. 粗砂　　　　D. 泥炭

33. 土质路堤填筑时,按照横断面全宽分成水平层次,逐层向上填筑的方法是(　　)。
   A. 水平分层填筑　　　　　　　　B. 纵向分层填筑
   C. 横向填筑　　　　　　　　　　D. 联合填筑

34. 土质路堤填筑时,依线路纵坡方向分层,逐层向上填筑的方法是(　　)。
   A. 水平分层填筑　　　　　　　　B. 纵向分层填筑
   C. 横向填筑　　　　　　　　　　D. 联合填筑

35. 当地面纵坡大于12%,用推土机从路堑取料填筑距离较短的路堤时采用的填筑方法是( )。
   A. 水平分层填筑　　　　　　　　B. 纵向分层填筑
   C. 横向填筑　　　　　　　　　　D. 联合填筑

36. 当填筑填土过厚、不易压实,无法自下而上填筑的深谷、陡坡、断岩、泥沼等机械无法进场的路堤,宜采用的填筑方法是( )。
   A. 水平分层填筑　　　　　　　　B. 纵向分层填筑
   C. 横向填筑　　　　　　　　　　D. 联合填筑

37. 关于土质路堤施工的规定,以下说法错误的是( )。
   A. 性质不同的填料,应水平分层、分段填筑、分层压实
   B. 同一水平层路基的全宽应采用同一种填料,不得混合填筑
   C. 每种填料的填筑层压实后的连续厚度不宜小于500mm
   D. 对潮湿或冻融敏感性小的填料应填筑在路基下层

38. 当原地面纵坡大于12%或横坡陡于1∶5时,应按设计要求挖台阶,或设置坡度向内并大于4%、宽度大于( )m的台阶。
   A. 1　　　　B. 3　　　　C. 2　　　　D. 4

39. 关于土质路堤的压实要求,以下叙述正确的是( )。
   A. 压实机械碾压时,一般以慢速效果最好,压实速度以4~6km/h为宜
   B. 碾压一段终了时,可以直接掉头碾压第二遍
   C. 在整个全宽的填土上压实,宜纵向分行进行,直线段由中间向两边
   D. 曲线段碾压时由曲线的内侧向外侧碾压(当曲线半径超过200m时,可以按直线段方式进行)

40. 高速公路、一级公路和铺设高等级路面的其他等级公路的填石路堤应采用( )。
   A. 竖向填筑法　　　　　　　　　B. 分层压实法
   C. 冲击压实法　　　　　　　　　D. 强力夯实法

41. 关于填石路堤的施工规定,以下叙述正确的是( )。
   A. 路堤施工前,不需要修筑试验路段,确定满足规定孔隙率的松铺厚度、压实机械型号等参数
   B. 三级及三级以下砂石路面公路的下路堤可采用倾填方式填筑
   C. 岩性相差较大的填料应分层或分段填筑
   D. 可以将软质石料和硬质石料混合使用

42. 关于土石路堤填筑,以下叙述错误的是( )。
   A. 土石路堤不得采用倾填方法,只能分层填筑,分层压实
   B. 边坡码砌与路堤填筑宜基本同步进行
   C. 土石路堤宜选用自身质量不小于18t的振动压路机分层填筑压实
   D. 压实后透水性差异大的土石混合料材料应纵向分幅填筑

43. 以下软土地基处理方法中,不属于浅层处置的是( )。
   A. 换填法　　　B. 加固土桩　　　C. 抛石挤淤　　　D. 垫层处理

44. 以下方法中不属于软土地基处理方法的是( )。
   A. 换填法 B. 加固土桩 C. CFG 桩 D. 重力压实

45. 以下关于膨胀土路基施工的叙述,说法不正确的是( )。
   A. 膨胀土地区路基施工,应避开雨季作业,加强现场排水
   B. 膨胀土地区路基应分段施工,各道工序应紧密衔接,连续完成
   C. 膨胀土路基边坡按设计要求修整,并应及时进行防护施工
   D. 强膨胀土经处理之后可以作为二级及二级以上公路路堤填料

46. 以下关于滑坡地段路基施工的叙述,错误的是( )。
   A. 滑坡地段施工前,应制定应对滑坡或边坡危害的安全预案
   B. 滑坡地段宜在雨季施工,以便确定滑坡体裂隙位置
   C. 施工时应采取措施截断流向滑坡体的地表水、地下水和临时用水
   D. 滑坡体整治完成后,应及时恢复植被

47. 关于边沟的施工,以下叙述不正确的是( )。
   A. 挖方地段和填土高度小于边沟深度的填方地段均应设置边沟
   B. 土质地段的边沟纵坡大于3%时应采取加固措施
   C. 边沟长度不宜过长,通常不超过500m
   D. 路堤靠山一侧的坡脚应设置不渗水的边沟

48. 为降低地下水或拦截地下含水层中的水流,可在地面以下设置( )。
   A. 渗井 B. 渗沟 C. 截水沟 D. 边沟

49. 当路基附近的地面水或浅层地下水无法排除、影响路基稳定时,可设置( )。
   A. 渗井 B. 渗沟 C. 截水沟 D. 边沟

50. 关于挡土墙的施工,以下叙述错误的是( )。
   A. 挡土墙施工前,应做好截、排水及防渗设施
   B. 端部伸入路堤或嵌入地层部分应在墙体施工之前砌筑
   C. 宜避开雨季施工
   D. 与桥台、隧道洞门连接应协调施工,必要时应加临时支撑

51. 关于填石路堤的填料要求,以下说法错误的是( )。
   A. 硬质、中硬岩石可作为路床、路堤填料
   B. 软质岩石可用作路堤填料,不得用于路床填料
   C. 膨胀、易溶性岩石可以直接用于路堤填筑
   D. 崩解性岩石不得直接用于路堤填筑

52. 以下关于重力式挡土墙的施工要求,叙述错误的是( )。
   A. 墙身分层错缝砌筑,砌出地面后基坑及时回填夯实并完成顶面排水及防渗设施
   B. 伸缩缝与沉降缝内两侧壁应竖直、平齐,无错叠
   C. 当墙身的强度达到设计强度的100%时,方可进行回填等工作
   D. 在距墙背0.5~1m以内时,不宜用重型压路机碾压

53. 与一般公路的底基层相比,基层( )。
   A. 每侧宽出10cm B. 每侧宽出15cm C. 每侧宽出20cm D. 同宽

54. 垫层施工应在全宽范围内均匀地压实至重型击实最大密度的( )以上。
    A.95%   B.96%   C.97%   D.98%

55. 垫层施工中,两段作业衔接处,第一段留下( )m不进行碾压,第二段施工时,将前段留下的未压部分与第二段一起碾压。
    A.3~5   B.5~8   C.7~9   D.8~10

56. 无机结合料稳定类基层(底基层)施工期的日最低气温应在( )℃以上。
    A.0   B.3   C.5   D.10

57. 基层碾压完成后应立即进行养护,养护时间不应少于( )d。
    A.28   B.7   C.5   D.10

58. 关于无机结合料稳定类基层(底基层)的施工,下列叙述不正确的是( )。
    A. 施工气温应不低于5℃,并在第一次重冰冻之前一个月结束施工,不宜安排在雨季施工
    B. 压实厚度,每层不小于160mm,也不超过200mm。高速公路和一级公路,在摊铺过程中宜设立纵向模板
    C. 对石灰稳定材料或石灰粉煤灰稳定材料层宜在2h之内完成碾压成型
    D. 石灰稳定材料和石灰粉煤灰稳定材料碾压时,应处于最佳含水率或略大于最佳含水率状态,含水率宜增加1~2个百分点

59. 关于热拌沥青稳定类基层的施工,以下叙述错误的是( )。
    A. 当高速公路和一级公路施工气温低于10℃、其他等级公路施工气温低于5℃时,不宜摊铺
    B. 沥青混合料压实宜采用振动压路机压实
    C. 压实后的沥青混合料应符合压实度及平整度的要求,沥青混合料的分层压实厚度不得大于10cm
    D. 沥青混合料的压实应按初压、复压、终压(包括成型)三个阶段进行

60. 为使沥青面层与基层结合良好,在基层上浇洒乳化沥青、煤沥青或液体沥青而形成的透入基层表面的薄层是( )。
    A. 透层   B. 黏层   C. 垫层   D. 封层

61. 关于透层施工,以下叙述不正确的是( )。
    A. 透层沥青宜紧接在基层碾压成型后表面硬化的情况下喷洒
    B. 应采用沥青洒布车,在铺筑沥青层前1~2d,一次均匀洒布透层
    C. 沥青路面的级配砂砾、级配碎石基层及水泥、石灰、粉煤灰等无机结合料稳定土或粒料的半刚性基层上必须浇洒透层沥青
    D. 半刚性基层表面宜喷洒透油层,在透层油渗透入基层后,方可开展下道工序

62. 关于封层施工,以下叙述不正确的是( )。
    A. 封层可采用拌和法或层铺法的单层式表面处治,也可以采用乳化沥青稀浆封层
    B. 上封层可根据情况选择乳化沥青稀浆封层、微表处、改性沥青集料封层、薄层磨耗层或其他适宜的材料
    C. 稀浆封层铺筑后可马上开放交通

D. 封层宜选在干燥或较热的季节施工,施工气温不得低于10℃

63. 关于热拌沥青混合料路面施工,以下叙述错误的是( )。
    A. 粗、细集料应分类堆放,每个料源均应进行抽样试验,按要求的配合比配料
    B. 拌和站设试验室,对沥青混凝土的原材料和沥青混合料及时进行检测
    C. 沥青的加热温度控制在150～170℃,集料的加热温度控制在160～180℃
    D. 混合料的出厂温度控制在120～150℃,混合料运至施工现场的温度控制在140～165℃

64. 热拌热铺沥青混合料路面应待摊铺层完全自然冷却,表面温度低于( )℃后方可开放交通。
    A. 35　　　　　　　B. 40　　　　　　　C. 50　　　　　　　D. 55

65. 关于改性沥青混合料路面,以下叙述正确的是( )。
    A. 粗、细集料应严格分类堆放和供料,不同料源也应分开堆放,每个料源的材料应进行抽样试验;必须严格按批准的配合比进行配料,并应将集料充分烘干
    B. 改性沥青混合料回收的粉尘能够再利用
    C. 摊铺速度应根据拌和机产量,运力配置情况、摊铺宽度和厚度等条件,通过试验段确定,一般为4～6m/min
    D. 如果在指定温度内还未压实,则应改用钢轮碾压

66. 采用( )铺筑水泥混凝土路面,已经成为我国在高等级公路水泥混凝土路面施工中广泛采用的工程质量最高、施工速度最快、装备最现代化的高新成熟技术。
    A. 小型机具　　　B. 滑模摊铺机　　　C. 沥青摊铺机　　　D. 灰土摊铺机

67. 模板拆除应在混凝土抗压强度不小于( )MPa时方可进行。
    A. 5　　　　　　　B. 6　　　　　　　C. 7　　　　　　　D. 8

68. 以下混凝土路面施工方法中,设备投入少,适合用于二级、三级、四级公路水泥混凝土路面的施工的方法是( )。
    A. 小型机具　　　　　　　　　B. 滑模摊铺机
    C. 三辊轴机组　　　　　　　　D. 灰土摊铺机

69. 以下关于滑模摊铺机铺筑的叙述中,错误的是( )。
    A. 高速公路、一级公路施工,宜选配能一次摊铺1个车道宽度的滑模摊铺机
    B. 二级及二级以下公路路面的最小摊铺宽度不得小于单车道设计宽度
    C. 硬路肩的摊铺宜选配中、小型多功能滑模摊铺机,并宜连体一次摊铺路缘石
    D. 布料机与滑模摊铺机之间的施工距离宜控制在5～10m

70. 沥青混合料路面压实应按( )进行。
    A. 初压、复压两个阶段　　　　　B. 初压、终压两个阶段
    C. 初压、复压、终压三个阶段　　D. 一次碾压成型

71. 以下关于混凝土路面接缝施工,叙述错误的是( )。
    A. 当一次铺筑宽度小于路面和硬路肩总宽度时,应设横向施工缝
    B. 采用滑模施工时,纵向施工缝的拉杆可采用摊铺机的侧向拉杆装置插入
    C. 桥面与搭板纵缝拉杆可由横向钢筋延伸穿过接缝代替
    D. 钢纤维混凝土路面切开的假纵缝可不设拉杆,纵向施工缝应设拉杆

72. 当天摊铺结束或因临时原因中断时,应设置( )。
    A. 横向施工缝　　　　　　　　B. 横向胀缝
    C. 横向缩缝　　　　　　　　　D. 纵缝

73. 以下关于横缝施工,叙述错误的是( )。
    A. 胀缝指的是在水泥混凝土路面板上设置的膨胀缝,其作用是使水泥混凝土板在温度升高时能自由伸展,应采用真缝
    B. 普通混凝土路面横向缩缝宜等间距布置,不宜采用斜缩缝和不等间距缩缝
    C. 横向施工缝应采用拉杆企口缝
    D. 混凝土面板所有接缝凹槽都应按图纸规定,用填缝料填缝,填缝完成后可马上开放交通

74. 以下关于混凝土路面养护施工,叙述不正确的是( )。
    A. 混凝土路面铺筑完成或施作抗滑构造完毕后立即开始养护
    B. 机械摊铺的各种混凝土路面宜采用喷洒养护剂同时保湿覆盖的方式养护,也可以使用围水养护方式
    C. 混凝土板养护初期,严禁人、畜、车辆通行,在达到设计强度40%后,行人方可通行
    D. 面板达到设计弯拉强度后,方可开放交通

75. 关于中央分隔带的施工,以下叙述错误的是( )。
    A. 当路面基层施工完毕后,即可进行中央分隔带的开挖,先挖集水槽,后挖纵向盲沟
    B. 沟槽开挖完毕并经验收符合设计要求后,即进行防水层施工
    C. 纵向碎石盲沟的铺设时,反滤层可用筛选过的中砂、粗砂、砾石等渗水性材料分层填筑
    D. 路缘石应在路面铺设之后完成

Ⅱ. 多项选择题

1. 以下属于排除地表水设施的是( )。
   A. 边沟　　　B. 截水沟　　　C. 渗沟　　　D. 跌水
2. 以下属于排除地下水设施的是( )。
   A. 暗沟　　　B. 明沟　　　C. 渗沟　　　D. 截水沟
3. 渗沟是常见的地下排水沟渠,渗沟有( )等形式。
   A. 填石渗沟　　　B. 管式渗沟　　　C. 蒸发池　　　D. 洞式渗沟
4. 渗沟均应设置( )。
   A. 排水层　　　B. 反滤层　　　C. 垫层　　　D. 封闭层
5. 以下材料可用作垫层的是( )。
   A. 碎石　　　B. 砂砾　　　C. 煤渣　　　D. 黏土
6. 以下属于路面结构层的是( )。
   A. 垫层　　　B. 基层　　　C. 路床　　　D. 面层
7. 以下属于无机结合料稳定类基层的是( )。
   A. 石灰稳定类　　　　　　　　B. 水泥稳定类

C. 工业废渣稳定集料类　　　　　　D. 热拌沥青混合料
8. 沥青稳定类基层又称柔性基层,以下可用作沥青稳定类基层的是(　　)。
　　A. 热拌沥青碎石　　　　　　　　B. 贯入式沥青碎石
　　C. 乳化沥青碎石混合料　　　　　D. 改性沥青混合料
9. 热拌沥青混合料的配合比设计包括(　　)。
　　A. 目标配合比设计阶段　　　　　B. 抽样试验阶段
　　C. 生产配合比验证阶段　　　　　D. 生产配合比设计阶段
10. 公路的底基层、基层进行碾压时,正确的说法是(　　)。
　　A. 水泥稳定材料结构层施工时,应在混合料处于或略大于最佳含水率的状态下碾压
　　B. 下承层采用稳定中、粗粒材料时,应先将下承层清理干净,并洒铺水泥净浆,再摊铺上层混合料
　　C. 混合料摊铺时,应保持连续。分两幅摊铺时,纵向接缝处应加强碾压,存在纵向接缝时,纵缝可垂直相接,也可斜接
　　D. 混合料摊铺应保证足够的厚度,碾压成型后每层的摊铺厚度不宜小于160mm,最大厚度宜不大于200mm
11. 公路沥青路面使用(　　)作为透层沥青。
　　A. 改性沥青　　　　　　　　　　B. 乳化沥青
　　C. 煤沥青　　　　　　　　　　　D. 液体沥青
12. 公路路面工程必须浇洒透层沥青的是(　　)。
　　A. 沥青路面的级配砂砾基层
　　B. 沥青路面的级配碎石基层
　　C. 水泥、石灰、粉煤灰无机结合料稳定土基层
　　D. 垫层
13. 公路路面工程,符合下列情况之一者,应喷洒黏层沥青(　　)。
　　A. 双层或三层式热拌热铺沥青混合料路面的沥青层之间
　　B. 底基层与基层之间
　　C. 水泥混凝土路面、沥青稳定碎石基层或旧沥青路面层加铺筑沥青面层
　　D. 路缘石、雨水口、检查井等构造物与新铺沥青混合料接触的侧面
14. 公路水泥混凝土路面,混凝土面板的横缝有关说法正确的是(　　)。
　　A. 在特重交通的公路上,横向缩缝宜加设传力杆
　　B. 在邻近桥梁或其他固定构筑物处、与柔性路面相接处均应设置胀缝
　　C. 横向缩缝采用假缝,必须设传力杆
　　D. 胀缝应采用滑动传力杆,并设置支架或其他方法予以固定
15. 公路水泥混凝土路面,混凝土施工采用滑模式摊铺机时,(　　)。
　　A. 高速公路、一级公路宜选配一次摊铺不少于2个车道宽度的滑模摊铺机
　　B. 二级及以下公路的最小摊铺宽度不得小于单车道设计宽度
　　C. 当坍落度在10～50mm时,布料松铺系数宜控制在1.08～1.15
　　D. 布料机与滑模摊铺机之间施工距离宜控制在10～20m

16. 公路基层(底基层)所用无机结合料目前最常用的有( )。
   A. 水泥　　　　　　　　　　B. 石灰
   C. 粉煤灰　　　　　　　　　D. 沥青

本节习题答案及解析

Ⅰ.单项选择题

1. **答案**:D

   【解析】 性质不同的填料,应水平分层、分段填筑、分层压实。同一水平路基的全宽应采用同一种填料,不得混合填筑。每种填料的填筑层压实后的连续厚度不宜小于500mm。填筑路床顶最后一层时,压实厚度不应小于100mm。

2. **答案**:B

   【解析】 土质路堤的压实要求:压实机具应先轻后重,以便能适应逐渐增长的土基强度,碾压速度宜先慢后快。在整个全宽的填土上压实,宜纵向分行进行,直线段由两边向中间,曲线段由曲线内侧向外侧。两行之间的接头一般应重叠1/4~1/3轮迹,三轮压路机应重叠后轮的1/2。

3. **答案**:A

   【解析】 从开挖路堑的一端或两端按断面全宽一次性挖到设计高程,然后逐渐向纵深挖掘,挖出的土方一般都是向两侧运送。该方法适用于挖掘浅且短的路堑。

4. **答案**:D

   【解析】 混合式开挖法是将多层横向挖掘法和通道纵挖法混合使用,即先沿路线纵向挖通通道,然后沿横向坡面挖掘,以增加开挖坡面。

5. **答案**:A

   【解析】 浅孔爆破又称钢钎炮,炮孔直径小于75mm,深度不超过5m。浅孔爆破操作简便,对设计边坡外的岩体震动损害小。

6. **答案**:B

   【解析】 猫洞炮是将集中药包直接放入直径为0.2~0.5m、洞穴水平或略有倾斜,深度小于5m,用集中药包在炮洞中进行爆破的一种炮型。

7. **答案**:C

   【解析】 相邻药包或前后排药包以毫秒的时间间隔(一般15~75ms)依次起爆,称微差爆破,亦称毫秒爆破。

8. **答案**:C

   【解析】 当软土厚度小于3m时可换填软基。对非饱和黏性土的软弱表层,也可添加适量石灰、水泥进行改良处置。换填料宜选用高强度的砂砾、碎石土等水稳性和透水性好的材料。

9. **答案**:A

   【解析】 如果工期不紧,可以通过填土堆载预压,使地基土压密、沉降、固结,从而提高地基的固结度,减少路堤建成后的沉降量。

10. **答案:A**

【解析】 含草皮、生活垃圾、树根、腐殖质的土严禁作为填料。

11. **答案:B**

【解析】 压实机具应先轻后重,以便能适应逐渐增长的土基强度,碾压速度宜先慢后快。在整个全宽的填土上压实,宜纵向分行进行,直线段由两边向中间,曲线段由曲线内侧向外侧。

12. **答案:D**

【解析】 常用的排水固结法包括砂垫层预压、袋装砂井或塑料排水板预压、真空预压或真空联合堆载预压等。

13. **答案:A**

【解析】 对潮湿或冻融敏感性小的填料应填筑在路基上层。强度较小的填料应填筑在下层。在透水性差的压实层上填筑透水性较好的填料前,应在其表面设2%～4%的双向横坡,并采取相应的防水措施,不得在透水性较好的填料所填筑的路堤边坡上覆盖透水性不好的填料。

14. **答案:D**

【解析】 相邻药包或前后排药包以毫秒的时间间隔(一般15～75ms)依次起爆,称微差爆破,亦称毫秒爆破。

15. **答案:C**

【解析】 土方开挖应自上而下进行,不得乱挖超挖,严禁掏底开挖。边沟与截水沟应从下游向上游开挖,开挖后,应及时进行防渗处理。

16. **答案:A**

【解析】 土质路堑开挖至零填、路堑路床部分后,应尽快进行路床施工,如不能及时施工,宜在设计路床顶高程以上预留至少300mm厚的保护层。

17. **答案:C**

【解析】 从路堑的一端或两端按横断面全宽向前开挖,称为横挖法,适用于短而深的土质路堑。

18. **答案:D**

【解析】 分段纵挖法适用于过长、弃土运距过远、一侧堑壁较薄的傍山路堑开挖。

19. **答案:D**

【解析】 当软土地层横坡陡于1:10时,应自高侧向低侧抛投。

20. **答案:C**

【解析】 填石路堤石料最大粒径不得大于压实层厚的2/3。

21. **答案:C**

【解析】 开挖应控制超挖,但未设置限定。

22. **答案:C**

【解析】 公路工程中排除地面水的设施是边沟。

23. **答案:B**

【解析】 多层横挖法:从开挖路堑的一端或两端按断面分层挖到设计高程。该方法适用于挖掘深且短的路堑。

24. 答案：A

【解析】 通道纵挖法：先沿路堑纵向挖掘一条通道，然后将通道向两侧拓宽以扩大工作面，并利用该通道作为运土路线及场内排水的出路。该层通道拓宽至路堑边坡后，再挖下层通道，如此向纵深开挖至路基高程。该方法适用于较长、较深、两端地面纵坡较小的路堑开挖。

25. 答案：C

【解析】 混合式挖掘法是多层横向挖掘法和通道纵挖法混合使用的一种方法，即先沿路线纵向挖通通道，然后沿横向坡面挖掘，以增加开挖坡面。在较大的挖方地段，还可沿横向再开辟工作面。该方法适用于路线纵向长度和挖深都很大的路堑开挖。

26. 答案：C

【解析】 石方开挖严禁采用洞室爆破，近边坡部分宜采用光面爆破或预裂爆破。

27. 答案：B

【解析】 深孔爆破：炮眼直径大于75mm、深度在5m以上、采用延长药包。需要大型的潜孔凿岩机或穿孔机穿孔，配合挖运机械，可实现石方施工全面机械化，劳动生产率高，爆破比较安全，是大量石方快速施工的一个发展途径。

28. 答案：D

【解析】 定向爆破：利用爆能将大量土石方按照指定的方向，搬移到一定的位置并堆积成路堤。

29. 答案：B

【解析】 直接应用机械开挖（松土法）：用带有松土器的重型推土机破碎岩石，一次破碎深度约0.6~1m，再用推土机或装载机与自卸汽车配合，将翻松的岩块搬运出去。该方法适用于施工场地开阔、大方量的软岩石方工程。

30. 答案：A

【解析】 静态破碎法：将膨胀剂放入炮孔内，利用产生的膨胀力缓慢作用于孔壁，经不超过24h达到300~500MPa的压力，使岩石开裂。该方法适用于在设备附近、高压线下、开挖与浇筑过渡段等特定条件下的开挖。

31. 答案：B

【解析】 路床填料最大粒径应小于100mm，路床填料应均匀。

32. 答案：C

【解析】 卵石、碎石、砾石、粗砂等透水性良好的填料，只要分层填筑、压实，可以不控制含水率；用黏性土等透水性不良的填料，应在接近最佳含水率的情况下分层填筑与压实。含草皮、生活垃圾、树根、腐殖质的土严禁作为填料。泥炭、淤泥、冻土、强膨胀土、有机质土及易溶盐超过允许含量的土，不得直接用于填筑路基；确需使用时，必须采取技术措施进行处理，经检验满足设计要求后方可使用。

33. 答案：A

【解析】 土质路堤填筑方法：水平分层填筑、纵向分层填筑、横向填筑、联合填筑。水平分层填筑：按照横断面全宽分成水平层次，逐层向上填筑，是常用方式。

34. 答案:B

【解析】 纵向分层填筑:依路线纵坡方向分层,逐层向上填筑。

35. 答案:B

【解析】 纵向分层填筑:依路线纵坡方向分层,逐层向上填筑。常用于地面纵坡大于12%、用推土机从路堑取料、填筑距离较短的路堤,不易碾压密实。

36. 答案:C

【解析】 横向填筑:从路基的一端或两端按横断面全高逐步推进填筑。用于填土过厚,不易压实,仅用于无法自下而上填筑的深谷、陡坡、断岩、泥沼等机械无法进场的路堤。

37. 答案:D

【解析】 潮湿或冻融敏感性小的填料应填筑在路基上层,强度较小的填料应填筑在下层。

38. 答案:C

【解析】 当原地面纵坡大于12%或横坡陡于1:5时,应按设计要求挖台阶,或设置坡度向内并大于4%、宽度大于2m的台阶。

39. 答案:D

【解析】 压实机械碾压时,一般以慢速效果最好,除羊足碾或凸块式碾外,压实速度以2~4km/h为宜;压实机具应先轻后重,以便能适应逐渐增长的土基强度;碾压速度宜先慢后快。碾压一段结束时,宜采取纵向退行方式机械碾压第二遍,不宜掉头,以免搓挤土。在整个全宽的填土上压实,宜纵向分行进行,直线段由两边向中间,曲线段由曲线的内侧向外侧(当曲线半径超过200m时,可以按直线段方式进行)。

40. 答案:B

【解析】 分层压实法(碾压法):自下而上水平分层,逐层填筑,逐层压实,是普遍采用并能保证填石路堤质量的方法。高速公路、一级公路和铺设高等级路面的其他等级公路的填石路堤均应采用此方法。

41. 答案:C

【解析】 路堤施工前,应先修筑试验路段,确定满足规定孔隙率标准的松铺厚度、压实机械型号及组合、压实速度及压实遍数、沉降差等参数。在陡峻山坡地段施工特别困难时,三级及三级以下砂石路面公路的下路堤可采用倾填方式填筑。岩性相差较大的填料应分层或分段填筑,严禁将软质石料与硬质石料混合使用。

42. 答案:D

【解析】 压实后透水性差异大的土石混合材料,应分层或分段填筑,不宜纵向分幅填筑,如确需纵向分幅填筑,应将压实后渗水良好的土石混合材料填筑于路堤两侧。

43. 答案:B

【解析】 浅层处理包括换填、垫层、抛石挤淤等,适用于表层软土厚度小于3m的浅层软弱地基处理。

44. 答案:D

【解析】 软土是指天然含水率高、孔隙比大、透水性差、压缩性高、抗剪强度低、具有触变性、流变性显著的细粒土。重力压实不属于软土路基处理方法。

45. 答案：D

【解析】 膨胀土路基施工应符合以下规定：

(1)膨胀土地区路基施工,应避开雨季作业,加强现场排水。

(2)膨胀土地区路基应分段施工,各道工序应紧密衔接,连续完成。路基边坡按设计要求修整,并应及时进行防护施工。

(3)膨胀土作为填料时应符合以下规定：强膨胀土不得作为路堤填料；中等膨胀土经处理后可作为填料,用于二级及二级以上公路路堤填料时,改性处理后胀缩总率应不大于0.7%；胀缩总率不超过0.7%的弱膨胀土可直接填筑。

46. 答案：B

【解析】 滑坡地段施工前,应制定应对滑坡或边坡危害的安全预案,施工过程中应进行监测；宜在旱季施工；及时封闭滑坡体上的裂隙,在滑坡边缘一定距离外的稳定地层上,修筑一条或数条环形截水沟,截水沟应有防渗措施；施工时应采取措施截断流向滑坡体的地表水、地下水及临时用水；滑坡体未处理之前,严禁在滑坡体上增加荷载,严禁在滑坡前缘减载；滑坡整治完成后,应及时恢复植被。

47. 答案：C

【解析】 排水沟长度不宜过长,通常不超过500m,不是边沟。

48. 答案：B

【解析】 为降低地下水或拦截地下含水层中的水流,可在地面以下设置渗沟。渗沟是常见的地下排水沟渠,可视地下水流情况纵、横向设置。

49. 答案：A

【解析】 当路基附近的地面水或浅层地下水无法排除,影响路基稳定时,可设置渗井,将地面水或地下水经渗井通过下透水层中的钻孔流入下层透水层中排除。

50. 答案：B

【解析】 端部伸入路堤或嵌入地层部分应与墙体同时砌筑。

51. 答案：C

【解析】 硬质、中硬岩石可作为路床、路堤填料；软质岩石可用作路堤填料,不得用于路床填料；膨胀、易溶性岩石不宜直接用于路堤填筑；强风化石料、崩解性岩石和盐化岩石不得直接用于路堤填筑。

52. 答案：C

【解析】 当墙身的强度达到设计强度的75%时,方可进行回填等工作。

53. 答案：B

【解析】 一般公路的基层每侧宜比面层宽出10cm,底基层每侧宜比基层宽出15cm。

54. 答案：B

【解析】 垫层经过整平和整型,应按试验路段所确认的压实工艺,在全宽范围内均匀地压实至重型击实最大密度的96%以上。

55. 答案：B

【解析】 两段作业衔接处,第一段留下5～8m不进行碾压,第二段施工时,将前段留下的未压部分与第二段一起碾压。

56. 答案:C

　　【解析】 基层施工的施工气温应不低于5℃。

57. 答案:B

　　【解析】 碾压完成后应立即进行养护。养护时间不应少于7d。养护方法可视具体情况采用洒水、覆土工布、草袋、砂后洒水或洒透层油或封层等。养护期间除洒水车外应封闭交通;不能封闭时,应经批准,并将车速限制在30km/h以下,严禁重型车辆通行。

58. 答案:C

　　【解析】 对水泥稳定材料或水泥粉煤灰稳定材料,宜在2h之内完成碾压成型;对石灰稳定材料或石灰粉煤灰稳定材料层宜在当天碾压完成,最长不应超过4h。

59. 答案:B

　　【解析】 沥青混合料压实宜采用钢筒式静态压路机与轮胎压路机或振动压路机组合的方式。

60. 答案:A

　　【解析】 为使沥青面层与基层结合良好,在基层上浇洒乳化沥青、煤沥青或液体沥青而形成的透入基层表面的薄层是透层。

61. 答案:A

　　【解析】 透层沥青宜紧接在基层碾压成型后表面稍干但尚未硬化的情况下喷洒。

62. 答案:C

　　【解析】 稀浆封层铺筑后,必须待乳液破乳、水分蒸发、干燥成型后方可开放交通。

63. 答案:D

　　【解析】 沥青的加热温度控制在150~170℃,集料的加热温度控制在160~180℃,混合料的出厂温度控制在140~165℃,混合料运至施工现场的温度控制在120~150℃。

64. 答案:C

　　【解析】 热拌热铺沥青混合料路面应待摊铺层完全自然冷却,表面温度低于50℃后方可开放交通。一般在施工完毕后第二天可开放交通。

65. 答案:A

　　【解析】 改性沥青混合料储存时间不应超过24h;回收的粉尘不得利用,应全部废弃在指定地点进行处理,防止污染环境。摊铺速度应根据拌和机产量、运力配置情况、摊铺宽度和厚度等条件,通过试验段确定。一般为2~4m/min,SMA及改性沥青混合料宜放慢至1~3m/min。如果在指定温度内还未压实,则应改用轮胎压路机碾压,不能用钢轮碾压,更不能起振,防止推移破坏。

66. 答案:B

　　【解析】 经过多年推广应用,采用滑模摊铺机铺筑水泥混凝土路面,已经成为我国在高等级公路水泥混凝土路面施工中广泛采用的工程质量最高、施工速度最快、装备最现代化的高新成熟技术。

67. 答案:D

　　【解析】 模板拆除应在混凝土抗压强度不小于8MPa时进行。

68. 答案:C

【解析】 三辊轴机组施工工艺的机械化程度适中,设备投入少,技术容易掌握,不少地方在使用。三辊轴机组比较适用于二级、三级、四级公路及县乡公路水泥混凝土路面的施工。

69. 答案:A

【解析】 高速公路、一级公路施工,宜选配能一次摊铺不少于2个车道宽度的滑模摊铺机。

70. 答案:C

【解析】 沥青混合料路面压实应按初压、复压、终压三个阶段进行。

71. 答案:A

【解析】 当一次铺筑宽度小于路面和硬路肩总宽度时,应设纵向施工缝。

72. 答案:A

【解析】 每天摊铺结束或临时原因中断时,应设置横向施工缝,其位置宜与胀缝或缩缝重合,横向施工缝在缩缝处应采用平缝型传力杆,确有困难不能重合时,横向施工缝应采用拉杆企口缝。

73. 答案:D

【解析】 开放交通前,填缝料应有充分的时间硬结。

74. 答案:B

【解析】 在雨天或养护用水充足的情况下,也可采用覆盖保湿膜、土工毡、土工布、麻袋、草袋、草帘等洒水湿养护方式,不宜使用围水养护方式。

75. 答案:D

【解析】 路缘石应在路面铺设之前完成。

Ⅱ.多项选择题

1. 答案:ABD

【解析】 排除地表水一般可采用边沟、截水沟、排水沟、跌水与急流槽、蒸发池、拦水带等设施,将可能停滞在路基范围内的地面水迅速排除,防止路基范围内的地面水流入路基内。

2. 答案:ABC

【解析】 排除地下水一般可采用明沟(排水沟)、暗沟(管)、渗沟、渗井、检查井等设施,将路基范围内的地下水位降低或拦截地下水并将其排除在路基范围以外。

3. 答案:ABD

【解析】 渗沟有填石渗沟、管式渗沟和洞式渗沟,三种渗沟均应设置排水层(或管、洞)、反滤层和封闭层。

4. 答案:ABD

【解析】 渗沟有填石渗沟、管式渗沟和洞式渗沟,三种渗沟均应设置排水层(或管、洞)、反滤层和封闭层。

5. 答案:ABC

【解析】 垫层材料可选用碎石、砂砾、煤渣、矿渣等粒料。

6. 答案：ABD

【解析】 路面结构层自下而上依次为垫层、底基层、基层、面层(下、中、上)。

7. 答案：ABC

【解析】 无机结合料稳定类主要可分为石灰稳定类、水泥稳定类、石灰工业废渣稳定集料类等。

8. 答案：ABC

【解析】 沥青稳定类基层又称柔性基层，包括热拌沥青碎石、贯入式沥青碎石、乳化沥青碎石、混合料基层等。

9. 答案：ACD

【解析】 热拌沥青混合料的配合比设计包括目标配合比设计阶段、生产配合比设计阶段、生产配合比验证阶段。

10. 答案：ABD

【解析】 混合料摊铺时，应保持连续。分两幅摊铺时，纵向接缝处应加强碾压，存在纵向接缝时，纵缝应垂直相接，严禁斜接。

11. 答案：BCD

【解析】 为使沥青面层与基层结合良好，在基层上浇洒乳化沥青、煤沥青或液体沥青而形成的透入基层表面的薄层是透层。

12. 答案：ABC

【解析】 为使沥青面层与基层结合良好，在基层上浇洒乳化沥青、煤沥青或液体沥青而形成的透入基层表面的薄层。在无机结合料稳定半刚性基层上浇洒透层。

13. 答案：ACD

【解析】 符合下列情况之一者，应喷洒黏层沥青：
(1)双层或三层式热拌热铺沥青混合料路面的沥青层之间；
(2)水泥混凝土路面、沥青稳定碎石基层或旧沥青路面层加铺筑沥青面层；
(3)路缘石、雨水口、检查井等构造物与新铺沥青混合料接触的侧面。

14. 答案：ABD

【解析】 横缝一般分为横向缩缝、胀缝和横向施工缝。在中、轻交通的混凝土路面上，横向缩缝可采用不设传力杆假缝型。

15. 答案：ABC

【解析】 高速公路、一级公路宜选配能一次摊铺不少于2个车道宽度的滑模摊铺机，二级及以下公路的最小摊铺宽度不得小于单车道设计宽度。

当坍落度在10~50mm时，布料松铺系数宜控制在1.08~1.15之间，布料机与滑模摊铺机之间的施工距离宜控制在5~10m之间。

16. 答案：ABC

【解析】 目前最常用的无机结合料有水泥、石灰、粉煤灰等。

(三)公路隧道施工技术

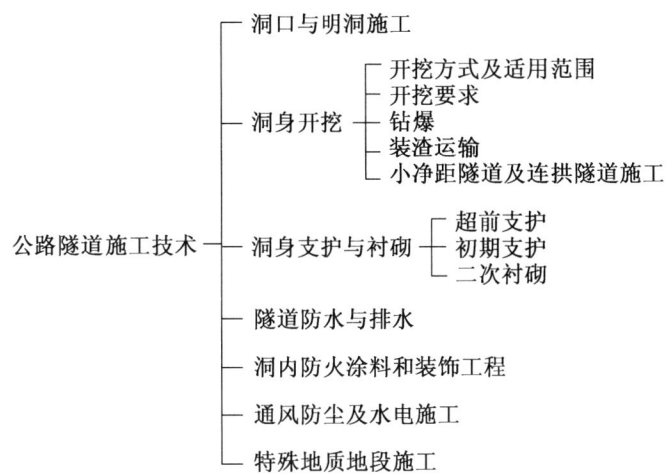

例 题 解 析

Ⅰ.单项选择题

1.以下开挖方法适用于连拱隧道的是( )。
 A.三导洞法 B.中导洞法
 C.环形开挖预留核心土法 D.侧壁导坑法

答案:B

【解析】 本题为2019年考题,中导洞法是在连拱隧道或单线隧道的喇叭口地段,先开挖两洞之间立柱(或中隔墙)部分,并完成立柱(或中隔墙)混凝土浇筑后,再进行左右两洞开挖的施工方法,适用于连拱隧道。

2.根据隧道二次衬砌纵向分段施工要求,分段长度一般为( )m。
 A.5~8 B.8~10 C.6~12 D.10~15

答案:C

【解析】 本题为2020年考题。根据隧道二次衬砌纵向分段施工要求,分段长度一般为6~12m。

3.下列关于超前支护,说法错误的是( )。
 A.超前锚杆或超前小导管支护主要适用于地下水较少的软弱破碎围岩
 B.超前管棚主要适用于对围岩变形及地表下沉有较严格限制要求的软弱破碎围岩
 C.超前小导管注浆不仅适用于软弱破碎围岩,也适用于地下水丰富的松软围岩
 D.超前围岩预注浆主要适用于软弱围岩及断层破碎带、自稳性较差的含水地段

答案:D

【解析】 本题为2021年考题。超前围岩预注浆主要适用于软弱围岩及断层破碎带、自

稳性较差的含水地段。

4.适用于Ⅰ～Ⅲ级围岩的单洞双车道隧道与Ⅰ～Ⅱ级围岩的单洞三车道隧道施工方法为( )。

A.全断面法　　　　　　　　B.台阶法
C.中隔壁法　　　　　　　　D.环形开挖预留核心土法

答案：A

【解析】 本题为2022年考题。

全断面法：按设计断面一次基本开挖成形的施工方法。一般适用于Ⅰ～Ⅲ级围岩的单洞双车道隧道与Ⅰ～Ⅱ级围岩的单洞三车道隧道。

台阶法：先开挖上半断面，待开挖至一定距离后再同时开挖下半断面，上下半断面同时并进的施工方法。一般适用于Ⅲ～Ⅳ级围岩的中小跨度隧道，Ⅴ级围岩的中小跨度隧道在采用了有效的预加固措施后，也可采用台阶法。一般分为二台阶法、三台阶法。单车道隧道及围岩地质条件较好的双车道隧道可采用二台阶法施工；隧道断面较高、单层台阶断面尺寸较大时可采用三台阶法。

环形开挖预留核心土法：先开挖上台阶成环形，并进行支护，再分部开挖中部核心土、两侧边墙的施工方法。一般适用于Ⅴ～Ⅵ级围岩或一般土质围岩的中小跨度隧道或洞口浅埋地段隧道施工。

中隔壁法（CD法）：在软弱围岩大跨隧道中，先开挖隧道的一侧，并施作中隔壁墙，然后再分步开挖隧道的另一侧的施工方法。一般适用于围岩较差、跨度大、浅埋、地表沉降需要控制的地段。

双侧壁导坑法：先开挖隧道两侧的导坑，并进行初期支护，再分部开挖剩余部分的施工方法。一般适用于浅埋大跨度隧道及地表下沉量要求严格而围岩条件很差的情况。

中导洞法：在连拱隧道或单线隧道的喇叭口地段，先开挖两洞之间的立柱（或中隔墙）部分，并完成立柱（或中隔墙）混凝土浇筑后，再进行左右两洞开挖的施工方法。适用于连拱隧道。

5.一般隧道施工采用( )确保施工时的通风防尘。

A.风管式通风　　　　　　　B.巷道式通风
C.风墙式通风　　　　　　　D.纵向通风

答案：A

【解析】 本题为2022年考题。隧道施工时实施机械通风一般需要通风机和风道才能实现。按照风道的类型和通风机安装位置分为风管式通风、巷道式通风、风墙式通风。风管式通风，风由管道输送，分为压力式、抽出式和混合式三种方式。

风管式通风的优点是设备简单、布置灵活、易于拆装，故为一般隧道施工采用。

6.隧道超前支护中，超前围岩预注浆的适用情况是( )。

A.土砂质地层　　　　　　　B.弱膨胀性地层
C.裂隙发育的岩体　　　　　D.自稳性较差的含水地段

答案：D

【解析】 本题为2023年考题。超前围岩预注浆主要适用于软弱围岩及断层破碎带、自稳性较差的含水地段。掘进前先在掌子面前方的围岩中注入浆液,提高地层的强度、稳定性和抗渗性,形成较大范围的筒状封闭加固区,然后在其范围内进行开挖作业。

7.隧道主洞拱墙衬砌混凝土浇筑,应采用的模板形式是(　　)。
　　A.定型钢模板　　　　　　　　B.拼装式模板
　　C.整体式钢模板　　　　　　　D.全断面衬砌模板台车
　答案:D
【解析】 本题为2023年考题。隧道主洞拱墙衬砌混凝土浇筑,应采用全断面衬砌模板台车,车行横洞、人行横洞、紧急停车带、地下风机房等其他洞室拱墙衬砌混凝土浇筑可采用拼装式模板。

Ⅱ.多项选择题

1.关于隧道超前支护说法正确的是(　　)。
　　A.超前小导管注浆适用于一般软弱破碎围岩
　　B.超前小导管注浆不适用于地下水丰富的松软围岩
　　C.管棚主要适用于对围岩变形及地表下沉有较严格限制要求的软弱破碎围岩隧道工程中
　　D.预注浆方法是在掌子面前方的围岩中将浆液注入,从而提高地层的强度、稳定性和抗渗性,形成较大范围的筒状封闭加面区,然后在其范围内进行开挖作业
　答案:ACD
【解析】 本题为2019年考题,超前小导管注浆不仅适用于一般软弱破碎围岩,也适用于地下水丰富的松软围岩。管棚主要适用于对围岩变形及地表下沉有较严格限制要求的软弱破碎围岩隧道工程中。

2.关于隧道围岩初期支护说法正确的是(　　)。
　　A.Ⅰ、Ⅱ级围岩支护时,宜采用局部喷射混凝土或局部锚杆
　　B.Ⅲ、Ⅳ级围岩可采用锚杆、锚杆挂网、喷射混凝土或喷锚联合支护,Ⅳ级围岩必要时可加设钢支撑
　　C.对于喷层较厚的软岩和渗水隧道,可采用湿喷
　　D.目前施工现场潮喷法使用较多
　答案:AB
【解析】 本题为2019年考题。初期支护可作为开挖面的临时支护,亦可作为永久衬砌的一部分。临时支护可选择喷射混凝土、锚杆、钢筋网、钢架等单一或者组合的支护形式。不同级别的围岩应采用不同结构形式的初期支护。Ⅰ、Ⅱ级围岩支护时,宜采用局部喷射混凝土或局部锚杆,为防止岩爆和局部落石,可局部加挂钢筋网。Ⅲ、Ⅳ级围岩可采用锚杆、锚杆挂网、喷射混凝土或锚喷联合支护,Ⅳ级围岩必要时可加设钢支撑。Ⅴ、Ⅵ级围岩宜采用锚喷挂网、钢支撑的联合支护形式,并应结合辅助措施进行施工支护。

对于喷层较厚的软岩和渗水隧道,喷射混凝土不宜采用湿喷。由于湿喷法的粉尘和回弹

量少,喷射混凝土的质量容易控制,因此目前湿喷法使用得较多。

3.连拱隧道施工应坚持的原则有(　　)。
  A.弱爆破　　　B.长进尺　　　C.勤量测　　　D.少扰动

答案:ACD

【解析】　本题为2020年考题。连拱隧道施工应遵循"弱爆破、短进尺、少扰动、强支护、勤量测、紧封闭"的原则。

4.隧道钻爆主要采用(　　)。
  A.光面爆破　　　　　　　　B.预裂爆破
  C.微差爆破　　　　　　　　D.静力爆破

答案:AB

【解析】　本题为2021年考题。隧道钻爆应采用光面爆破或预裂爆破技术,爆破作业前应进行钻爆设计。

5.隧道防排水分为(　　)。
  A.施工防排水　　　　　　　B.洞口防排水
  C.集中防排水　　　　　　　D.结构防排水

答案:AD

【解析】　本题为2021年考题。隧道防水与排水分为施工防排水和结构防排水。

6.隧道初期支护包含(　　)支护形式。
  A.衬砌混凝土　　　　　　　B.锚杆
  C.超前管棚　　　　　　　　D.钢筋网
  E.钢支撑

答案:BDE

【解析】　本题为2022年考题。隧道初期支护措施应紧随开挖面及时施作,控制围岩变形和减少围岩暴露时间。初期支护可作为开挖面的临时支护,亦可作为永久衬砌的一部分。临时支护可选择喷射混凝土、锚杆、钢筋网、钢架等单一或组合的支护形式。不同级别的围岩应采用不同结构形式的初期支护。

7.隧道洞口不稳定坡体可采用的处置措施有(　　)。
  A.抗滑桩　　　　　　　　　B.桩板墙
  C.地表注浆　　　　　　　　D.砌石圬工
  E.植物防护

答案:ABC

【解析】　本题为2023年考题。对于洞口不稳定坡体可采用抗滑桩、桩板墙、地表注浆等措施。

8.隧道Ⅳ级围岩可采用的初期支护方式有(　　)。
  A.锚杆　　　　　　　　　　B.局部锚杆
  C.锚杆挂网　　　　　　　　D.喷射混凝土
  E.锚喷联合支护

答案:ACDE

【解析】 本题为2023年考题。不同级别的围岩应采用不同结构形式的初期支护。Ⅰ、Ⅱ级围岩支护时,宜采用局部喷射混凝土或局部锚杆,为防止岩爆和局部落石,可局部加挂钢筋网。Ⅲ、Ⅳ级围岩可采用锚杆、锚杆挂网、喷射混凝土或锚喷联合支护,Ⅳ级围岩必要时可加设钢支撑。Ⅴ、Ⅵ级围岩宜采用锚喷挂网、钢支撑的联合支护形式,并应结合辅助措施进行施工支护。

本 节 习 题

Ⅰ．单项选择题

1．隧道复合式衬砌的第二次衬砌,一般采用(　　)。
   A．喷射混凝土　　　　　　　　B．锚杆、钢筋网混凝土
   C．沥青混凝土　　　　　　　　D．现浇混凝土

2．关于洞口的施工,以下叙述错误的是(　　)。
   A．洞口土石方在洞口施工放样的线位上进行边坡、仰坡自上而下的开挖
   B．洞口开挖宜采用大爆破一次成型
   C．边坡、仰坡外的截水沟或排水沟应于洞口土石方开挖前完成
   D．洞口端墙的砌筑与墙背回填应两侧对称进行,防止对衬砌产生偏压

3．按设计断面一次基本开挖成形的施工方法是(　　)。
   A．台阶法　　　　　　　　　　B．全断面法
   C．中隔壁法　　　　　　　　　D．环形开挖预留核心土法

4．先开挖上台阶成环形并进行支护,再分部开挖中部核心土、两侧边墙的施工方法是(　　)。
   A．台阶法　　　　　　　　　　B．全断面法
   C．中隔壁法　　　　　　　　　D．环形开挖预留核心土法

5．在软弱围岩大跨隧道中,先开挖隧道的一侧,并施作中隔壁墙,然后再分步开挖隧道的另一侧的施工方法是(　　)。
   A．中隔壁法　　　　　　　　　B．中导洞法
   C．双侧壁导坑法　　　　　　　D．环形开挖预留核心土法

6．在连拱隧道或单线隧道的喇叭口地段,先开挖两洞之间立柱(或中隔墙)部分,并完成立柱(或中隔墙)混凝土浇筑后,再进行左右两洞开挖的施工方法是(　　)。
   A．中隔壁法　　　　　　　　　B．中导洞法
   C．双侧壁导坑法　　　　　　　D．环形开挖预留核心土法

7．以下开挖方法适用于连拱隧道的是(　　)。
   A．中隔壁法　　　　　　　　　B．中导洞法
   C．双侧壁导坑法　　　　　　　D．环形开挖预留核心土法

8．以下超前支护方式适用于浅埋有显著偏压的隧道的是(　　)。
   A．超前锚杆　　　　　　　　　B．管棚
   C．超前插板　　　　　　　　　D．超前小导管注浆

9.以下关于初期支护措施,叙述错误的是( )。
  A.隧道初期支护措施,应紧随开挖面及时施作
  B.临时支护包括喷射混凝土、锚杆、锚杆与喷射混凝土并用,锚杆、挂钢筋网与喷射混凝土并用
  C.初期支护可作为开挖面临时支护,也可作为永久衬砌的一部分
  D.不同类别的围岩都可以采用锚杆的方式作为初期支护

10.以下关于隧道施工的防排水施工,叙述不正确的是( )。
  A.隧道施工的临时防、排水应与永久防、排水设施相结合
  B.隧道防水应提高混凝土自防水性能,防水混凝土抗渗等级应符合设计要求
  C.对于橡胶止水带,其接头可用钉子钉好搭接处
  D.在浇筑二次衬砌混凝土前,应检查防水层的铺设质量和焊接质量,如发现有破损情况,必须进行处理

Ⅱ.多项选择题

1.隧道开挖的主要方法是钻孔爆破法,应遵循的原则是( )。
  A.短进尺、强支护 B.弱爆破、勤观测
  C.长进尺、强支护 D.强爆破、勤观测

2.隧道开挖掘进工作面的炮眼可分为( )。
  A.掏槽眼 B.周边眼 C.猫洞眼 D.辅助眼

3.以下措施属于超前支护措施的有( )。
  A.超前锚杆 B.管棚
  C.围岩预注浆加固 D.喷射混凝土

4.适用于地下水较少的软弱破碎围岩的隧道工程中的辅助工程措施有( )。
  A.超前锚杆 B.管棚
  C.围岩预注浆加固 D.超前小导管

5.关于各种初期支护施工,以下叙述正确的是( )。
  A.干喷法的粉尘和回弹量少,喷射混凝土的质量容易控制
  B.锚杆按照锚固形式可划分为全长黏结型、端头锚固型、摩擦型和预应力型四种
  C.在需将喷射混凝土作为永久支护的部位,钢筋网是唯一批准的配筋形式
  D.目前公路隧道通常将喷射混凝土支护、锚杆支护、钢筋网支护、钢支撑支护按照围岩级别进行组合,形成联合支护

6.关于隧道二次衬砌,以下叙述正确的是( )。
  A.二次衬砌是隧道工程施工在超前支护内侧施作的模筑混凝土或钢筋混凝土衬砌,与超前支护共同组成复合式衬砌
  B.二次衬砌采用移动式混凝土泵或其他获准的机具连续浇筑,并应防止混凝土离析
  C.仰拱断面开挖成型后,应及时浇筑仰拱混凝土
  D.在二次衬砌中,可采取增设钢筋和提高混凝土强度等级的措施

本节习题答案及解析

Ⅰ.单项选择题

1. 答案:D

   【解析】 复合衬砌中的二次衬砌,一般采用现浇混凝土。

2. 答案:B

   【解析】 洞口边仰坡应严格按照施工放线自上而下进行开挖,不得掏底开挖或上下重叠开挖。合理控制边仰坡开挖高度;严禁采用大爆破,尽量减少对原地层的扰动。

   边仰坡外的截水沟或排水沟应于洞口土石方开挖前完成,水沟的上游进水口应与原地面衔接紧密或略低于原地面,下游出水口应妥善地引入排水系统。

   洞口端墙的砌筑(或浇筑)与墙背回填应两侧对称进行,防止对衬砌产生偏压。

3. 答案:B

   【解析】 全断面法:按设计断面一次基本开挖成形的施工方法。一般适用用于Ⅰ~Ⅲ级围岩的中小跨度隧道。

4. 答案:D

   【解析】 环形开挖预留核心土法:先开挖上台阶成环形并进行支护,再分部开挖中部核心土、两侧边墙的施工方法。一般适用于Ⅴ~Ⅵ级围岩或一般土质围岩的中小跨度隧道或洞口浅埋地段隧道施工。

5. 答案:A

   【解析】 中隔壁法是在软弱围岩大跨隧道中,先开挖隧道的一侧,并施作中隔壁墙,然后再分步开挖隧道另一侧的施工方法,一般适用于围岩较差、跨度大、浅埋、地表沉降需要控制的地段。

6. 答案:B

   【解析】 中导洞法是在连拱隧道或单线隧道的喇叭口地段,先开挖两洞之间立柱(或中隔墙)部分,并完成立柱(或中隔墙)混凝土浇筑后,再进行左右两洞开挖的施工方法。

7. 答案:B

   【解析】 中导洞法是在连拱隧道或单线隧道的喇叭口地段,先开挖两洞之间立柱(或中隔墙)部分,并完成立柱(或中隔墙)混凝土浇筑后,再进行左右两洞开挖的施工方法,适用于连拱隧道。

8. 答案:B

   【解析】 管棚主要适用于围岩压力来得快、来得大,对围岩变形及地表下沉有较严格限制要求的软弱破碎围岩隧道工程中,如土砂质地层、强膨胀性地层、强流变性地层、裂隙发育的岩体、断层破碎带、浅埋有显著偏压等围岩的隧道中。

9. 答案:D

【解析】 不同类别的围岩,应采用不同结构形式的施工支护。Ⅰ、Ⅱ级围岩支护时,宜采用局部喷混凝土或局部锚杆,为防止岩爆和局部落石,可局部加拴钢筋网。Ⅲ、Ⅳ级围岩可采用锚杆、锚杆挂网、喷混凝土或锚喷联合支护,Ⅳ级围岩必要时可加设钢支撑。Ⅴ、Ⅵ级围岩宜采用锚喷挂网、钢支撑的联合支护形式,并可结合辅助施工方法进行施工支护。

10. 答案:C

【解析】 止水带在安装时以及在混凝土浇捣作业过程中,应注意止水带的保护;如发现有被刺破、割裂现象,必须及时修补。止水带的长度应根据施工需要事先向生产商家定制,尽量避免接头。如确需接头,根据止水带材质和止水部位可采用不同的接头方法。对于橡胶止水带,其接头形式应采用搭接或复合接;对于塑料止水带,其接头形式应采用搭接或对接。

Ⅱ.多项选择题

1. 答案:AB

【解析】 隧道开挖的主要方法是钻孔爆破法,应遵循"短进尺、强支护、弱爆破、勤观测"的原则进行开挖掘进。

2. 答案:ABD

【解析】 隧道开挖掘进工作面的炮眼可分为掏槽眼、辅助眼和周边眼。掏槽眼的作用是将开挖面上某一部位的岩石掏出一个槽,以形成新的临空面,为其他炮眼的爆破创造有利条件。辅助眼的作用是进一步扩大掏槽体积和增大爆破量,并为周边眼创造有利的爆破条件。周边眼的作用是爆破后使坑道断面达到设计的形状和规格。

3. 答案:ABC

【解析】 隧道通过自稳性差的地段以及大面积淋水或涌水地段时,常会发生开挖面围岩失稳,需要采用辅助工程措施以稳定地层和处理涌水,经常采用的辅助工程措施有超前锚杆、插板、超前小导管、管棚及围岩预注浆加固等。

4. 答案:AD

【解析】 超前锚杆或超前小导管支护主要适用于地下水较少的软弱破碎围岩的隧道工程中,如土砂质地层、弱膨胀性地层、流变性较小的地层、裂隙发育的岩体、断层破碎带、浅埋无显著偏压的隧道等。

5. 答案:BCD

【解析】 喷射混凝土的工艺有干喷、潮喷和湿喷。由于湿喷法的粉尘和回弹量少,喷射混凝土的质量容易控制,因此目前施工现场湿喷法使用较多,但对喷射机械要求较高。

6. 答案:BCD

【解析】 二次衬砌是隧道工程施工在初期支护内侧施作的模筑混凝土或钢筋混凝土衬砌,与初期支护、防水层共同组成复合式衬砌。

(四)桥涵工程施工技术

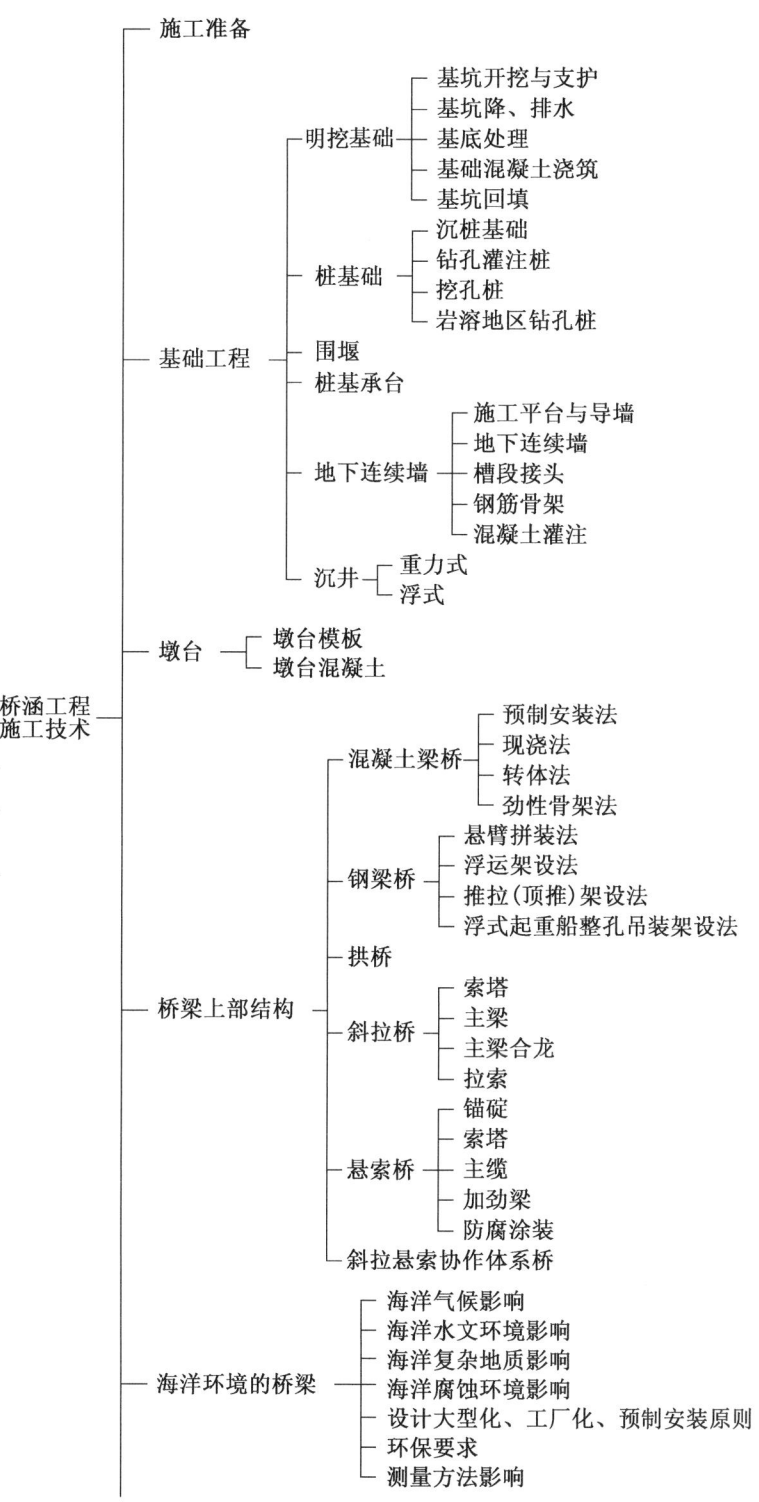

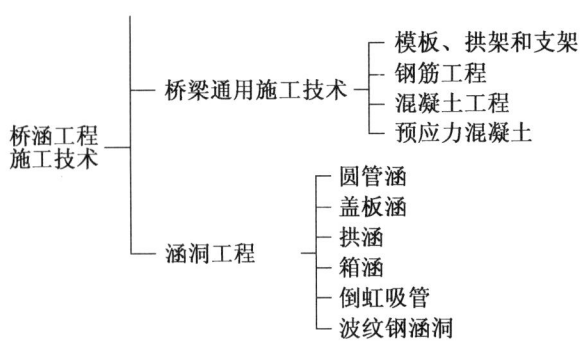

例 题 解 析

Ⅰ.单项选择题

1.适用于深水基坑的围堰是(　　)。
　A.钢套筒围堰　　　　　　　　B.双壁钢围堰
　C.土围堰　　　　　　　　　　D.堆石土围堰

答案:B

【解析】 本题为2019年考题。

各类围堰参考适用范围

序号	围堰类型	适用条件
1	土围堰	水深1.5m以内,流速0.5m/s以内,河床土质渗水性较小,且满足泄洪要求
2	土袋围堰	水深3.0m以内,流速1.5m/s以内,河床土质渗水性较小,且满足泄洪要求
3	竹笼、木笼、铅丝笼及钢笼围堰	水深4.0m以内,流速较大,且满足泄洪要求时,可筑竹笼、木笼或丝笼围堰;水深超过4m时,可筑钢笼围堰
4	膜袋围堰	水深5.0m以内,流速在3.0m/s以内,且河床较平缓
5	钢板桩围堰	各类土(包括强风化岩)的深水基础(<20m)
6	双壁钢围堰	深水基础(>20m)
7	钢筋混凝土板桩围堰	黏性土、砂类土及碎石类河床
8	钢套箱(吊箱)围堰	浅水、深水基础均可,可作为深水基础的高桩承台施工

2.施工现场不能采用支架法,在墩顶安装两个能够行走的挂篮的施工方法是(　　)。
　A.吊篮法　　　　　　　　　　B.悬臂拼装法
　C.悬臂浇筑法　　　　　　　　D.顶推法

答案:C

【解析】 本题为2019年考题,悬臂现浇法适用于大跨径的预应力混凝土悬臂梁桥、连续梁桥、T形刚构桥、连续刚构桥。其特点是无须建立落地支架,无须大型起重与运输机具,主要设备是一对能行走的挂篮。悬臂拼装法适用于预制场及运吊条件好,特别是工程量大和工期较短的桥梁,悬臂拼装施工包括块件的预制、运输、拼装及合龙,它与悬浇施工有相同的优点,不同之处在于悬拼以起重机将预制好的梁段逐段拼装。顶推法多应用于预应力钢筋混凝土等截面连续梁桥和斜拉桥的施工。梁体在桥头逐段浇筑或拼装,用千斤顶纵向顶推,使梁体通过各墩顶的临时滑动支座面就位的施工方法。

3.埋设护筒宜采用钢板卷制,一般其内径应大于桩径至少( )。
   A.100mm   B.200mm   C.300mm   D.400mm
答案:B
【解析】 本题为2019年考题,埋设护筒宜采用钢板卷制,一般其内径应大于桩径至少200mm,护筒中心与桩中心平面位置偏差不大于50mm,竖直向倾斜度不大于1%。

4.关于预制梁安装说法错误的是( )。
   A.跨墩龙门安装法一般只适用于桥墩高度不大于25m、无常流水、河床干涸又平坦的梁板式桥梁安装工作,因为需要在桥的两侧铺设轨道,作为移动跨墩门架和预制混凝土构件之用
   B.在墩台柱上安装预制梁时,应对墩台柱进行固定和支撑,确保稳定,梁就位时,应检查轴线和各部尺寸,确认合格后方可固定
   C.先张法施工的张拉台座不得采用重力式台座,应采用钢筋混凝土框架式台座
   D.空心板、箱梁最多存放层数应符合设计文件和相关技术规范要求。设计文件无规定时,空心板层不得超过3层,小箱梁和T形梁堆叠存放不得超过2层。预制梁存放室(特别是堆叠存放)应采取制成等措施确保安全稳定

答案:A
【解析】 本题为2019年考题,跨墩龙门安装法一般只适用于桥墩高度不大于15m、无常流水、河床干涸又平坦的梁板式桥梁安装工作,因为需要在桥的两侧铺设轨道,作为移动跨墩门架和预制混凝土构件之用。

5.顶推法施工桥梁承载结构适用于( )。
   A.等截面梁   B.变截面梁
   C.大跨径桥梁   D.总长1000m以上桥梁
答案:A
【解析】 本题为2016年考题,主要考查的是顶推法施工。顶推法多应用于预应力钢筋混凝土等截面连续梁桥和斜拉桥的施工。

6.悬索桥的主要承重构件是( )。
   A.加劲梁   B.吊索   C.锚碇   D.主缆索
答案:C
【解析】 本题为2015年考题,主要考查悬索桥。锚碇是悬索桥的主要承重构件,主要抵抗来自主缆的拉力,并传递给地基基础,按受力形式的不同可分为重力式锚碇、隧道式锚碇和岩锚等。

7.关于不同围堰适用范围的说法,错误的是( )。
   A.钢板桩围堰适用于小于20m深水基础

B. 钢筋混凝土板桩围堰适用于大于20m深水基础

C. 竹笼围堰适用于水深4.0m以内,流速较大,河床土质渗水较小的环境

D. 钢套箱围堰适用于浅水、深水基础均可,可作为深水基础的高桩承台施工

答案:B

【解析】 本题为2020年考题。钢筋混凝土板桩围堰适用于黏性土、砂类土及碎石类河床。

8. 下列说法错误的是( )。

A. 顶推施工是在桥台的后方设置预制构件施工场地,分节段浇筑梁体,逐段顶推,待全部顶推就位后,落梁即完成桥梁施工

B. 移动模架是以移动式桁架为主要支承结构的整体模板支架,可一次完成中小跨径桥一跨梁体混凝土的浇筑

C. 固定支架现浇特别适用于旱地上的钢筋混凝土和预应力混凝土中小跨径连续梁桥的施工

D. 悬臂现浇法无须建立落地支架,不需要大型起重与运输机具,主要设备是一对能行走的挂篮

答案:A

【解析】 本题为2021年考题。桥梁工程施工技术中,顶推施工是在桥台的后方设置预制构件施工场地,分节段浇筑梁体,并用纵向预应力钢筋将浇筑节段与已完成的梁体连成整体,在梁体前安装长度为顶推跨径0.6~0.8倍左右的钢导梁,然后通过水平千斤顶施力,将梁体向前方顶推出施工场地。这样分段预制,逐段顶推,待全部顶推就位后,落梁、结构体系转换、更换正式支座,完成桥梁施工。顶推施工的方法可分为单点顶推和多点顶推。

9. 关于桥梁桩基埋设钢护筒的技术要求不满足规范要求的( )。

A. 高于桩顶高程0.5m   B. 其内径应大于桩径至少200mm

C. 高于水面1.5m   D. 高于地面0.3m

答案:A

【解析】 本题为2022年考题。护筒内径应适当大于设计桩径,具体数值应根据采用的钻机类型确定,护筒宜采用钢板卷制,一般其内径应大于桩径至少200mm,护筒中心与桩中心平面位置偏差应不大于50mm,竖直向倾斜度不大于1%。护筒顶面宜高于地面0.3m或高于水面1.0~2.0m,同时应高于桩顶设计高程1m。护筒的埋置深度在旱地或筑岛处宜为2~4m。对有冲刷影响的河床,护筒宜沉入冲刷线以下1.0~1.5m。

10. 某钢筋混凝土拱桥跨越深谷,桥梁下方为急流河道,拱肋安装宜采用的方法是( )。

A. 缆索吊装法   B. 逐孔拼装法

C. 浮运整孔架设法   D. 自行式吊装设备吊装法

答案:A

【解析】 本题为2023年考题。当桥址为深谷、急流等,以致桥下净空不能利用时,在桥台或桥台后方设立钢塔架,塔架上悬挂缆索,以缆索作为承重索进行架设安装,此施工方法为缆索吊装法。

11. 某桥梁工程桥台基坑开挖,放坡开挖场地受到限制,施工时做法正确的是( )。
   A. 设计未要求时,可不进行坑壁支护
   B. 基坑较浅且渗水量不大时,可不对坑壁进行支护
   C. 坑壁或边坡上有明显出水点时设置导管排水
   D. 基坑深度大于4m时,可采用槽钢、H型钢或工钢进行支护

答案:C

【解析】 本题为2023年考题。当基坑深度较小且坑壁土层稳定时,可直接放坡开挖;坑壁土层不易稳定且有地下水影响,放坡开挖场地受到限制或放坡开挖工程量大时,应按设计要求对坑壁进行支护,设计未要求时,应结合实际情况选择适宜的坑壁支护方案。

基坑顶面应设置防止地表水流入基坑的设施,基顶有动荷载时,其边缘与动荷载之间应设置护道,基坑深度小于或等于4m时护道宽度应不小于1m,基坑深度大于4m时护道的宽度按边坡稳定计算的结果进行适当加宽,水文和地质条件较差时应采取加固措施。

基坑较浅且渗水量不大时,可采用竹排、木板、混凝土或钢板等对坑壁进行支护;基坑深度不大于4m且渗水量不大时,可采用槽钢、H形钢或工字钢进行支护;基坑深度大于4m时,宜采用锁口钢板或锁口钢管桩围堰进行支护。需对支护结构进行设计计算,当支护结构受力过大时,应加设临时支撑。

基坑坑壁采用喷射混凝土、锚杆喷射混凝土、预应力锚索和土钉支护等方式进行加固,施工前需进行抗拉拔力的验证。孔深不大于3m时,宜用先注浆后插入锚杆工艺;孔深大于3m时,宜先插入锚杆后注浆。注浆应采用孔底注浆法,注浆管应插至距孔底50~100mm处,并随浆液的注入逐渐拔出,注浆的压力不得小于0.2MPa。

不论采用何种加固方式,均应按设计要求逐层开挖、逐层加固,坑壁或边坡上有明显出水点时,应设置导管水。

12. 关于悬索桥重力式锚碇混凝土浇筑施工的说法,正确的是( )。
   A. 混凝土浇筑在气温较低时进行,且入模温度不应低于5℃
   B. 混凝土可分层浇筑,新浇混凝土与下层混凝土温差不宜大于25℃
   C. 混凝土配合比设计时,宜选用低水化热和凝结时间短的水泥品种
   D. 混凝土内部应设置冷却水管通循环水冷却,且保证进出水口的温差不大于5℃

答案:A

【解析】 本题为2023年考题。

(1)大体积混凝土配合比设计时,宜选用低水化热和凝结时间长的水泥品种,宜掺用可降低混凝土早期水化热的外加剂和掺合料。在配合比设计时,宜降低水胶比、减少水泥用量。

(2)大体积混凝土可分层、分块浇筑。分层浇筑时应对下层混凝土顶面作凿毛处理,且新浇混凝土与下层混凝土温差不宜大于20℃,并应采取措施将各层间浇筑间歇期控制在1d以内。

(3)大体积混凝土浇筑宜在气温较低时进行,但入模温度不应低于5℃。大体积混凝土的温度控制宜按照"内降外保"的原则,对混凝土内部采取设置冷却水管通循环水冷却等措施,对混凝土外部采取覆盖蓄热或蓄水保温等措施。在混凝土内部通水降温时,进出水口的温差不大于10℃,且水温与内部混凝土的温差宜不大于20℃。降温速率宜不大于2℃/d;利用冷

却水管中排出的降温用水在混凝土顶面蓄水保温养护时,养护水温度与混凝土表面温度的差值应不大于15℃。

Ⅱ.多项选择题

1. 造价中,为主体工程服务的辅助工程包括( )。
   A. 塔式起重机　　　　　　　　B. 基础垫层
   C. 大型拌和站　　　　　　　　D. 满堂轻型支架

答案:ACD

【解析】 本题为2019年考题,所谓辅助工程是相对于主体工程而言的,它有特定的服务工程对象,但在施工过程中只起辅助作用,不构成工程项目的主体,工程中一般不反映这些单独的辅助工程内容,也不作为计量和支付的依据。塔式起重机、大型拌和站、满堂轻型支架都有特定的服务对象,但是只起辅助作用,不构成项目主体,因此ACD正确,而基础垫层构成项目主体,不是辅助工程。

2. 关于钻孔灌注桩说法正确的是( )。
   A. 钢筋笼放入泥浆后12h内必须浇筑混凝土
   B. 桩顶混凝土浇筑完成后应高出设计高程0.2~0.5m,确保桩头浮浆层凿除后桩基面混凝土达到设计强度
   C. 桩位位于浅水区时,宜采用筑岛围堰施工
   D. 桩位位于旱地时,可在原地适当平整并填土压实形成工作平台

答案:CD

【解析】 本题为2019年考题。灌注桩各工序应连续施工,钢筋笼放入泥浆后4h内必须浇筑混凝土,选项A错误。桩顶混凝土浇筑完成后应高出设计高程0.5~1m,确保桩头浮浆层凿除后桩基面混凝土达到设计强度,选项B错误。

3. 预应力混凝土的先张法墩式台座应具有( )。
   A. 强度　　　　　　　　　　　B. 韧性
   C. 刚度　　　　　　　　　　　D. 稳定性
   E. 高度

答案:ACD

【解析】 本题为2020年考题。先张法的墩式台座应进行专门设计,并应具有足够强度、刚度和稳定性,抗倾覆安全系数不小于1.5,抗滑移系数不小于1.3,锚固横梁受力后挠度不大于2mm。

4. 关于桥梁上部结构转体施工法,正确的有( )。
   A. 施工分为有平衡重和无平衡重两种方式
   B. 可用于拱桥的施工
   C. 可用于悬索桥的施工
   D. 分为平转和竖转两种方法

答案:ABD

【解析】 本题为2020年考题。转体法多用于拱桥的施工,亦可用于斜拉桥和刚构桥。转体法分平转和竖转两种施工方法,施工中分为有平衡重和无平衡重两种方式。

5. 沉入桩常用的施工方法有( )。
   A. 锤击法　　　　　　　　　B. 振动法
   C. 射水法　　　　　　　　　D. 钻孔法

   答案：ABC

   【解析】 本题为2021年考题。沉桩的施工方法主要有锤击沉桩、振动沉桩、射水沉桩等。

6. 下列属于预制梁的施工方法的是( )。
   A. 缆索吊装法　　　　　　　B. 移动模架法
   C. 自行式吊装设备吊装法　　D. 顶推法

   答案：AC

   【解析】 本题为2021年考题。桥梁上部结构施工的预制安装法：自行式吊装设备吊装法、跨墩龙门安装法、架桥机安装法、扒杆吊装法、浮式起重机架设法、浮运整孔架设法、缆索吊装法、提升法、逐孔拼装法、悬臂拼装法。选项BD属于现浇法。

7. 圆管涵管节的安装方法通常有( )。
   A. 滚动安装法　　　　　　　B. 吊车安装法
   C. 现场浇筑法　　　　　　　D. 压绳下管法
   E. 龙门架安装法

   答案：ABDE

   【解析】 本题为2022年考题。管节安装应从下游开始，使接头面向上游；每节涵管应紧贴于垫层或基座上，使涵管受力均匀；所有管节应按正确的轴线和图纸所示坡度敷设。管节的安装方法通常有滚动安装法、滚木安装法、压绳下管法、龙门架安装法、吊车安装法等。

8. 水平钢筋的焊接连接可采用( )连接方式。
   A. 闪光对焊　　　　　　　　B. 电弧焊
   C. 电渣压力焊　　　　　　　D. 气压焊
   E. 螺纹套筒

   答案：ABD

   【解析】 本题为2022年考题。钢筋的焊接接头宜采用闪光对焊，或采用电弧焊、电渣压力焊、气压焊，但电渣压力焊仅可用于竖向钢筋的连接，不得用于水平钢筋和斜筋的连接。

9. 某桥梁桥墩为柱式墩，墩柱高度为40m，桥梁柱式墩造价编制以及施工浇筑，以下说法正确的是( )。
   A. 墩台混凝土浇筑时，应保证出料口与浇筑面之间的距离小于2.0m
   B. 当柱式墩、台的高度超过钢筋的标准定尺长度时，根据公路工程概预算定额的规定，所需的搭接长度的数量无需另行计入钢筋的设计重量内
   C. 在编制工程造价时，应另行计算其提升模架的金属设备费用
   D. 用塑料薄膜养护时，模板拆除后应先将混凝土表面用清水浇湿，再用薄膜将该节墩台身包裹严密，养护时间不得少于14d
   E. 若采用片石混凝土墩台，可在混凝土中掺入不多于该结构体积25%的片石

   答案：AC

   【解析】 本题为2022年考题。

墩台混凝土浇筑时,应保证出料口与浇筑面之间的距离小于 2.0m,混凝土的坍落度应保持在 50~70mm 之间,泵送混凝土可保持在 120~140mm 之间。题中选项 A 正确。

当柱式墩、台的高度超过钢筋的标准定尺长度时,施工过程中必然出现在现场接长钢筋的情况。根据公路工程概预算定额的规定,所需的搭接长度的数量应按照实际情况另行计入钢筋的设计重量内。题中选项 B 有误。

若是较高的立柱式墩,为了加快施工进度,减少模板的安装、拆卸工作,应采用提升模架的方式进行施工。这种提升模架,是将模板沿着所施工的混凝土结构四周截面组配,并固定在提升架上,模板的高度根据墩身分节浇筑的高度确定,一般在 4m 左右,逐节浇筑,然后往上提升。这样,就无须设置施工接缝,也提高了工程质量。因此,在编制工程造价时,应另行计算其提升模架的金属设备费用。题中选项 C 正确。

用塑料薄膜养护时,模板拆除后应先将混凝土表面用清水浇湿,再用薄膜将该节墩台身包裹严密,养护时间不得少于 7d。题中选项 D 有误。

片石混凝土宜用于较大体积的基础、墩台身等圬工受压结构。采用片石混凝土,可在混凝土中掺入不多于该结构体积 20% 的片石,大、中桥的桥墩和基础以及轻型桥台抗压强度等级应不低于 MU40。题中选项 E 有误。

10.以下选项关于预制梁的后张法施工表述正确的是(　　)。
  A.采用金属或塑料管道构成后张预应力混凝土或构件的孔道时,管道内横截面积不得少于预应力筋净截面积的 2 倍
  B.所有管道均应在每个顶点设排水孔,需要时可在每个低点设排气孔
  C.预应力钢筋的张拉顺序应符合设计规定,未规定时,可采取分批、分阶段的方式对称张拉
  D.张拉时,在设计未规定情况下,混凝土的强度不应低于设计强度等级值的 75%,弹性模量应不低于混凝土 28d 弹性模量的 75%
  E.孔道应尽早压浆,且应在 48h 内完成,否则应采取防止预应力钢筋锈蚀的措施

答案:ACE

【解析】 本题为 2022 年考题。

采用金属或塑料管道构成后张预应力混凝土或构件的孔道时,管道内横截面积不得少于预应力筋净截面积的 2 倍,对长度大于 60m 的管道宜通过试验确定其面积比是否可进行正常压浆作业。管道应按设计规定的坐标位置进行安装,采用定位钢筋固定。管道接头处的连接管应采用大一级直径的同类管道,长度宜为连接管道直径的 5~7 倍,接头应缠裹紧密防止水泥浆渗入。所有管道均应在每个顶点设排气孔,需要时可在每个低点设排水孔,最小内径为 20mm;管道安装完毕后,其端口应临时封堵。题中选项 A 正确,B 有误。

后张法预应力张拉时,在设计未规定情况下,混凝土的强度不应低于设计强度等级值的 80%,弹性模量应不低于混凝土 28d 弹性模量的 80%。题中选项 D 有误。

预应力钢筋的张拉顺序应符合设计规定,未规定时,可采取分批、分阶段的方式对称张拉。题中选项 C 正确。

预应力钢筋张拉锚固后,孔道应尽早压浆,且应在 48h 内完成,否则应采取防止预应力钢筋锈蚀的措施。题中选项 E 正确。

11. 某钢管混凝土拱桥跨越河道采用系杆拱结构体系,关于该桥施工的说法,正确的有( )。

  A. 可采用扣索悬臂法拼装拱肋
  B. 钢管混凝土拱肋制作完成后不需要进行预拼
  C. 采用先梁后拱法施工时,对拱肋加载不得与系杆张拉同步进行
  D. 为保证主拱圈施工期间的稳定性,在主拱空钢管合龙前灌注管内混凝土
  E. 在钢管混凝土的强度达到设计强度后且拱肋安装支架拆除后,方可进行吊杆施工

答案:AE

【**解析**】 本题为2023年考题。钢管混凝土拱肋的施工流程:施工准备、钢管加工、钢管拱肋制作、钢管拱肋预拼、钢管拱肋吊装、横向联结系安装、钢管拱肋合龙、体系转换、钢管混凝土压注、吊杆安装、吊杆张拉与调整、桥面工程施工。

拱肋安装的主要方案:采用缆索起重机吊装拱肋、采用支架法拼装拱肋、采用扣索悬臂法拼装拱肋、采用平面转体法施工拱肋、采用竖向转体法施工拱肋等方案。

系杆拱施工应符合下列规定:采用先拱后梁法施工,系杆不能同步张拉时,主墩必须能承受空钢管拱肋产生的水平推力或采取临时措施使主墩能承受次水平推力;采用先梁后拱法施工时,对拱肋加载应与系杆张拉同步进行。

吊杆施工,应在钢管混凝土的强度达到设计强度且拱肋安装支架拆除后方可进行吊杆施工;吊杆施工张拉顺序和张拉值应符合设计要求,施工中应采取"张拉力为主,伸长值为辅"的双控措施;桥面系施工、吊杆安装程序等应按设计程序对称、均衡施工,同时应采取措施使吊杆与后浇筑的系杆混凝土隔离;吊杆施工完毕并经验收合格后,方可拆除梁部现浇支架。

本 节 习 题

Ⅰ.单项选择题

1. 关于桥梁施工模板施工,以下叙述错误的是( )。
  A. 优先使用胶合板和木模板
  B. 模板板面之间应平整,接缝严密,不漏浆
  C. 为减少模板的拼缝,对于大面积的混凝土,其每块模板的面积宜大于 $1.0m^2$
  D. 混凝土的模板板面应采用金属板、木制板及高分子合成材料面板、硬塑料或玻璃钢板等材料

2. 关于钢筋的连接,以下叙述错误的是( )。
  A. 钢筋的连接宜采用焊接接头或机械连接接头
  B. 钢筋的表面应洁净,使用前应将表面油渍、漆皮、鳞锈等清除干净
  C. 轴心受拉和小偏心受拉构件应采用绑扎接头
  D. 受力钢筋焊接或绑扎接头应设置在内力较小处,并错开布置

3. 桥梁混凝土工程施工时,混凝土抗压强度应以边长( )mm的立方体标准试件测定。
  A. 100   B. 150   C. 200   D. 250

4. 以下关于桥梁工程中混凝土施工的叙述,不正确的是( )。
   A. 自高处向模板内倾卸混凝土,应防止离析。卸落高度超过 2m 时,应通过串筒、溜槽等设施下落,倾落超过 10m 时,应设置减速装置
   B. 混凝土浇筑完成后,应在收浆后尽快予以覆盖并洒水养护
   C. 混凝土应按一定的厚度、顺序和方向分层浇筑,且应在下层混凝土终凝前完成上层混凝土浇筑
   D. 混凝土洒水保湿养护时间应不小于 7d,对重要工程或有特殊要求的混凝土,应酌情延长养护时间

5. 关于桥梁施工中大体积混凝土施工,以下叙述错误的是( )。
   A. 大体积混凝土可分层、分块浇筑,分层浇筑时应对下层混凝土顶面作凿毛处理
   B. 大体积混凝土新浇混凝土与下层混凝土温差不宜大于 20℃
   C. 大体积混凝土浇筑宜在气温较低时进行,但入模温度不应低于 5℃
   D. 大体积混凝土的温度控制宜按照"外降内保"的原则

6. 高强度混凝土,适用生产( )及以上强度等级混凝土施工。
   A. C50   B. C55   C. C60   D. C70

7. 预应力筋进场时,应分批验收,钢丝和钢绞线每批不大于( )t。
   A. 50   B. 70   C. 60   D. 40

8. 关于桥梁基础基坑施工,以下叙述不正确的是( )。
   A. 基坑较浅且渗水量不大时,可采用竹排、木板、混凝土或钢板等对坑壁进行支护
   B. 基坑深度不大于 4m 且渗水量不大时,可采用槽钢、H 形钢或工字钢进行支护
   C. 一般采用机械开挖至设计高程
   D. 基坑深度大于 4m 时,宜采用锁口钢板或锁口钢管桩围堰进行支护

9. ( )是通过在现场设置临时预制场将箱梁集中预制,大规模生产,然后利用大吨位运架机械逐跨架设。
   A. 预制梁安装   B. 整跨箱梁预制吊装
   C. 预制节段式块件拼装   D. 自行式吊装设备吊装法

10. ( )是将梁体(一般为箱梁)沿桥轴向分段预制成节段式块件,运到现场进行拼装。
    A. 预制梁安装   B. 整跨箱梁预制吊装
    C. 预制节段式块件拼装   D. 自行式吊装设备吊装法

11. 关于桥梁上部结构施工方法中,以下叙述错误的是( )。
    A. 自行式吊装设备吊装法一般适用于跨径在 30m 以内的连续梁的安装作业
    B. 跨墩龙门安装法一般适宜用于桥墩高度不大于 15m、无常流水且干涸而又平坦的河床的梁板式桥梁的安装工作
    C. 浮式起重机架设法一般适用于河口、海上长大桥梁的架设安装
    D. 跨径大于或等于 25m 的梁宜使用架桥机、跨墩龙门架或其他适合的专用大型机具设备

12. 当桥址处于深谷、急流等桥下净空不能利用的位置时,在桥台或桥台后方设立钢塔架,塔架上悬挂缆索,以缆索作为承重索进行架设安装的施工方法是( )。

A. 缆索吊装法　　　　　　　　　　　B. 扒架吊装法
C. 浮运整孔架设法　　　　　　　　　D. 悬臂拼装法

13. (　　)适用于预制场地及运吊条件好、工程量大和工期较短的梁桥工程。
A. 固定支架法　　　　　　　　　　　B. 扒架吊装法
C. 浮运整孔架设法　　　　　　　　　D. 悬臂拼装法

14. 在桥跨间设置支架,安装模板,绑扎钢筋,现场浇筑混凝土的施工方法是(　　)。
A. 固定支架法　　　　　　　　　　　B. 扒架吊装法
C. 悬臂现浇法　　　　　　　　　　　D. 逐孔现浇法

15. 以下关于桥梁上部结构现浇法的叙述,不正确的是(　　)。
A. 移动模架法适用在多跨长桥,桥梁跨径可达50m,使用一套设备可多次移动周转使用
B. 悬臂现浇法适用于大跨径的预应力混凝土悬臂梁桥、连续梁桥、T形刚构桥、连续刚构桥
C. 顶推施工是在桥台的后方设置预制施工场地,分节段浇筑梁体,并用纵向预应力筋将浇筑节段与已完成的梁体连成整体
D. 移动模架逐孔现浇施工仅在梁的一孔(或二孔)间设置支架,完成后将支架整体转移到下一孔连续施工

16. (　　)是将主梁用许多拉索直接拉在桥塔上的一种桥梁,是由承压的塔、受拉的索和承弯的梁体组合起来的一种结构体系。
A. 悬索桥　　　　B. 拱桥　　　　C. 斜拉桥　　　　D. 梁桥

17. 以下关于斜拉桥施工的叙述,不正确的是(　　)。
A. 沿海地区裸塔施工宜用翻模法,横梁较多的高塔宜用劲性骨架挂模提升法
B. 斜拉桥作为一种拉索体系,比梁式桥的跨越能力更大,是最大跨度桥梁的最主要桥型
C. 斜拉桥的主梁结构主要是采用混凝土结构、钢结构或者钢-混组合结构
D. 斜拉桥混凝土主梁采用悬臂拼装法施工时,梁段的预制可采用长线法或短线法台座

18. 关于悬索桥施工,以下叙述错误的是(　　)。
A. 锚碇是悬索桥的主要承重构件,主要抵抗来自主缆的拉力,并传递给索塔
B. 塔顶钢框架的安装必须在索塔上系梁施工完毕后方能进行
C. 主缆架设工程包括架设前的准备工作、主缆架设、防护和收尾工作等
D. 锚碇和索塔工程完成、主索鞍和散索鞍安装就位、牵引系统架设完成后,即可进行主缆架设施工

19. 混凝土抗压强度应以标准方式成型的试件置于标准养护条件下(　　)养护28d所测得的抗压强度值(MPa)进行测定。
A. 温度20℃±2℃,相对湿度不低于95%
B. 温度25℃±2℃,相对湿度不低于95%
C. 温度20℃±2℃,相对湿度不低于90%

D. 温度 25℃±2℃,相对湿度不低于 90%

20. 混凝土浇筑时,倾落超过( )应设置减速装置。
    A. 2m　　　　　B. 5m　　　　　C. 10m　　　　　D. 20m

21. 预应力钢筋采用应力控制方法张拉时,应以伸长值进行校核。实际伸长值与理论伸长值的差值应控制在( )内,否则应暂停张拉。
    A. ±6%　　　　　B. ±2%　　　　　C. ±10%　　　　　D. ±5%

22. 明挖扩大基础基坑深度大于 4m 且渗水量不大时,采用( )进行支护。
    A. 竹排、木板　　　　　　　　　B. 槽钢或工字钢
    C. 锁扣钢板　　　　　　　　　　D. 混凝土

23. 明挖扩大基础基坑注浆采用孔底注浆法,注浆管应插至距孔底( )处,并随浆液的注入逐渐拔出,注浆压力不得小于 0.2MPa。
    A. 50~100mm　　　　　　　　　B. 50~75mm
    C. 80~100mm　　　　　　　　　D. 100~120mm

24. 钻孔灌注桩护筒,一般其内径应大于桩径至少( )。
    A. 100mm　　　　　B. 50mm　　　　　C. 80mm　　　　　D. 200mm

25. 钻孔灌注桩施工的混凝土称为( )。
    A. 水下混凝土　　　　　　　　　B. 高强混凝土
    C. 普通混凝土　　　　　　　　　D. 特殊混凝土

26. 地下连续墙混凝土灌注采用导管法灌注。单元槽超过 4m 时,宜采用( )导管同时灌注。
    A. 1 根　　　　　　　　　　　　B. 4 根
    C. 2 根或 3 根　　　　　　　　　D. 4 根或 5 根

27. 适合于自行式吊装设备吊装法施工形式的桥梁上部结构有( )。
    A. 空心板　　　　　　　　　　　B. 连续梁
    C. 刚构　　　　　　　　　　　　D. 斜拉桥

28. 适合于悬臂吊装法形式的桥梁上部结构有( )。
    A. T 形梁　　　　　　　　　　　B. 空心板
    C. 斜拉桥　　　　　　　　　　　D. 工形梁

29. 适合于跨墩门式起重机安装形式的桥梁上部结构有( )。
    A. T 形梁　　　　　　　　　　　B. 连续梁
    C. 刚构　　　　　　　　　　　　D. 斜拉桥

30. 适合于整孔浮运架设形式的桥梁上部结构有( )。
    A. T 形梁　　　　　　　　　　　B. 箱形梁
    C. 空心板　　　　　　　　　　　D. 刚构

31. 适合于支架上逐孔现浇施工形式的桥梁上部结构有( )。
    A. T 形梁　　　　　　　　　　　B. 空心板
    C. 箱形梁　　　　　　　　　　　D. 工形梁

32. 适合于支架上逐孔现浇施工形式的桥梁上部结构有( )。

A.斜拉桥 B.T形梁
C.悬索桥 D.T形刚构

33.适合于移动模架逐孔现浇施工形式的桥梁上部结构有（　　）。
　　A.T形梁 B.空心板
　　C.连续梁 D.斜拉桥

34.对于跨径为200m以上的桥梁,适宜的施工方法有（　　）。
　　A.预制安装 B.现浇施工
　　C.悬臂施工 D.顶推施工

35.对于跨径为100～150m的桥梁,一般的施工方法有（　　）。
　　A.预制安装 B.现浇施工
　　C.悬臂施工 D.顶推施工

36.适合于缆索吊装法施工形式的桥梁上部结构有（　　）。
　　A.预应力混凝土T形梁 B.连续梁
　　C.刚构 D.双曲拱桥

37.适合于悬臂拼装法施工形式的桥梁上部结构有（　　）。
　　A.预应力混凝土T形梁 B.空心板
　　C.连续梁 D.小跨径箱梁

38.适合于提升法施工形式的桥梁上部结构有（　　）。
　　A.预应力T形梁 B.空心板
　　C.连续梁 D.箱梁

39.适合于劲性骨架施工法的桥梁有（　　）。
　　A.悬索桥
　　B.预应力混凝土T形梁桥
　　C.预应力空心板桥
　　D.钢管拱桥

40.在混凝土强度不变的前提下,混凝土的坍落度与水泥用量的关系是（　　）。
　　A.坍落度越大,水泥用量越少
　　B.坍落度越大,水泥用量越多
　　C.坍落度越小,水泥用量越多
　　D.坍落度大小与水泥用量无关

41.关于钻孔灌注桩的施工,以下叙述不正确的是（　　）。
　　A.护筒顶面宜高出施工水位或者地下水位2m,并高出施工地面0.5m
　　B.根据施工最高水位、流速、冲刷及地质因素,护筒底部宜进入一般冲刷线下不小于1.0～1.5m
　　C.采用旋转钻机在砂类土或黏土加层中钻孔时,应制备泥浆护壁,并应在场地内布设泥浆循环净化系统
　　D.长桩骨架宜分段制作,在安装钢筋骨架时,直接将钢筋骨架支承在孔底

42.关于挖孔桩施工,以下叙述正确的是（　　）。

A. 适用于无地下水或者有少量地下水的土层和风化软质层

B. 桩径大于 1.5m 时,护壁混凝土强度采用 C25

C. 挖孔作业时,一次成桩,再进行浇筑护壁

D. 孔口护壁采用钢护筒或者混凝土护壁,护壁高度为地面上外露 10~20cm

43. 关于岩溶地区钻孔桩,以下叙述错误的是( )。

A. 宜采用冲击钻机钻孔,按照先长桩后短桩的顺序进行

B. 溶洞为串珠状分布或溶洞高度较大时,可采用多层护筒直接穿过下层溶洞进行钻孔

C. 多层溶洞应从下层向上层进行注浆。待注浆体达到设计强度 70% 后方可进行钻孔

D. 当遇到溶沟时采取抛填袋装水泥、黏土、碎石等混合料进行堵塞

44. 关于钢筋混凝土拱桥的施工,以下叙述错误的是( )。

A. 在施工前,应掌握桥位处的气象资料,避免施工时遇到恶劣天气

B. 系杆拱采用先梁后拱法施工时,对拱肋加载应与系杆张拉分步进行

C. 吊杆施工中采用"张拉力为主,伸长值为辅"的双控措施

D. 劲骨架采用分环多工作面均衡浇筑施工法时,各工作面的工作程度可根据模板长度划分,但其浇筑进度差不宜超过一个工作段

45. 海上桥梁施工在对无参照物和精准度要求较低的打入桩采用( )测量方式。

A. 导线控制测量 B. 桥梁轴线测量

C. 墩、台、桩定位测量 D. GPS 测量

46. 当路线穿过沟渠、路堤高度很低或在浅挖地段通过,填挖高度不足,架空渡槽又不能满足路上净空要求时,常修建( )。

A. 箱涵 B. 圆管涵

C. 波纹钢涵洞 D. 倒虹吸管

47. 下列适用于较大的沉降与变形,建成后与周围土体形成一种结构,共同受力的是( )。

A. 箱涵 B. 圆管涵

C. 波纹钢涵洞 D. 拱涵

Ⅱ. 多项选择题

1. 以下关于桥梁工程中混凝土施工的叙述,正确的有( )。

A. 混凝土拌好后,宜在搅拌地点和浇筑地点分别取样检测,每一工作班或每一单元结构物应不少于 2 次,评定时应以浇筑地点的测值为准

B. 普通混凝土配合比,在满足工艺要求前提下,宜采用高坍落度的混凝土施工

C. 搅拌车运至搅拌地点后发生离析、泌水或坍落度不符合要求时,应进行二次搅拌

D. 采用泵送时,泵送间隔时间不宜超过 15min

2. 关于预应力钢筋的制作,以下叙述正确的有( )。

A. 预应力筋制作时下料,应通过计算确定,下料应采用切断机或电弧切割

B. 锚具应满足分级张拉、补张拉及放松预应力的要求,能满足整束张拉也能满足单根

张拉的要求,锚具的锚口摩擦损失不宜大于6%

C. 主要锚固件应具有良好防锈性能,可重复使用次数不应少于300次

D. 用于判断现场预应力混凝土结构强度的混凝土试件,应置于现场与结构或构件同环境同条件下养护

3. 关于后张法,以下叙述正确的有( )。
   A. 采用蒸汽养护混凝土时,在养护完成前,不应安装预应力筋
   B. 预应力筋安装时,必须在混凝土浇筑后穿入孔道
   C. 后张钢绞线束,每束钢绞线断丝或滑丝数不超1丝,每个断面断丝之和不超过该断面钢丝总数的1%
   D. 预应力筋张拉锚固后,孔道应尽早压浆,且应在48h内完成

4. 关于钻孔灌注桩基础,以下叙述正确的有( )。
   A. 在浅水中采用筑岛或围堰法施工,筑岛或者围堰的顶面应高于最高施工水位0.5m
   B. 护筒宜采用钢板卷制,一般其内径应大于桩径至少200mm
   C. 应在骨架外侧设置控制保护层厚度的垫块,其间距竖向为2m,横向圆周不得少于4处
   D. 水下混凝土的灌注时间不得超过首批混凝土的终凝时间

5. 关于地下连续墙水下混凝土灌注,以下叙述正确的是( )。
   A. 单元槽段长度小于4m时,可采用1根导管灌注
   B. 单元槽段长度超过4m时,宜采用2或3根导管同时灌注
   C. 采用多根导管灌注时,导管间净距宜大于3m
   D. 导管内径不宜小于200mm

6. 以下属于桥梁上部结构预制安装方法的是( )。
   A. 预制梁安装   B. 后张法
   C. 整跨箱梁预制吊装   D. 预制节段式块件拼装

7. 以下属于悬臂拼装法优点的是( )。
   A. 梁体的预制可与桥梁下部构造施工同时进行,平行作业缩短了建桥周期
   B. 梁的整体性好,施工平稳、可靠,不需大型起吊设备
   C. 预制梁的混凝土龄期比悬浇法的长,从而减少了悬拼成梁后混凝土的收缩和徐变
   D. 预制场或工厂化的梁段预制生产利于整体施工的质量控制

8. 转体法可以用于以下( )的施工。
   A. 拱桥   B. 斜拉桥   C. 悬索桥   D. 刚构桥

9. 斜拉桥主要由下列( )组成。
   A. 索塔   B. 主梁   C. 主缆   D. 斜拉索

10. 锚碇按受力形式的不同可分为( )。
    A. 重力式锚碇   B. 岩锚
    C. 隧道式锚碇   D. 混凝土锚碇

11. 重力式锚碇依靠自身巨大的重力抵抗主缆拉力,重力式锚碇由( )三部分组成。
    A. 基础   B. 锚体   C. 锚塞体   D. 锚固系统

12. 以下结构属于索塔构成部分的是( )。

A. 基础　　　　　B. 塔柱　　　　　C. 猫道　　　　　D. 横梁

13. 以下属于主缆架设方法的有( )。
    A. 空中纺丝法　　　　　　　　　B. 预制平行索股法
    C. 爬模法　　　　　　　　　　　D. 滑模法

14. 以下关于悬索桥施工的叙述,正确的是( )。
    A. 索股架设完成后,需对索股群进行紧缆,紧缆包括准备工作、预紧缆和正式紧缆等工序
    B. 索夹安装前须测定主缆的空缆线形,提交给设计及监控单位,对原设计的索夹位置进行确认
    C. 加劲梁分为钢桁架、钢箱梁和预应力混凝土箱梁等形式,钢桁架一般采用工厂焊接、工地高强度螺栓连接施工
    D. 主缆防护应在桥面铺装完成前进行,主缆涂装应按·涂装设计进行

15. 后张法预应力的张拉和锚固应符合( )规定。
    A. 张拉时,混凝土的强度不应低于设计强度等级值的80%
    B. 预应力钢筋应整束张拉锚固
    C. 切割后预应力钢筋的外露长度不应大于30mm,锚具应采用封端混凝土保护
    D. 预应力钢筋张拉锚固后,孔道应尽早压浆,且应在48h内完成,否则应采取防止预应力钢筋锈蚀的措施

本节习题答案及解析

Ⅰ. 单项选择题

1. 答案:A
   【解析】 宜优先使用胶合板和钢模板。
2. 答案:C
   【解析】 轴心受拉和小偏心受拉构件不应采用绑扎接头。
3. 答案:B
   【解析】 混凝土抗压强度应以边长150mm的立方体尺寸标准试件测定。
4. 答案:C
   【解析】 混凝土应按一定的厚度、顺序和方向分层浇筑,且应在下层混凝土初凝前完成上层混凝土浇筑。
5. 答案:D
   【解析】 大体积混凝土的温度控制宜按照"内降外保"的原则,对混凝土内部设置冷却水管通循环水冷却,对混凝土外部采取覆盖蓄热或蓄水保温等措施进行。在混凝土内部通水降温时,进出水口的温差宜不大于10℃。
6. 答案:C
   【解析】 高强度混凝土,适用生产C60及以上强度等级混凝土施工。
7. 答案:C

【解析】 预应力筋进场时,应分批验收,钢丝每批不大于60t,钢绞线每批不大于60t(任取3盘截取一组),螺纹钢每批不大于100t。

8. 答案:C

【解析】 采用机械开挖时应避免超挖,宜在挖至基底前预留一定厚度,再由人工开挖至设计高程,如超挖,则应将松动部分清除,并应对基底进行处理。

9. 答案:B

【解析】 整跨箱梁预制吊装通过在现场设置临时预制场将箱梁集中预制,大规模生产,然后利用大吨位运架机械逐跨架设。

10. 答案:C

【解析】 预制节段式块件拼装将梁体(一般为箱梁)沿桥轴向分段预制成节段式块件,运到现场进行拼装。

11. 答案:A

【解析】 自行式吊装设备吊装法多采用汽车吊、履带吊和轮胎吊等机械,此法一般适用于跨径在30m以内的简支梁板的安装作业。

12. 答案:A

【解析】 当桥址在深谷、急流等桥下净空不能利用的位置时,在桥台或桥台后方设立钢塔架,塔架上悬挂缆索,以缆索作为承重索进行架设安装的施工方法是缆索吊装法。

13. 答案:D

【解析】 悬拼施工适用于预制场地及运吊条件好,特别是工程量大和工期较短的梁桥工程。

14. 答案:A

【解析】 固定支架法是在桥跨间设置支架,安装模板,绑扎钢筋,现场浇筑混凝土的施工方法,特别适用于旱地上的钢筋混凝土和预应力混凝土中小跨径连续梁桥的施工。固定支架法施工的特点是:梁的整体性好,施工平稳、可靠,不需大型起吊设备,施工中无体系转换的问题,但需要大量施工支架,并需要有较大的施工场地。

15. 答案:D

【解析】 在支架上逐孔现浇是一种与固定支架法相类似的施工方法,其区别在于逐孔现浇施工仅在梁的一孔(或二孔)间设置支架,完成后将支架整体转移到下一孔连续施工,因此这种方法可仅用多孔的支架和模板周转使用,所花费施工费用较少。移动模架是以移动式桁架为主要支承结构的整体模板支架,可一次完成中小跨径桥一跨梁体混凝土的浇筑,适用于20~70m跨径梁体断面形式基本相同的多跨简支梁和连续梁的就地浇筑。

16. 答案:C

【解析】 斜拉桥是将主梁用许多拉索直接拉在桥塔上的一种桥梁,是由承压的塔、受拉的索和承弯的梁体组合起来的一种结构体系。

17. 答案:A

【解析】 翻模法应用较早,施工简单,能保证几何尺寸(包括复杂断面),外观整洁。但模板高空翻转,操作危险,沿海地区不宜用此法。

18. 答案:A

【解析】 锚碇是悬索桥的主要承重构件,主要抵抗来自主缆的拉力,并传递给地基基础,按受力形式的不同可分为重力式锚碇、隧道式锚碇和岩锚等。

19. 答案:A

【解析】 混凝土抗压强度应以标准方式成型的试件置于标准养护条件下(温度20℃±2℃,相对湿度不低于95%)养护28d所测得的抗压强度值(MPa)进行测定。

20. 答案:C

【解析】 混凝土浇筑时,超过2m通过串筒、溜槽等设施落下;倾落超过10m时,应设置减速装置。

21. 答案:A

【解析】 预应力钢筋采用应力控制方法张拉时,应以伸长值进行校核。实际伸长值与理论伸长值的差值应控制在±6%内,否则应暂停张拉。

22. 答案:C

【解析】 明挖扩大基础基坑深度大于4m且渗水量不大时,采用锁扣钢板或锁扣钢管桩进行支护;深度不大于4m且渗水量不大时采用槽钢、H形钢或工字钢进行支护;基坑较浅且渗水量不大时,可采用竹排、木板、混凝土或钢板进行支护。

23. 答案:A

【解析】 明挖扩大基础基坑注浆采用孔底注浆法,注浆管应插至距孔底50~100mm处,并随浆液的注入逐渐拔出,注浆压力不得小于0.2MPa。

24. 答案:D

【解析】 钻孔灌注桩护筒,一般其内径应大于桩径至少200mm,护筒中心与桩中心平面位置偏差应不大于50mm,竖直向倾斜度不大于1%。

25. 答案:A

【解析】 钻孔灌注桩施工的混凝土称为水下混凝土。

26. 答案:C

【解析】 地下连续墙混凝土灌注采用导管法灌注。单元槽小于4m时,可采用1根导管灌注;单元槽超过4m时,宜采用2根或3根导管同时灌注。

27. 答案:A

【解析】 空心板梁质量轻、体积小,适合于自行式吊装设备吊装。

28. 答案:C

【解析】 这四种结构中,只有斜拉桥适合于悬臂吊装。

29. 答案:A

【解析】 跨墩门式起重机安装适用于T形梁的安装。

30. 答案:B

【解析】 目前,适合于整孔浮运架设形式的桥梁上部结构为箱形梁。

31. 答案:C

【解析】 比较这四种结构,适合于支架上逐孔现浇施工的桥梁上部结构为箱形梁。

32. 答案:D

【解析】 比较这四种结构,适合于支架上逐孔现浇施工的桥梁上部结构为T形刚构。

33. 答案:C

【解析】 比较这四种结构,适合于移动模架逐孔现浇的桥梁上部结构为连续梁。

34. 答案:C

【解析】 目前,大跨径桥梁施工基本上采用悬臂施工。

35. 答案:C

【解析】 目前,大跨径桥梁施工基本上采用悬臂施工。

36. 答案:D

【解析】 目前,双曲拱桥施工用缆索吊装已有成功经验。

37. 答案:C

【解析】 比较这四种结构,适合于悬臂拼装法施工的桥梁上部结构是连续梁桥。

38. 答案:C

【解析】 目前,提升法施工形式已应用于连续梁。

39. 答案:D

【解析】 比较这四种结构,适合于劲性骨架施工法的桥梁为钢管拱桥。

40. 答案:B

【解析】 在混凝土强度不变的前提下,混凝土坍落度越大,水泥用量越多。

41. 答案:D

【解析】 钢筋笼制作与吊装:长桩骨架宜分段制作。在安装钢筋骨架时,应将其吊挂在孔口的钢护筒上,不得直接将钢筋骨架支承在孔底。

42. 答案:A

【解析】 孔口护壁采用钢护筒或者混凝土护壁,护壁高度根据地质情况而定,地面上外露30cm以上。桩径大于1.5m时,护壁混凝土强度应不小于C30。挖孔作业时,必须挖一节浇筑一节护壁。

43. 答案:C

【解析】 多层溶洞应从下层向上层进行注浆。待注浆体达到设计强度80%后方可进行钻孔。

44. 答案:B

【解析】 系杆拱采用先梁后拱法施工时,对拱肋加载应与系杆张拉同步进行。

45. 答案:D

【解析】 海上桥梁施工在对无参照物和精准度要求较低的打入桩采用 GPS 测量方式。

46. 答案:D

【解析】 当路线穿过沟渠、路堤高度很低或在浅挖地段通过,填挖高度不足,架空渡槽又不能满足路上净空要求时,常修建倒虹吸管。

47. 答案:C

【解析】 波纹钢涵洞是一种柔性结构,具有一定的抗震能力,适用于较大的沉降与变形,建成后与周围土体形成一种结构,共同受力。

Ⅱ. 多项选择题

1. 答案:ACD

   【解析】 普通混凝土配合比,在满足工艺要求前提下,宜采用低坍落度的混凝土施工。

2. 答案:BCD

   【解析】 预应力筋制作时下料,应通过计算确定,下料应采用切断机或砂轮锯切断,严禁采用电弧切割。

3. 答案:ACD

   【解析】 预应力筋安装时,可在混凝土浇筑前或浇筑后穿入孔道。

4. 答案:ABC

   【解析】 水下混凝土的灌注时间不得超过首批混凝土的初凝时间,首批灌注混凝土的数量应能满足导管首次埋置深度1.0m以上的需要,其中导管底至桩底距离一般为0.3~0.4m。

5. 答案:ABD

   【解析】 水下混凝土应采用导管法灌注。单元槽段长度小于4m时,可采用1根导管灌注;单元槽段长度超过4m时,宜采用2或3根导管同时灌注;采用多根导管灌注时,导管间净距不宜大于3m,导管距节段端部不宜大于1.5m;各导管灌注的混凝土表面高差不宜大于0.3m;导管内径不宜小于200mm。

6. 答案:ACD

   【解析】 预制安装可分为预制梁安装、预制节段式块件拼装和整跨箱梁预制吊装三种类型。

7. 答案:ACD

   【解析】 悬臂拼装的分段,主要取决于悬拼起重机的起重能力,一般节段长2~5m。节段过长则自重大,需要悬拼起重机起重能力大;节段过短则拼装接缝多,工期也延长。

   悬臂拼装法具备以下优点:

   (1)梁体的预制可与桥梁下部构造施工同时进行,平行作业缩短了建桥周期。

   (2)预制梁的混凝土龄期比悬浇法的长,从而减少了悬拼成梁后混凝土的收缩和徐变。

   (3)预制场或工厂化的梁段预制生产利于整体施工的质量控制。

8. 答案:ABD

   【解析】 转体法多用于拱桥的施工,亦可用于斜拉桥和刚构桥。

9. 答案:ABD

   【解析】 斜拉桥主要由索塔、主梁、斜拉索组成。

10. 答案:ABC

    【解析】 锚碇是悬索桥的主要承重构件,主要抵抗来自主缆的拉力,并传递给地基基础,按受力形式的不同可分为重力式锚碇、隧道式锚碇和岩锚等。

11. 答案:ABD

    【解析】 重力式锚碇依靠自身巨大的重力抵抗主缆拉力,重力式锚碇由基础、锚体及锚固系统三部分组成。

12. **答案**：ABD

【解析】 索塔按材料分有钢索塔、钢筋混凝土索塔和钢-混凝土组合索塔，一般由基础、塔柱、横梁等组成。猫道是供主缆架设、紧缆、索夹安装、吊索安装以及主缆防护用的空中作业脚手架。

13. **答案**：AB

【解析】 锚碇和索塔工程完成、主索鞍和散索鞍安装就位、牵引系统架设完成后，即可进行主缆架设施工，主缆架设方法主要有空中纺丝法（AS法）和预制平行索股法（PPWS法）。

14. **答案**：ABC

【解析】 主缆防护应在桥面铺装完成后进行，主缆涂装应按涂装设计进行。

15. **答案**：ABD

【解析】 后张法预应力的张拉和锚固应符合以下规定：①张拉时，混凝土的强度不应低于设计强度等级值的80%；②预应力钢筋应整束张拉锚固；③切割后预应力钢筋的外露长度不应小于30mm，锚具应采用封端混凝土保护，当长期外露时，应采取防止锈蚀的措施；④预应力钢筋张拉锚固后，孔道应尽早压浆，且应在48h内完成，否则应采取防止预应力钢筋锈蚀的措施。

(五) 交通工程设施施工技术

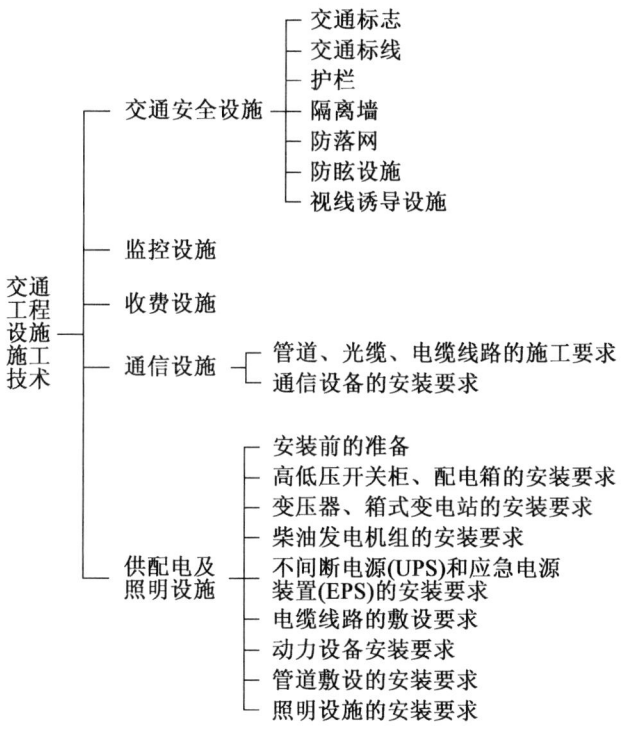

例 题 解 析

1. Am级波形钢板护栏立柱的中心间距一般为(　　)。
   A. 2m　　　　B. 3m　　　　C. 4m　　　　D. 5m

   答案：C

   【解析】 本题为2015年考题,主要考查波形钢板护栏。护栏的结构形式是一样的,只是立柱的中心间距不同,A级和Am级的为4m,加强型的为2m。

2. 桥梁护栏按构造特征可分为(　　)。
   A. 缆索护栏
   B. 开口护栏
   C. 组合式护栏
   D. 梁柱式护栏
   E. 钢筋混凝土墙式护栏

   答案：CDE

   【解析】 本题为2020年考题,按构造特征,桥梁护栏可分为梁柱式护栏、钢筋混凝土墙式护栏和组合式护栏。

3. 为提升路面标线的反光性能,应在涂料中掺入或施工时涂料表面撒(　　)。
   A. 石英
   B. 玻璃珠
   C. 荧光粉
   D. 反光膜

   答案：B

   【解析】 本题为2023年考题。交通标线的涂料分为溶剂型、热熔型、双组分、水性四种,为提高路面标线的反光性能,还应在涂料中掺入或在施工时面撒玻璃珠。

4. 关于波形梁护栏施工要求的说法,正确的是(　　)。
   A. 护栏立柱应根据现场情况确定长度
   B. 护栏的起、终点应根据设计要求进行端头处理
   C. 波形梁板和立柱可根据现场情况进行现场焊割和钻孔
   D. 当路侧土基压实度不满足护栏设置条件时,可以通过将护栏立柱打入更深来保证护栏的整体强度

   答案：B

   【解析】 本题为2023年考题。波形梁护栏在施工之前,应进行立柱定位放样,以桥梁、隧道、涵洞、中央分隔开口、互通立交交叉等控制立柱位置。护栏的起、终点应根据设计要求进行端头处理。波形梁通过拼接螺栓相互拼接,并由连接螺栓固定于立柱或横梁上。护栏板的搭接方向应与行车方向相同。立柱应与道路线形相协调,波形梁顶面应与道路竖曲线相协调。

5. 安装悬臂式标志时,现场应注意的控制指标是(　　)。
   A. 立柱竖直度
   B. 标志面板离地的总高度
   C. 标志板与车流方向的角度
   D. 标志板下缘至路面的净空
   E. 立柱的内边缘至路肩边缘的距离

   答案：CD

【解析】 本题为2023年考题。标志面板与车流方向所成角度应满足有关规范和设计的要求,不允许出现过度偏转或后仰的现象。对于门架式标志、悬臂式标志,应注意控制标志板下缘至路面的净空。单柱式标志、双柱式标志的内边缘至路肩边缘的距离应满足有关规范和设计的要求。

本 节 习 题

Ⅰ.单项选择题

1.突起路标设置高度,顶部不得高出路面( )。
A.15mm B.30mm
C.25mm D.10mm

2.ETC车道收费,采用顶挂安装方式且吊装在车道正中,挂装高度不低于( )。
A.3.5m B.4.5m C.5m D.5.5m

3.下列关于敷设管道光、电缆的施工要求中说法错误的是( )。
A.敷设管道光、电缆之前必须清刷管孔
B.敷设管道光、电缆时应以液状石蜡、滑石粉等作为润滑剂,严禁使用有机油脂
C.敷设管道光、电缆绕"8"字敷设时其内径应不小于3m
D.光、电缆在每个人孔内应及时标注光、电缆牌号

4.通信设备安装中,电源线界面在( )单芯或多芯电源线可与设备直接连接。
A.20mm² 以下 B.10mm² 以下
C.15mm² 以下 D.5mm² 以下

5.通信设备安装中,电源线界面在( )的电源线与设备连接应加装接线端子。
A.20mm² 以下 B.15mm² 以上
C.10mm² 以上 D.5mm²

6.对于高低压开关柜、配电箱(盘)的电击保护,柜内保护导体最小截面S_p应根据电源进线相线截面积S决定,当S在( )时,S_p应不小于$S/2$。
A.35~400mm² B.50~100mm²
C.35~200mm² D.30~90mm²

7.当塑料管敷设的安装中塑料管直埋于现浇混凝土内时,敷设时其温度( )以防止发生机械损伤。
A.不宜低于-15℃ B.不宜低于-10℃
C.不宜低于-5℃ D.不宜低于-12℃

8.下列关于配电工程中钢管敷设的安装要求错误的是( )。
A.潮湿场所和直埋于地下时应采用薄壁钢管,干燥场所应采用厚壁钢管
B.镀锌钢管的跨接地线连接宜采用专用接地线卡跨接
C.钢管的内壁、外壁均应做防腐处理
D.镀锌钢管和薄壁钢管应采用螺纹连接或套管紧定螺钉连接

Ⅱ. 多项选择题

1. 在公路工程中,常用的护栏包括(　　)。
   A. 路基护栏   B. 桥梁护栏
   C. 隔离栅   D. 活动护栏

2. 缆索护栏按防撞等级分为(　　)。
   A. A 级   B. B 级   C. C 级   D. S 级

3. 以下关于通信设施光缆接续的施工要求,正确的是(　　)。
   A. 光纤接续宜采用熔接法,接续完成并测试合格后立即做增强保护措施
   B. 安装前核对光缆程式、接头位置并根据预留要求留足光缆长度
   C. 光纤接续的增强保护措施可采用热可缩管法、套管法和 V 形槽法
   D. 根据光缆的端别,核对光纤、铜导线并编号做临时标记

4. 通信设备接地装置的安装要求包括(　　)。
   A. 接地汇集装置的位置应符合设计规定,安装端正、牢固,并有明显标志
   B. 通信设备除做工作接地外,其机壳应做保护接地
   C. 新建局站应采用联合接地装置,接地电阻值应≤1Ω
   D. 机房汇流排至总接地干线之间宜采用截面积小于 $16mm^2$ 多股绝缘铜线连接

5. 以下关于供配电设施电缆线路的敷设要求,正确的是(　　)。
   A. 直埋电缆的埋深不应小于 0.7m,电缆的上下部应铺以不小于 100mm 厚的软土或砂层
   B. 电缆在沟内敷设时,应遵循高压在下、低压在上的原则
   C. 管道敷设时,电缆管内径与电缆外径之比不得小于 1.5
   D. 三相或单相的交流单芯电缆,必须单独穿于钢管内

6. 灯具的安装要求包括(　　)。
   A. 立柱式路灯、建筑物景观照明的每套灯具的导电部分对地绝缘电阻值应大于 2MΩ
   B. 当灯具距地面高度小于 2.4m 时,金属构架和灯具的可接近裸露导体及金属软管的接地或接零可靠,且有标识,可靠接地或接零
   C. 当灯具质量大于 3kg 时,应固定在螺栓或预埋吊钩上
   D. 在人行道等人员密集场所安装的落地灯具,无围栏防护,安装高度应距离地面 2m 以上

本节习题答案及解析

Ⅰ. 单项选择题

1. 答案:C
   【解析】 突起路标设置高度,顶部不得高出路面 25mm。

2. 答案:D
   【解析】 ETC 车道收费,采用顶挂安装方式,且吊装在车道正中,挂装高度不低于

5.5m。

   3. 答案:C

【解析】 敷设管道光、电缆绕"8"字敷设时其内径应不小于2m。

   4. 答案:B

【解析】 通信设备安装中,电源线界面在10mm²以下的单芯或多芯电源线可与设备直接连接。

   5. 答案:C

【解析】 通信设备安装中,电源线界面在10mm²以上的多股电源线应加装接线端子。

   6. 答案:A

【解析】 高低压开关柜、配电箱(盘)的电击保护,柜内保护导体最小截面S_p应根据电源进线相线截面积S决定,当S在$35\sim400$mm²时,S_p应不小于$S/2$。

   7. 答案:A

【解析】 当塑料管敷设的安装中塑料管直埋于现浇混凝土内时,敷设时其温度不宜低于-15℃,以防止发生机械损伤。

   8. 答案:A

【解析】 潮湿场所和直埋于地下时应采用厚壁钢管,干燥场所应采用薄壁钢管。

Ⅱ.多项选择题

   1. 答案:ABD

【解析】 常用的护栏有:路基护栏,桥梁护栏,活动护栏。

   2. 答案:ABC

【解析】 缆索护栏按防撞等级分为A级、B级、C级,中央分隔带的缆索护栏与路侧缆索护栏规格相同。

   3. 答案:ABC

【解析】 通信设施光缆接续的施工要求:

(1)安装前核对光缆程式、接头位置并根据预留要求留足光缆长度。

(2)光纤接续宜采用熔接法,接续完成并测试合格后立即做增强保护措施。增强保护措施可采用热可缩管法、套管法和V形槽法。

(3)根据光缆的端别,核对光纤、铜导线并编号做永久标记,不是临时标记。

   4. 答案:ABC

【解析】 通信设备机房汇流排至总接地干线之间宜采用截面积不小于16mm²多股绝缘铜线连接。

   5. 答案:AC

【解析】电缆线路的敷设应符合下列要求:

(1)直埋电缆的埋深不应小于0.7m,敷设时应做波浪形,最小弯曲半径不得小于现行《电气装置安装工程电缆线路施工及验收标准》(GB 50168)的规定;聚氯乙烯绝缘电力电缆的埋深应为外径的10倍。

(2)直埋电缆的上、下部应铺不小于100mm厚的软土或砂层。

(3)电缆通过桥、涵、道路和可能受到机械损伤的地段时,应采用钢管保护。

(4)管道敷设时,电缆管内径与电缆外径之比不得小于1.5。

(5)三相或单相的交流单芯电缆,不得单独穿于钢管内。

(6)金属电缆支架、电缆导管必须可靠接地或接零。

(7)电缆在沟内敷设时,应遵循低压在下、高压在上的原则。

(8)电缆敷设完毕,应进行校线及编号,并做好测试记录。

6. **答案**:ABC

【解析】 在人行道等人员密集场所安装的落地灯具,无围栏防护,安装高度应距离地面2.5m以上。

第六章 公路养护工程技术

一、考纲要求

1. 概述。
2. 公路技术状况评定。
3. 路基养护。
4. 路面养护。
5. 桥梁养护。
6. 隧道养护。
7. 交通工程及沿线设施养护。
8. 绿化养护。

二、本章知识架构

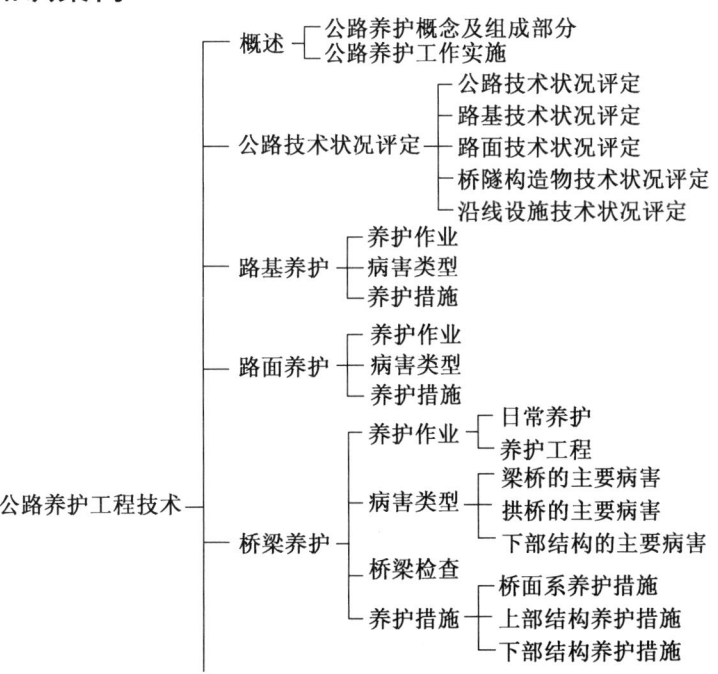

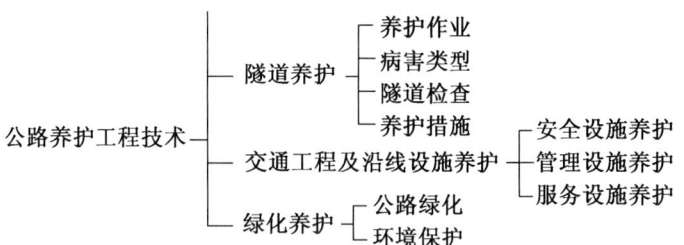

三、题型详解

（一）概述

例 题 解 析

1. 下列关于养护工程设计的说法,正确的是(　　)。
   A. 养护工程一般采用两阶段设计　　B. 养护工程一般采用一阶段技术设计
   C. 养护工程一般采用一阶段初步设计　D. 养护工程一般采用一阶段施工图设计

   答案：D

   【解析】　本题为2020年考题,养护工程一般采用一阶段施工图设计。技术特别复杂的,可以采用技术设计和施工图设计两阶段设计。应急养护和技术简单的养护工程可以按照技术方案组织实施。

2. 养护工程按照养护目的和养护对象分为预防养护和(　　)。
   A. 日常养护　　B. 专项养护　　C. 应急养护　　D. 修复养护

   答案：BCD

   【解析】　本题为2021年考题。养护工程按照养护目的和养护对象,分为预防养护、修复养护、专项养护和应急养护。养护实施分为日常养护和养护工程两大类。

本 节 习 题

Ⅰ. 单项选择题

1. 公路养护工作应通过公开招标投标、政府采购等方式选择具备相应技术能力和资格条件的单位承担,但(　　)可以根据应急处置工作需要,直接委托具备相应能力的专业队伍实施。
   A. 修复养护　　B. 专项养护　　C. 预防养护　　D. 应急养护

2. 为保证公路基础设施及设备整洁、完好和正常运行进行的维护属于(　　)。
   A. 日常巡查　　B. 日常保养　　C. 日常维修　　D. 日常小修

3. (　　)是指为恢复、保持或提升公路服务功能而集中实施完善增设、加固改造、拆除重建、灾后恢复等工程。
   A. 修复养护　　B. 专项养护　　C. 预防养护　　D. 应急养护

4.在突发情况下造成公路损毁、中断、产生重大安全隐患等,为较快恢复公路安全通行能力而实施的应急性抢通、保通、抢修等属于( )。
  A.预防养护　　　　B.修复养护　　　　C.专项养护　　　　D.应急养护

Ⅱ.多项选择题

1.按照养护目的和养护对象,养护工程可分为( )。
  A.日常养护　　　　B.专项养护　　　　C.预防养护　　　　D.修复养护
2.修复养护是指公路出现明显病害或部分丧失服务功能,为恢复技术状况而进行的功能性、结构性修复或定期更换,包括( )。
  A.大修　　　　　　B.中修　　　　　　C.小修　　　　　　D.日常修护
3.公路养护中的日常养护按照作业内容分,不包括( )。
  A.日常巡查　　　　B.日常保养　　　　C.日常维修　　　　D.应急养护

本节习题答案及解析

Ⅰ.单项选择题

1.答案:D
【解析】 公路养护工作的组织实施应当依照有关法律、法规、规定,各类养护工程所涉及的技术服务与工程施工等相关作业,应通过公开招标投标、政府采购等方式选择具备相应技术能力和资格条件的单位承担。其中,应急养护可以根据应急处置工作需要,直接委托具备相应能力的专业队伍实施。

2.答案:B
【解析】 日常保养指为保证公路基础设施及设备整洁、完好和正常运行进行的维护。

3.答案:B
【解析】 专项养护是指为恢复、保持或提升公路服务功能而集中实施完善增设、加固改造、拆除重建、灾后恢复等工程。

4.答案:D
【解析】 应急养护是指在突发情况下造成公路损毁、中断、产生重大安全隐患等,为较快恢复公路安全通行能力而实施的应急性抢通、保通、抢修。

Ⅱ.多项选择题

1.答案:BCD
【解析】 公路养护可分为日常养护和养护工程。养护工程按照养护目的和养护对象,分为预防养护、修复养护、专项养护和应急养护。

2.答案:ABC
【解析】 修复养护包括大修、中修、小修。

3.答案:AD
【解析】 养护实施按照作业内容分为日常养护和养护工程两大类。日常巡查属路况检查,应急养护是养护工程按照养护目的和养护对象分的。

(二)公路技术状况评定

例 题 解 析

1. 下列关于公路技术状况评定的说法,错误的是(　　)。
   A. 路面技术状况指数为 PCI
   B. 用 MQI 和相应分项指标表示
   C. 只有高速公路、一级公路需按照上下行分别检测
   D. 包含路面、路基、桥隧构造物和沿线设施四部分内容

答案:A

【解析】　本题为 2020 年考题。路面技术状况指数为 PQI。路面损坏状况指数为 PCI。

本 节 习 题

Ⅰ. 单项选择题

1. 桥梁技术状况评定等级分为 5 类,某公路桥梁评定后描述有中等缺损,尚能维持正常使用功能,其属于(　　)。
   A. 2 类　　　　　B. 3 类　　　　　C. 4 类　　　　　D. 5 类
2. 路面检测包括路面损坏、平整度、车辙、跳车、磨耗、抗滑性能和结构强度 7 项指标,其中(　　)为抽样检测指标。
   A. 车辙　　　　　B. 平整度　　　　C. 结构强度　　　D. 路面损坏
3. 路基技术状况用(　　)评价,评价结果按照等级分为优、良、中、次、差 5 个等级。
   A. SCI　　　　　B. PQI　　　　　C. BCI　　　　　D. TCI
4. 以下代表桥隧构造物技术状况指数的是(　　)。
   A. SCI　　　　　B. PQI　　　　　C. BCI　　　　　D. TCI

Ⅱ. 多项选择题

1. 下列属于路基技术状况评定内容的是(　　)。
   A. 标线缺损　　　B. 边坡坍塌　　　C. 防护设施缺损　D. 路肩损坏
2. 以下关于公路养护的叙述,正确的是(　　)。
   A. 沿线设施技术状况用沿线设施技术状况指数(TCI)评价
   B. 应急养护是指在突发情况下造成公路损毁、中断、产生重大安全隐患等,为较快恢复公路安全通行能力而实施的应急性抢通、保通、抢修
   C. 公路技术状况评定应计算优等路率、优良路率、次差路率和不合格路率四项统计指标

D. 桥隧构造物调查包括桥梁、隧道和涵洞三类构造物
3. 以下关于公路养护的叙述,错误的是( )。
   A. 公路技术状况评定用公路技术状况指数 MQI 和相应分项指标表示
   B. 按照作业内容,日常养护分为日常巡查、日常保养和日常维修两类
   C. 公路技术状况以 500m 路段为基本检测或调查单元
   D. 公路隧道总体技术状况评定类别为 5 类时,该结构处于危险状态,应及时关闭隧道,实施病害处治

本节习题答案及解析

Ⅰ. 单项选择题

1. 答案:B

【解析】 桥梁总体技术状况评定等级分为 1 类、2 类、3 类、4 类、5 类。1 类:全新状态,功能完好;2 类:有轻微缺损,对桥梁使用功能无影响;3 类:有中等缺损,尚能维持正常使用功能;4 类:主要构件有大的缺损,严重影响桥梁使用功能,或影响承载能力,不能保证正常使用;5 类:主要构件存在严重缺损不能正常使用,危及桥梁安全,桥梁处于危险状态。

2. 答案:C

【解析】 路面检测包括 7 项指标,其中结构强度为抽样检测指标。

3. 答案:A

【解析】 路基技术状况用路基技术状况指数(SCI)评价。

4. 答案:C

【解析】 A、B、D 分别代表路基、路面和沿线设施技术状况指数。

Ⅱ. 多项选择题

1. 答案:BD

【解析】 路基技术状况评定包括路肩损坏、边坡坍塌、水毁冲沟、路基构造物损坏、路缘石缺损、路基沉降、排水不畅等七个方面。

沿线设施技术状况评定包括防护设施缺损、隔离栅缺损、标志缺损、标线缺损、绿化管养不善等五个方面。

题目中 AC 为沿线设施技术状况评定,BD 为路基技术状况评定。

2. 答案:ABD

【解析】 公路技术状况评定应计算优等路率、优良路率和次差路率三项统计指标。

3. 答案:BC

【解析】 B 项,日常养护按照作业内容,分为日常保养和日常维修。

C 项,公路技术状况以 1000m 路段为基本检测或调查单元,数据按上行方向(桩号递增方向)和下行方向(桩号递减方向)分别检测,二级、三级、四级公路不分上下行。

(三)路基养护

例题解析

1. 以下属于冲刷防护的是( )。
   A. 挡土墙　　　B. 抛石防护　　　C. 植物防护　　　D. 坡面处治

答案: B

【解析】 本题为2012年考题,考查边坡养护处治知识点。边坡养护技术按病害类型及严重程度可划分为坡面防护、沿河路基冲刷防护、挡土墙、锚固、抗滑桩、削方减载与堆载反压等。冲刷防护指通过设置砌石护坡、抛石、石笼、浸水挡土墙等,对受水流直接冲刷的边坡进行防护。

本节习题

Ⅰ.单项选择题

1. 以下边坡养护处治技术中,在边坡坡脚设置的一系列挡土结构物,增强边坡抗滑力,并对坡脚起到压重作用,能够保证边坡稳定的是( )。
   A. 挡土墙　　　B. 格构梁　　　C. 支撑墙　　　D. 抗滑桩

2. 当土质边沟受水流冲刷造成纵坡大于( )时,宜采用混凝土、浆砌或干砌片(块)石铺砌。
   A. 4%　　　B. 2%　　　C. 5%　　　D. 3%

3. 当急流槽较长时,应分段铺砌,且每段不宜超过( )。连接处应用防水材料填塞,密实无空隙。
   A. 10m　　　B. 5m　　　C. 12m　　　D. 8m

4. 以下关于路基养护的叙述,不正确的是( )。
   A. 加大截面法是指在原墙外侧加宽基础、加固墙身,增加挡墙厚度,提高挡墙抗变形能力
   B. 日常维修是指疏通边沟、截水沟等排水设施,修理砌石护坡、绿植等坡面防护工程的局部损坏等工作
   C. 路基病害可分为路肩病害、路堤与路床病害、边坡病害、既有防护及支挡结构物病害、排水设施病害五大类
   D. 边沟连续长度过长时,宜分段设置横向排水沟将水流引离路基,其分段长度在一般地区不超过500m,在多雨地区不超过300m

5. 下列不属于边坡养护处治的主要病害的是( )。
   A. 滑坡　　　B. 局部坍塌　　　C. 冲刷　　　D. 结构失稳

6. 通过创造植物生长环境恢复受损边坡的生态系统,保护生态环境,提高水土保持能力的技术称为( )。

A. 生态防护技术　　B. 工程防护技术　　C. 冲刷防护技术　　D. 锚固防护技术

7. 通过钻孔植入高强钢筋或预应力筋,并灌入砂浆进行锚固,通过张拉、锚固筋带限制挡墙侧向位移,分担挡墙应力,这称为( )。
   A. 抗滑桩加固法　　B. 锚固法　　　　C. 加大截面法　　D. 加肋法

Ⅱ. 多项选择题

1. 下列属于路基坡面防护类型的是( )。
   A. 挂网防护　　　B. 砌石护坡　　　C. 植物防护　　　D. 挡土墙
2. 按损坏程度,支挡构筑物病害形式可分为( )。
   A. 局部坍塌　　　B. 滑坡　　　　　C. 结构失效　　　D. 表观损坏
3. 以下( )属于路基日常保养工作内容。
   A. 整理坡面,缺口培土,修剪坡面杂草,清除坡面杂物
   B. 清除护坡、支挡结构物上杂物,疏通排(泄)水孔
   C. 修整中央分隔带路缘石
   D. 清理边坡零星塌方,修补坡面冲沟
4. 以下属于支挡结构物养护处治方法的是( )。
   A. 锚固法　　　　　　　　　B. 削方减载与堆载反压
   C. 增设支撑墙　　　　　　　D. 抗滑桩加固法
5. 以下不属于路基修复养护工作内容的是( )。
   A. 路基防护工程增设或完善　　B. 防护及支挡结构物表面破损集中处治
   C. 路基排水设施修复　　　　　D. 路肩硬化、路缘石集中更换
6. 日常巡查可分为( )。
   A. 专项巡查　　　B. 应急巡查　　　C. 重点巡查　　　D. 一般巡查
7. 暗管堵塞时,宜采用下列( )方法进行疏通。
   A. 刮擦法　　　　B. 冲洗法　　　　C. 圆木疏通法　　D. 真空吸附法

本节习题答案及解析

Ⅰ. 单项选择题

1. 答案:A

【解析】 挡土墙指在边坡坡脚设置一系列挡土结构物,增强边坡抗滑力,并对坡脚起到压重作用,保证边坡稳定。

2. 答案:D

【解析】 当土质边沟受水流冲刷造成纵坡大于3%时,宜采用混凝土、浆砌或干砌片(块)石铺砌。

3. 答案:A

【解析】 当急流槽较长时,应分段铺砌,且每段不宜超过10m。连接处应用防水材料填塞,密实无空隙。

4. 答案：B

【解析】 疏通边沟、截水沟等排水设施属于日常保养工作内容。

5. 答案：D

【解析】 边坡养护处治的主要病害包括冲刷、碎落坍塌、局部坍塌、滑坡等。D属于支挡结构养护处治。

6. 答案：A

【解析】 通过创造植物生长环境恢复受损边坡的生态系统，保护生态环境，提高水土保持能力的技术是生态防护技术。

7. 答案：B

【解析】 锚固法通过钻孔植入高强钢筋或预应力筋，并灌入砂浆进行锚固，通过张拉、锚固筋带限制挡墙侧向位移，分担挡墙应力。

Ⅱ. 多项选择题

1. 答案：AC

【解析】 常用的路基坡面防护又可分为生态防护技术、工程防护技术和综合防护技术三类。

生态防护技术通过创造植物生长环境，恢复受损边坡的生态系统，保护生态环境，提高水土保持能力；工程防护技术通过支挡、压重、挂网防护等方式，提高边坡的抗冲蚀、抗风化功能，保护边坡稳定性，防止岩体崩塌、碎落；综合防护技术通过生态防护和工程防护相结合的方式，保持边坡稳定。

B项砌石护坡属于冲刷防护技术。D项挡土墙是在边坡坡脚设置的一系列挡土结构物，不列入坡面防护技术。

2. 答案：CD

【解析】 支挡构筑物病害形式按损坏程度可分为表观损坏、排（泄）水孔淤塞、局部损坏、结构失效。局部坍塌、滑坡属于边坡养护形式的病害。

3. 答案：ABC

【解析】 清理边坡零星塌方，修补坡面冲沟属于日常维修工作内容。

4. 答案：ACD

【解析】 支挡结构物养护处治方法有锚固法、抗滑桩加固法、加大截面法、加肋法（增建支撑墙和设置格构梁）、拆除重建等，而削方减载与堆载反压属于边坡养护处治方法。

5. 答案：AB

【解析】 路基防护工程增设或完善和防护及支挡结构物表面破损集中处治都属于预防养护。

6. 答案：AD

【解析】 日常巡查可分为一般巡查和专项巡查。

7. 答案：ABD

【解析】 暗管堵塞时，宜采用刮擦法、冲洗法、真空吸附法等方法进行疏通。

(四)路面养护

例题解析

1. 沥青路面养护措施包括病害处治技术、功能性罩面技术、结构性补强技术和( )。
   A. 路面修复技术　　B. 封层技术　　C. 路面破损处理　　D. 路面改善技术

   答案：B

   【解析】 本题为2019年考题。沥青路面养护措施包括病害处治技术、封层技术、功能性罩面技术、结构性补强技术等。

2. 公路养护工作的中心环节是( )养护。
   A. 路基　　B. 路面　　C. 桥梁　　D. 交通工程及沿线设施

   答案：B

   【解析】 本题为2022年考题。路面养护是公路养护工作的中心环节,是养护质量考核的首要对象。

本节习题

Ⅰ. 单项选择题

1. 以下不属于沥青路面病害的是( )。
   A. 露骨　　B. 坑槽　　C. 横向裂缝　　D. 波浪拥包

2. 对于水泥混凝土路面出现严重唧泥段,可采用( )的方法进行处理。
   A. 压乳化沥青　　B. 填补法　　C. 换板　　D. 灌浆加固

3. 以下不属于水泥路面破损技术的是( )。
   A. 裂缝维修　　B. 唧泥处理　　C. 接缝维修　　D. 局部损坏维修

4. 对已发现唧泥现象但损坏程度较轻的水泥路面,可采取( )的方法来进行补救。
   A. 压乳化沥青　　B. 填补法　　C. 换板　　D. 灌浆加固

5. 下列不属于沥青路面封层技术的是( )。
   A. 稀浆封层　　B. 卵石封层　　C. 纤维封层　　D. 含砂雾封层

6. 以下关于路面养护的叙述,错误的是( )。
   A. 水泥混凝土路面整条路段出现较大面积的磨损、露骨,应铺设沥青磨耗层以恢复路面的平整度
   B. 超薄罩面适用于预防或部分修复病害、需要改善抗滑等使用性能的沥青路面
   C. 稀浆封层适用于二级及二级以上公路沥青路面
   D. 对于沥青路面裂缝处治,可采用灌缝、贴缝、带状挖补方式,或进行组合使用

7. 以下关于水泥混凝土路面的叙述,错误的是( )。
   A. 水泥混凝土路面出现面积较大、深度在5cm以内的坑洞,可用沥青混凝土或水泥混凝土进行修补

B. 对板块脱空的处治主要有板块和灌浆加固两种方法

C. 出现破碎板病害主要是受超重车辆、水害作用、板下脱空、硬路肩等因素的影响

D. 如果沉陷后高度差较小,则可凿除凸起处,使其保持平齐

8. 以下关于沥青路面养护措施的叙述,错误的是(   )。

   A. 对于不均匀沉陷,如基层和土基较为密实、稳定,可只修补面层,用沥青砂或细粒式沥青混合料填补、整平、压实,面积较大时应加铺面层

   B. 根据波浪拥包病害类型及产生原因,可采用局部铣刨、局部铣刨重铺、就地热再生、整体铣刨重铺等处治方式

   C. 对于泛油较重的路段,在气温高时可以撒石屑或粗砂,并用压路机或控制碾压即可

   D. 对于沥青面层部分破损、基层较完好,仅铣刨处治部分沥青面层的,采用加铺沥青面层结构性补强措施

9. 为恢复、保持或提升公路服务功能而集中实施的完善增设、加固改造、拆除重建、灾后恢复等工程养护作业内容属于(   )。

   A. 预防养护　　　B. 修复养护　　　C. 专项养护　　　D. 应急养护

10. 沥青路面沉陷产生的主要原因有(   )。

    A. 疲劳损坏　　　　　　　　B. 路基不均匀沉降
    C. 反射裂缝　　　　　　　　D. 纵向施工缝搭接质量不好

11. 沥青路面车辙产生的主要原因有(   )。

    A. 沥青用量偏少

    B. 低温施工

    C. 行车荷载作用下,结构层和土基材料压缩累计变形

    D. 沥青老化变硬

12. 水泥混凝土路面边角剥落产生的主要原因有(   )。

    A. 道路施工中使用水泥不达标,或者使用了过期、受潮结块的水泥

    B. 使用不符合规范要求的砂石,砂颗粒过细、水的比例过大、混凝土拌合物水灰比过大而降低混凝土强度

    C. 搅拌不均匀、搅拌时间过短或过长

    D. 缩缝使混凝土板形成临空面,再加上填缝料质量不能保证,使得板边在车轮荷载反复作用下被压碎

13. 下列可采用直接加铺沥青面层或半刚性基层与沥青面层共同结构性补强措施的是(   )。

    A. 高速公路　　　B. 一级公路　　　C. 二级公路　　　D. 三级公路

14. 以下(   )选项属于沥青路面病害。

    A. 波浪拥包　　　B. 坑洞　　　C. 板角断裂　　　D. 拱起

15. 下列养护内容中,属于路面预防养护的(   )。

    A. 标志、标线、路缘石的恢复和完善

    B. 水泥路面整体结构破坏的结构形式改造或结构加铺

    C. 水泥混凝土路面板底脱空处置、接缝材料集中清理更换等

    D. 砂石和块石路面整路段机构性修复及改善

Ⅱ．多项选择题

1. 以下属于沥青路面养护措施的是（　　）。
   A. 封层技术　　B. 结构性补强　　C. 路面破损技术　　D. 路面修复技术
2. 水泥混凝土路面板块脱空的处治方法有（　　）。
   A. 磨平　　B. 填补法　　C. 换板　　D. 灌浆加固
3. 以下属于水泥混凝土路面病害的是（　　）。
   A. 错台　　B. 拱起　　C. 泛油　　D. 接缝料损坏
4. 以下属于水泥路面改善技术的是（　　）。
   A. 表面功能恢复　　　　　　B. 水泥混凝土加铺层
   C. 沥青混凝土加铺层　　　　D. 路面翻修
5. 水泥混凝土路面错台的处治方法有（　　）。
   A. 磨平　　B. 灌浆加固　　C. 换板　　D. 填补
6. 下列属于沥青路面病害处治技术的是（　　）。
   A. 表面起皮　　B. 拱起处理　　C. 车辙处治　　D. 松散处治
7. 以下关于路面养护的叙述，正确的是（　　）。
   A. 路面保洁遵循以机械作业为主，人工为辅的原则
   B. 高速公路、一级公路、二级公路路面采用直接加铺沥青面层或半刚性基层与沥青面层共同结构性补强措施
   C. 水泥混凝土路面出现唧泥现象是由于填缝料损坏、雨水下渗和路面排水不良等原因产生的
   D. 沥青路面横向裂缝主要是由温度变化导致低温收缩、反射裂缝等原因产生的
8. 下列能采用直接加铺沥青面层或柔性基层与沥青面层共同结构性补强措施的是（　　）。
   A. 高速公路　　B. 一级公路　　C. 二级公路　　D. 三级公路
9. 下列属于水泥混凝土路面拱起产生原因的是（　　）。
   A. 水泥安定性不良，发生了膨胀　　　　B. 路面未设伸缩缝，热胀冷缩
   C. 路基不良　　　　　　　　　　　　　D. 填缝料损坏，雨水下渗
10. 下列属于水泥混凝土路面露骨产生主要原因的有（　　）。
    A. 道路施工中使用水泥不达标，或者使用了过期、受潮结块水泥
    B. 使用不符合规范要求的砂石，砂颗粒过细、水的比例过大、混凝土拌合物水灰比过大
    C. 缩缝使混凝土板形成临空面，再加上填缝料质量不能保证，使得板边在车轮荷载反复作用下被压碎
    D. 搅拌不均匀、搅拌时间过短或过长
11. 下列属于沥青路面养护措施的有（　　）。
    A. 路面改善技术　　　　　　B. 封层技术
    C. 功能性罩面技术　　　　　D. 结构性补强技术
12. 下列属于水泥混凝土路面破损处理技术的是（　　）。

A. 水泥混凝土加铺层　　　　　　　B. 沥青混凝土加铺层
C. 接缝维修　　　　　　　　　　　D. 坑洞修补

13. 某一级公路进行预防性养护，为改善其抗滑、耐磨耗等使用性能，可使用的封层技术有（　　）。

A. 稀浆封层　　　　　　　　　　　B. 微表处封层
C. 碎石封层　　　　　　　　　　　D. 碎石封层 + 微表处封层

本节习题答案及解析

Ⅰ. 单项选择题

1. **答案**：A

【解析】　露骨属于水泥混凝土路面的病害类型。

2. **答案**：D

【解析】　对于严重唧泥段可采用灌浆加固的方法进行处理。

3. **答案**：D

【解析】　局部损坏维修属于预制块路面养护与维修技术。

4. **答案**：A

【解析】　对已发现唧泥现象但损坏程度较轻的路面，可采取压乳化沥青的方法来进行补救。

5. **答案**：B

【解析】　沥青路面封层技术有含砂雾封层、稀浆封层、微表处封层、碎石封层、纤维封层和复合封层。

6. **答案**：C

【解析】　稀浆封层适用于二级及二级以下公路沥青路面。

7. **答案**：A

【解析】　水泥混凝土路面出现面积较大、深度在3cm以内的坑洞，可用沥青混凝土或水泥混凝土进行修补。

8. **答案**：C

【解析】　泛油处治：对于轻度泛油，在气温高时可以撒3～5mm的石屑或粗砂，并用压路机碾压或控制行车碾压。而对于泛油较重的路段，在气温高时，可以先撒5～10mm的碎石，用压路机碾压，待稳定后，再撒3～5mm的石屑或粗砂，并用压路机碾压或控制行车碾压。

9. **答案**：C

【解析】　专项养护是指为恢复、保持或提升公路服务功能而集中实施的完善增设、加固改造、拆除重建、灾后恢复等工程。

10. **答案**：B

【解析】　A、C和D属于沥青路面纵向裂缝产生的原因。

沥青路面沉陷产生的主要原因有：路基不均匀沉降、局部开挖回填压实不足、台背回填压实不足和基层破坏。

11. 答案:C

【解析】 A、B 和 D 属于沥青路面松散产生的原因。

沥青路面车辙产生的主要原因有:

①结构性车辙:行车荷载作用下,结构层和土基材料压缩累计变形。

②流动性车辙:炎热季节,沥青混凝土层内产生的侧向流动变形,轮迹带处下陷、周边隆起。

③压实性车辙:混合料温度过低、压实次数少或压实度不足,在行车作用下进一步压实产生。

④磨耗性车辙:由重载渠化交通对路面的磨耗作用形成。

12. 答案:D

【解析】 A、B 和 C 均属于水泥混凝土路面露骨的产生原因。

13. 答案:D

【解析】 三级及四级公路路面采用直接加铺沥青面层或半刚性基层与沥青面层共同结构性补强措施。

14. 答案:A

【解析】 沥青路面病害共有 11 类,龟裂、块状裂缝、纵向裂缝、横向裂缝、沉陷、波浪拥抱、车辙、坑槽、松散、泛油和修补。

15. 答案:C

【解析】 题目中 A、B 和 D 属于修复养护。

养护工程按照养护目的和养护对象,分为预防养护、修复养护、专项养护和应急养护。

预防养护:沥青路面整路段防损、防水、抗滑、抗老化或提高平整度等表面处治;水泥混凝土路次面整路段防滑、防水、防剥落或提高平整度等表面处治,板底脱空处治和接缝材料集中清理更换等。

修复养护:沥青路面表面层结构功能衰减的修复、加铺或重铺;沥青路面面层和基层结构性破坏的修复、加铺或重铺;水泥混凝土路面裂缝、断裂和破碎等的修复或换板;水泥混凝土路面整体结构破坏的结构形式改造或结构加铺;砂石和块石路面整路段结构性修复及改善;配套路面修复,标志、标线、护栏、路缘石及分隔带开口等的恢复和完善。

专项养护:为恢复、保持或提升公路服务功能而集中实施的完善增设、加固改造、拆除重建、灾后恢复等工程。针对阶段性重点工作实施的专项公路养护治理项目。

应急养护:对自然灾害或其他突发事件造成的障碍物的清理;公路突发损毁的抢通、保通、抢修;突发的经判定可能危及公路通行安全的重大风险的处置。

Ⅱ. 多项选择题

1. 答案:AB

【解析】 沥青路面养护措施包括病害处治技术、封层技术、功能性罩面技术、结构性补强技术等。路面破损技术和路面修复技术属于水泥混凝土路面养护技术。

2. 答案:CD

【解析】 目前对板块脱空的处治主要有换板和灌浆加固两种方法。灌浆加固是指在混凝土板下灌浆,通过灌浆压力可把浆液渗透到相邻混凝土板下,起到灌浆一块板加固几块板的

3. 答案:ABD

【解析】 泛油属于沥青路面病害。

4. 答案:ABC

【解析】 路面翻修属于预制块路面养护与维修技术。

5. 答案:AD

【解析】 错台的处治方法有磨平法和填补法两种,可按照错台的轻重程度选定。

6. 答案:CD

【解析】 沥青路面病害处治技术有裂缝处治、坑槽处治、车辙处治、沉陷处治、波浪拥包处治、松散处治、泛油处治。而表面起皮和拱起处理属于水泥混凝土路面破损处理技术。

7. 答案:ACD

【解析】 高速公路、一级公路、二级公路路面采用沥青面层或柔性基层与沥青面层共同结构性补强措施。

8. 答案:ABC

【解析】 高速公路、一级公路、二级公路路面采用沥青面层或柔性基层与沥青面层共同结构性补强措施。

9. 答案:ABC

【解析】 水泥路面拱起产生的原因:水泥安定性不良,发生膨胀;路面未设伸缩缝,热胀冷缩;路基不良。填缝料损坏,雨水下渗是水泥混凝土路面唧泥产生的原因。

10. 答案:ABD

【解析】 C属于水泥混凝土路面边角剥落产生的原因之一。

11. 答案:BCD

【解析】 沥青路面养护措施包括病害处治技术、封层技术、功能性罩面技术、结构性补强技术等。

12. 答案:CD

【解析】 A和B均属于水泥混凝土路面改善技术。

13. 答案:BD

【解析】 根据教材表6.4.5,适用于二级及二级以下公路沥青路面的封层技术有:稀浆封层、碎石封层、纤维封层以及复合封层中的碎石封层+稀浆封层。适用于二级及二级以上公路沥青路面的封层技术有:微表处封层和复合封层中的碎石封层或纤维封层+微表处封层。

(五)桥梁养护

例 题 解 析

1.根据桥面系养护要求,桥面铺装沥青混凝土面层出现多条分散的裂缝和坑槽,且面积较大时,宜采用(　　)的养护措施。

A. 直接加铺新面层　　　　　　　　B. 局部铣刨,局部重铺
C. 逐条灌缝和修补坑槽　　　　　　D. 整跨凿除,重铺新的铺装层

答案：D

【解析】　本题为2020年考题。桥面出现的病害维修按照路面病害处治,当损坏面积较大时,可将整垮铺装层凿除,重铺新的铺装层,一般不在原桥面上直接加铺,以免增加桥梁恒载。

2. 某桥梁经过一次特大洪水之后,需对桥梁进行检查,该检查叫作(　　)。
A. 经常检查　　　B. 定期检查　　　C. 特殊检查　　　D. 专项检查

答案：C

【解析】　本题为2021年考题。桥梁检查分为经常检查、定期检查和特殊检查。特殊检查是查清桥梁的病害原因、破损程度、承载能力抗灾能力,确定桥梁技术状况的工作,分为专门检查和应急检查。桥梁遭受洪水、流冰、滑坡、地震、风灾、漂流物或船舶撞击,因超重车辆通过或其他异常情况影响造成损害时,应进行应急检查。

本节习题

Ⅰ. 单项选择题

1. 拱圈裂缝发生在拱顶区段的拱圈下缘与侧面和拱脚处的拱圈上缘与侧面,是由于其(　　)不足引起的。
A. 抗压强度　　　B. 抗剪强度　　　C. 抗弯强度　　　D. 抗折强度

2. 以下关于桥梁设施日常养护频率的叙述,错误的是(　　)。
A. 立管每两个月疏通一次　　　　　B. 伸缩装置应每两个月保养一次
C. 支座各部应每半年至少清扫一次　D. 进水口按每月三次频率清捞

3. 以下关于桥梁需要进行专门检查情况的叙述,错误的是(　　)。
A. 定期检查中难以判明桥梁损坏原因及程度的桥梁
B. 拟通过加固手段提高荷载等级的桥梁
C. 桥梁遭受洪水、地震、漂流物或船舶撞击,因超重车辆通过或其他异常情况影响造成损害
D. 桥梁技术状况评定为三、四、五类的桥梁

4. 以下关于梁桥主要病害的叙述,错误的是(　　)。
A. 预应力混凝土梁桥的主要病害包括预应力钢束应力损失造成的病害、预应力梁出现裂缝等
B. 全预应力构件正常使用条件下不允许出现裂缝,只有部分预应力构件允许出现裂缝
C. 钢筋混凝土梁桥的梁体混凝土易出现空洞、蜂窝、麻面、表面风化、剥落等病害
D. 钢筋混凝土梁桥的横、纵向联结件易出现开裂、断裂、开焊等现象

5. 桥梁定期检查是对桥梁主体结构及其附属构造物的技术状况进行的全面检查,检查周期最长不得超过(　　)年。
A. 1　　　　　　B. 2　　　　　　C. 3　　　　　　D. 4

6. 在梁桥加固方法中,(　　)主要用于提高构件抗弯承载力,使用此法加固几乎不增加

原结构自重。
    A. 粘贴钢板加固法   B. 粘贴碳纤维、特种玻璃纤维加固法
    C. 增加钢筋加固法   D. 八字支撑加固法

7. 下列不属于重力式桥台侧墙斜向裂缝产生的主要原因的是(　　)。
    A. 台前地基不均匀沉降
    B. 台后的水压产生附加压力
    C. 台后路面开裂下沉,造成桥台跳车,产生很大的冲击作用
    D. 宽幅台身混凝土收缩裂缝

8. 下列不属于轻型桥台主要病害的是(　　)。
    A. 由于桥台倾斜、水平变位以及不均匀沉降等导致桥台变位
    B. 台身竖向裂缝
    C. 墩柱顶部的水平力作用导致墩柱环向裂缝
    D. 混凝土的结构收缩裂缝以及桥台基础不均匀沉降引起的帽梁开裂

9. 下列不属于重力式桥墩主要病害的是(　　)。
    A. 墩身及墩帽竖向裂缝
    B. 墩柱环向水平裂缝
    C. 混凝土表面龟裂形成的墩身网状裂缝
    D. 墩身水平裂缝

10. 临时桥梁定期检查,每年检查不得少于(　　)次。
    A. 1   B. 2   C. 3   D. 4

11. 以下关于桥梁桥面系养护的叙述,错误的是(　　)。
    A. 桥面出现的病害维修按照路面病害处治,当损坏面积较大时,可将整跨铺装层凿除,重铺新的铺装层,直接在原桥面上加铺
    B. 排水设施出现损坏时,应进行更换
    C. U形锌铁皮伸缩缝装置出现锌铁皮老化、开裂、断裂时,需要更换伸缩装置
    D. 桥上标志设施出现损坏应及时整修

12. 以下关于梁桥养护的叙述,错误的是(　　)。
    A. 梁体若发现露筋或保护层剥落,应先将松动的保护层凿去,并清除钢筋锈迹,然后修复保护层
    B. 梁(板)体的横、纵向联结件开裂、断裂、开焊,可采取更换、补焊、帮焊等措施修补
    C. 钢筋混凝土梁桥的裂缝处理:当裂缝的宽度大于限值及裂缝分布超出正常范围时,应作处理
    D. 对于不允许出现裂缝的梁桥,仅需要对宽的裂缝进行处理或加固

Ⅱ. 多项选择题

1. 桥梁检查可分为(　　)。
    A. 经常检查   B. 专项检查   C. 定期检查   D. 特殊检查

2. 板式橡胶支座出现(　　)时应及时更换。

A. 不均匀压缩变形　　　　　　　　B. 过大剪切变形
C. 橡胶开裂、老化　　　　　　　　D. 中间钢板外露

3. 以下关于桥梁下部结构养护措施的叙述,正确的是(　　)。
   A. 当石砌圬工出现通缝和错缝时,可拆除部分石料,不需要重新砌筑
   B. 当活动支座失灵造成墩台拉裂,应修复或更换支座
   C. 当墩、台、柱表面风化剥落深度在 30mm 及以内时,应采用 M10 以上的水泥砂浆修补
   D. 当墩、台、柱由于混凝土温度收缩等原因产生的裂缝宽大于规定限值时,可凿槽并采用喷浆封闭裂缝的方法

4. 当桥梁需要抬高支座时,根据抬高量的大小可采用下列(　　)方法进行。
   A. 更换为板式橡胶支座　　　　　B. 就地浇筑钢筋混凝土支座垫石
   C. 垫入钢板　　　　　　　　　　D. 更换为盆式橡胶支座

5. 以下关于拱桥养护维修的叙述,正确的是(　　)。
   A. 用加大截面的方法加强拱肋之间的横向连接,采用横拉杆的双曲拱,可把拉杆改为系梁
   B. 因墩、台变位引起拱圈开裂时,应先修补拱圈,然后维修加固墩台
   C. 更换锈蚀、断丝或滑丝的吊杆,若原构造许可,可以用收紧锚头的方法张拉松弛的系杆或吊杆来调整内力
   D. 用嵌入剪力键的方法加固拱圈的环向连接

6. 以下关于梁桥养护的叙述,正确的是(　　)。
   A. 因为预应力部分失效而进行加固时,若原结构有预留孔,可在预留孔内穿钢束进行张拉
   B. 腹板抗剪切强度不够时,可采用加竖向预应力加固
   C. 粘贴碳纤维、特种玻璃纤维加固法主要用于提高构件抗拉承载力,使用此法加固几乎不增加原结构自重
   D. 八字支撑加固法是指在桥下净空和墩台基础受力许可的条件下,采用在梁(板)底下加八字支撑加固法,使一孔简支梁变为一组三联的连续梁

7. 以下关于桥梁墩台裂缝的叙述,正确的是(　　)。
   A. 裂缝宽度小于规定限位时,应进行封闭处理
   B. 裂缝宽度大于规定限值且小于 0.5mm 时,应修补
   C. 裂缝宽度大于 0.5mm 的裂缝应修补
   D. 当活动支座失灵造成墩台拉裂时,应修复或更换支座,并维修裂缝

本节习题答案及解析

Ⅰ. 单项选择题

1. **答案:C**

   【解析】　拱圈抗弯强度不够引起拱圈开裂。裂缝主要发生在拱顶区段的拱圈下缘与侧面,拱脚处的拱圈上缘与侧面。

2. 答案:B

【解析】 伸缩装置应每月保养一次,及时清除缝内的垃圾和杂物,使其平整、顺直、收缩自如、缝内整洁,处于良好的工作状态。

3. 答案:D

【解析】 桥梁技术状况评定为四、五类的桥梁需要进行专门检查,三类桥梁不需要。

4. 答案:B

【解析】 预应力混凝土梁出现裂缝。全预应力及部分预应力 A 类构件正常使用条件下不允许出现裂缝,只有 B 类构件允许出现裂缝。裂缝的类型除了与钢筋混凝土梁桥相同外,还有沿预应力钢束的纵向裂缝、锚固区局部承压的劈裂缝。

5. 答案:C

【解析】 定期检查:为评定桥梁使用功能,制订管理养护计划提供基本数据,对桥梁主体结构及其附属构造物的技术状况进行的全面检查,为桥梁养护管理系统搜集结构技术状态的动态数据。检查周期最长不得超过 3 年。

6. 答案:B

【解析】 在梁桥加固方法中,粘贴碳纤维、特种玻璃纤维加固法主要用于提高构件抗弯承载力,使用此法加固几乎不增加原结构自重。

7. 答案:D

【解析】 D 为轻型桥台台身竖向裂缝产生的原因之一。

8. 答案:A

【解析】 A 为重力式桥台主要病害之一。

9. 答案:B

【解析】 B 为轻型桥墩主要病害之一。

10. 答案:A

【解析】 桥梁定期检查,临时桥梁每年检查不少于 1 次。

11. 答案:A

【解析】 桥面出现的病害维修按照路面病害处治,当损坏面积较大时,可将整跨铺装层凿除,重铺新的铺装层,一般不在原桥面上直接加铺,以免增加桥梁恒载。

12. 答案:D

【解析】 对于不允许出现裂缝的梁桥,不论裂缝宽窄,都应查明原因并进行处理或加固。

Ⅱ.多项选择题

1. 答案:ACD

【解析】 桥梁检查分为经常检查、定期检查和特殊检查。

2. 答案:BCD

【解析】 板式橡胶支座出现脱空或不均匀压缩变形时应进行调整。板式橡胶支座发生过大剪切变形,中间钢板外露,橡胶开裂、老化时应及时更换。

3. 答案:BC

【解析】 当墩、台、柱由于混凝土温度收缩、施工质量不良及基础不均匀沉降等原因产生裂缝时,应视裂缝大小及损坏原因采取不同措施进行维修:裂缝宽小于规定限值时,可凿槽并采用喷浆封闭裂缝方法;裂缝宽大于规定限值时,可采用压力灌浆法灌注水泥砂浆、环氧砂浆等灌浆材料修补方法。当墩台裂缝超过规范表限值时,应查明原因并采取措施进行加固;当石砌圬工出现通缝和错缝时,应拆除部分石料,重新砌筑。

4. 答案:ABC

【解析】 桥梁需要抬高支座时,可根据抬高量的大小选用下列几种方法:垫入钢板(50mm 以内)或铸钢板(50~100mm);更换为板式橡胶支座;就地浇筑钢筋混凝土支座垫石,垫石高度按需要设置,一般应大于100mm。

5. 答案:ACD

【解析】 因墩、台变位引起拱圈开裂时,应先维修加固墩台,然后修补拱圈。

6. 答案:ABD

【解析】 粘贴碳纤维、特种玻璃纤维加固法主要用于提高构件抗弯承载力。

7. 答案:ACD

【解析】 裂缝宽度大于规定限值且小于 0.5mm 时,应灌浆;裂缝宽度大于 0.5mm 的裂缝,应修补。

(六)隧道养护

例题解析

1. 某二级公路隧道长度 $L>3000\mathrm{m}$,年平均日交通量 5001~10000pcu/d,隧道养护等级为( )。

 A. 一级　　　　B. 二级　　　　C. 三级　　　　D. 四级

答案:B

【解析】 本题为2023年考题。根据教材表6.6.2,可得该隧道养护等级为二级。

二级及二级以下公路隧道养护等级分级表　　　教材表6.6.2

同期平均日交通量 (pcu/d)	隧道长度(m)			
	$L>3000$	$1000<L\leqslant3000$	$500<L\leqslant1000$	$L\leqslant500$
≥10001	一级	二级	二级	三级
5001~10000	二级	二级	三级	三级
≤5000	二级	三级	三级	三级

本 节 习 题

Ⅰ.单项选择题

1. 隧道养护定期检查一般安排在春季或( )进行。

 A. 春季　　　　B. 夏季　　　　C. 秋季　　　　D. 冬季

2. 经常检查按照公路隧道养护等级确定,一级隧道养护的经常检查频率不少于( )。
   A. 1 次/月　　　　B. 1 次/2 月　　　　C. 1 次/季度　　　　D. 1 次/年
3. 隧道等级为二、三级时,定期检查频率宜为( )。
   A. 1 次/年　　　　B. 1 次/2 年　　　　C. 1 次/3 年　　　　D. 1 次/4 年
4. 由于承载力不足导致公路隧道衬砌出现裂纹、剥离、剥落以及支护结构有脱空的现象,采用( )处治方法是非常有效的。
   A. 衬砌背后注浆　　B. 喷射混凝土　　C. 施作钢带　　D. 套拱
5. ( )应规定频率对公路隧道土建结构外观及使用情况等进行巡视检查,发现并及时处理可能危机通行安全的病害、损毁及其他异常情况。
   A. 日常巡查　　B. 日常保养　　C. 日常维修　　D. 小修保养
6. 隧道衬砌混凝土出现网状裂缝、宽裂缝或因受拉而开裂并趋于稳定时,可采用的处治措施是( )。
   A. 粘贴钢板带　　B. 增设临时支撑　　C. 增设套拱　　D. 注浆加固围岩

Ⅱ. 多项选择题

1. 公路隧道养护划分等级的依据是( )。
   A. 交通量大小　　B. 地质条件　　C. 隧道长度　　D. 公路等级
2. 公路隧道检查主要指土建结构的结构检查工作,可分为( )。
   A. 特殊检查　　B. 应急检查　　C. 定期检查　　D. 经常检查
3. 公路隧道经常检查以定性判断为主,破损状况判定为( )。
   A. 情况正常　　B. 一般异常　　C. 中等异常　　D. 严重异常
4. 由于无仰拱导致公路隧道拱部混凝土和侧壁混凝土出现开缝、侧壁混凝土被挤出和路面出现裂缝、路基膨胀的现象,采用( )处治方法是非常有效的。
   A. 灌浆加固　　B. 隧底加固　　C. 更换衬砌　　D. 围岩压浆
5. 下列( )属于隧道洞口常见病害。
   A. 山体滑坡　　　　　　　　　　B. 边沟淤塞
   C. 衬砌厚度不足　　　　　　　　D. 护坡、挡土墙等构造物开裂
6. 隧道日常养护应包括( )。
   A. 日常保养　　B. 日常维修　　C. 日常巡查　　D. 日常清洁
7. 下列关于隧道日常养护说法正确的有( )。
   A. 土建结构中的混凝土蜂窝、麻面可采用水泥砂浆涂抹法进行处理
   B. 隧道排水管堵塞时,可用高压水、压缩空气或人工等进行疏通
   C. 隧道侧墙和顶板清洁宜以人工作业为主,机械作业为辅
   D. 土建结构中的混凝土缺损可采用环氧树脂砂浆或高强度等级水泥砂浆进行修复,出现露筋时不需要除锈直接进行修复
8. 下列关于隧道病害处治说法正确的有( )。
   A. 隧道洞门墙面装饰层局部破损或剥落时,可采用凿槽埋管引排或钻孔引排等措施
   B. 隧道洞口挡土墙严重开裂时,可采用挖方减载、增设锚索或抗滑桩等措施

C.盾构法隧道管片因外力作用出现地基沉降时,可采用粘贴钢板带等措施

D.盾构法隧道渗漏水时,可采用注浆止水、增设刚性防水层等措施

9.下列属于隧道洞门常见的病害有(　　)。

　　A.结构开裂、倾斜　　　　　　　　B.墙背填料流失

　　C.挡土墙等构造物开裂　　　　　　D.渗漏水、挂冰

10.智能监检测系统的主要特点和功能包括(　　)。

　　A.实现实时高精度感知

　　B.实现高效作业

　　C.智能化数据处理

　　D.实现数据采集、传输、存储,无法进行自动分析

本节习题答案及解析

Ⅰ.单项选择题

1.答案:C

【解析】 隧道养护定期检查一般安排在春季或秋季进行。

2.答案:A

【解析】 经常检查实施频率:隧道养护等级为一级时,宜不少于1次/月;隧道养护等级为二级时,宜不少于1次/2月,隧道养护等级为三级时,宜不少于1次/季度;在雨季、冰冻季节或极端天气情况下,或发生严重异常情况时,应提高经常检查频率。

3.答案:C

【解析】 定期检查实施频率:隧道养护等级为一级时,宜1次/年;隧道养护等级为二、三级时,宜1次/3年。

4.答案:A

【解析】 由于承载力不足导致公路隧道衬砌出现裂纹、剥离、剥落以及支护结构有脱空的现象,采用衬砌背后注浆处治方法是非常有效的。其余方法对病害处治较有效,但效果不如衬砌背后注浆明显。

5.答案:A

【解析】 日常巡查应规定频率对公路隧道土建结构外观及使用情况等进行巡视检查,发现并及时处理可能危机通行安全的病害、损毁及其他异常情况。

6.答案:A

【解析】 隧道衬砌混凝土出现网状裂缝、宽裂缝或因受拉而开裂并趋于稳定时,可采用粘贴钢板带、波纹板等措施。隧道衬砌混凝土出现剪切错台裂缝,且发展速度较快时,可采用增设临时支撑、注浆加固围岩、换拱或增设套拱等措施。

Ⅱ.多项选择题

1.答案:ACD

【解析】 根据公路等级、隧道长度和交通量大小,公路隧道养护可分为三个等级。

2. 答案：BCD

【解析】 公路隧道检查主要指土建结构的结构检查工作,分为经常检查、定期检查、应急检查和专项检查四类。

3. 答案：ABD

【解析】 公路隧道经常检查以定性判断为主,破损状况判定分三种情况：情况正常、一般异常、严重异常。

4. 答案：ABC

【解析】 围岩压浆属于对病害处治较有效的方法,不属于非常有效的方法。

5. 答案：ABD

【解析】 隧道洞口病害主要有：山体滑坡、岩石崩塌；边(养)坡危石、积水、积雪；洞口挂冰；边沟淤塞；护坡、挡土墙等构造物开裂、倾斜、沉陷、滑动、下沉、表面风化、泄水孔堵塞、墙后积水、地基错台空隙等。

6. 答案：AB

【解析】 隧道日常养护包括日常保养和日常维修。

7. 答案：AB

【解析】 C选项,隧道侧墙和顶板清洁宜以机械作业为主,人工作业为辅。

D选项,土建结构中的混凝土缺损可采用环氧树脂砂浆或高强度等级水泥砂浆进行修复,出现露筋时应先进行除锈处理再修复。

8. 答案：BCD

【解析】 A选项错误。隧道洞门壁面渗水严重时,可采用凿槽埋管引排或钻孔引排等措施。墙面装饰层局部破损或剥落时可采用修复或更换等措施,大面积脱落时宜拆除重建。

9. 答案：ABD

【解析】 隧道洞门常见的病害有：结构开裂、倾斜、沉陷、错台、起层、剥落、渗漏水、挂冰、墙背填料流失等。

10. 答案：ABC

【解析】 智能监检测系统的主要特点和功能有：实时高精度感知、高效作业和智能化数据处理。

智能化数据处理是结合大数据和人工智能技术,能够实现对扫描获取的数据进行智能化处理,包括数据上传、自动分析、智能筛选等,为管理部门提供全面、实时的隧道结构参数指示和健康状况分析。因此选项D错误。

(七)交通工程及沿线设施养护

例 题 解 析

1. 关于交通标线的养护,下列说法错误的是(　　)。

A. 标线颜色、线形与旧标线一致

B. 正式划标线前,应首先清理路面,保证路面表面清洁干燥,然后根据设计图纸进行

放样

C. 画线时，通过控制画线机的行驶速度控制标线厚度

D. 标线充分干燥前，应放置适当的警告标志，阻止车辆及行人在作业区内通行

答案：A

【解析】 本题为2019年考题。交通标线的养护：具有良好的可视性，边缘整齐、线形流畅，无大面积脱落；颜色、线形等应符合相关标准要求；反光标线应保持良好的夜间视认性；重新设计的标线应与旧标线基本重合；立面标记应保持颜色鲜明、醒目。

本 节 习 题

Ⅰ．单项选择题

1. 以下属于其他安全设施的有（ ）。
   A. 护栏　　　　　B. 交通标志牌　　　C. 交通标线　　　D. 安全岛
2. 以下关于交通工程沿线设施养护的叙述，错误的是（ ）。
   A. 对里程牌、百米桩等其他交通安全设施，可以不进行日常检查和定期检查
   B. 交通反光标线应保持良好的夜间视认性
   C. 缆索护栏使用的缆索、立柱、锚具等材料质量应符合相关标准、规范及设计要求
   D. 中央分隔带的检查应包括检查路缘石的损坏情况
3. 下列不属于公路沿线设施日常养护主要工作内容的是（ ）。
   A. 清洁　　　　　B. 紧固　　　　　C. 维修　　　　　D. 增设减速带

Ⅱ．多项选择题

1. 以下关于公路沿线设施养护的叙述，正确的是（ ）。
   A. 中央分隔带的检查应包括检查中央分隔带和隔离带的排水通道是否阻塞
   B. 水泥混凝土护栏应无明显裂缝、掉角、破损等缺陷
   C. 日常养护主要是以清洁、紧固、维修为主
   D. 交通标线的养护要求规定，重新设计的标线要不同于旧标线
2. 公路沿线设施养护工程作业内容主要包括（ ）。
   A. 通信、监控、收费、供配电设施的更新或整路段增设
   B. 集中更换或新设标志标牌、防眩板、隔音屏、隔离栅等
   C. 更换或新设公路护栏、警示桩、道口桩、减速带等
   D. 清洁、紧固、维修
3. 公路交通标志的检查可分为（ ）。
   A. 定期检查　　　B. 应急检查　　　C. 日常检查　　　D. 专项检查
4. 以下关于路面标线养护的说法，正确的是（ ）。
   A. 具有良好的可视性，边缘整齐、线形流畅，无大面积脱落
   B. 颜色、线形等应符合相关标准要求
   C. 重新设计的标线可以不需要与旧标线重合

D. 反光标线应保持良好的夜间视认性
5. 下列属于养护房屋养护的有（　　）。
   A. 养护房屋及周围环境应布局合理，整洁美观，设施适用、方便，并保持排水畅通
   B. 养护房屋应定期检查、维护，及时修复损坏部分
   C. 及时清扫场地，清除场内杂物，清理疏通排水设施，保持服务区内环境的整洁卫生
   D. 定期对公路专用的供配电系统进行检查、检测和维护

本节习题答案及解析

Ⅰ. 单项选择题

1. 答案：D

【解析】 其他安全设施：里程碑、百米桩、道口标柱、公路界碑、防落网、锥形交通路标、防撞桶、减速垫、安全岛、平曲线反光镜、声屏障、示警标柱。

2. 答案：A

【解析】 交通工程的沿线其他安全设施应进行日常检查和定期检查，检查内容主要为设施是否清洁完整、设施的功能是否正常。

3. 答案：D

【解析】 公路沿线设施的养护工作分为日常养护和养护工程，日常养护是以清洁、紧固、维修为主；D属于公路沿线设施的养护工程。

Ⅱ. 多项选择题

1. 答案：ABC

【解析】 交通标线的养护要求规定，重新设计的标线应与旧标线基本重合。

2. 答案：ABC

【解析】 公路设施日常养护主要是以清洁、紧固、维修为主。养护工程作业内容主要包括通信、监控、收费、供配电设施的更新或整路段增设；集中更换或新设标志标牌、防眩板、隔音屏、隔离栅等；以及整段路面标线的施划，集中维修、更换或新设公路护栏、警示桩、道口桩、减速带等。

3. 答案：AC

【解析】 公路交通标志的检查分日常检查和定期检查。

4. 答案：ABD

【解析】 重新设计的标线应与旧标线基本重合。

5. 答案：AB

【解析】 AB属于管理养护房屋的养护；C属于服务设施的养护；D属于机电系统的养护。

(八)绿化养护

例 题 解 析

1. 环境绿化上,按园林景观进行绿化的是( )。
   A. 高速公路分车绿带　　　　　　B. 边坡防护绿带
   C. 服务区、收费站的绿化　　　　　D. 简单立体交叉绿化

答案:C

【解析】 本题为2015年考题,考查绿化养护的知识点。高速公路、一级公路的中央分隔带宜种植灌木、花卉或草皮。服务区应结合当地环境、景观要求,另行设计,单独实施。立体交叉侵害形成的环岛,可选择栽植小乔木或灌木,实现丛林化。

本 节 习 题

Ⅰ.单项选择题

1. 隧道进出口两侧( )范围内,宜栽植高大乔木,尽可能形成隧道内外光线的过渡段,以利车辆安全行驶。
   A. 10～30m　　　B. 30～50m　　　C. 50～70m　　　D. 70～90m

2. 以下关于绿化养护的叙述,错误的是( )。
   A. 小半径平曲线内侧不得栽植影响视线的乔木或灌木,其外侧可栽植成行的乔木
   B. 防治绿化植物病虫害应以预防为主,生物、化学防治与营林措施相结合
   C. 平原区应栽植单行或多行的防护林带
   D. 二级及二级以上公路,宜采用乔木与灌木相结合的方式,并充分体现当地特色

3. 每年春季或秋季,宜在乔木树干上距地面( )高度范围内刷涂白剂。
   A. 0.5～1m　　　B. 1～1.5m　　　C. 1.5～2m　　　D. 2～2.5m

4. 桥头或涵洞两头( )范围内,不宜栽植乔木,以免根系破坏桥(涵)台。
   A. 1～5m　　　　B. 5～10m　　　C. 10～15m　　　D. 15～20m

Ⅱ.多项选择题

1. 公路绿化应贯彻( )的方针。
   A. 国家政策　　B. 因地制宜　　C. 因路制宜　　D. 适地适树

2. 下列关于环境保护的说法,正确的是( )。
   A. 公路环境保护应与公路建设和养护相结合,开发和利用环境
   B. 公路环境保护应体现经济效益、社会效益,其中应优先考虑经济效益
   C. 增强生态保护和水土保持意识,保护生态资源
   D. 应注意防治生活环境污染

本节习题答案及解析

Ⅰ.单项选择题

1.答案:B

【解析】 隧道进出口两侧30~50m范围内,宜栽植高大乔木,尽可能形成隧道内外光线的过渡段,以利车辆安全行驶。

2.答案:D

【解析】 高速公路、一级公路的中央分隔带宜种植灌木、花卉或草皮。二级及二级以下公路,宜采用乔木与灌木相结合的方式,并充分体现当地特色。

3.答案:B

【解析】 每年春季或秋季,宜在乔木树干上距地面1~1.5m高度范围内刷涂白剂。

4.答案:B

【解析】 桥头或涵洞两头5~10m范围内,不宜栽植乔木,以免根系破坏桥(涵)台。

Ⅱ.多项选择题

1.答案:BCD

【解析】 公路绿化应贯彻因地制宜、因路制宜、适地适树的方针。

2.答案:ACD

【解析】 公路环境保护应体现经济效益、社会效益,各种环境保护设施应因地制宜,做到技术可行、经济合理。

第七章 公路工程计量与计价

一、考纲要求

1. 公路工程造价依据及计算方法。
2. 公路工程定额工程量计算规则。
3. 工程量清单。
4. 工程量清单计价。

二、本章知识架构

```
公路工程
计量与计价
   └─ 公路工程造价依据
      及计算方法
         ├─ 公路工程造价依据
         ├─ 公路工程造价
         │  费用组成
         │     ├─ 公路工程投资估算或概(预)算总费用
         │     ├─ 建筑安装工程费
         │     ├─ 土地使用拆迁补偿费
         │     ├─ 工程建设其他费
         │     ├─ 预备费
         │     ├─ 建设期贷款利息
         │     └─ 公路工程造价文件组成
         └─ 公路工概、预算编制的
            一般步骤和工作内容
               ├─ 拟订编制方案、确定编制原则
               ├─ 现场调查与资料收集
               ├─ 熟悉设计图纸资料,核对主要工程量
               ├─ 选择施工方法
               ├─ 划分工程项目
               ├─ 套用定额、摘取定额工程数量
               └─ 计算各项费用
```

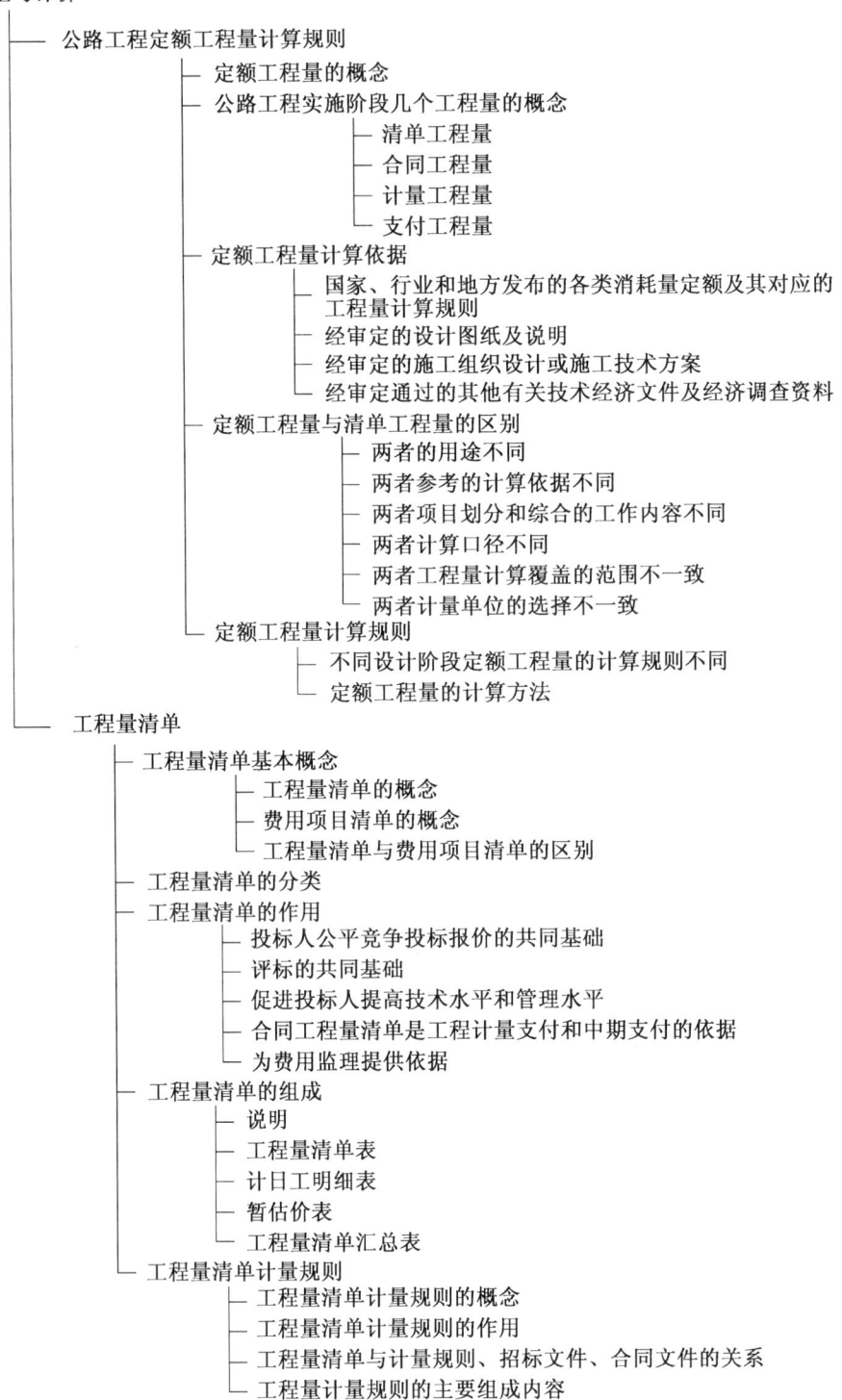

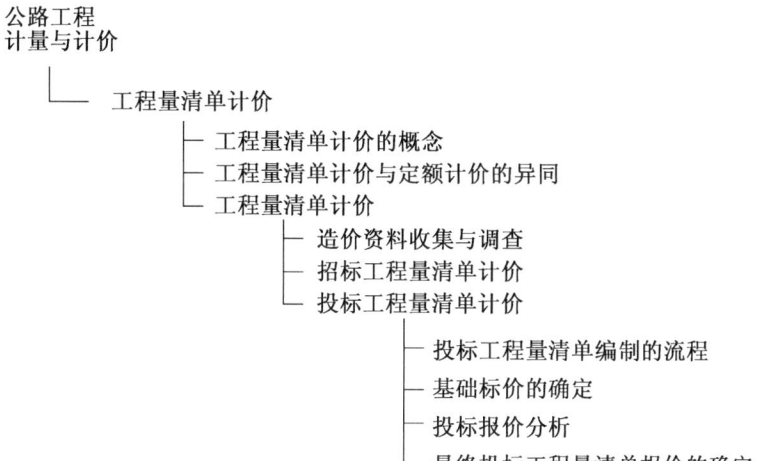

三、题型详解

(一) 公路工程造价依据及计算方法

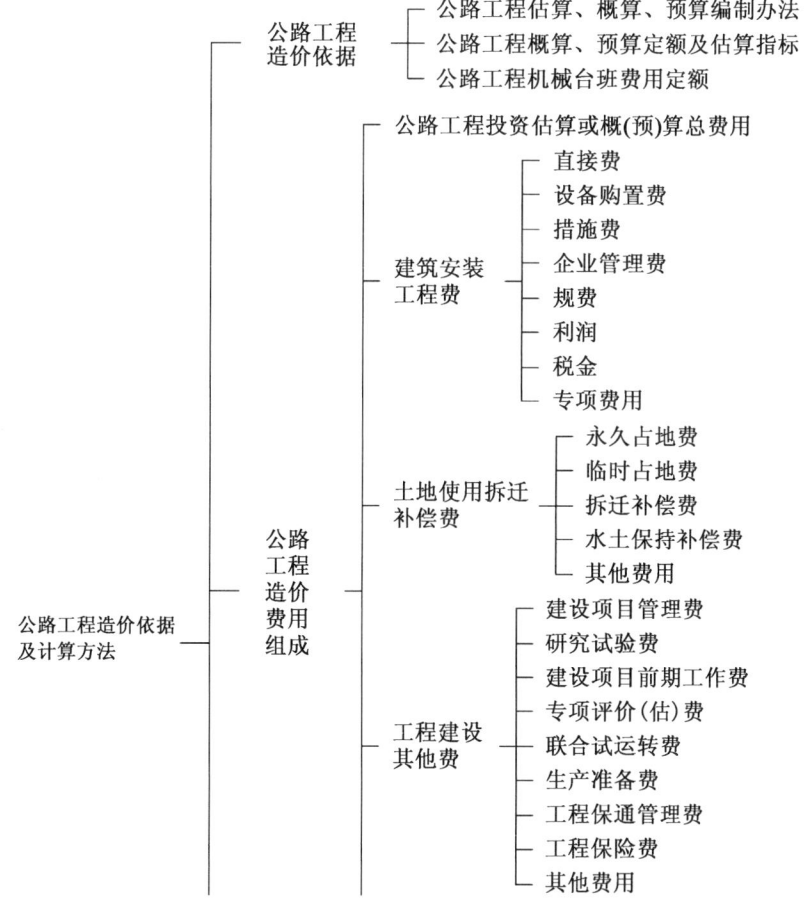

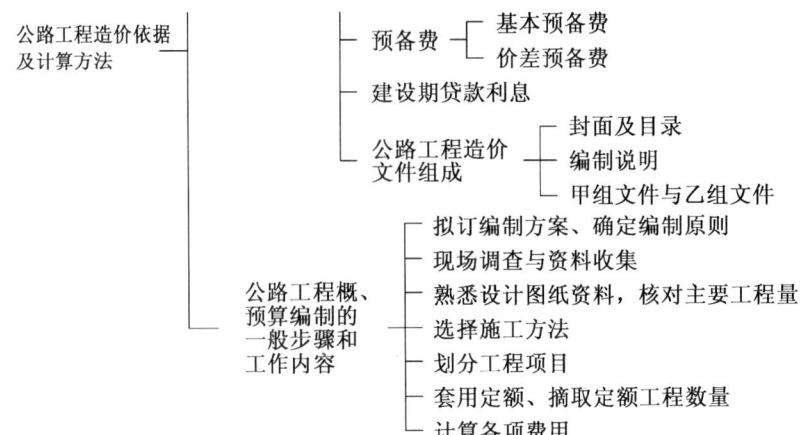

例 题 解 析

Ⅰ.单项选择题

1.下列公路工程建设安装费用项目中,属于利润计算基数的是(   )。
   A.规费   B.直接费   C.措施费   D.设备购置费
答案:C
【解析】 本题为2021年考题。利润指施工企业完成所承包工程获得的盈利,按定额直接费及措施费、企业管理费之和的7.42%计算。

2.下列公路工程预算文件中,属于乙组文件的是(   )。
   A.工程建设其他费计算表   B.建筑安装工程费计算表
   C.施工机械台班单价计算表   D.土地使用及拆迁补偿费计算表
答案:C
【解析】 本题为2021年考题。甲、乙组文件包含的内容见教材图7.1.2。

```
        ┌ 编制说明
        │ 项目前后阶段费用对比表
        │ 建设项目属性及技术经济信息表(00表)
        │ 总概(预)算汇总表(01-1表)
        │ 总概(预)算人工、主要材料、施工机械台班数量汇总表(02-1表)
        │ 总概(预)算表(01表)
        │ 人工、主要材料、施工机械台班数量汇总表(02表)
甲组    │ 建筑安装工程费计算表(03表)
文件  ──┤ 综合费率计算表(04表)
        │ 综合费计算表(04-1表)
        │ 设备费计算表(05表)
        │ 专项费用计算表(06表)
        │ 土地使用及拆迁补偿费计算表(07表)
        │ 工程建设其他费计算表(08表)
        └ 人工、材料、施工机械台班单价汇总表(09表)
```

a)甲组文件

教材图 7.1.2

第七章 公路工程计量与计价

乙组文件 ⎧ 分项工程概(预)算计算数据表(21-1表)
　　　　　　分项工程概(预)算表(21-2表)
　　　　　　材料预算单价计算表(22表)
　　　　　　自采材料料场价格计算表(23-1表)
　　　　　　材料自办运输单位运费计算表(23-2表)
　　　　　　施工机械台班单价计算表(24表)
　　　　　⎩ 辅助生产人工、材料、施工机械台班单位数量表(25表)

b)乙组文件

教材图 7.1.2 甲、乙组文件包含的内容

3.关于公路工程估算、概算、预算编制办法的作用,下列说法正确的是( )。
　A.是工程量清单子目计量工程量的计算依据,确定了清单子目所包含的工作内容
　B.反映一定时期施工技术和工艺水平的产品所需人工、材料、机械设备的数量标准
　C.规定了公路工程项目建设前期阶段工程造价文件的组成及各项目费用的计算依据
　D.是编制公路建设项目投资估算、初步设计概算、施工图预算和竣工决算的重要依据

答案:C

【解析】 本题为2020年考题。
公路工程估算、概算、预算编制办法作用:编制办法适用于编制新建和改(扩)建的公路工程建设项目投资估算、设计概算和施工图预算,是公路工程建设前期各阶段造价文件编制的纲领性文件,它规定了估算、概算、预算在编制过程中各项费用的组成、计算方法及费率标准。公路工程建设项目估算、概算、预算编制办法的具体作用有:规定了公路工程项目建设前期工程造价文件的组成及各项目费用的计算依据(包括计算基数与费率);是编制公路建设项目投资估算、初步设计概算(或技术设计修正概算)和施工图预算合理确定公路工程总投资的重要依据。

4.根据《公路工程建设项目概算预算编制办法》,下列不属于企业管理费中基本费用的是( )。
　A.工程排污费　　　　　　B.定额测定费
　C.职工取暖补贴　　　　　D.竣(交)工文件编制费

答案:C

【解析】 本题为2020年考题。
企业管理费由基本费用、主副食运费补贴、职工探亲路费、职工取暖补贴和财务费用五项组成。
企业管理费中基本费用包括管理人员工资、办公费、差旅交通费、固定资产使用费、工具用具使用费、劳动保险费、职工福利费、劳动保护费、工会经费、职工教育经费、保险费、工程排污费、其他费用[包括技术转让费、技术开发费、竣(交)工文件编制费、招投标费、业务招待费、绿化费、广告费、公证费、定额测定费、法律顾问费、审计费、咨询费以及施工标准化、规范化、精细化管理等费用]。

5.根据《公路工程建设项目概算预算编制办法》,定额建筑安装工程费包括( )的40%。
　A.措施费　　B.专项费用　　C.定额直接费　　D.定额设备购置费

答案:D

【解析】 本题为2020年考题。

定额建筑安装工程费包括定额直接费、定额设备购置费的40%、措施费、企业管理费、规费、利润、税金和专项费用,定额直接费包括定额人工费、定额材料费、定额施工机械使用费。

6. 以下关于公路工程土地使用及拆迁补偿费的说法,正确的是( )。
   A. 土地使用及拆迁补偿费不包括水土保持补偿费
   B. 征用耕地安置补助费指征用耕地需要安置农业人口的补助费
   C. 临时占地费包括临时征地使用费、失地农民养老保险费和复耕费
   D. 森林植被恢复费由建设项目法人单位按照县级人民政府有关规定预缴

答案:B

【解析】 本题为2020年考题。

公路工程土地使用及拆迁补偿费包括永久占地费(含土地补偿费、征用耕地安置补助费、耕地开垦费、森林植被恢复费、失地农民养老保险费)、临时占地费、拆迁补偿费、水土保持补偿费和其他费用。森林植被恢复费应根据审批单位批准的建设工程占用林地的类型及面积,按国家有关规定及工程所在地的省(自治区、直辖市)颁布的有关规定和标准计算。

7. 桥梁工程钻孔灌注桩基础,设计桩长为50m,采用水中桩基平台,水深3m,平台顶高程为+8.0m,河床地面高程为+3.0m,桩底高程-50.0m,在编制工程造价时,其成孔工程量应为( )m。
   A. 50   B. 53   C. 56   D. 58

答案:B

【解析】 本题为2020年考题。

灌注桩成孔工程量按设计入土深度计算。定额中的孔深指护筒顶至桩底(设计高程)的深度。成孔工程量 = 50 + 3 = 53m。

8. 某公路工程需采购中(粗)砂1000m^3,材料的料场供应单价为50元/t(不含税价,单位质量1.5t/m^3),料场距工地的平均运距为50km,运价为0.5元/t·km,装卸费单价为3元/t,场外运输损耗为1%,采购及保管费率为2.06%,材料的预算价格是( )元/m^3。
   A. 80.4   B. 106.2   C. 112.6   D. 120.6

答案:D

【解析】 本题为2020年考题。

材料预算价格 = (材料原价 + 运杂费) × (1 + 场外运输损耗率) × (1 + 场外运输损耗率) × (1 + 采购及保管率) - 包装品回收价值 = (50 + 50 × 0.5 + 3) × 1.5 × (1 + 1%) × (1 + 2.06%) = 120.6(元/m^3)

9. 根据《公路工程建设项目投资估算编制办法》,工程可行性研究报告投资估算基本预备费计算费率为( )。
   A. 3%   B. 5%   C. 9%   D. 11%

答案:C

【解析】 本题为2020年考题。

根据《公路工程建设项目投资估算编制办法》,工程可行性研究报告投资估算基本预备费

按9%计列。

10. 在《公路工程建设项目概算预算编制办法》中,高速公路桥梁竣(交)工验收试验检测费标准按双向四车道计算,每增加1个车道费用增加(　　)。

A.5%　　　　　　B.10%　　　　　　C.15%　　　　　　D.20%

答案:C

【解析】 本题为2020年考题。

竣(交)工验收试验检测费分道路工程、桥梁工程、隧道工程按规定费率计算。道路工程按主线路基长度计,桥梁工程以主线桥梁、分离式立交、匝道桥的长度之和按一般桥梁、技术复杂桥梁(分桥型)进行计算,隧道按单洞长度计算。

道路工程的高速公路、一级公路按四车道计算,二级及二级以下公路按两车道计算每增加1个车道,费用按标准费用增加10%计算。桥梁和隧道按双向四车道计算,每增加1个车道,费用增加15%。二级及二级以下公路的桥隧工程费用按40%计算。

11. 隧道超前地质预报费用属于(　　)。

A.竣(交)工验收试验检测费　　　　B.研究试验费
C.建设项目前期工作费　　　　　　D.施工辅助费

答案:D

【解析】 本题为2021年考题。

高填方和软基沉降监测、高边坡稳定监测、桥梁施工监测、隧道施工监控量测、超前地质预报等施工监控费含在施工辅助费中,不得另行计算。

12. 下列属于研究试验费的是(　　)。

A. 支付科技成果、专利、先进技术的一次性技术转让费
B. 为建设项目提供或验证设计数据开支的项目费用
C. 重要科学研究补助费
D. 新产品试制费

答案:A

【解析】 本题为2021年考题。

公路工程计量与计价。研究试验费不包括:

(1)应由前期工作费(为建设项目提供或验证设计数据、资料等专题研究)开支的项目。

(2)应由科技三项费用(即新产品试制费、中间试验费和重要科学研究补助费)开支的项目。

(3)应由施工辅助费开支的施工企业对建筑材料、构件和建筑物进行一般鉴定、检查所发生的费用及技术革新研究试验费。

13. 下列不属于工程建设其他费的是(　　)。

A. 土地使用及拆迁补偿费　　　　B. 工程保险费
C. 生产准备费　　　　　　　　　D. 研究试验费

答案:A

【解析】 本题为2021年考题。

工程建设其他费包括建设项目管理费、研究试验费、建设项目前期工作费、专项评价(估)

费、联合试运转费、生产准备费、工程保通管理费、工程保险费、其他相关费用。

14.下列属于定额建筑安装工程费的是( )。
   A.定额设备购置费的40%   B.专项评估费
   C.施工机械使用费   D.材料费
答案:A
【解析】 本题为2021年考题。
定额建筑安装工程费包括定额直接费、定额设备购置费的40%、措施费、规费、企业管理费、利润、税金和专项费用。

15.国家当前建筑行业增值税销项税率为( )。
   A.11%   B.10%   C.9%   D.7.42%
答案:C
【解析】 本题为2021年考题。
国家当前建筑行业增值税销项税率为9%。

16.某二级公路建筑安装工程费为36280万元,定额建筑安装工程费为30000万元,建设单位管理费的费率如下表所示。则建设单位管理费为( )元。

取费基数(万元)	费率(%)	取费基数(万元)	费率(%)
500及以下	4.858	5000~10000	2.562
500~1000	3.813	10000~30000	2.125
1000~5000	3.049	30000~50000	1.773

   A.637.5   B.531.9   C.718.415   D.839.333
答案:D
【解析】 建设单位(业主)管理费以定额建筑安装工程费为基数,分段选用费率,以累进方法计算。
$500 \times 4.858\% = 24.29$(元)
$24.29 + (1000 - 500) \times 3.813\% = 43.355$(元)
$43.355 + (5000 - 1000) \times 3.049\% = 165.315$(元)
$165.315 + (10000 - 5000) \times 2.562\% = 293.415$(元)
$293.415 + (30000 - 10000) \times 2.125\% = 718.415$(元)
$718.415 + 6280 \times 1.773\% = 839.333$(元)

17.某路面工程定额人工费为59842元,预算采用的人工费为62834元,材料费定额价为114537元,材料费预算价为120566元,定额施工机械使用费为83334元,预算采用的施工机械使用费为87500元,无设备购置费,施工场地建设费不计,冬季施工增加费费率为0.073%,雨季施工增加费费率为1.093%,施工辅助费费率为0.818%,工地转移费费率为0.435%,企业管理费费率为3.078%,规费费率为41.6%,利润率为7.42%,税率为9%。该项目的建筑安装工程费为( )元。
   A.366843   B.359055   C.354746   D.339548
答案:B

【解析】 建筑安装工程费＝直接费＋设备购置费＋措施费＋企业管理费＋规费＋利润＋税金＋专项费用；

直接费＝人工费＋材料费＋施工机械使用费＝62834＋120566＋87500＝270900(元)；

设备购置费无；

冬季施工增加费＝(定额人工费＋定额施工机械使用费)×冬季施工增加费费率＝(59842＋83334)×0.073%＝104.52(元)；

雨季施工增加费＝(定额人工费＋定额施工机械使用费)×雨季施工增加费费率＝(59842＋83334)×1.093%＝1564.91(元)；

施工辅助费＝定额直接费×施工辅助费费率＝(59842＋114537＋83334)×0.818%＝2108.09(元)；

工地转移费＝(定额人工费＋定额施工机械使用费)×工地转移费费率＝(59842＋83334)×0.435%＝622.82(元)；

措施费＝冬季施工增加费＋雨季施工增加费＋夜间施工增加费＋特殊地区施工增加费＋行车干扰施工增加费＋施工辅助费＋工地转移费＝104.52＋1564.91＋2108.09＋622.82＝4400.34(元)；

企业管理费＝定额直接费×企业管理费费率＝(59842＋114537＋83334)×3.078%＝7932.41(元)；

规费＝人工费×规费费率＝62834×41.6%＝26138.94(元)；

利润＝(定额直接费＋措施费＋企业管理费)×利润率＝(59842＋114537＋83334＋4400.34＋7932.41)×7.42%＝20037.39(元)；

税金＝(直接费＋设备购置费＋措施费＋企业管理费＋规费＋利润)×税率＝(62834＋120566＋87500＋4400.34＋7932.41＋26138.94＋20037.39)×9%＝29646.82(元)；

建筑安装工程费＝直接费＋设备购置费＋措施费＋企业管理费＋规费＋利润＋税金＋专项费用＝270900＋4400.34＋7932.41＋26138.94＋20037.39＋29646.82＝359055.92(元)。

18.某公路工程因条件所限,用电拟采用自行发电,发电机组的总功率为350kW,台班单位为3500元,则发电的单价为(　　)元每kW·h。

A.10元　　　　　B.2.4元　　　　　C.1.5元　　　　　D.1.25元

答案：C

【解析】 本题为2022年考题。

当工程用电为自行发电时,电动机械每kW·h(度)电的单价可由近似公式计算：
$$A = 0.15 \times K/N = 0.15 \times 3500/350 = 1.5(元)$$

式中：A——电的单价(元/kW·h)；

K——发电机组的台班单价(元)；

N——发电机组的总功率(kW)。

19.根据《公路工程建设项目概算预算编制办法》(JTG 3830—2018),措施费取费正确的是(　　)。

A.工地转移距离在50km以内时,不计工地转移费

B.对于改建项目应按道路原有的平均每昼夜双向车次数计算行车干扰费

C. 必须在夜间施工或必须昼夜连续施工的工作,计算夜间施工增加费

D. 项目不在冬天、雨季施工时,可不计冬天施工增加费、雨季施工增加费

答案: C

【解析】 本题为2023年考题。

A项,工地转移距离在50km以内时,按50km计算。

B项,为保证交通正常通行而修建保通便道改(扩)建工程,不计行车干扰施工增加费。

C项,夜间施工增加费指根据设计、施工技术规范和合理的施工组织要求,必须在夜间施工或必须昼夜连续施工而发生的夜班补助费、夜间施工降效、施工照明设备摊销及照明用电等费用。

D项,冬季施工增加费的计算方法,是根据各类工程的特点,按照工程所在地的气温区选用对应的费率计算(注:绿化工程不计冬季施工增加费)。为了简化计算手续,采用全年平均摊销的方法,即不论是否在冬季施工,均按规定的取费标准计取冬季施工增加费。

Ⅱ. 多项选择题

1. 根据《公路工程建设项目概算预算编制办法》,下列属于公路工程建设项目前期工作费的有(   )。

　　A. 压覆重要矿产评估费　　　　　　B. 地质灾害危险性评价费
　　C. 设计数据验证专题研究费　　　　D. 施工招标控制值文件编制费

答案: CD

【解析】 本题为2020年考题。

建设项目前期工作费指委托勘察设计、咨询单位对建设项目进行可行性研究、工程勘察设计,以及设计、监理、施工招标文件及招标标底或造价控制值文件编制时按规定应支付的费用。建筑项目前期工作费包括:①编制项目建议书(或预可行性研究报告)、可行性研究报告、投资估算,以及相应的勘察、设计等所需的费用。②通过风洞试验、地震动参数、索塔足尺模型试验、桥墩局部冲刷试验、桩基承载力试验等为建设项目提供或验证设计数据所需的专题研究费用。③初步设计和施工图设计的勘察费、设计费、概(预)算编制及调整概算编制费用等。④设计、监理、施工招标及招标标底(或造价控制值或清单预算)文件编制费等。

选项A、B均属于专项评价(估)费。

2. 工程直接费为1500万元,其中人工费为150万元,定额直接费为1100万元,定额人工费为120万元,设备购置费为50万元,措施费为5万元,企业管理费为80万元,规费费率为35%,利润为7.42%。下列费用计算正确的有(   )。

　　A. 规费为42.0万元　　　　　　　　B. 规费为52.5万元
　　C. 利润为87.93万元　　　　　　　　D. 税金为123.79万元

答案: BC

【解析】 本题为2020年考题。

各项规费以各类工程的人工费之和为基数,利润按定额直接费及措施费、企业管理费之和的7.42%计算。税金=(直接费+设备购置费+措施费+企业管理费+规费+利润)×9%(国家当期建筑行业增值税销项税率)

规费 =（人工费）×规费费率 = 150×35% = 52.5（万元）
利润 =（定额直接费 + 措施费 + 企业管理费）×7.42%
　　 =（1100 + 5 + 80）×7.42% = 87.93（万元）
税金 =（直接费 + 设备购置费 + 措施费 + 企业管理费 + 规费 + 利润）×9%
　　 =（1500 + 50 + 5 + 80 + 52.5 + 87.93）×9% = 159.79（万元）

3. 根据《公路工程建设项目概算预算编制办法》，下列属于建筑安装工程费专项费用的有（　　）。

　　A. 设备购置费　　B. 安全生产费　　C. 工程保险费　　D. 施工场地建设费

答案：BD

【解析】　本题为 2020 年考题。

专项费用包括施工场地建设费和安全生产费。设备购置费属于建筑安装工程费；工程保险费属于工程建设其他费。

4. 根据《公路工程估算指标》，编制投资估算时应按《公路工程概算定额》计算的项目有（　　）。

　　A. 小导管　　　　　　　　　　B. 斜井洞内施工排水
　　C. 洞内施工排水　　　　　　　D. 隧道路面整平层

答案：ABC

【解析】　本题为 2020 年考题。

《公路工程估算指标》（JTG/T 3821—2018）相关规定：洞身、明洞指标综合了隧道路面整平层，不需另算。估算指标中未包括小导管、洞内施工排水、斜井洞内施工排水等项目，需要时也应按公路工程概算定额进行计算。

5. 根据《公路工程建设项目概算预算编制办法》，规费包括养老保险费、（　　）和住房公积金。

　　A. 失业保险费　　B. 医疗保险费　　C. 劳动保险费　　D. 工伤保险费

答案：ABD

【解析】　本题为 2020 年考题。

规费指按法律、法规、规章、规程规定施工企业必须缴纳的费用。规费包含：养老保险费、失业保险费、医疗保险费、工伤保险费和住房公积金。

6. 根据《公路工程建设项目造价文件管理导则》，属于公路工程实施阶段造价文件的有（　　）。

　　A. 设计预算文件　　　　　　　B. 造价管理台账
　　C. 计量与支付文件　　　　　　D. 工程量清单预算文件

答案：BCD

【解析】　本题为 2020 年考题，主要考查造价文件管理导则的内容。

造价管理台账、计量与支付文件和工程量清单预算文件是属于公路工程实施阶段的造价文件。选项 A 设计预算文件属于公路工程前期阶段造价文件。

7. 建筑安装工程费包括（　　）。

　　A. 施工机械使用费　　　　　　B. 措施费

C. 工程保险费 D. 安全生产费

答案：ABD

【解析】 本题为2021年考题。

建筑安装工程费包括：直接费(人工费、材料费施工机械使用费)、措施费(冬季施工增加费、雨季施工增加费、夜间施工增加费特殊地区施工增加费、车干扰工程施工增加费、施工辅助费、工地转移费、辅助生产间接费)、企业管理费、规费、利润、税金、专项费用(施工场地建设费和安全生产费)。C项工程保险费属于工程建设其他费。

8. 根据《公路工程建设项目概预算编制办法》(JTG 3830—2018)，下列属于公路工程施工辅助费的有(   )。

   A. 检验试验费 B. 辅助生产间接费
   C. 施工场地建设费 D. 生产工具用具使用费

答案：AD

【解析】 本题为2021年考题。

施工辅助费包括生产工具用具使用费、检验试验费和工程定位复测、工程点交、场地清理等费用。

9. 下列采用累进办法计算的是(   )。

   A. 施工场地建设费 B. 工程保险费
   C. 竣(交)工验收试验检测费 D. 建设项目前期工作费

答案：AD

【解析】 本题为2021年考题。选项A，施工场地建设费以施工场地计费基数按相应费率以累进方法计算。选项D，建设项目前期工作费以定额建筑安装工程费为基数，分段选用费率，以累进办法计算。

10. 下列属于特殊地区施工增加费的是(   )。

    A. 夜间施工增加费 B. 高原地区施工增加费
    C. 沿海地区施工增加费 D. 风沙地区施工增加费

答案：BCD

【解析】 本题为2021年考题。特殊地区施工增加费包括高原地区施工增加费、风沙地区施工增加费和沿海地区施工增加费三项。选项A与特殊地区施工增加费是并列关系。

11. 下列(   )选项不属于建筑安装工程费的费用组成部分。

    A. 直接费企业管理费 B. 企业管理费
    C. 工程保通管理费 D. 工程保险费
    E. 规费

答案：CD

【解析】 本题为2022年考题。考核概预算的组成。

建筑安装工程费包括直接费、设备购置费、措施费、企业管理费、规费、利润、税金和专项费用。选项C、D属于工程建设其他费。

12. 根据《公路工程建设项目概算预算编制办法》(JTG 3830—2018)，属于财务费用的有(   )。

A. 履约担保 B. 预付款担保
C. 汇兑净损失 D. 劳动保险费
E. 职工工资支付担保

答案：ABCE

【解析】 本题为2023年考题。

财务费用指施工企业为筹集资金提供投标担保、预付款担保、履约担保、职工工资支付担保等所发生的各种费用，包括企业经营期间发生的短期贷款利息净支出、汇兑净损失、调剂外汇手续费、金融机构手续费，以及企业筹集资金发生的其他财务费用。财务费用以各类工程的定额直接费为基数，根据工程类别确定费率计算。

本 节 习 题

Ⅰ.单项选择题

1.(　　)规定了公路工程项目建设前期工程造价文件的组成及各项目费用的计算依据。
 A. 公路工程估算、概算、预算编制办法　　B. 公路工程估算指标
 C. 公路工程概算定额　　D. 公路工程预算定额

2. 公路工程估算、概算和预算编制办法是(　　)，编制估算、概算和预算时要按照此标准执行，使用时应结合补充规定。
 A. 行业内强制性标准　　B. 国家强制性标准
 C. 国家标准　　D. 企业标准

3. 预算定额是在(　　)的基础上综合扩大的，但它不是部颁的统一定额。
 A. 预算定额　　B. 施工定额　　C. 概算定额　　D. 估算指标

4. 关于公路工程估算、概算预算编制办法的使用，以下说法错误的是(　　)。
 A. 公路工程估算、概算预算编制办法是行业内强制性标准
 B. 由于新技术、新材料、新工艺的出现或新政策、法规的实行，国家、行业或地方会陆续推出一些补充规定、办法，在使用时应注意结合
 C. 编制清单预算是市场行为，可以不执行概算预算编制办法
 D. 清单预算是施工图预算的另一种表现形式，同样要严格遵守概算预算编制办法

5. 下列哪种定额的综合程度最高(　　)。
 A. 施工定额　　B. 预算定额　　C. 概算定额　　D. 估算指标

6. 供抽换定额中混凝土强度等级、砂浆强度等级时使用的混凝土、砂浆配合比表，编制补充定额时所需的统一规定，如材料的周转次数、规格、单位质量、代号、基价等，体现在预算定额的(　　)中。
 A. 总说明　　B. 章节说明　　C. 定额表　　D. 附录

7. 公路工程施工机械每台(艘)班一般按(　　)h计算。
 A. 6　　B. 8　　C. 9　　D. 10

8. 潜水设备每台班按(　　)h计算。
 A. 6　　B. 7　　C. 8　　D. 10

9. 公路工程造价是指从( )到( )所需的全部费用。
   A. 设计；交工   B. 立项；交工
   C. 筹建；竣工验收交付使用   D. 立项；竣工验收

10. 某施工标段合格水泥原价每吨 380 元，运杂费每吨 20 元，场外运输损耗率 1%，采购及保管费率为 2.06%，每吨水泥袋包装回收为 5 元，那么该标段所用水泥的预算价格( )元/吨。
    A. 412.32   B. 407.32   C. 417   D. 407

11. 已知《公路工程预算定额》桥涵工程中"干处埋设钢护筒"定额的定额单位为 1t，20t 以内汽车式起重机定额消耗为 0.14 台班，其折旧费为 236.62 元/台班，检修费为 152.3 元/台班，维护费为 320.44 元/台班，人工消耗量为 2 工日/台班，柴油消耗量为 38.55kg，定额柴油单价为 7.44 元/kg，定额人工费为 106.28 元/工日。试计算每埋设 1t 钢护筒需要 20t 以内汽车式起重机的定额基价为( )元。
    A. 169.22   B. 1208.73   C. 115.23   D. 823.08

12. 建筑安装工程费中除( )外，其他均按"价税分离"计价规则计算。
    A. 直接费   B. 专项费用   C. 措施费   D. 设备购置费

13. 钢材的采购及保管费率是( )。
    A. 0.42%   B. 0.75%   C. 2.06%   D. 3.26%

14. 下列关于设备购置费的说法，正确的是( )。
    A. 设备购置费包括需要安装设备的安装工程费
    B. 定额设备购置费的 40% 计入定额建筑安装工程费中
    C. 设备购置费包括隧道照明、消防、通风的动力设备，公路收费、监控、通信、路网运行监测、供配电及照明设备，不包括渡口设备
    D. 设备购置费列出的计划购置清单只需要包括设备的名称、数量

15. 某项目施工图预算中浆砌片石边沟套用《公路工程预算定额》路基工程中"1-3-3-1 浆砌片石边沟、排水沟"定额，定额单位为 10m³。其计算结果为每施工 10m³ 浆砌片石边沟需要消耗定额人工费为 701 元，定额材料费为 1460 元，定额施工机械使用费为 67 元，施工辅助费费率为 1.201%。试计算每 1m³ 浆砌片石边沟的施工辅助费( )元。
    A. 0.92   B. 2.68   C. 9.22   D. 26.76

16. 文明施工、职工健康生活的费用属于( )。
    A. 企业管理费   B. 措施费
    C. 施工场地建设费   D. 施工辅助费

17. 编制概(预)算时，安全生产费的计算基数是( )。
    A. 建筑安装工程费(不含安全生产费本身)
    B. 直接费 + 措施费
    C. 定额建筑安装工程费
    D. 定额直接费 + 措施费

18. 安全生产费按建筑安装工程费(不含安全生产费本身)乘以安全生产费费率计算，费率按不小于( )计取。

A.1%   B.1.5%   C.2%   D.2.5%

19.税金指国家税法规定应计入建筑安装工程造价的增值税销项税额,现行公路工程税率为( )。

A.7.42%   B.9%   C.10%   D.11%

20.某工程贷款60000万元,建设期3年,第一年贷款30000万元,第二年贷款20000万元,第三年贷款10000万元,贷款年利率为4.09%,则建设期贷款利息为( )。

A.4607.13万元   B.4617.13万元   C.4507.13万元   D.4517.13万元

21.按法律、法规、规章、规程规定,施工企业必须缴纳的费用是( )。

A.规费   B.直接费   C.间接费   D.企业管理费

22.现行《公路工程建设项目概算预算编制办法》中,规定施工场地建设费的取费基数是( )。

A.定额建筑安装工程费减去专项费用
B.建筑安装工程费减去设备购置费和专项费用
C.定额建筑安装工程费
D.建筑安装工程费

23.某高速公路工程施工图预算定额直接费为34886万元,预算直接费为38762万元,措施费为3516万元,企业管理费为1721万元,规费为1568万元,利润为2977万元,税金为4369万元,安全生产费794万元,施工场地建设费费率如下表所示,则本项目的施工场地建设费为( )万元。

施工场地计费基数(万元)	费率(%)	施工场地计费基数(万元)	费率(万元)
500及以下	5.338	5000~10000	2.222
500~1000	4.228	10000~30000	1.785
1000~5000	2.665	30000~50000	1.694

A.1349   B.945   C.1452   D.1431

24.某项目施工图预算采用的人工费为62834元,材料费定额价为114537元,材料费预算价为120566元,定额施工机械使用费为83334元,预算采用的施工机械使用费为87500元,设备购置费为131764元,施工场地建设费及安全生产费不计,措施费为4400.34元,企业管理费为7932.41元,规费为26138.94元,利润为20037.39元,税金为41505.6元。则该项目应缴纳的工程保险费为( )元。

A.2010.71   B.1483.66   C.1969.93   D.1442.88

25.现行公路工程概算预算造价文件中,甲组文件内容包括( )。

A.材料预算单价计算表
B.总概(预)算人工、主要材料、施工机械台班数量汇总表
C.施工机械台班单价计算表
D.辅助生产人工、材料、施工机械台班单位数量表

26.公路工程中每台班按一个昼夜计算的是( )。

A.潜水设备   B.挖掘机

C. 变压器和配电设备　　　　　　D. 路面摊铺机

27. 《公路工程预算定额》中,隧道工程洞内作业每个工日按( )h计。
A. 6　　　　B. 7　　　　C. 8　　　　D. 6.5

28. 施工机械台班单价中的可变费用不包括( )。
A. 机上人员人工费　　　　　　B. 动力燃料费
C. 车船使用税　　　　　　　　D. 安装拆卸及辅助设施费

29. 编制公路工程概算时,规费的计算基数是( )。
A. 人工费　　　　　　　　　　B. 定额人工费
C. 直接费　　　　　　　　　　D. 人工费与机械使用费之和

30. 编制公路工程概算时,利润的计算基数是按( )的7.42%计算。
A. 定额直接费　　　　　　　　B. 定额直接费+措施费
C. 企业管理费+措施费　　　　　D. 定额直接费+企业管理费+措施费

31. 在编制造价文件时,措施费中以定额直接费为计算基数的是( )。
A. 冬雨季施工增加费　　　　　B. 施工辅助费
C. 职工取暖补贴　　　　　　　D. 工地转移费

32. 按我国现行规定,公路工程各项费用中的直接费由( )组成。
A. 人工费、施工管理费、施工机械使用费
B. 人工费、材料费、计划利润
C. 人工费、材料费、施工机械使用费
D. 人工费、材料费、施工管理费

33. 桥梁钻孔桩基础的桩基检测费用属于( )。
A. 施工辅助费　　　　　　　　B. 企业管理费
C. 临时设施费　　　　　　　　D. 竣(交)工验收试验检测费

34. 下列关于施工辅助费的说法,正确的是( )。
A. 施工监控费含在施工辅助费中,不得另行计算
B. 施工辅助费不包含支付给生产工人自备工具的补贴费
C. 施工辅助费以各类工程的定额人工费和定额施工机械使用费之和为基数,乘以相应费率进行计算
D. 不包含施工企业对建筑材料、构件和建筑安装工程进行一般鉴定、检查所发生的费用

35. 按我国现行规定,下列( )属于现行公路措施费项目。
A. 材料采购及保管费　　　　　B. 冬、雨季施工增加费
C. 施工机械维修费　　　　　　D. 规费

36. 建设项目工程招标管理费应计入( )。
A. 建设单位管理费　　　　　　B. 勘察设计费
C. 基本费用　　　　　　　　　D. 企业管理费

37. 建设期贷款利息是指( )。
A. 建设项目贷款总额的全部利息

B. 建设项目贷款总额的全部利息中在建设期内应归还的贷款利息

C. 建设期内所贷款项的全部利息

D. 建设期内所贷款项的全部利息中在建设期内应计取的贷款利息

38. 编制公路工程施工图预算时,以下关于利润的计算公式,正确的是(   )。

   A. 利润 = (定额直接费 + 措施费 + 企业管理费 + 专项费用) × 利润率

   B. 利润 = (直接费 + 措施费 + 企业管理费 + 专项费用) × 利润率

   C. 利润 = (定额直接费 + 措施费 + 企业管理费) × 利润率

   D. 利润 = (直接费 + 措施费 + 企业管理费) × 利润率

39. 某高速公路工程主线长度50km,路基宽24.5m,设计速度80km/h,双向四车道,其中预应力混凝土T形梁桥长1.8km,预应力混凝土箱梁桥长2.4km,刚构桥共5座长3.185km,匝道桥长1.2km,隧道双洞共5座长7.5km,连接线长5km,取费标准见下表。项目竣(交)工验收检测费用为(   )元。

检测项目		竣(交)工验收试验检测费	备注
道路工程(元/km)	高速公路	23500	包括路基、路面、涵洞、通道、路段安全设施和机电、房建、绿化、环境保护及其他工程
	一级公路	17000	
	二级公路	11500	
	三级及三级以下公路	5750	
桥梁工程	一般桥梁(元/延米)	40	包括桥梁范围内的所有土建、安全设施和机电、声屏障等环境保护工程及必要的动(静)载试验
	技术复杂桥梁(元/延米) 钢管拱	750	
	连续刚构	500	
	斜拉桥	600	
	悬索桥	560	
隧道工程(元/延米)	单洞	80	包括隧道范围内的所有土建、安全设施、机电、消防设施等

   A. 827611   B. 829971.5   C. 1177409   D. 1178009

40. 编制公路工程施工图预算时,以下关于工程保险费的计算公式,正确的是(   )。

   A. 工程保险费 = (定额建筑安装工程费 – 设备费) × 0.4%

   B. 工程保险费 = 定额建筑安装工程费 × 0.4%

   C. 工程保险费 = (建筑安装工程费 – 设备费) × 0.4%

   D. 工程保险费 = 建筑安装工程费 × 0.4%

41. 公路工程可行性研究报告投资估算的基本预备费按(   )计列。

   A. 3%   B. 5%   C. 7%   D. 9%

42. 公路工程造价编制的一般步骤和工作内容有:①拟订编制方案;②选择施工方法;③现场调查与资料收集;④划分工程子目;⑤熟悉设计图纸资料,核对主要工程量;⑥计算各项费用;⑦摘取工程数量。以下选项中排序正确的是( )。

  A.①—③—⑤—④—⑦—②—⑥   B.①—③—⑤—②—④—⑦—⑥

  C.③—①—⑤—②—④—⑦—⑥   D.③—①—⑤—④—⑦—②—⑥

43.( )是完成工程造价编制工作的重要手段。

  A.公路工程定额   B.确定工程造价编制原则

  C.编制说明   D.概预算编制办法

44.熟悉( )与现场调查是公路工程造价编制的两项重要工作。

  A.设计图纸资料   B.市场行情   C.筹资方式   D.技术经济条件

45.根据编制公路工程造价的要求,应现场调查并搜集相关的资料。其中,对建设工程所在地的政治、历史、风情、风俗以及社会、经济的发展情况应进行必要的调查了解,并对建设工程的顺利实施有着极其重要影响的是( )。

  A.社会条件   B.自然条件

  C.技术经济条件   D.参与造价工作人员的工作条件

46.( )是编好工程造价的一个重要工作环节和必要手段。

  A.现场调查与资料收集   B.熟悉设计图纸资料,核对主要工程量

  C.拟订编制方案   D.摘取工程数量

47.编制造价文件进行经济调查时,( )均要进行调查,以便采取必要的工程措施。

  A.障碍物   B.所有建筑物、树木

  C.地面以上的建筑物   D.地面以下的水管、电缆

48.临时电力线路的长度是( )。

  A.从变压器到接线处的电力干线长度   B.从拌和场到接线处的长度

  C.从施工现场到接线处的长度   D.从驻地到接线处的长度

49.推土机的经济运距为( )。

  A.100m以内   B.70～200m   C.80～300m   D.100～500m

50.在编制工程造价时,路基工程采用机械施工,砍树、挖根宜选择( )。

  A.装载机   B.推土机   C.铲运机   D.拖拉机

51.某路基工程土方项目,利用土方运距为550m,宜选择( )更经济合理。

  A.铲运机   B.翻斗车

  C.装载机+自卸汽车   D.挖掘机+自卸汽车

52.路面施工方法的选择应结合公路的技术等级、工程规模、( )和工期的要求进行综合分析后确定。

  A.机械效率   B.质量   C.路面结构   D.施工组织

53.从编制概算、预算的角度考虑,工程量可以划分为两类:主体工程工程量和( )。

  A.附属工程工程量   B.临时工程工程量

  C.辅助工程工程量   D.其他工程工程量

54.某高速公路工程清单预算中路面工程上面层采用4cm细粒式沥青混凝土15000m^2,下面层采用6cm中粒式沥青混凝土15000m^2,人工单价106.28元/工日,上面层混合料铺筑采用的定额编号为2-2-14-17,定额单位为1000m^3路面实体,人工消耗量为29.3工日;下面层

混合料铺筑采用的定额编号为 2-2-14-16,定额单位为 1000m³ 路面实体,人工消耗量为 28 工日。此路面工程中人工费为( )元。

  A.4546700 B.4546.7 C.91347660 D.91347.66

55.某高速公路工程清单预算中路面工程上面层采用 4cm 细粒式沥青混凝土 15000m²,上面层混合料拌和采用的定额编号为 2-2-11-17,定额单位为 1000m³ 路面实体,石油沥青消耗量为 123.161t,矿粉消耗量为 85.21t,路面用石屑消耗量为 402.6m³,路面用碎石(1.5cm)消耗量为 1103.61m³;石油沥青单价 4529.91 元/t,矿粉单价 155.34 元/t,路面用石屑单价 106.8 元/m³,路面用碎石(1.5cm)单价 94.17 元/m³。此路面工程中材料费为( )元。

  A.430841640 B.430841.64 C.10771041010 D.10771041.01

56.公路工程估算、概算、预算文件由封面、扉页、目录、编制说明及( )组成。

  A.全部计算表   B.各项基础数据计算表

  C.各项费用计算表   D.甲组文件和乙组文件

57.( )不属于公路工程概预算造价文件甲组文件内容。

  A.编制说明   B.综合费率计算表

  C.建筑安装工程计算表   D.材料预算单价计算表

58.根据《公路工程预算定额》(JTG/T 3832—2018),在编制补定额时,新增材料或机械的编码应采用( )阿拉伯数字。

  A.5 位 B.6 位 C.7 位 D.8 位

59.概(预)算编制说明中应叙述的内容不包括( )。

  A.建设项目设计资料的依据、编制范围、工程概况

  B.采用的定额、费用标准

  C.有关的协议书、会议纪要的主要内容

  D.工程施工组织设计

60.建筑安装工程费除( )外,其他均按"价税分离"原则计算。

  A.企业管理费 B.规费 C.专项费用 D.安全生产费

61.根据《公路工程建设项目概算预算编制办法》(JTG 3830—2018),下列以建筑安装工程费为计算基数的费用是( )。

  A.专项费用 B.基本预备费 C.价差预备费 D.施工场地建设费

62.定额建筑安装工程费的计算是( )。

  A.定额直接费+定额设备购置费+措施费+企业管理费+规费+利润+税金+专项费用

  B.定额直接费+定额设备购置费×40%+措施费+企业管理费+规费+利润+税金+专项费用

  C.定额直接费+定额设备购置费+措施费+企业管理费+规费+利润+税金

  D.定额直接费+定额设备购置费×40%+措施费+企业管理费+规费+利润+税金

63.公路工程造价文件中人工费是指( )。

  A.列入概算、预算定额的直接从事建筑安装工程施工的生产工人开支的各项费用

  B.施工现场所有人员的工资性费用

C. 施工现场与建筑安装施工直接有关的人员的工资性费用

D. 施工单位给直接从事建筑安装施工的生产工人的工资

64. 下列不属于直接费的是(　　)。
    A. 施工作业生产工人的福利费　　　B. 材料的检验试验费
    C. 材料的采购及保管费　　　　　　D. 小型机具使用费

65. 计算材料预算单价时,材料运输费中汽车平均运距不得乘以调整系数,也不得在仓库或堆料场之外再加场内运距或二次倒运的运距,这是因为(　　)。
    A. 对造价影响较小　　　　　　　　B. 定额中已综合考虑
    C. 难以计算　　　　　　　　　　　D. 环保要求

66. 关于材料的采购及保管费,以下说法正确的是(　　)。
    A. 材料采购及保管费以材料原价为基数乘以采购及保管费率计算
    B. 商品混合料不计采购及保管费
    C. 除燃料、爆破材料外,其他材料的采购及保管费率相同
    D. 材料及保管费率按实际调查情况确定

67. 一工地采用自发电,发电机功率为100kW,发电机组一个台班价格为1000元,则其自发电电价应该是(　　)。
    A. 1.5 元/(kW·h)　　　　　　　B. 0.8 元/(kW·h)
    C. 0.95 元/(kW·h)　　　　　　 D. 1.0 元/(kW·h)

68. 概(预)算文件中,对于措施费、企业管理费的取费工程类别,以下说法正确的是(　　)。
    A. 路面工程不包括隧道路面和桥面铺装
    B. 隧道土建工程不含隧道的钢材及钢结构
    C. 构造物Ⅰ中交通安全设施包括金属标志、防撞钢护栏、防眩板(网)、隔离栅、防护网等
    D. 构造物Ⅱ中特大桥工程包括技术复杂大桥

69. 编制概(预)算时,关于措施费的计算,下面说法正确的是(　　)。
    A. 不在冬天、雨季施工时,不计冬天施工增加费、雨季施工增加费
    B. 根据设计、施工技术规范和合理的施工组织要求,必须在夜间施工或必须昼夜连续施工,才计算夜间施工增加费
    C. 工地转移距离在50km以内时,不计工地转移费
    D. 行车干扰费针对所有工程类别

70. 高填方和软基沉降观测、高边坡稳定监测、桥梁施工监测、隧道施工监控量测、超前地质预报等施工监控费属于(　　)。
    A. 研究试验费　　　　　　　　　　B. 施工辅助费
    C. 建设单位(业主)管理费　　　　 D. 工程监理费

71. 施工辅助费的计算基数是(　　)。
    A. 直接费　　　　　　　　　　　　B. 定额直接费
    C. 定额人工费　　　　　　　　　　D. 定额人工费+定额机械使用费

72. 工程排污费,即施工现场按规定缴纳的排污费用,属于(　　)。

A. 企业管理费　　B. 其他工程费　　C. 规费　　D. 环保工程费

73. 编制概(预)算时,高原地区施工增加费是指海拔高度在(　　)以上的地区施工,由于受气候、气压的影响,致使人工、机械效率降低而增加的费用。
   A. 1000m　　B. 1500m　　C. 2000m　　D. 2500m

74. 概(预)算中企业管理费的计算基数是(　　)。
   A. 直接费
   B. 定额直接费
   C. 定额人工费与定额机械使用费之和
   D. 定额直接费与措施费之和

75. 概(预)算中规费的计算基数是(　　)。
   A. 人工费　　B. 定额人工费　　C. 直接费　　D. 定额直接费

76. 编制概(预)算时,施工单位的利润计算基数是(　　)。
   A. 直接费
   B. 直接费+措施费+企业管理费
   C. 定额直接费+措施费+企业管理费
   D. 定额直接费+企业管理费

77. 利润是指施工企业为完成所承包工程获得的盈利,编制概(预)算时按定额直接费及措施费、企业管理费之和的(　　)计算。
   A. 5%　　B. 6%　　C. 7%　　D. 7.42%

78. 桥梁的风洞试验费用属于(　　)。
   A. 研究试验费
   B. 建设项目前期工作费用
   C. 建设项目管理费
   D. 竣(交)工试验检测费

79. 施工单位发生的技术开发费属于(　　)。
   A. 研究试验费　　B. 企业管理费　　C. 施工辅助费　　D. 预备费

80. 根据概(预)算编制办法,按照工地建设标准化要求进行承包人驻地建设、工地试验室建设、钢筋集中加工、混合料集中拌制、构件集中预制等所需的办公、生活居住房屋,公用房屋和生产用房屋所用的费用属于(　　)。
   A. 临时工程
   B. 措施费
   C. 施工场地建设费
   D. 施工辅助费

81. 以下不属设备的是(　　)。
   A. 机动车辆　　B. 电梯滑轨　　C. 电梯　　D. 净化工作台

82. 编制概(预)算,以下说法错误的是(　　)。
   A. 设备购置费包括设备原价、运杂费、运输保险费、采购及保管费,各种税费按编制期有关部门规定计算
   B. 购买的路基填料、绿化苗木、商品混合料、外购混凝土构件不作为措施费及企业管理费的计算基数
   C. 工程类别中隧道是指隧道土建工程,包括隧道的钢材及钢结构
   D. 钢材及钢结构工程类别指所有工程的钢材及钢结构等工程

83. 路面定额中采用的油石比如与设计不一致时,定额中的沥青用量(　　)。
   A. 按设计油石比换算
   B. 不可以换算
   C. 是否换算没有明确规定
   D. 按定额油石比计算

84. 编制概算时,定额中混凝土的强度等级与设计不一致时,定额中材料用量(　　)。

A. 可以进行调整,但要按定额中的配合比计算

B. 不得进行调整

C. 可以进行调整,但要按设计配合比计算

D. 据实调整

85. 编制隧道工程造价,如洞内工程采用洞外工程定额时,其人工、机械台班消耗及小型机具使用费应乘以调整系数( )。

A. 1.16　　　　B. 1.23　　　　C. 1.26　　　　D. 1.29

86. 定额工程材料消耗量包括( )。

A. 净用量 + 不可避免的操作损耗量 + 场内运输损耗 + 仓储损耗

B. 净用量 + 不可避免的操作损耗量 + 场外运输损耗 + 仓储损耗

C. 净用量 + 不可避免的操作损耗量 + 场内堆放损耗 + 仓储损耗

D. 净用量 + 不可避免的操作损耗量 + 施工操作损耗 + 仓储损耗

87. 机械台班包括可变费用和不变费用,以下不包括在机械台班费的是( )。

A. 施工机械按规定的大修理间隔台班进行必要的大修理,以恢复其正常功能所需的费用

B. 施工机械在现场进行安装与拆卸所需的人工、材料、机械和试运转费用以及机械辅助设施的折旧、搭设、拆除等费用

C. 机械自管理部门至工地或自某一个工地至另一工地的运杂费

D. 施工机械整体或分体自停放地点运至施工现场或由一施工地点运至另一施工地点的运输、装卸、辅助材料及架线等费用

88. 购买商品混凝土、沥青混凝土等外购料不能作为计算( )的基数。

A. 规费 + 企业管理费　　　　B. 规范 + 措施费

C. 措施费 + 企业管理费　　　　D. 其他工程费和间接费

89. 应急保通设备购置费属于( )。

A. 预备费　　B. 设备购置费　　C. 安装工程费　　D. 生产准备费

90. 不属于建设项目管理费的是( )。

A. 建设单位管理费　　　　B. 工程监理费

C. 工程质量监督费　　　　D. 建设项目信息化费

91. 下列关于工程保通管理费的说法,错误的是( )。

A. 属于工程建设其他费用　　　　B. 属于建筑工程安装费

C. 不属于措施费　　　　D. 不属于规费

92. 基本预备费不包括( )。

A. 设备及工器具购置费　　　　B. 建筑安装工程费用

C. 工程建设其他费用　　　　D. 材料价格上涨引起的价差

93. 工程排污费属于( )。

A. 企业管理费　　B. 措施费　　C. 规费　　D. 直接工程费

94. 不使用累进办法计算的是( )。

A. 联合试运转费　　　　B. 施工场地建设费

C. 工程监理费 D. 建设单位管理费

95. 施工企业缴纳的城市维护建设税和教育费附加属于( )。
   A. 企业管理费 B. 税费 C. 规费 D. 直接工程费

96. 确定单价文件就是( )的确定。
   A. 人工费单价
   B. 材料预算单价
   C. 机械台班单价
   D. 人工费单价、材料预算单价、机械台班单价

97. 价差预备费以( )为基数计算。
   A. 预备费 B. 基本预备费 C. 直接费 D. 建筑安装工程费总额

98. 基本预备费以建筑安装工程费、土地使用及拆迁补偿费以及( )之和为基数计算。
   A. 直接费 B. 专项费用
   C. 建设项目管理费 D. 工程建设其他费用

99. 公路工程机械台班费用不包括以下( )费用。
   A. 折旧费 B. 检修费 C. 维护费 D. 机械设备转移费

100. 各项规费以( )为基数,按国家或工程所在地法律、法规、规章、规程规定的标准计算。
    A. 人工费(不含施工机械人工费)之和 B. 人工费(含施工机械人工费)之和
    C. 人工费(不含施工机械人工费)之和 D. 定额人工费(含施工机械人工费)之和

101. 以下( )费用不属于劳动保险费。
    A. 工伤人员就医路费 B. 易地安家补助费
    C. 职工退职金 D. 职工死亡丧葬补助费

102. 某高速公路的设计实行设计双院制,发生费用列入以下( )费用。
    A. 建设单位管理费 B. 工程监理费
    C. 设计文件审查费 D. 建设项目前期工作费

103. 某高速公路线路全长30km,有10km处于海拔2000~2500m,费率为13.295%;20km处于海拔2501~3000m,费率为19.709%;试计算土方全线高原地区施工增加费率( )。
    A. 17.571% B. 11.502% C. 13.295% D. 19.709%

104. 某高速公路改扩建项目因交通管制需要,需在媒体上面向社会提前公告,这部分宣传费用列入( )。
    A. 工程保通费 B. 安全生产费 C. 企业管理费 D. 建设单位管理费

105. 措施费中的施工辅助费计算基数为( )。
    A. 直接费 B. 人工费+机械使用费
    C. 定额直接费 D. 定额人工费+定额机械使用费

106. 某单位合格产品中某种材料净用量为422kg,场外运输损耗为5%,场内运输损耗为2%,施工操作损耗为1%,则该产品的材料定额消耗量是( )。
    A. 455.76kg B. 434.66kg C. 447.32kg D. 451.54kg

107. 根据《公路工程建设项目概算预算编制办法》(JTG 3830—2018),下列费用中不按"价税分离"原则计算的是( )。

A.规费　　　　　B.安全生产费　　　C.企业管理费　　D.夜间施工增加费

108.根据《公路工程建设项目概算预算编制办法》(JTG 3830—2018),下列费用计算正确的是(　　)。

  A.软基沉降观测监控费按实际发生的金额单独计算

  B.超前地质预报费按隧道长度乘以单价所得的金额单独计算

  C.桩基承载力试验费在施工辅助费中综合确定,不单独计算

  D.隧道施工监控量测费在施工辅助费中综合取定,不单独计算

109.根据《公路工程建设项目概算预算编制办法》(JTG 3830—2018)隧道的路面工程的工程类别属于(　　)。

  A.隧道　　　　B.路面　　　　C.构造物Ⅰ　　　D.构造物Ⅱ

110.某工地试验室为满足施工需要,租赁了一台价值5万元的试验设备,根据《公路工程建设项目概算预算编制办法》(JTG 3830—2018),该设备的租赁费用属于(　　)。

  A.施工场地建设费　　　　　　B.施工辅助费

  C.企业管理费　　　　　　　　D.辅助生产间接费

111.根据《公路工程建设项目概算预算编制办法》(JTG 3830—2018)临时工程中便桥的取费类别是(　　)。

  A.构造物Ⅰ　　B.构造物Ⅱ　　　C.构造物Ⅲ　　　D.钢材与钢结构

Ⅱ.多项选择题

1.公路工程项目的造价依据指用于编制公路工程各阶段造价文件所依据的办法、规则、(　　)以及其他相关的计价标准。

  A.民法　　　　B.定额　　　　C.费用标准　　　D.造价指标

2.公路工程预算和指标一般包含总说明和(　　)等内容。

  A.章节说明　　B.材料数量　　C.工程定额表　　D.指标表及附录

3.以下关于公路工程估算、概算、预算编制办法的说法,正确的有(　　)。

  A.是公路工程行业强制性标准

  B.规定了公路工程项目建设前期工程造价文件的组成及各项目费用的计算依据

  C.是公路工程建设前期各阶段造价文件编制的纲领性文件

  D.是编制工程量清单预算的强制性标准

4.公路建设项目估算、概算、预算编制办法中费用组成是对造价总金额按建筑安装工程费、预备费和(　　)进行分解,同时规定每一部分的具体内容。

  A.土地征用及拆迁补偿费　　　　B.设备及工具、器具购置费

  C.工程建设其他费　　　　　　　D.建设期贷款利息

5.预算定额中的规费包括养老、医疗保险和(　　)等费用。

  A.住房公积金　　B.失业保险　　C.工伤保险　　　D.车辆保险

6.以下哪些费用属于机械台班的不变费用(　　)。

  A.折旧费　　　B.检修费　　　C.人工费　　　　D.安拆辅助费

7.下列关于定额附录的说法,正确的是(　　)。

A. 附录是配合定额或指标使用中不可缺少的一个重要组成部分
B. 附录是定额编制的基础资料
C. 提供抽换定额中混凝土强度等级、砂浆强度等级时使用的混凝土、砂浆配合比表
D. 附录是编制预算的各种统一规定

8. 公路工程定额的费用项目划分为不变费用和可变费用两类,其中可变费用包括(　　)。
   A. 检修费　　　B. 人工费　　　C. 动力燃料费　　　D. 车船税

9. 下列关于公路工程机械台班费用定额的说法,正确的是(　　)。
   A. 施工机械自管理部门至工地或自某一工地至另一工地的运杂费,不包括在机械台班费用定额中
   B. 加油及油料过滤的损耗,在编制机械台班费用定额中的动力消耗量时应予以考虑
   C. 由变电设备至机械之间的输电线路电力损失,在编制机械台班费用定额中的动力消耗量时应予以考虑
   D. 潜水设备每台班按6h计算,变压器和配电设备每台班按一个昼夜计算

10. 根据《公路工程建设项目投资估算编制办法》《公路工程建设项目概算预算编制办法》,基本预备费内容包含以下(　　)选项。
    A. 设备订货由于规格、型号改变的价差
    B. 由于政策、价格变化可能发生上浮而预留的费用
    C. 外资贷款汇率变动部分的费用
    D. 鉴定工程质量必须开挖和修复隐板工程的费用

11. 下列关于直接费中人工费的说法,正确的是(　　)。
    A. 是按计时工资标准和工作时间或对已做工作按计件单价支付给个人的劳动报酬
    B. 含流动施工津贴、特殊地区施工津贴、高温(寒)作业临时津贴、高空津贴等
    C. 含企业为专业技术人员继续教育、职工职业技能鉴定、职业资格认定,以及根据需要对职工进行各类文化教育所发生的费用
    D. 含因工伤、探亲假、产假、停工学习、事假等原因支付的工资

12. 下列关于材料费的说法,正确的是(　　)。
    A. 材料预算价格由材料原价、运杂费、场外运输损耗、采购及仓库保管费组成
    B. 自采的砂、石、黏土等,按定额中开采单价加辅助生产间接费和矿产资源税计算
    C. 汽车运输材料的平均运距中不得乘以调整系数,但是可以在工地仓库或堆料厂之外再加场内运距或二次倒运的运距
    D. 钢材的采购及保管费费率为0.75%,燃料、爆破材料为2.06%,其余材料为3.26%

13. 冬季施工增加费的内容包括(　　)费用。
    A. 材料因受潮、受湿的耗损
    B. 清除工作地点的冰雪的
    C. 为施工机具修建暖棚的
    D. 因施工组织设计确定,需增加的一切保温、加温等有关支出

14. 下列费用中,(　　)属于工程建设其他费用。
    A. 建设单位管理费　　　　　　B. 专项费用

C. 生产准备费　　　　　　　　D. 专项评估费

15. 在编制造价文件时,以定额直接费为计算基数的是( )。
    A. 基本费用　　　　　　　　B. 施工辅助费
    C. 职工取暖补贴　　　　　　D. 工地转移费

16. 在编制造价文件时,以定额人工费和定额施工机械使用费之和为计算基数的是( )。
    A. 行车干扰施工增加费　　　B. 施工辅助费
    C. 工地转移费　　　　　　　D. 冬雨季施工增加费

17. 在编制概预算时,以下( )不包括在施工场地建设费费率中。
    A. 山岭重丘区场地平整土石方工程
    B. 施工场地内的场地硬化、排水、绿化、标志、污水处理、围墙等
    C. 施工场地的办公、生活、生产、公用房屋等
    D. 钢筋加工机械设备、混合料的拌和设备及安拆

18. 以下各项费用属于施工场地建设费的是( )。
    A. 文明施工、职工健康生活
    B. 广播室、文体活动室
    C. 山岭重区的场地平整(包括土方工程)
    D. 按照工地建设标准化要求进行承包人驻地、工地试验室建设

19. 以下关于基本预备费的描述,正确的是( )。
    A. 是在进行技术设计、施工图纸设计和施工过程中,在批准的造价范围内所增加的工程费用
    B. 是在设备订货时,由于规格、型号改变的价差
    C. 是由于一般自然灾害所造成的损失和预防自然灾害所采取的措施费用
    D. 以建筑安装工程费、土地征用及拆迁补偿费、工程建设其他费用之和为基数,修正概算按5%计列

20. 我国现行公路工程建筑安装工程费用中,应计入企业管理费的项目有( )。
    A. 企业财务费　　　　　　　B. 企业工会经费
    C. 脚手架费　　　　　　　　D. 企业管理人员劳动保险费

21. 下列费用中,属于公路工程直接工程费中的材料费的有( )。
    A. 周转性材料摊销
    B. 构成工程实体的辅助材料费
    C. 对建筑材料进行一般性鉴定检查支出的费用
    D. 机械设备的辅助材料费

22. 下列费用中属于建设项目前期工作费的有( )。
    A. 使用林地可行性研究报告编制费
    B. 通过风洞试验、地震动参数、桩基承载力试验等为建设项目提供或验证设计数据所需的专题研究费用
    C. 设计、监理、施工招标及招标标底文件编制费
    D. 调整概算编制费用

23. 下列费用中属于生产准备费的有（　　）。
    A. 工器具购置费　　　　　　　　B. 办公和生活用家具购置费
    C. 生产人员培训费　　　　　　　D. 保通管理费

24. 以下内容中属于工程造价编制过程中的现场调查与资料收集的是（　　）。
    A. 沿线地形、地质、水文、气候等条件的调查
    B. 工程所在地的政治、历史、区情、风俗以及社会、经济的发展情况
    C. 土壤地质情况。如土壤的类别和性质，不良地质地区的特征，泥石流、滑坡以及地震级别等
    D. 对建筑材料进行调查时要根据设计文件所规定的材料规格，结合工程项目实际情况，确定调查的内容，如供应地点、出厂价或市场价、运距、运输方式、运价、装卸费、路况及其他费用等

25. 在编制工程造价之前，造价工程师必须进行现场调查，收集有关资料，进行征地拆迁调查时，要全面收集原始资料数据的有（　　）。
    A. 电杆要注明与路中心线的交角确定拆迁数量。由于迁移使两端受影响的数量不需计入迁移数量中
    B. 需迁移的建筑物要详细注明路线桩号、左右距离
    C. 电杆迁移必须注明形式、负荷量、线数等，是木质或钢筋混凝土的
    D. 对于树木的调查，必须分清树种、直径、经济林木，不需要调查产量、单价等

26. 在编制工程造价之前，造价工程师在进行现场调查和收集资料的过程中，应取得书面协议文件的有（　　）。
    A. 与地方政府就砂石料场的开采使用、运输及取土场、弃土堆的意向协议
    B. 拆建建筑物、构筑物与物主协商的处理方案
    C. 施工用水协议
    D. 当地环境保护对公路建设工程的特殊要求

27. 临时汽车便桥是为修建汽车便道而必须相应配套修建的便桥及桥梁施工时，材料、机械设备过河需修建的汽车便桥。便桥的高度与长度按（　　）确定。
    A. 设计图纸　　　　　　　　　　B. 施工现场实际情况
    C. 工期安排　　　　　　　　　　D. 施工组织设计

28. 在编制工程造价之前造价工程师应熟悉设计图纸，核对主要工程量，以下关于核对主要工程量时应注意的相关事项的简述，正确的是（　　）。
    A. 核对各种图纸，如构造物的平面、立面、结构大样图等，相互之间是否有矛盾和错误。各部尺寸、高程等是否有彼此不对口的，如文字说明含糊不清则以图纸标注为准，凡影响到计价的都要核对清楚
    B. 图与表所反映的工程量是否一致，分计、总计是否相符，都应进行核对；工程量与图上的文字说明存在相互矛盾的，要提请设计人员予以纠正、澄清
    C. 对工程造价影响较大的关键部位或量大价高的工程量，必要时应重新进行复核计算，以验证是否计算正确
    D. 当个别工程量超出一般常规情况时，如钻孔灌注桩，一般每立方米混凝土的含钢筋

量在90kg左右,若图表上所反映的数字出入较大或在工程质量上超出国家施工技术规范规定的要求等时,都应进行分析研究,并将情况反馈给设计人员,予以处理

29. 以下设备哪些可选择为压实设备(　　)。
   A. 平地机　　　　B. 振动式压路机　　C. 轮胎式压路机　　D. 羊足碾

30. 编制概预算时,选择定额后计算定额工程量,以下对摘取工程数量工作的说法,正确的是(　　)。
   A. 在定额中填写的工程量为定额工程数量
   B. 图纸中的工程数量就是定额工程量,可以直接摘取
   C. 图纸中的工程数量是设计工程量,不能直接摘取
   D. 计算定额工程量参考公路工程定额中的工程量计算规则

31. 在编制概、预算项目表时,下面说法正确的是(　　)。
   A. 项目表或费用项目清单是以实践经验为基础拟定的工程或费用明细清单
   B. 项目表以部、项、目、节、细目为层级,逐级展开
   C. 编制办法附录中的项目表的编码和项目名称不能随意修改
   D. 编制办法附录中的项目表内容不能满足工作需要时,不得新增项目表

32. 在编制概预算时,需要造价工程师考虑的辅助工程的工程量主要有(　　)。
   A. 桥梁工程工作平台、吊装设备
   B. 路面各类拌和设备安拆数量
   C. 为保证路基边缘压实而加宽填筑的数量
   D. 桥梁工程中的围堰、护筒、工作平台、桩基检测管、混凝土构件运输、预制厂及设施(底座、张拉台座等)、拌和站、蒸气养生设施等

33. 根据《公路工程建设项目概算预算编制办法》(JTG 3830—2018),下列各项费用属于施工场地建设费的是(　　)。
   A. 保养应急救援器材　　　　B. 预制场的生活居住房屋
   C. 生活工作区内的临时工作便道　　D. 施工安全风险评估

34. (　　)是公路工程造价文件乙组文件的内容。
   A. 材料预算单价计算表　　　　B. 综合费率计算表
   C. 机械台班单价计算表　　　　D. 分项工程概(预)算计算数据表

35. 下列哪些费用属于建筑安装工程费(　　)。
   A. 设备购置费　　B. 规费　　C. 税金　　D. 勘察设计费

36. 下列哪些建设项目管理费业主可以根据实际情况统筹使用(　　)。
   A. 建设单位(业主)管理费　　　B. 建设项目信息化费
   C. 专项评估费　　　　　　　　D. 工程监理费

37. 以下哪些费用包含在施工辅助费中(　　)。
   A. 不属于固定资产的生产工具、检验、试验用具
   B. 仪器、仪表的购置、摊销和维修费
   C. 高填方和软基沉降观测、高边坡稳定监测、桥梁施工监测、隧道施工监控量测、超前地质预报等施工监控费

D. 构件的破坏性试验

38. 以下哪些费用属于规费(　　)。
    A. 养老保险费　　B. 失业保险费　　C. 工伤保险费　　D. 财务费用

39. 下列哪些费用属于安全生产费(　　)。
    A. 配备、维护、保养应急救援器材、设备费用
    B. 重大危险源和事故隐患评估和整改费用
    C. 施工安全风险评估、应急演练费用
    D. 环境监测与监控费用

40. 下列哪些费用属于永久占地费(　　)。
    A. 土地补偿费
    B. 征用耕地安置补偿费
    C. 耕地开垦费
    D. 复耕费

41. 编制概(预)算时,下列说法中正确的是(　　)。
    A. 公路工程造价文件由封面、扉页、目录、编制说明及全部计算表格组成
    B. 公路工程造价应按统一的表格进行计算
    C. 封面和扉页可按需要格式自行编制
    D. 概算、预算应按一个建设项目进行编制,当一个建设项目需要分段或分部编制时,应根据需要分别编制,但必须汇总编制"总概(预)算汇总表"

42. 关于工程保险费,下列说法正确的是(　　)。
    A. 工程保险费是指与工程建设相关的保险,包括材料和设备运输保险
    B. 施工企业的办公、生活、施工机械、员工的人身意外险在企业管理费中支出,不属于工程保险范围
    C. 设备的保险在设备单价中计列,不属于工程保险范围
    D. 工程保险是指在合同执行期内,施工企业按合同条款要求办理保险的费用,包括建筑工程一切险和第三方责任险

43. 现行《公路工程估算指标》的隧道工程中,未包括(　　)的内容。
    A. 坍塌　　B. 溶洞　　C. 采空区　　D. 管棚

44. 现行《公路工程概算定额》中,路基零星工程定额包括(　　)等工程内容。
    A. 整修路拱　　B. 整修边坡　　C. 填前压实　　D. 汽车洒水

45. 临时占地费包括(　　)。
    A. 复耕费　　B. 土地补偿费　　C. 青苗补偿费　　D. 临时征地使用费

46. 根据《公路工程建设项目概算预算编制办法》(JTG 3830—2018),下列关于工程保险费的说法正确的是(　　)。
    A. 因洪水冲毁的便桥不能由建筑工程一切险赔偿
    B. 以建筑安装工程费为基数(不含设备费)为基数,按0.4%费率计算
    C. 因实施合同工程而造成承包人雇员的死亡或伤残由第三方责任险赔偿
    D. 已运至施工工地用于永久工程的材料和设备属于建筑工程一切险保险范围
    E. 因实施合同工程而造成现场施工机械损失或损坏应由建筑工程一切险赔偿

47. 根据《公路工程建设项目概算预算编制办法》(JTG 3830—2018),从建设项目前期工作

费中列支的有( )。

A. 新产品试制费
B. 设计文件审查费
C. 工程勘察设计文件编制费
D. 工程可行性研究报告审查费
E. 施工招标文件及标底编制费

本节习题答案及解析

I. 单项选择题

1. 答案:A

【解析】 公路工程估算、概算和预算编制办法规定了公路工程项目建设前期工程造价文件的组成及各项目费用的计算依据(包括计算基数和费率)。

2. 答案:A

【解析】 公路工程估算、概算和预算编制办法是行业强制标准,编制估算、概算和预算时要按照此标准执行。在执行编制办法时,由于新政策、法规的实行,国家、行业或地方也会陆续推出一些补充规定、办法,在使用时应注意结合。

3. 答案:B

【解析】 公路工程的消耗量定额分为施工定额、预算定额、概算定额、估算指标四种。预算定额是在施工定额的基础上综合扩大的,但施工定额因本身具有企业定额的特点,所以不是部颁的统一定额。

4. 答案:D

【解析】 公路工程估算、概算、预算编制办法是公路工程行业强制性标准。工程量清单预算编制参照编制施工图预算的造价依据和方法,按规定程序进行,不强制执行。

5. 答案:D

【解析】 预算定额是在施工定额的基础综合扩大的;概算定额与预算定额划分类似,概算定额较预算定额综合程度要高。估算指标是一种比概算定额与预算定额更综合、更扩大,适用于基本建设项目前期工作阶段估算工程投资的计价依据。

6. 答案:D

【解析】 附录是配合定额或指标使用不可缺少的一个重要组成部分。如给定一些费用的参考值,定额编制的基础资料,编制定额的各种统一规定,供抽换定额中混凝土强度等级、砂浆强度等级时使用的混凝土、砂浆配合比表,编制补充预算定额所需的统一规定,如材料周转次数、规格、单位质量、代号、基价等。

7. 答案:B

【解析】 公路工程机械台班费用定额是确定施工机械台班预算价格的依据,公路工程施工机械每台(艘)班一般按8h计算。

8. 答案:A

【解析】 公路工程机械台班费用定额是确定施工机械台班预算价格的依据,潜水设备每台班按6h计算。

9. 答案:C

【解析】 公路工程造价是指公路工程建设项目从筹建到竣工验收交付使用所需的全部费用。

10. 答案:B

【解析】 材料预算价格=(材料原价+运杂费)×(1+场外运输损耗率)×(1+采购及保管费率)-包装品回收价值。

水泥的预算价格=(380+20)×(1+1%)×(1+2.06%)-5=407.32(元/吨)。

11. 答案:A

【解析】 台班单价=不变费用+可变费用,其中不变费用为折旧费、检修费、维护费和安拆补助费,可变费用为人工费和燃油消耗费,因此:

不变费用=236.62+152.3+320.44=709.36(元/台班);

可变费用=106.28×2+7.44×38.55=499.37(元/台班);

台班单价=709.36+499.37=1208.73(元/台班)。

每埋设1t钢护筒需要20t以内汽车式起重机的定额基价为:1208.73×0.14=169.22(元)。

12. 答案:B

【解析】 建筑安装工程费除专项费用外,其他均按"价税分离"计价规则计算,即各项费用均以不含增值税可抵扣进项税额的价格(费率)进行计算,具体要素价格适用增值税税率执行财税部门的相关规定。

13. 答案:B

【解析】 钢材的采购及保管费率为0.75%,燃料、爆破材料为3.26%,其余材料为2.06%,商品混合料不计采购及保管费,外购的构件、成品及半成品的采购及保管费率为0.42%。

14. 答案:B

【解析】 设备购置费指为满足公路初期运营、管理需要购置的构成固定资产标准的设备和虽低于固定资产标准但属于设计明确列入设备清单的设备的费用,包括渡口设备,隧道照明、消防、通风的动力设备,公路收费、监控、通信、路网运行监测、供配电及照明设备等。

(1)设备购置费应列出计划购置的清单(包括设备的规格、型号、数量),以设备预算价计入。

(2)设备购置费包括设备原价、运杂费、运输保险费、采购及保管费,各种税费按编制期有关部门规定计算。

(3)需要安装的设备,按建筑安装工程费的有关规定计算设备的安装工程费。

选项A需要安装的设备,按建筑安装工程费的有关规定计算设备的安装工程费;选项C设备购置费包括渡口设备;选项D设备购置费列出的计划购置的清单包括设备的规格、型号、数量,以设备预算价计入。

15. 答案:B

【解析】 施工辅助费以各类工程的定额直接费为基数,乘以相应费率进行计算。题目为计算每1m³浆砌片石边沟的施工辅助费,因此可得(701+1460+67)/10×1.201%=2.68(元)。

16. 答案:C

【解析】 专项费用包括施工场地建设费和安全生产费。施工场地建设费包含文明施工、职工健康生活的费用。

17. 答案：A

【解析】 安全生产费按建筑安装工程费(不含安全生产费本身)乘以安全生产费费率计算,费率按不小于1.5%计取。

18. 答案：B

【解析】 安全生产费按建筑安装工程费(不含安全生产费本身)乘以安全生产费费率计算,费率按不小于1.5%计取。

19. 答案：B

【解析】 税金是指国家税法规定应计入建筑安装工程造价的增值税销项税额。税金 =(直接费 + 设备购置费 + 措施费 + 企业管理费 + 规费 + 利润)×9%,即现行公路工程税率为9%。

20. 答案：B

【解析】 第一年贷款利息：$30000 \div 2 \times 4.09\% = 613.5$(万元)；

第二年贷款利息：$(30000 + 613.5 + 20000 \div 2) \times 4.09\% = 1661.1$(万元)；

第三年贷款利息：$(30000 + 613.5 + 20000 + 1661.1 + 10000 \div 2) \times 4.09\% = 2342.53$(万元)；

建设期贷款利息：$613.5 + 1661.1 + 2342.53 = 4617.13$(万元)。

21. 答案：A

【解析】 规费是指按国家法律、法规规定,按省级有关部门规定缴纳或计取的社会保险费、住房公积金。

22. 答案：A

【解析】 现行《公路工程建设项目概算预算编制办法》中,施工场地建设费以定额建筑安装工程费减去专项费用为基数,按规定的费率以累进办法计算。

23. 答案：B

【解析】 施工场地建设费以施工场地计费基数,以累进方法计算。施工场地计费基数为定额建筑安装工程费减去专项费用。

施工场地计费基数 = 定额建筑安装工程费 − 专项费用 = $34886 + 3516 + 1721 + 1568 + 2977 + 4369 + 794 − 794 = 49037$(万元)；

施工场地建设费 = $500 \times 5.338\% + (1000 − 500) \times 4.228\% + (5000 − 1000) \times 2.665\% + (10000 − 5000) \times 2.222\% + (30000 − 10000) \times 1.785\% + (49037 − 30000) \times 1.694\% = 945$(万元)。

24. 答案：B

【解析】 工程保险费指在合同执行期内,施工企业按照合同条款要求办理保险,包括建筑工程一切险和第三方责任险。工程保险费以建筑安装工程费(不含设备费)为基数,按0.4%的费率计算。

建筑安装工程费 = 直接费 + 设备购置费 + 措施费 + 企业管理费 + 规费 + 利润 + 税金 + 专项费用；

直接费 = 人工费 + 材料费 + 施工机械使用费 = $62834 + 120566 + 87500 = 270900$(元)；

建筑安装工程费 = $270900 + 131764 + 4400.34 + 7932.41 + 26138.94 + 20037.39 + 41505.6 = 502678.68$(元)；

工程保险费 =（建筑安装工程费 - 设备费）×0.4% =（502678.68 - 131764）×0.4% = 1483.66(元)。

25. 答案：B

【解析】 公路工程造价文件按不同的需要分为甲、乙两组文件。甲组文件包括编制说明，项目前后阶段费用对比表，建设项目属性及技术经济信息表（00表），总概（预）算汇总表（01-1表），总概（预）算人工、主要材料、施工机械台班数量汇总表（02-1表），概（预）算表（01表），人工、主要材料、施工机械台班数量汇总表（02表），建筑安装工程费计算表（03表），综合费率计算表（04表），综合费计算表（04-1表），设备购置费计算表（05表），专项费用计算表（06表），土地使用及拆迁补偿费计算表（07表），工程建设其他费用计算表（08表），人工、材料、施工机械台班单价汇总表（09表）。

材料预算单价计算表（22表）；施工机械台班单价计算表（24表）；辅助生产人工、材料、施工机械台班单位数量表（25表）属乙组文件。

26. 答案：C

【解析】 定额中各类施工机械（除潜水设备、变压器和配电设备外）每台（艘）班均按8h计算；潜水设备每台班按6h计算；变压器和配电设备每台班均按一个昼夜计算。

27. 答案：B

【解析】 隧道工程洞内作业每个工日按7h计。

28. 答案：D

【解析】 机械台班费用定额中定额的费用项目划分为不变费用和可变费用两类。不变费用包括折旧费、大修理费、经常修理费、安装拆卸及辅助设施费。可变费用包括人工费、动力燃料费、车船使用税。

29. 答案：A

【解析】 规费以各类工程的人工费（含施工机械费的人工费）之和为基数，按国家或工程所在地法律、法规、规章、规程规定的标准计算。

30. 答案：D

【解析】 利润指施工企业完成所承包工程获得的盈利，按定额直接费及措施费、企业管理费之和的7.42%计算。

31. 答案：B

【解析】 措施费包括冬季施工增加费、雨季施工增加费、夜间施工增加费、特殊地区施工增加费、行车干扰工程施工增加费、施工辅助费、工地转移费。施工辅助费以定额直接费作为计算基数，其余各项费用的计算基数均为定额人工费与定额机械使用费之和。

32. 答案：C

【解析】 直接费是指施工过程中耗费的构成工程实体和有助于工程形成的各项费用，包括人工费、材料费、施工机械使用费。

33. 答案：A

【解析】 施工辅助费包括生产工具用具使用费、检验试验费和工程定位复测、工程点交、场地清理等费用。其中检验试验费指施工企业对建筑材料、构件和建筑安装工程进行一般鉴定、检查发生的费用。

34. 答案:A

【解析】 施工辅助费包括生产工具用具使用费、检验试验费和工程定位复测、工程点交、场地清理等费用。施工辅助费以各类工程的定额直接费为基数,乘以相应费率进行计算。

(1)生产工具用具使用费指施工所需但不属于固定资产的生产工具、检验、试验用具及仪器、仪表等的购置、摊销和维修费,以及支付给生产工人自备工具的补贴费。

(2)检验试验费指施工企业对建筑材料、构件和建筑安装工程进行一般鉴定、检查所发生的费用,包括自设试验室进行试验所耗用的材料和化学药品的费用,以及技术革新和研究试验费,但不包括新结构、新材料的试验费和建设单位要求对具有出厂合格证明的材料进行检验、对构件破坏性试验及其他特殊要求检验的费用。

(3)高填方和软基沉降监测、高边坡稳定监测、桥梁施工监测、隧道施工监控量测、超前地质预报等施工监控费含在施工辅助费中,不得另行计算。

35. 答案:B

【解析】 措施费包括冬季施工增加费、雨季施工增加费、夜间施工增加费、特殊地区施工增加费、行车干扰工程施工增加费、施工辅助费、工地转移费。

36. 答案:A

【解析】 建设单位(业主)管理费指建设单位(业主)为进行建设项目的立项、筹建、建设、竣(交)工验收、总结等工作所发生的费用,包括招标管理费。

37. 答案:D

【解析】 建设期贷款利息指工程项目使用的贷款部分在建设期内应计取的贷款利息,包括各种金融机构贷款、建设债券和外汇贷款等利息。

38. 答案:C

【解析】 利润是指施工企业完成所承包工程获得的盈利,按定额直接费及措施费、企业管理费之和的7.42%计算。

39. 答案:B

【解析】 主线桥长:$1.8+2.4+3.185=7.385(km)$;

主线路基长:$50-7.385-7.5=35.115(km)$;

普通桥梁总长:$(1.8+2.4)\times 2+1.2=9.6(km)$;

刚构桥长:$3.185\times 2=6.37(km)$;

隧道单洞长:$7.5\times 2=15(km)$;

竣(交)工验收检测费:$23500\times 35.115+40\times 9.6+500\times 6.37+80\times 15=829971.5(元)$。

40. 答案:C

【解析】 工程保险费以建筑安装工程费(不含设备费)为基数,按0.4%的费率计算。

41. 答案:D

【解析】 基本预备费计算方法如下:以建筑安装工程费、土地征用及拆迁补偿费、工程建设其他费用之和为基数按下列费率计算。项目建议书投资估算按11%计列;工程可行性研究报告投资估算按9%计列;设计概算按5%计列;修正概算按4%计列;施工图预算按3%计列。

42. 答案:B

【解析】 工程造价的编制步骤和工作内容,概括起来就是:拟订工作方案,确定编制原则;进行现场调查、收集有关资料;熟悉设计图纸,核对工程数量;了解施工方案和施工计划中的内容,确定先进合理、安全可靠的施工方法;划分工程子目;在熟悉设计图表资料和文字说明,结合现场调查,做好核对工程量的基础上,正确摘取工程量;进行工程造价的各种价格、费用的分析和累计计算,编制说明,成果文件复核审核,最后出版等。

43.答案:B

【解析】 工程造价编制原则的确定,不仅关系到工程造价编制的质量,而且还会影响到它的编制速度。确定工程造价编制原则,是完成工程造价编制工作的重要手段。

44.答案:A

【解析】 熟悉设计图纸资料与现场调查是公路工程造价编制的两项重要工作。这两项工作不是截然分开的,并不是在前者完成之后才进行后者,实际上是互相交错进行的。

45.答案:A

【解析】 社会条件是指建设工程所在地的政治、历史、区情、风俗以及社会、经济的发展情况,对此应进行必要的调查了解,它对建设工程的顺利实施有着极其重要的影响。

46.答案:A

【解析】 在编制工程造价之前,造价工程师必须进行现场调查,搜集有关资料。实践证明,现场调查时,往往能发现降低工程费用的更佳施工方法和结合实际的技术组织措施。这是编好工程造价的一个重要工作环节和必要手段。

47.答案:B

【解析】 在路线范围内,所有建筑物、树木等均要进行调查,建筑物不但包括地面以上的、埋在地面以下的建筑物,如水管、电缆等也要调查清楚,以便采取必要的工程措施。

48.答案:A

【解析】 临时电力线路为从变压器到接线处的电力干线长度,从变压器到用电点的接线为电力支线,桥梁施工现场、拌和场等场内用的电力支线费用已综合在施工场地专项费用中,不再单独计算。

49.答案:A

【解析】 在机械施工中,路基施工方法的选择主要是根据作业种类和机械经济运距选择机械的问题,见下表。

机械类型	经济运距(m)	机械类型	经济运距(m)
推土机	0~100	挖掘机+自卸汽车	>600
铲运机	100~600	手扶拖拉机、翻斗车	100~500
装载机+自卸汽车	>600		

50.答案:B

【解析】 作业种类与筑路机械选择表如下:

作业种类	供选择的机械种类
伐树、挖根	推土机、挖掘机
挖掘	挖掘机、松土机
装载	挖掘机、装载机

续上表

作业种类	供选择的机械种类
挖掘、运输	推土机、铲运机
运输	自卸汽车、拖拉机、翻斗车
摊铺	推土机、平地机
压实	轮胎式压路机、振动压路机、羊足碾
洒水	洒水汽车

51. 答案:A

【解析】 铲运机的经济运距为100~600m。

52. 答案:B

【解析】 道路等级不同、路面结构不同、施工方法不同、工程成本消耗不同,在选择路面施工方法时,应结合公路的技术等级,工程规模、质量和工期的要求进行综合分析后确定。

53. 答案:C

【解析】 从编制概算、预算的角度考虑,工程量可以划分为两类:主体工程工程量和辅助工程工程量。

54. 答案:B

【解析】 上面层定额工程量:$15000 \times 0.04/1000 = 0.6$($1000m^3$ 路面实体);

下面层定额工程量:$15000 \times 0.06/1000 = 0.9$($m^3$ 路面实体);

上面层人工费:$106.28 \times 29.3 \times 0.6 = 1868.4$(元);

下面层人工费:$106.28 \times 28 \times 0.9 = 2678.3$(元);

人工费:$1868.4 + 2678.3 = 4546.7$(元)。

55. 答案:B

【解析】 上面层定额工程量:$15000 \times 0.04/1000 = 0.6$($1000m^3$ 路面实体);

石油沥青费用:$4529.91 \times 123.161 \times 0.6 = 334744.95$(元);

矿粉费用:$155.34 \times 85.21 \times 0.6 = 7941.91$(元);

路面用石屑费用:$106.8 \times 402.6 \times 0.6 = 25798.61$(元);

路面用碎石(1.5cm)费用:$94.17 \times 1103.61 \times 0.6 = 62356.17$(元);

材料费用:$334744.95 + 7941.91 + 25798.61 + 62356.17 = 430841.64$(元)。

56. 答案:A

【解析】 根据《公路工程建设项目概算预算编制办法》(JTG 3830—2018)规定,概算、预算文件由封面、扉页、目录、编制说明及全部计算表组成。

57. 答案:D

【解析】 根据《公路工程建设项目概算预算编制办法》(JTG 3830—2018)规定,材料预算单价计算表列入乙组文件。

58. 答案:C

【解析】 定额中的"工料机代号"系编制概预算采用电子计算机计算时作为对工、料、机械名称识别的符号,不应随意变动。编制补充定额时,遇有新增材料或机械,编码采用7位阿拉伯数字,第 1、2 位取相近品种的材料或机械代号,第 3、4 位采用偶数编制,后 3 位采用顺序编制。

59. 答案:D

【解析】 编制说明应包括:建设项目设计文件的依据;编制范围、工程概况等;采用的定额、费用标准,人工、材料与设备、施工机械台班预算单价的依据或来源,新增工艺的单价分析等;有关的协议书、会议纪要的主要内容;概算、预算总金额,人工、钢材、水泥、沥青等的总量;各设计方案的经济比较;项目综合经济技术指标统计,对比分析本阶段与上阶段工程数量、造价的变化情况;其他有关费用计算项及计价依据的说明;采用的公路工程造价软件名称及版本号;其他需要说明的问题。不包括工程施工组织设计。

60. 答案:C

【解析】 建筑安装工程费除专项费用外,其他均按"价税分离"计价规则计算,即各项费用均以不含增值税可抵扣进项税额的价格(费率)进行计算,具体要素价格适用增值税税率执行财税部门的相关规定。

61. 答案:C

【解析】 价差预备费以建筑安装工程费总额为基数,按设计文件编制年始,至建设项目工程交工年终的年数和年工程造价增长率计算。

62. 答案:B

【解析】 根据《公路工程建设项目概算预算编制办法》(JTG 3830—2018)规定,定额建筑安装工程费包括定额直接费、定额设备购置费的 40%、措施费、企业管理费、规费、利润、税金和专项费用。

63. 答案:A

【解析】 根据《公路工程建设项目概算预算编制办法》(JTG 3830—2018)规定,人工费是列入概算、预算定额的直接从事建筑安装工程施工的生产工人开支的各项费用。

64. 答案:B

【解析】 根据《公路工程建设项目概算预算编制办法》(JTG 3830—2018)规定,直接费包括人工费、材料费、施工机械使用费。材料的试验检验费属于措施费中的施工辅助费。

65. 答案:B

【解析】 根据《公路工程建设项目概算预算编制办法》(JTG 3830—2018),定额中已考虑了工地运输便道的特点,以及定额中已计入了"工地小搬运"的费用,材料运输费不考虑仓库或堆料场至施工点的场内运距或二次倒运运距。

66. 答案:B

【解析】 根据《公路工程建设项目概算预算编制办法》(JTG 3830—2018),材料的采购及保管费,以材料的原价加运杂费及场外运输损耗费的合计为基数,乘以采购及保管费率计算。钢材的采购及保管费率为 0.75%,燃料、爆破材料为 3.26%,其余材料为 2.06%,商品混合料不计采购及保管费,外购的构件、成品及半成品的采购及保管费率为 0.42%。

67. 答案:A

【解析】 根据《公路工程建设项目概算预算编制办法》(JTG 3830—2018),当采用自发电时,电价可采用下述公式计算。

$$A = 0.15 \times K/N$$

式中：A——每度电的单价[元/(kW·h)]；

K——发电机组的台班单价(元)；

N——发电机组的总功率(kW)。

代入数据，$A = 0.15 \times 1000/100 = 1.5$[元/(kW·h)]。

68. 答案：B

【解析】 路面所有结构层工程包括隧道路面、桥面铺装工程，隧道土建工程不含隧道的钢材及钢结构，构造物Ⅰ中特殊路基处理不包含土石方和换填工程；安全设施不包括金属标志牌、防撞钢护栏、防眩板(网)、隔离栅、防护网等钢结构工程；机电工程不包括设备安装工程。构造物Ⅱ中特大桥工程不包括技术复杂大桥工程。

69. 答案：B

【解析】 根据《公路工程建设项目概算预算编制办法》(JTG 3830—2018)，冬季施工增加费、雨季施工增加费是根据各类工程的特点，规定各区划的取费标准，为了简化计算，采用全年平均摊销的方法，即不论是否在冬季施工、雨季施工，均按规定的取费标准计。工地转移费里程在50km以内时，按50km计。隧道、技术复杂大桥、钢材及钢结构不计行车干扰增加费。

70. 答案：B

【解析】 高填方和软基沉降监测、高边坡稳定监测、桥梁施工监测、隧道施工监控量测、超前地质预报等施工监控费含在施工辅助费中，不得另行计算。

71. 答案：B

【解析】 措施费中，施工辅助费以定额直接费为基数，辅助生产间接费(非高原地区)以定额人工费为基数，其他均是以定额人工费和定额机械使用费之和为基数。

72. 答案：A

【解析】 工程排污费是指施工现场按规定缴纳的排污费用，包含在企业管理费中。

73. 答案：C

【解析】 根据《公路工程建设项目概算预算编制办法》(JTG 3830—2018)，海拔2000m以上的地区计高原地区施工增加费。

74. 答案：B

【解析】 企业管理费由基本费用、主副食运费补贴、职工探亲路费、职工取暖补贴和财务费用五项组成，各项费用均以各类工程的定额直接费为基数。

75. 答案：A

【解析】 规费指按国家法律、法规规定，按省级有关部门规定缴纳或计取的社会保险费、住房公积金。社会保险费及住房公积金以各类工程的人工费(含施工机械费的人工费)之和为基数，按国家或工程所在地的法律、法规、规章、规程规定的标准计算。

76. 答案：C

【解析】 利润是指施工企业完成所承包工程获得的盈利，按定额直接费及措施费、企业管理费之和的7.42%计算。

77. 答案：D

【解析】 同本节"单选"题76的解析。

第七章 公路工程计量与计价

78. 答案:B

【解析】 建设项目前期工作费包括:通过风洞试验、地震动参数、索塔足尺模型试验、桥墩局部冲刷试验、桩基承载力试验等为建设项目提供或验证设计数据所需的专题研究费用。

79. 答案:B

【解析】 企业管理费由基本费用、主副食运费补贴、职工探亲路费、职工取暖补贴和财务费用五项组成。基本费用指建筑安装企业组织施工生产和经营管理所需的费用,包括技术转让费、技术开发费等。

80. 答案:C

【解析】 施工场地建设费包含按照工地建设标准化要求进行承包人驻地、工地试验室建设,钢筋集中加工、混合料集中拌制、构件集中预制等所需的办公、生活居住房屋(包括职工家属房屋及探亲房屋),公用房屋(如广播室、文体活动室、医疗室等)和生产用房屋(如仓库、加工厂、加工棚、发电站、变电站、空压机站、停机棚、值班室等)等费用。

81. 答案:B

【解析】 根据《公路工程建设项目概算预算编制办法》(JTG 3830—2018),设备本体以外的轨道、滑触线、电梯的滑轨属于材料。

82. 答案:C

【解析】 根据《公路工程建设项目概算预算编制办法》(JTG 3830—2018),隧道是指隧道土建工程,不含隧道的钢材及钢结构。

83. 答案:A

【解析】 根据定额说明,路面定额中采用的油石比如与设计不一致时,定额中的沥青用量需按设计油石比换算。

84. 答案:B

【解析】 定额中混凝土的强度等级与设计不一致时,定额中材料用量不得进行调整。可进行换算,换算时混凝土用量不变,人工费、机械费不变,只换算混凝土强度等级、粗集料种类。换算公式为:换算后基价 = 原定额基价 + 定额混凝土用量 ×(混入混凝土单价 – 换出混凝土单价)。

85. 答案:C

【解析】 根据概算定额说明,编制隧道工程造价,如洞内工程采用洞外工程定额时,其人工、机械台班消耗及小型机具使用费应乘以调整系数1.26。

86. 答案:A

【解析】 定额工程材料消耗量包括净用量 + 不可避免的操作损耗量 + 场内运输损耗 + 仓储损耗。场外运输损耗计算在材料预算单价内。

87. 答案:C

【解析】 施工机械使用费是指列入概算、预算定额或估算指标的工程机械和工程仪器仪表台班数量,按相应的施工机械台班费用定额计算的费用等。

(1)工程机械使用费。机械台班预算价格应按《公路工程机械台班费用定额》(JTG/T 3833—2018)计算,机械台班单价由不变费用和可变费用组成。不变费用包括折旧费、检修费、维护费、安拆辅助费等;可变费用包括机上人员人工费、动力燃料费、车船税。

(2)工程仪器仪表使用费是指机电工程施工作业所发生的仪器仪表使用费,以施工仪器仪表台班耗用量乘以施工仪器仪表台班单价计算。

机械自管理部门至工地或自某一个工地至另一工地的运杂费计入工地转移费。

88. 答案:C

【解析】 根据概算预算编制办法规定:购买的路基填料、绿化苗木、商品混凝土、商品沥青混凝土和各类稳定混合料、外购混凝土构件不作为措施费及企业管理费的计算基数。

89. 答案:D

【解析】 根据概算预算编制办法规定:生产准备费指为保证新建和改扩建项目交付使用后满足正常的运行和管理发生的工器具购置、办公和生活用家具购置、生产人员培训、应急保通设备购置等费用。

90. 答案:C

【解析】 工程质量监督费不属于建设项目管理费。建设项目管理费包括建设单位(业主)管理费、建设项目信息化费、工程监理费、设计文件审查费、竣(交)工验收试验检测费。

91. 答案:B

【解析】 保通管理费属于工程建设其他费用。

92. 答案:D

【解析】 基本预备费以建筑安装工程费、土地使用及拆迁补偿费、工程建设其他费之和为基数计算。材料价格上涨引起的价差属于价差预备费。

93. 答案:A

【解析】 工程排污费属于企业管理费基本费用。

94. 答案:A

【解析】 联合试运转费以定额建筑安装工程费为基数,按 0.04% 的费率计算。

95. 答案:A

【解析】 施工企业缴纳的城市维护建设税和教育费附加属于企业管理费的税金。

96. 答案:D

【解析】 确定单价文件,包括人工费单价的确定、材料预算单价的计算、机械台班单价的计算。

97. 答案:D

【解析】 价差预备费以建筑安装工程费总额为基数,按设计文件编制年始,至建设项目工程交工年终的年数和年工程造价增长率计算。

98. 答案:D

【解析】 基本预备费以建筑安装工程费、土地使用及拆迁补偿费以及工程建设其他费用之和为基数计算。

99. 答案:D

【解析】 公路工程机械台班费用:
定额的费用项目划分为不变费用和可变费用两类。其中不变费用包括折旧费、检修费、维护费、安拆辅助费,可变费用包括人工费、动力燃料费、车船税。

100. 答案:B

【解析】 规费指按法律、法规、规章、规程规定施工企业必须缴纳的费用。
(1)规费包含:
①养老保险费:施工企业按规定标准为职工缴纳的基本养老保险费。
②失业保险费:施工企业按规定标准为职工缴纳的失业保险费。
③医疗保险费:施工企业按规定标准为职工缴纳的医疗保险费(含生育保险费)。
④工伤保险费:施工企业按规定标准为职本缴纳的工伤保险费。
⑤住房公积金:施工企业按规定标准为职工缴纳的住房公积金。
(2)各项规费以各类工程的人工费(含施工机械人工费)之和为基数,按国家或工程所在地法律、法规、规章、规程规定的标准计算。

101. 答案:A

【解析】 差旅交通费:职工因公出差、调动工作的差旅费、住勤补助费,市内交通费和误餐补助费,劳动力招募费,职工退休、退职一次性路费,工伤人员就医路费以及管理部门使用的交通工具的油料、燃料等费用。

劳动保险费:企业支付的离退休职工的易地安家补助费、职工退职金、6个月以上的病假人员工资、职工死亡丧葬补助费、抚恤费、按规定支付给离休干部的各项经费。

102. 答案:C

【解析】 设计文件审查费指在项目审批前,建设单位(业主)为保证勘察设计工作的质量,组织有关专家或委托有资质的单位,对提交的建设项目可行性研究报告和勘察设计文件进行审查所需要的相关费用。设计文件审查费以定额建筑安装工程费为基数,分段选用费率,以累进方法计算。
(1)建设项目若有地质勘察监理,费用在此项目开支。
(2)建设项目若有设计咨询(或称设计监理、设计双院制),其费用在此项目内开支。

103. 答案:A

【解析】 一条路线通过两个以上(含两个)不同的海拔分区时,应分别计算高原地区施工增加费或按工程量比例求得平均的增加率。

$$长度加权平均(13.295\% \times 10 + 19.709\% \times 20)/30 = 17.571\%$$

104. 答案:A

【解析】 工程保通管理费指新建或改(扩)建工程需边施工边维持通车或通航的建设项目,为保证公(铁)路运营安全、船舶航行安全及施工安全而进行交通(公路、航道、铁路)管制、交通(铁路)与船舶疏导所需的和媒体、公告等宣传费用及协管人员经费等。工程保通管理费应按设计需要进行列支。

同时编制办法2018版的第3.3.8条条文说明:工程保通管理费仅为保通管理方面的费用,其他保通措施根据保通工程方案另行计算,例如保通便道、保通安全设施则需要根据设计方案单独计算。

105. 答案:C

【解析】 施工辅助费包括生产工具用具使用费、检验试验费和工程定位复测、工程点交、场地清理等费用。施工辅助费以各类工程的定额直接费为基数,乘以相应费率进行计算。

106. 答案:B

【解析】 $422\times(1+2\%+1\%)=434.66(\mathrm{kg})$。

本定额中的材料消耗量系按现行材料标准的合格料和标准规格料计算的。定额内材料、成品、半成品均已包括场内运输及操作损耗,编制预算时,不得另行增加。其场外运输损耗、仓库保管损耗应在材料预算价格内考虑。

107. 答案:B

【解析】 建筑安装工程费除专项费用外,其他均按"价税分离"计价规则计算,专项费用包括施工场地建设费和安全生产费。

108. 答案:D

【解析】 ABD 三项,高填方和软基沉降监测、高边坡稳定监测、桥梁施工监测、隧道施工监控量测、超前地质预报等施工监控费含在施工辅助费中不得另行计算。因此 AB 两项错误,D 项正确。C 项错误,建设项目前期工作费中包括通过风洞试验、地震动参数、索塔足尺模型试验、桥墩局部冲刷试验、桩基承载力试验等为建设项目提供或验证设计数据所需的专题研究费用。

109. 答案:B

【解析】 根据《公路工程建设项目概算预算编制办法》(JTG 3830—2018)相关规定,隧道路面工程类别属于路面。

路面:指路面所有结构层工程、路面附属工程、便道以及特殊路基处理工程(不含特殊路基处理中的圬工构造物。)

110. 答案:A

【解析】 (1)施工场地建设费包含以下内容:④工地试验室所发生的属于固定资产的试验设备和仪器箱折旧、维修或租赁费用。

111. 答案:A

【解析】 ⑥构造物 I:砍树挖根、拆除工程、排水、防护、特殊路基处理中的圬工构造物、涵洞、交通工程、拌和站(楼)安拆工程、便桥、便涵、临时电力和电信设施、临时轨道、临时码头、绿化工程及水泥混凝土拌和等工程。

Ⅱ. 多项选择题

1. 答案:BCD

【解析】 公路工程项目的造价依据指用于编制公路工程各阶段造价文件所依据的办法、规则、定额、费用标准、造价指标以及其他相关的计价标准。

2. 答案:ACD

【解析】 公路工程定额和指标一般包含:总说明、章节说明、工程定额表或指标及附录。工、料、机数量消耗不在其中。

3. 答案:ABC

【解析】 编制办法只规定了编制估算、概算、预算的规定,对如何编制清单没有说明,清单预算编制是市场行为,可以不执行此标准,因此不是编制清单预算的强制性标准。

4. 答案:ACD

第七章　公路工程计量与计价

【解析】《公路工程建设项目概算预算编制办法》(JTG 3830—2018)已将设备购置费列入建筑安装工程费。

5. 答案:ABC

【解析】 规费是按法律、法规、规章、规程规定施工企业必须缴纳的费用,包含:养老、失业、医疗、工伤、保险和住房公积金。车辆保险不含其中。

6. 答案:ABD

【解析】 不变费用包括折旧费、检修费、维护费、安拆辅助费等。机上人员人工费为可变费用。

7. 答案:ABC

【解析】 附录提供编制定额的各种统一规定,并不是编制预算的各种统一规定。

8. 答案:BCD

【解析】 机械台班预算价格应按《公路工程机械台班费用定额》(JTG/T 3833—2018)计算,机械台班单价由不变费用和可变费用组成。不变费用包括折旧费、检修费、维护费、安拆辅助费等;可变费用包括机上人员人工费、动力燃料费、车船税。可变费用中的人工工日数及动力燃料消耗量。

检修费属于不变费用。

9. 答案:AD

【解析】 设备加油及油料过滤的损耗和由变电设备至机械之间的输电线路电力损失均包括在定额中,不予考虑。

10. 答案:AD

【解析】 预备费由基本预备费和价差预备费两部分组成。

基本预备费内容有:①在进行工程可行性研究、初步设计(技术设计)、施工图设计和施工过程中,在批准的项目建议书、工程可行性研究报告和投资估算范围或初步设计和概算范围内所增加的工程费用。②在设备订货时,由于规格、型号改变的价差,材料货源变更、运输距离或方式的改变以及因规格不同而代换使用等原因发生的价差。③在项目主管部门组织竣(交)工验收时,验收委员会(或小组)为鉴定工程质量必须开挖和修复隐板工程的费用。

选项B 由于政策、价格变化可能发生上浮而预留的费用;选项C 外资贷款汇率变动部分的费用属于价差预备费的内容。

11. 答案:ABD

【解析】 选项C 为企业管理费中基本费用的内容。

12. 答案:AB

【解析】 选项C 由于概算、预算和估算指标定额中已考虑了工地运输便道的特点,以及定额中计入了"工地小搬运"的费用,因此不可以在工地仓库或堆料厂之外再加场内运距或二次倒运的运距;选项D 燃料、爆破材料的采购及保管费费率为3.26%,其余材料的为2.06%。

13. 答案:BCD

【解析】 冬季施工增加费的内容包括:因冬季施工所需增加的一切人工、机械与材料的支出;施工机械所需修建的暖棚(包括拆、移),增加其他保温设备购置费用;因施工组织设计确定,需增加的一切保温、加温等有关支出;与冬季施工有关的其他各项费用。

14. 答案：ACD

【解析】 工程建设其他费用包含建设单位管理费、研究试验费、建设项目前期工作费、专项评价(估)费、联合试运转费、生产准备费、工程保通管理费、工程保险费、其他相关费用。

15. 答案：ABC

【解析】 基本费用、施工辅助费和职工取暖补贴均以各类工程的定额直接费为基数，乘以相应费率进行计算。工地转移费以各类工程的定额人工费和定额施工机械使用费之和为基数，乘以相应费率计算。

16. 答案：ACD

【解析】 行车干扰施工增加费、工地转移费、冬雨季施工增加费以各类工程的定额人工费和定额施工机械使用费之和为基数，乘以相应费率计算。施工辅助费以各类工程的定额直接费为基数，乘以相应费率进行计算。

17. 答案：AD

【解析】 按照工地建设标准化要求进行承包人驻地、工地试验室建设，钢筋集中加工、混合料集中拌制、构件集中预制等所需的办公和生活居住房屋(包括职工家属房屋及探亲房屋)，公用房屋(如广播室、文体活动室、医疗室等)和生产用房屋(如仓库、加工厂、加工棚、发电站、变电站、空压机站、停机棚、值班室等)；包括场区平整(山岭重丘区的土石方工程除外)、硬化、排水、绿化、标志、污水处理设施、围墙隔离设施等；不包括钢筋加工的机械设备、混合料拌和设备及安拆、预制构件台座、预应力张拉设备、起重及养生设备，以及概算、预算定额中的临时工程。

18. 答案：ABD

【解析】 同本节"多选"题17的解析。

19. 答案：ABC

【解析】 以建筑安装工程费、土地征用及拆迁补偿费、工程建设其他费用之和为基数，修正概算按4%计列。

20. 答案：ABD

【解析】 企业管理费由基本费用、主副食运费补贴、职工探亲路费、职工取暖补贴和财务费用五项组成。基本费用内容包括：管理人员工资、办公费、差旅交通费、固定资产使用费、工具用具使用费、劳动保险费、职工福利费、劳动保护费，企业工会经费，职工教育经费，保险费，工程排污费，税金，其他。脚手架费属于措施项目费。

21. 答案：ABD

【解析】 材料费系指施工过程中耗用的构成工程实体的原材料、辅助材料、构配件、零件、半成品或成品的费用，按工程所在地的材料价格计算的费用。材料预算价格由材料原价、运杂费、场外运输损耗、采购及仓库保管费组成。

22. 答案：BCD

【解析】 前期工作费包括：①编制项目建议书(或预可行性研究报告)、可行性研究报告、投资估算，以及相应的勘察、设计等所需的费用。②通过风洞试验、地震动参数、索塔足尺模型试验、桥墩局部冲刷试验、桩基承载力试验等为建设项目提供或验证设计数据所需的专题研究费用。③初步设计和施工图设计的勘察费、设计费、概(预)算编制及调整概算编制费用等。

④设计、监理、施工招标及招标标底(或造价控制值或清单预算)文件编制费等。A 选项是属于专项评价(估)费。

23. 答案:ABC

【解析】 生产准备费系指为保证新建和改扩建项目交付使用后满足正常的运行和管理发生的工器具购置、办公和生活用家具购置、生产人员培训、保通应急设备购置等费用。D 选项属于工程保通管理费。

24. 答案:ABC

【解析】 关于选项 D 对建筑材料进行调查时要根据预算定额规定的材料规格进行调查而不是根据设计文件所规定的材料规格进行调查,因为往往编制概预算时的现场调查与设计人员的现场调查是同时进行的,此时具体的设计文件还没有。

25. 答案:BC

【解析】 在编制工程造价之前,造价工程师必须进行现场调查,收集有关资料,进行征地拆迁调查时,要全面收集以下原始数据资料:

(1)需迁移的建筑物要详细注明路线桩号、左右距离。

(2)电杆迁移必须注明形式、负荷量、线数等,是木质或钢筋混凝土的。

(3)电杆要注明与路中心线的交角,确定拆迁数量。要充分考虑由于迁移使两端受影响的数量,一并计入迁移数量中。

(4)所有拆迁的建筑物必须注明结构形式、材料情况、新旧程度。

(5)对于树木的调查,必须分清树种、胸径,经济林木还应调查产量、单价等。

关于选项 A 由于迁移使两端受影响的数量一并计入迁移数量中,选项 D 对于树木的调查,必须分清树种、胸径,经济林木还应调查产量、单价等。

26. 答案:ABD

【解析】 在现场调查和搜集资料过程中,凡涉及下列事项时,应取得书面协议文件:

(1)与地方政府就砂石料场的开采使用、运输以及取土场、弃土堆的意向协议;

(2)拆迁建筑物、构筑物与物主协商的处理方案;

(3)与原有的电力设施、电信设施、水利工程、铁路及铁路设施互相干扰的处理方案;

(4)施工中利用电网供电的协议;

(5)当地环境保护对公路建设工程的特殊要求。

凡调查所搜集的各种基础资料或协议,均应制作成书面文件,装订成册,作为设计和造价文件的必要附件。

27. 答案:BC

【解析】 临时汽车便桥是为修建汽车便道而必须相应修建的便桥以及桥梁施工时,材料、机械设备过河需修建的汽车便桥。便桥的高度与长度按施工现场实际情况和工期安排确定。

28. 答案:BCD

【解析】 A 选项错误。核对各种图纸,如构造物的平面、立面、结构大样图等,相互之间是否有矛盾和错误,各部尺寸、高程等是否有彼此对口,文字说明是否有含糊不清等情况,凡影响到计价的都要核对清楚。

29. 答案:BCD

【解析】 压实设备:轮胎式压路机、振动压路机、羊足碾。平地机为摊铺设备。

30. 答案:ACD

【解析】 选择定额后,应给对应定额摘取工程数量,在定额中填写的工程量为定额工程数量,图纸中给出的工程数量是设计工程量,与定额工程量有本质的区别,不能直接摘取。计算定额工程量主要参考公路工程定额中的工程量计算规则,并且设计阶段不同,使用的计价定额就不同,对应不同计价定额的定额工程量的计算规则也不同。

31. 答案:ABC

【解析】 项目表(费用项目清单)是在公路设计和管理过程中以实践经验为基础拟定的工程或费用明细清单,该清单以部、项、目、节、细目为层级,逐级展开。各类工程的常用项目表在编制办法附录B中列出,已列的项目表的编码和项目名称不能随意修改,根据项目的实际情况选择需要的项目。当编制办法附录中的项目表内容不能满足工作需要时,可结合项目建设阶段的工作深度和管理要求,灵活增加项目表,新增项目的编码原则按照编制办法的相关规定执行。

32. 答案:ABC

【解析】 在编制概算、预算时,需要考虑的辅助工程量,如:路基土石方工程为保证路基边缘压实而加宽填筑的数量;临时工程相关内容,便道、便桥、栈桥、码头、轨道、电力线路、用水、各类拌和设备安拆数量等;桥梁工程中作为辅助工程的围堰、护筒、工作平台、吊装设备,混凝土构件运输、预制厂及设施(底座、张拉台座等)、是否需要蒸汽养生等。

关于选项D,桥梁工程的桩基检测管是构成桥梁工程的一部分,不属于辅助工程,且这部分工程数量通常是设计人员在完成设计图纸时就已计算。

33. 答案:BC

【解析】 按照工地建设标准化要求进行承包人驻地、工地试验室建设、钢筋集中加工、混合料集中拌制、构件集中预制等所需的办公、生活居住房屋(包括职工家属房屋及探亲房屋)、公用房屋(如广播室、文体活动室医疗室等)和生产用房屋(如仓库、加工厂、加工棚、发电站、变电站、空压机站、停机棚、值班室等)等费用均属施工场地建设费。

选项A保养应急救援器材和选项D施工安全风险评估的费用属于安全生产费。

34. 答案:ACD

【解析】 公路工程造价文件按不同的需要分为甲、乙两组:甲组文件为各项费用计算表;乙组文件为建筑安装工程费各项基础数据计算表。B属于甲组文件内容,A、C、D属于乙组文件内容。

35. 答案:ABC

【解析】 建筑安装工程费包括直接费、设备购置费、措施费、企业管理费、规费、利润、税金、专项生产费。勘察设计费属于工程建设其他费。

36. 答案:ABD

【解析】 根据现行概预算编制办法规定,建设单位(业主)管理费、建设项目信息化费和工程监理费可根据实际统筹使用。

37. 答案:ABC

【解析】 施工辅助费包括生产工具用具使用费、检验试验费和工程定位复测、工程点交、

第七章 公路工程计量与计价

场地清理等费用。

(1)生产工具用具使用费指施工所需不属于固定资产的生产工具、检验、试验用具及仪器、仪表等的购置、摊销和维修费,以及支付给生产工人自备工具的补贴费。

(2)检验试验费指施工企业对建筑材料、构件和建筑安装工程进行一般鉴定、检查所发生的费用,包括自设试验室进行试验所耗用的材料和化学药品的费用,以及技术革新和研究试验费。但不包括新结构、新材料的试验费和建设单位要求对具有出厂合格证明的材料进行检验、对构件破坏性试验及其他特殊要求检验的费用。

(3)高填方和软基沉降监测、高边坡稳定监测、桥梁施工监测、隧道施工监控量测、超前地质预报等施工监控费含在施工辅助费中,不得另行计算。所以,A、B、C选项正确。

38.答案:ABC

【解析】 规费包括养老保险费、医疗保险费、工伤保险费、失业保险费及住房公积金。选项D财务费用属企业管理费。

39.答案:ABC

【解析】 安全生产费包括完善、改造和维护安全设施设备费用;配备、维护、保养应急救援器材、设备费用;开展重大危险源和事故隐患评估和整改费用;安全生产检查、评价、咨询费用;配备和更新现场作业人员安全防护用品支出;安全生产宣传、教育、培训费用;安全设施及特种设备检测检验费用;施工安全风险评估、应急演练等有关工作及其他与安全生产直接相关的费用。D属于施工场地建设费用。

40.答案:ABC

【解析】 永久占地费包含土地补偿费、征用耕地安置补助费、耕地开垦费、森林植被恢复费、失地农民养老保险费。复耕费属于临时用地费用。

41.答案:ABD

【解析】 关于选项C,封面和扉页应按现行《公路工程建设项目设计文件编制办法》中的规定制作。

42.答案:BCD

【解析】 工程保险费指在合同执行期内,施工企业按照合同条款要求办理保险,包括建筑工程一切险和第三方责任险。

(1)建筑工程一切险是为永久工程、临时工程和设备及已运至施工工地用于永久工程的材料和设备所投的保险。

(2)第三方责任险是对因实施合同工程而造成的财产(本工程除外)损失或损害,或人员(业主和承包人雇员除外)的死亡或伤残所负责进行的保险。

(3)工程保险费以建筑安装工程费(不含设备费)为基数,按0.4%费率计算。

43.答案:ABC

【解析】 根据现行《公路工程估算指标》,隧道工程包括洞身、明洞、洞门、斜井、竖井、管棚等项目的内容。

44.答案:ABC

【解析】 根据现行《公路工程概算定额》,路基零星工程定额已综合了整修路拱、整修路基边坡、挖土质台阶、挖土质截水沟(不进行加固)、填前夯压实以及其他零星回填土方等工程。

45. 答案:AD

【解析】 临时占地费包括临时征地使用费、复耕费。

46. 答案:BDE

【解析】 工程保险费指在合同执行期内,施工企业按照合同条款要求办理保险的费用,包括建筑工程一切险和第三方责任险。内容包括:①建筑工程一切保险是为永久工程、临时工程和设备及已运至施工工地用于永久工程的材料和设备所投的保险。②第三方责任险是对因实施合同工程而造成的财产(本工程除外)损失或损害,或人员(业主和承包人雇员除外)的死亡或伤残所负责进行的保险。③工程保险费以建筑安装工程费(不含设备费)为基数,按0.4%费率计算。

选项 A 因洪水冲毁的便桥由建筑工程一切险赔偿;选项 C 承包人雇员的死亡或伤残不由第三方责任险赔偿。

47. 答案:CE

【解析】 建设项目前期工作费指委托勘察设计单位、咨询单位对建设项目进行可行性研究、工程勘察设计,以及设计、监理、施工招标文件及招标标底或造价控制值文件编制时,按规定应支付的费用。包括:①编制项目建议书(或预可行性研究报告)、可行性研究报告、投资估算,以及相应的勘察、设计等所需的费用。②通过风洞试验、地震动参数、索塔足尺模型试验、桥墩局部冲刷试验、桩基承载力试验等为建设项目提供或验证设计数据所需的专题研究费用。③初步设计和施工图设计的勘察费、设计费、概(预)算编制及调整概算编制费用等。④设计、监理、施工招标及招标标底(或造价控制值或清单预算)文件编制费等。

选项中 A 项属于科技三项费用;B 项属于建设项目管理费;D 项属于设计文件审查费。

(二)公路工程定额工程量计算规则

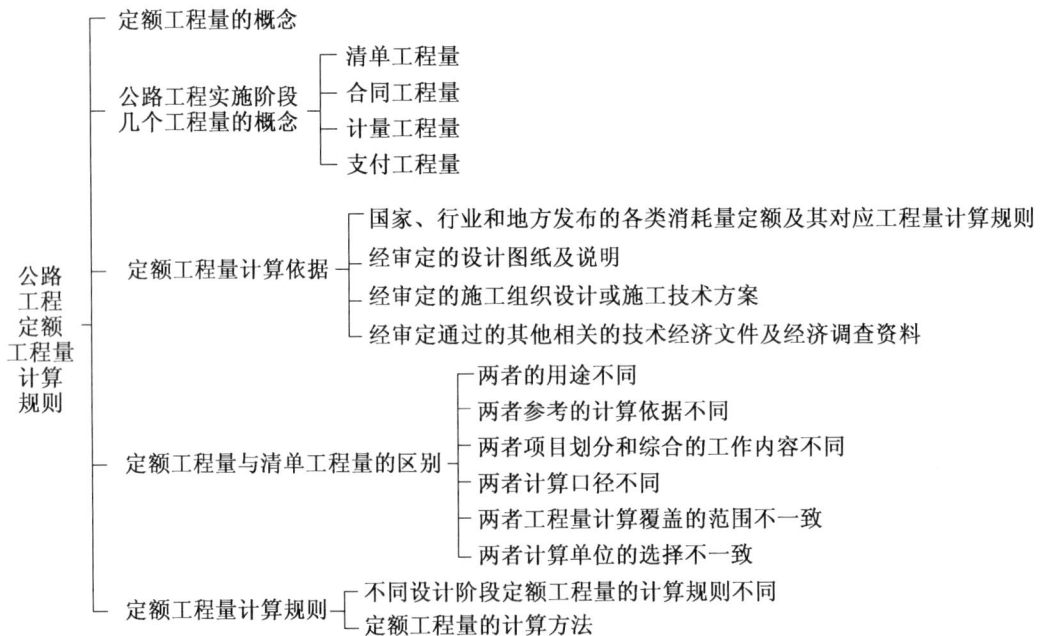

例 题 解 析

Ⅰ. 单项选择题

1. 下列关于定额工程量的说法错误的是(　　)。
   A. 以消耗量定额本身的项目划分及计量单位为编制单元计算出来的工程数量
   B. 定额工程量是经现场勘察,对设计图纸和施工组织设计阅读、理解的基础上,根据清单工程量的计算规则综合图纸的设计工程量和施工组织方案确定的施工措施工程量(又称辅助工程量)
   C. 定额工程数量按照项目的实施过程可以分为公路工程前期阶段的设计工程量、定额工程量和公路工程实施阶段的清单工程量、合同工程量、计量工程量、支付工程量,各个工程量的概念、用途、计算规则和方法各不相同
   D. 定额工程量计算具有多阶段性和多样性,且工程量的计算过程有不同的具体内容

   答案:B

   【解析】 选项B定额工程量是经现场勘察,对设计图纸和施工组织设计阅读、理解的基础上,根据定额工程量的计算规则综合图纸的设计工程量和施工组织方案确定的施工措施工程量(又称辅助工程量),而不是根据清单工程量的计算规则。

2. 下列工程量中,属于公路工程实施阶段按照合同的约定对承包人已完工程进行测量、计算、核查,并确认已完工程的实际数量的是(　　)。
   A. 清单工程量　　B. 合同工程量　　C. 计量工程量　　D. 支付工程量

   答案:C

   【解析】 本题为2020年考题。
   清单工程量是招标人编制工程量清单时,依据施工图纸、招标文件、技术规范、计量规则确定的工程数量。合同工程量是在公路工程发、承包活动中,发、承包双方根据民法典、招(投)标文件及有关规定,以约定的工程量清单计价方式,签订工程承包合同时确定的工程量清单中填报的工程数量。计量工程量是在公路工程实施阶段按照合同约定的技术规范、计量规则,对承包人符合上述要求的已完工程进行测量、计算、核查并确认已完工程的实际数量。计量工程量对应工程实施阶段项目已完工程数量的计算和确定这一环节。支付工程量是在公路工程实施阶段,对已完工程进行计量后,按合同约定确认进行支付的计量工程量。

3. 根据《公路工程预算定额》(JTG/T 3832—2018),定额工程量计算规则正确的是(　　)。
   A. 隧道锚杆工程数量为锚杆质量
   B. 预制空心板工程数量包含空心堵头混凝土数量
   C. 边坡砌筑工程数量不包括构成砌体的砂浆体积
   D. 路基填方数量包含因路基沉陷需增加填筑的土、石方数量

   答案:D

   【解析】 本题为2020年考题。
   《公路工程预算定额》(JTG/T 3832—2018)规定:隧道锚杆工程数量为锚杆、垫板及螺母等材料质量之和;预制空心板的空心堵头混凝土已综合在预制定额内,计算工程量时不应再计

列这部分混凝土的数量。边坡防护砌筑工程数量为砌体的实际体积,包括构成砌体的砂浆体积。路基填方数量包含因路基沉陷需增加填筑的土、石方数量。

4. 某公路工程长 10km、宽 12m,分别计算了除草和清除表土的费用,计价工程量均为 120000m²上述计算方法中存在的问题是( )。

  A.计价工程量错误   B.除草费用不应计算
  C.清除表土费用不应计算   D.除草和清除表土不应同时计算

答案:D

【解析】 本题为2020年考题,考查定额工程量的计算。清除表土和除草定额不可同时套用。清除地表土如需远运,按土方运输定额另行计算,见《公路工程预算定额》(JTG/T 3832—2018)P5。

5. 某三级公路填方 200000m³(压实方),全部借方(普通土)采用装载机装车,推土机配合推松、集土,推土机的定额计价工程量为( )m³。

  A.160000   B.172800   C.200000   D.216000

答案:D

【解析】 本题为2020年考题,考查定额工程量的计算。
推土机的定额计价工程量 = 20000 × (1.05 + 0.03) = 216000m³,见《公路工程预算定额》(JTG/T 3832—2018)P3。

6. 编制概、预算时,开挖基坑定额的计量单位为 m³,其工程量等于( )。

  A.开挖断面体积   B.开挖断面体积加回填数量
  C.埋入地面以下构造物的体积   D.开挖断面体积减地面以下构造物体积

答案:A

【解析】 本题为2020年考题,考查定额工程量计算的概念。
编制概、预算时,开挖基坑定额工程量是计算基坑开挖的断面体积数量(包括放坡及工作面等的开挖量),不能增加回填数量,也不减少地面以下构造物的体积。

7. 公路工程沉井下沉定额的计量单位为"m³",其工程量等于( )。

  A.沉井刃脚外缘所包围的面积乘以沉井高度
  B.沉井刃脚外缘所包围的面积乘以刃脚入土深度
  C.沉井刃脚外缘所包围的面积乘以沉井高度加井内翻砂数量
  D.沉井刃脚外缘所包围的面积乘以刃脚入土深度加井内翻砂数量

答案:B

【解析】 本题为2020年考题,考查定额工程量计算。沉井下沉定额工程量是计算沉井刃脚外缘所包围的面积(m²)乘以刃脚入土深度(m)。

8. 设计桩长50m 桩底高程55m 水位高度+3m,围堰顶高程+5m,定额孔深为( )m。

  A.50   B.53   C.58   D.60

答案:D

【解析】 本题为2021年考题。
定额中的孔深度指护筒顶至柱底(设计高程)的深度,5 + 55 = 60。

9. 借方10000m³(压实方量),为硬土,运输方量为( )m³。

| | A.10900 | B.9174 | C.11200 | D.8929 |

答案：C

【解析】 本题为2021年考题。路基填方为借土，则应在下列系数基础增加0.03的损耗 10000×（1.09+0.03）=11200。

公路等级	土方			石方
	松土	普通土	硬土	
二级及二级以上公路	1.23	1.16	1.09	0.92
三、四级公路	1.11	1.05	1.00	0.84

10. 机械施工土石时，挖方部分机械达不到需由人工完成，人工操作部分按相应定额乘以（　　）的系数。

A.1.05　　　　B.1.1　　　　C.1.15　　　　D.1.2

答案：C

【解析】 本题为2021年考题。

机械施工土、石方，挖方部分机械达不到，需由人工完成的工程量由施工组织设计确定，其中，人工操作部分按相应定额乘以系数1.15。

11. 桥长310m，每跨30m，每孔7片梁，每片梁预制需要10d，工期8个月，按每个月22d有效施工天数计算，预制底座需要（　　）个。

A.2　　　　B.3　　　　C.4　　　　D.5

答案：C

【解析】 本题为2021年考题。310/30=10跨，7×10×10/22/8=4个底座。

12. 定额工程量的特点不包括以下（　　）选项。

A. 工程量采用实体、净量　　　　B. 扩大的物理计量单位
C. 工程量采用实体量与辅助工程量　　　　D. 工作内容相对单一

答案：A

【解析】 本题为2022年考题。

选项A工程量采用实体和净量为对象进行计算的是清单工程量，因此不是定额工程量的特点。选项B、C、D均是定额工程量的特点。

13. 关于定额工程量的说法，正确的是（　　）。

A. 定额工程量就是图纸工程量
B. 定额工程量在设计各阶段的计算规则都是相同的
C. 定额工程量在数量上通常小于或等于清单工程量
D. 定额工程量是根据定额工程量计算规则和定额单位综合计算的

答案：D

【解析】 定额工程量是经现场勘查，在对设计图纸和施工组织设计阅读、理解的基础上，根据定额工程量的计算规则综合图纸的设计工程量和施工组织方案确定的施工措施工程量（又"辅助工程量"），以消耗量定额本身的项目划分及计量单位为编制单元计算出来的工程数量。

Ⅱ. 多项选择题

1. 下列选项中关于定额工程量与清单工程量的区别,叙述正确的是( )。
   A. 两者的用途不同,定额工程数量主要用于各阶段的工程计价,清单工程量主要用于工程量清单的编制,以及工程计量、支付等方面
   B. 两者参考的计算依据不同,计算定额工程量主要参考公路工程定额中的工程量计算规则,因此设计阶段不同对应使用的计价定额就不同
   C. 两者项目划分和综合的工作内容不同,就综合程度而言,清单工程量通常小于或等于定额工程量
   D. 两者计算口径不同,定额工程量在计算过程中考虑了一定的施工方法、施工工艺和现场实际情况,而清单工程量在计算中主要计算工程实体的净量

   答案:ABD

   【解析】 选项 C 两者项目划分和综合的工作内容不同,就综合程度而言,清单工程量通常大于或等于定额工程量,而不是小于或等于定额工程量。

2. 关于公路工程工程量清单、费用项目清单的说法,正确的有( )。
   A. 工程量清单与费用项目清单的清单子目设置原则一致
   B. 工程量清单与费用项目清单的清单子目编码原则不一致
   C. 工程量清单与费用项目清单的清单子目工程数量的计算原则相同
   D. 费用项目清单按一定规则以工程或费用编码、名称、统计单位等因素划分

   答案:BD

   【解析】 本题为2020年考题。
   费用项目清单按一定规则以工程或费用编码、名称、统计单位等因素划分。
   工程量清单与费用项目清单的区别为:工程量清单与费用项目清单的清单子目设置原则不一致;工程量清单与费用项目清单在公路工程各阶段造价文件的编制中适用的阶段不同;工程量清单与费用项目清单的清单子目工程数量的计算原则不同;工程量清单与费用项目清单的清单子目的编码原则不一致。因此选项 AC 错误。

3. ( )不作为措施费和企业管理费的计费基数。
   A. (基层)填料　　　　　　　B. 绿化苗木
   C. 商品水泥混凝土　　　　　D. 商品沥青混合料

   答案:BCD

   【解析】 本题为2021年考题。购买的路基填料、绿化苗木、商品水泥混凝土、商品沥青混合料和各类稳定土混合料、外购混凝土构件不作为措施费及企业管理费的计算基数。

4. 下列说法正确的是( )。
   A. 钢护筒的定额工程量按护筒的设计质量计算
   B. 桩基混凝土定额工程量按设计桩长乘以桩径对应的截面积计算
   C. 灌注桩成孔工程量按设计桩长计算
   D. 灌注桩工作平台的工程量按施工组织设计需要的面积计算

   答案:ABD

【解析】 本题为2021年考题。选项C,灌注桩成孔工程量按设计入土深度计算。

5. 定额规则与清单工程量规则正确的是( )。
   A. 定额的项目划分通常以结构构件或分项工程为基础,包括的工作内容相对单一
   B. 清单工程量基于清单计量规则,按照"实体、净量"的原则进行划分,体现功能单元,所包含的工作内容较为综合,往往不止一项
   C. 从计价内容的综合程度而言,清单工程量对应子目通常小于或等于定额工程量对应的定额子目
   D. 清单工程量除了涉及实体工程数量的计算外,还需计算为修建实体而必须消耗的辅助工程的工程数量
   E. 定额工程量的计量单位一般为扩大的物理计量单位或自然计量单位,如 $1000m^2$、$10m^3$、$10m$ 等

答案:ABE

【解析】 本题为2022年考题。
定额工程量与清单工程量两者又有着本质上的区别。
选项C,从计价内容的综合程度而言,清单工程量对应子目通常大于或等于定额工程量对应的定额子目。
选项D,清单工程量通常按以工程实体为对象进行计算,而定额工程量除了涉及实体工程数量的计算外,还需计算为修建实体而必须消耗的辅助工程的工程数量。

本 节 习 题

Ⅰ.单项选择题

1. ( )是建设项目合理计价的前提。
   A. 正确确定定额工程数量   B. 正确确定清单工程数量
   C. 正确确定设计工程数量   D. 正确确定计量工程数量

2. 定额工程量计算具有多次性和( )。
   A. 复杂性   B. 准确性   C. 多阶段性   D. 多样性

3. ( )一般是投标人投标报价的基准数量,是签订合同的组成部分。
   A. 清单工程量   B. 合同工程量   C. 计量工程量   D. 支付工程量

4. ( )与清单工程量数量是一样的,只是两者单价取定的主体和确定原则不同而已。
   A. 清单工程量   B. 合同工程量   C. 计量工程量   D. 支付工程量

5. 一个项目( )之和即工程项目的实际规模。
   A. 清单工程量   B. 合同工程量   C. 计量工程量   D. 支付工程量

6. 在公路工程实施阶段,对已完工程进行计量后,并按合同约定确认进行支付的计量工程量称为( )。
   A. 清单工程量   B. 合同工程量   C. 计量工程量   D. 支付工程量

7. 基坑开挖清单工程量的计算,取用原地面到基础底面间的平均高度并以超过基础底面周边( )的竖直面为界的棱柱体体积为计量规则。

A.0.5m B.0.8m C.1m D.1.5m

8.关于定额工程量与清单工程量的区别,下列说明错误的是(　　)。
   A.定额工程量在计算过程中考虑了一定的施工方法、施工工艺和现场实际情况
   B.清单工程量在计算中主要计算工程实体的净量
   C.定额工程量通常以工程实体为单位进行计算
   D.清单工程量通常大于或等于定额工程量

9.现行《公路工程预算定额》隧道洞身中空注浆锚杆、自进式锚杆的工程量按(　　)计算。
   A.锚杆的实际长度　　　　　　　　B.锚杆的实际质量
   C.锚杆的设计长度　　　　　　　　D.锚杆的设计质量

10.关于定额与清单计价的区别,下列说法错误的是(　　)。
   A.清单项目划分一般按"综合实体"进行分项
   B.清单计价突出了施工措施费的市场竞争性
   C.清单与定额章节划分完全一致
   D.定额与清单计价合同价格的调整方式不同

11.工程实施阶段的工程量概念,叙述错误的是(　　)。
   A.工程量是指以物理计量单位或自然计量单位表示的各个具体分部分项工程项目的数量
   B.支付工程量之和在竣工结算时应大于或等于与计量工程量之和
   C.工程量应按合同文件中约定的工程计算规则、图纸及变更指示等进行计量
   D.若发现工程量清单中出现漏项、工程量计算偏差,以及工程变更引起工程量的增减变化,应据实调整、正确计量

12.某公路工程T梁梁长40m,梁底宽0.6m,梁顶宽2.2m,计算底座面积为(　　)m²。
   A.88 B.128 C.100.8 D.134.42

13.某公路项目,路面基层稳定土混合料平均运距为20km,考虑自卸汽车运输,下列说法正确的是(　　)。
   A.按市场运价计算其运输费
   B.套定额计算第一个1km运距×20
   C.套定额计算第一个1km运距+19km增运
   D.套定额计算第一个1km运距+14km增运+5km社会运距

14.根据《公路工程预算定额》(JTG/T 3832—2018)规定,计算水中埋设钢护筒定额工程量时,正确的答案为(　　)。
   A.定额量为设计钢护筒工作量
   B.定额量为设计钢护筒工作量×摊销次数
   C.定额量为设计钢护筒工作量+2m护筒量
   D.定额量为设计钢护筒工作量 – 回收量

15.某桥梁工程,根据《公路工程预算定额》(JTG/T 3832—2018)泥混凝土的拌和与运输定额工程量正确的是(　　)。

A. 设计的水泥混凝土量

B. 设计的水泥混凝土量×(1+场外运输及操作损耗率)

C. 设计的水泥混凝土量×(1+场内运输及操作损耗)

D. 设计的水泥混凝土量/(1+场内运输及操作损耗)

16. 根据《公路工程预算定额》(JTG/T 3832—2018)规定,悬索桥的定额计算正确的是( )。

A. 基价乘以系数1.3 B. 人工单价乘以系数1.3

C. 定额基价乘以系数1.3 D. 定额人工价乘以系数1.3

17. 根据《公路工程预算定额》(JTG/T 3832—2018)规定,桥梁工程的墩台高度是指( )。

A. 承台顶或系梁顶到盖梁顶、台帽顶的高度

B. 承台顶或系梁顶到盖梁底、墩台帽底的高度

C. 承台顶或系梁底到盖梁底、墩台帽底的高度

D. 承台顶或系梁底到盖梁顶、墩台帽顶的高度

18. 根据《公路工程预算定额》(JTG/T 3832—2018),挂篮、跨墩门架的设备摊销费分别按设备质量每吨每月( )元计算。

A. 140、90 B. 90、140 C. 140、180 D. 180、140

Ⅱ. 多项选择题

1. 工程数量按照项目的实施过程,可以分为( )等。

A. 设计工程量 B. 定额工程量 C. 预算工程量 D. 清单工程量

2. 以下属于定额工程量计算依据的是( )。

A. 国家、行业和地方发布的各类消耗量定额及其对应工程量计算规则

B. 设计图纸及说明

C. 经审定的施工组织设计

D. 经审定的施工技术方案

3. 在土石方数量的计算上无论是预算定额工程量还是概算、估算定额工程量均需要增加以下几项( )。

A. 清除表土或零填方地段的基地压实、耕地填方前夯(压)实,回填至原地面高程所需的土、石方数量

B. 因路基沉陷需增加填筑的土、石方数量

C. 为保证路基边缘的压实度必须加宽填筑实,所需的土、石方数量

D. 超挖的土石方数量

4. 招标规范中定额工程量与清单工程量的说法正确的是( )。

A. 定额工程量与清单工程量的区别是两者的用途和参考的计算依据不同、计算口径不同、覆盖范围不一致

B. 清单工程量通常小于定额工程量

C. 计算综合单价时需考虑施工方案增加的工程量,但不考虑施工过程中的材料损耗

D. 清单工程量,基坑开挖面积,按顶面到底面,以超出基底周边0.5m的竖直面为界

5. 关于定额工程量计算,以下说法正确的是( )。
  A. 概算与预算的定额工程量的计算一致
  B. 定额工程量计算规则在工程定额的章节说明中列出,计算时必须采用
  C. 要注意没有列入工程量计算规则,但其内容对定额工程量的计算产生影响的定额说明
  D. 要注意每个定额项目中的定额工程内容和定额注释

6. 根据《公路工程预算定额》(JTG/T 3832—2018),综合在钻孔灌注桩混凝土定额中,不另行计算费用的有( )。
  A. 弃渣运输　　　　　　　　B. 扩孔混凝土
  C. 成孔钻架拼装　　　　　　D. 凿除桩头混凝土
  E. 灌注混凝土导管设备

本节习题答案及解析

I. 单项选择题

1. 答案:A
【解析】 公路工程建设项目工程造价水平与项目工程规模的关系最直接,能否正确计算建设项目的定额工程量直接关系到造价文件编制的准确性,对确定建设项目工程造价起着决定性的作用,因此正确确定定额工程数量是建设项目合理计价的前提。

2. 答案:C
【解析】 由于工程计价的多阶段性和多次性,定额工程量计算也具有多阶段性和多次性,且工程量的计算过程有不同的具体内容。

3. 答案:A
【解析】 清单工程量是招标人编制工程量清单时,依据施工图纸、招标文件、技术规范确定的工程数量。清单工程量一般是投标人投标报价的基准数量,是签订合同的组成部分。

4. 答案:B
【解析】 合同工程量的实质是对项目实际需完成数量的预期。合同工程量与清单工程量数量是一样的,只是两者单价取定的主体和确定原则不同而已。

5. 答案:C
【解析】 计量工程量是指在公路工程实施阶段按照合同约定的招(投)标文件及有关规定所确定的方法,对承包人符合上述要求的已完工程进行测量、计算、核查并确认的已完工程的实际数量。计量工程量对应工程实施阶段项目已完工程数量的计算和确定这一环节,一个项目的计量工程量之和即工程项目的实际规模。

6. 答案:D
【解析】 支付工程量指在公路工程实施阶段,对已完工程进行计量后,并按合同约定确认进行支付的计量工程量。支付工程量对应在工程实施阶段对已完工程数量进行确定支付这一环节,支付工程量之和与计量工程量之和在竣工结算时应是相同的。

7. 答案:A

【解析】 定额工程量在计算过程中考虑了一定的施工方法、施工工艺和现场实际情况,而清单工程量主要计算工程实体的净量。如基坑开挖清单工程量的计算,取用原地面到基础底面间的平均高度并以超过基础底面周边0.5m的竖直面为界的棱柱体体积为计量规则计算基坑开挖的净量。

8. 答案:C

【解析】 清单工程量通常以工程实体为单位进行计算,定额工程量除了涉及实体工程数量的计算外,还需计算为修建实体而必须消耗的辅助工程的工程数量。

9. 答案:C

【解析】 隧道洞身工程预算定额说明中的工程量计算规则第8条"砂浆锚杆工程量为锚杆、垫板及螺母等材料质量之和;中空注浆锚杆、自进式锚杆的工程量按锚杆设计长度计算",这条计算规则在套用时就必须按照不同锚杆的类型计算定额工程数量,砂浆锚杆按质量计算,该质量除了包含砂浆锚杆的质量外还需加垫板及螺母的质量。

10. 答案:C

【解析】 清单与招标技术规范章节划分一致,与定额章节划分没有关系。

11. 答案:B

【解析】 支付工程量对应工程实施阶段项目对已完工工程数量进行确定支付这一环节,支付工程量之和与计量工程量之和在竣工结算时应是相同的。因此选项B表述错误。其他选项表述都是正确的。

12. 答案:D

【解析】 教材无原文,属于第七章的定额工程量规则的综合运用。

公路工程预算定额–第四章桥梁工程第十一节杂项工程节说明查得大型预制构件底座定额分为平面底座和曲面底座两项。其中:平面底座定额适用于T形梁、I形梁等截面箱梁,每根梁底座面积的工程量计算公式为:底座面积=(梁长+2m)×(梁宽+1m)。

套公式计算得:$(40+2) \times (2.2+1) = 134.42(m^2)$。

13. 答案:A

【解析】 自卸汽车运输稳定土混合料、沥青混合料和水泥混凝土定额项目,仅适用于平均运距在15km以内的混合料运输,当运距超过第一个定额运距单位时,其运距尾数不足一个增运定额单位的半数时不计,等于或超过半数时按一个增运定额运距单位计算。当平均运距超过15km时,应按市场运价计算其运输费用。

14. 答案:A

【解析】 钢护筒的工程量按护筒的设计质量计算。设计质量为加工后的成品质量,包括加劲肋及连接用法兰盘等全部钢材的质量。当设计提供不出钢护筒的质量时,可参考相关表中的质量进行计算,桩径不同时可内插计算。

15. 答案:C

【解析】 本定额中的材料消耗量系按现行材料标准的合格料和标准规格料计算的。定额内材料、成品、半成品均已包括场内运输及操作损耗,编制预算时,不得另行增加。其场外运输损耗、仓库保管损耗应在材料预算价格内考虑。

16. 答案:B

【解析】 查找预算定额备注:人工单价乘以系数1.3。

17. 答案:D

【解析】 墩台高度为基础顶、承台顶或系梁底到盖梁顶或台帽顶或0号块件底的高度。

18. 答案:D

【解析】 定额中设备摊销费的设备指属于固定资产的金属设备,包括万能杆件、装配式钢桥桁架及有关配件拼装的金属架桥设备。挂篮、移动模架、导梁、导向船连接梁设备摊销费按设备质量每吨每月180元计算,其他设备摊销费按设备质量每吨每月140元(除设备本身折旧费用,还包括设备的维修、保养等费用)。各项目中凡注明允许调整的,可按计划使用时间调整。

Ⅱ.多项选择题

1. 答案:ABD

【解析】 工程数量按照项目的实施过程可以分为公路工程前期阶段的设计工程量、定额工程量和公路工程实施阶段的清单工程量、合同工程量、计量工程量、支付工程量,各个工程量的概念、用途、计算规则和方法各不相同。

2. 答案:ACD

【解析】 定额工程量计算依据的是国家、行业和地方发布的各类消耗量定额及其对应工程量计算规则;经审定的设计图纸及说明;经审定的施工组织设计施工技术方案;经审定通过的其他有关技术经济文件及经济调查资料。未经过审定的设计图纸及说明是不能作为定额工程量计算依据的。

3. 答案:ABC

【解析】 在路基土石方工程中定额工程量的计算中,土石方数量的计算忽略了土石类别的划分和压实系数等因素,但是在需并入路基填方数量内计算的工程数量的内容上又与概算、预算中的计算内容是完全相同的,即无论是预算定额工程量还是概算、估算定额工程量均需增加:①清除表土或零填方地段的基底压实、耕地填方前夯(压)实,回填至原地面高程所需的土、石方数量;②因路基沉陷需增加填筑的土、石方数量;③为保证路基边缘的压实度必须加宽填筑实,所需的土、石方数量。故选择A、B、C。

4. 答案:AD

【解析】 清单工程量通常大于或等于定额工程量;计算综合单价时需考虑施工方案增加的工程量,也要考虑施工过程中的材料损耗。

5. 答案:BCD

【解析】 定额工程量计算的目的是配合定额的使用,因不同的设计阶段对工程造价准确性的要求不同,所以不同设计阶段的定额的综合程度也就不同,进而使得造价编制的不同阶段(投资估算、初步设计概算、施工图预算阶段)定额工程量的计算方法、计算规则也不尽相同。由此可见定额工程数量的计算规则和计算方法不是一成不变的,而是随着使用定额的不同而变化的,所以A选项错误。

6. 答案:BCE

【解析】 灌注桩混凝土定额按机械拌和、工作平台上导管倾注水下混凝土编制,定额中已包括混凝土灌注设备(如导管等)摊销的工、料费用及扩孔增加的混凝土数量,使用定额时,不得另行计算。

(三)工程量清单

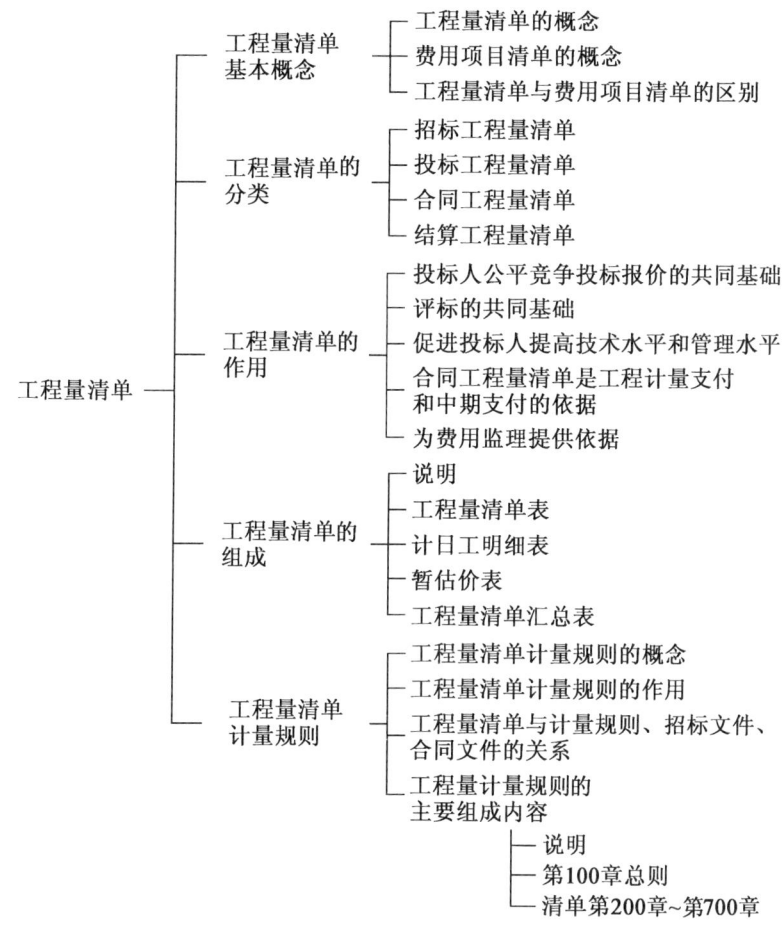

例 题 解 析

Ⅰ.单项选择题

1. 下列有关计日工的说法正确的是( )。
   A. 计日工的使用需得到监理人的书面指令,计日工可以调价
   B. 计日工工资的工时应从工人到达施工现场,并开始从事指定工作算起,到返回原出发地点为止,不扣用餐和休息时间
   C. 计日工单价也是一个综合单价,包括计日工劳务的基本单价及承包人的管理费、税费、利润等所用附加费
   D. 计日工施工机械的租价应包括施工机械的折旧、利息、维修、保养、零配件、油燃料、

保险和其他消耗品的费用以及全部有关使用这些机械的管理费、税费、利润,不包含司机与助手的劳务费等费用

答案:C

【解析】 关于选项A,计日工的使用需得到监理人的书面指令,计日工不调价;关于选项B,计日工工资的工时应从工人到达施工现场,并开始从事指定工作算起,到返回原出发地点为止,扣去用餐和休息时间;关于选项D,计日工施工机械的租价应包括施工机械的折旧、利息、维修、保养、零配件、油燃料、保险和其他消耗品的费用以及全部有关使用这些机械的管理费、税费、利润和司机与助手的劳务费等费用。

2. 根据《公路工程标准施工招标文件》,工程量清单计量规则正确的是( )。

A. 金属材料质量包括焊条质量

B. 计算面积时不扣除面积在 $1.5m^2$ 以下的固定物面积

C. 水泥混凝土计量时不扣除体积不超过 $0.03m^3$ 的开孔

D. 钢筋应以 kg 计量,四舍五入,计小数点后一位小数

答案:C

【解析】 本题为2020年考题。

根据《公路工程标准施工招标文件》相关规定:金属材料的质量不得包括施工需要加放或使用的灰浆、楔块、填缝料、垫衬物、油料、接缝料、焊条、涂敷料等质量。计算面积时,其长、宽应按图纸所示尺寸线或按监理人指示计量。对于面积在 $1m^2$ 以下的固定物(如检查井等)不予扣除。水泥混凝土的计量体积不超过 $0.03m^3$ 的开孔及开口不扣除。钢筋、钢板或型钢应以千克计量,四舍五入,不计小数。

3. 根据《公路工程标准施工招标文件》,路基工程量清单计量规则正确的是( )。

A. 抗滑桩声测管按设计长度以 m 为单位计量

B. 土工格栅工程量包括接缝的重叠面积和边缘的包裹面积

C. 路基挖土方工程量包括边沟、排水沟、截水沟的土方体积

D. 路基填筑利用土方工程量包括为满足施工需要预留路基宽度宽填的填方量

答案:C

【解析】 本题为2020年考题。

根据《公路工程标准施工招标文件》相关规定:抗滑桩声测管作为抗滑桩附属工程,不单独计量,土工格栅工程量不包括接缝的重叠面积和边缘的包裹面积,路基挖土方工程量包括边沟、排水沟、截水沟的土方体积,路基填筑利用土方工程量不包括为满足施工需要预留路基宽度宽填的填方量。

4. 下列不是工程量清单组成的是( )。

A. 工程量清单表   B. 工程量清单汇总表

C. 措施项目费表   D. 暂估价表

答案:C

【解析】 本题为2021年考题。工程量清单由说明、工程量清单表、计日工明细表、暂估价表、工程量清单汇总表组成。

5. 某工程预应力锚索护坡钢绞线采用 $4\phi 815.2$,清单工程量为2000m,工作长度为100m,

每股钢纹线单位重量为 1.101kg/m,那么,工程量应为( )。

A.8.808t　　　　　B.2.202t　　　　　C.9.248t　　　　　D.2.312t

答案:C

【解析】 本题为 2021 年考题。$4×1.101×(2000+100)=9248.4$(kg)。

6.在施工桥梁工程时,可以单独计量的为( )。

A.定位架立钢筋　　B.接头套筒　　C.固定钢筋　　D.黏结防水层

答案:D

【解析】 本题为 2022 年考题。

钢筋、钢板或型钢计量时,应按图纸或其他资料标示的尺寸和净长计算。搭接、接头套筒、焊接材料、下脚料和固定、定位架立钢筋器,不予另行计量。

选项 D 黏结防水层属于桥梁桥面铺装清单中的单独计量内容。

7.根据《公路工程标准施工招标文件》(2018 年版),界定为陆上钻孔灌注桩的是( )。

A.施工图设计水深小于 2 米(含 2 米)的钻孔灌注桩

B.施工期实际水深小于 2 米(不含 2 米)的钻孔灌注桩

C.施工图设计水深小于 3 米(含 3 米)的钻孔灌注桩

D.施工期实际水深小于 3 米(不含 3 米)的钻孔灌注桩

答案:A

【解析】 本题为 2023 年考题。

根据《公路工程标准施工招标文件》(2018 年版)第 405 节表 405 可知:施工图设计水深小于 2 米(含 2 米)的为陆上钻孔灌注桩。

Ⅱ.多项选择题

1.下列关于工程量清单与费用项目清单的区别,说法正确的是( )。

A.工程量清单与费用项目清单在公路工程各阶段造价文件的编制中适用的阶段不同

B.工程量清单与费用项目清单的清单子目设置的原则不一致

C.工程量清单与费用项目清单的清单子目数量的计算原则不同。工程量清单子目对应的工程数量是按照清单工程数量计算规则计算的,不可用于计量支付的实物数量。而费用项目清单的细目仅指费用项本身

D.工程量清单与费用项目清单的清单子目的编码原则不一致

答案:ABD

【解析】 关于选项 C 工程量清单与费用项目清单的清单子目数量的计算原则不同,工程量清单子目对应的工程数量是按照清单工程数量计算规则计算的,可用于计量支付的实物数量。

2.关于公路工程工程量清单作用的说法,正确的有( )。

A.工程量清单是评标的共同基础

B.工程量清单为费用监理提供依据

C.工程量清单促进建设单位提高技术水平

D.工程量清单是投标人公平竞争报价的共同基础

答案：ABD

【解析】 本题为2020年考题。

工程量清单作为招标文件、合同文件最重要的组成部分,同时也是计量支付的重要依据,其重要作用主要表现在:①投标人公平竞争投标报价的共同基础;②评标的共同基础;③促进投标人提高技术水平和管理水平;④合同工程量清单是工程计量支付和中期支付的依据;⑤为费用监理提供依据。

3.根据《公路工程标准施工招标文件》2018年版,503-1-a 洞身开挖(不含竖井、斜井)子目组价时,该子目包括的工作内容有( )。

 A.临时钢支撑支护   B.弃土的整形、压实

 C.边沟、电缆沟的沟槽开挖   D.风、水、电作业及通风防尘作业

 E.粉尘、有害气体、可燃气体的监控量测

答案：ABDE

【解析】 本题为2023年考题。

根据《公路工程标准施工招标文件》(2018年版)第503节表503可知:503-1-a 洞身开挖(不含井、斜井)子目包括的工作内容有:①钻孔爆破;②风、水、电作业及通风防尘;③粉尘、有害气体、可燃气体量测监控及防护;④临时支护及临时防排水;⑤装渣、运输、卸车;⑥填料分理、弃土整型、压实。

本 节 习 题

Ⅰ.单项选择题

1.( )实际就是按计量规则计算的实体项目的工程数量汇总表。

 A.工程量清单   B.标价的工程量清单

 C.未标价的工程量清单   D.经复核的工程量清单

2.招标工程量清单的标底或最高投标限价应以( )为基础确定。

 A.批准的设计概算   B.批准的施工图预算

 C.施工图预算   D.编制的工程量清单预算

3.在公路工程发、承包活动中,发、承包双方根据民法典、招(投)标文件及有关规定,以约定的工程量清单计价方式,签订工程承包合同时确定的工程量清单是( )。

 A.招标工程量清单   B.投标工程量清单

 C.合同工程量清单   D.结算工程量清单

4.关于工程量清单,下列说法错误的是( )。

 A.清单所列工程数量是估算的或按设计数量确定

 B.清单所列工程数量仅作为投标的共同基础

 C.清单所列工程数量是最终结算和支付的依据

 D.清单所列工程数量不能作为最终结算和支付的依据

5.在公路实施过程中或工程完工后,发、承包双方根据有关法律、法规,按合同约定用以计算确定的最终工程价款所确定的工程量清单是( )。

A. 招标工程量清单　　　　　　　　B. 投标工程量清单
C. 合同工程量清单　　　　　　　　D. 结算工程量清单

6. 工程量清单的组成中(　　)对工程量清单的性质、承包人填报工程量清单的单价和合同价格的要求、计量支付的方式方法、费用计算的依据等作明确规定。

A. 工程量清单说明　　　　　　　　B. 投标报价说明
C. 计日工说明　　　　　　　　　　D. 说明

7. 公路工程工程量清单子目的划分应分级划分、逐层编制，编码可递延、可扩展。其编码的一级划分应按(　　)中的相关内容执行。

A.《公路工程建设项目造价文件管理导则》(JTG 3810—2017)
B.《公路工程建设项目概算预算编制办法》(JTG 3830—2018)
C.《公路工程建设项目投资估算编制办法》(JTG 3820—2018)
D. 工程量清单计算规则

8. 以下关于报价时招标文件各部分的优先次序，说法不正确的是(　　)。

A. 合同专用条款及数据表(含招标文件补遗书中与此有关部分)优先于合同通用条款
B. 工程量清单中的工程数量(含招标文件补遗书中与此有关的部分)优先于图纸中的工程数量
C. 工程量清单中项目划分、计量与技术规范必须相结合
D. 工程量清单计量规则优先于技术规范及图纸

9. (　　)是招标文件和合同的重要组成部分，这些资料具体地规定了兴建工程的形式、内容、地质情况、结构尺寸、施工技术要求等，是投标人在拟订施工组织方案、确定施工方法以至提出替代方案和计算投标报价时必不可少的资料。

A. 通用合同条款　　　　　　　　B. 专用合同条款
C. 工程量清单计量规则　　　　　D. 招标图纸

10. 对钢筋、钢板或型钢计量时，其搭接、接头套筒以及固定、定位架立钢筋等应(　　)。

A. 单独计量　　　　　　　　　　B. 不予计量
C. 一并计算并计量　　　　　　　D. 由工程师指示是否计量

11. 按面积计量时，对于面积在(　　)m^2以下的固体物(如检查井等)不予扣除。

A. 0.5　　　B. 1.0　　　C. 1.5　　　D. 2.0

12. 水泥混凝土的计量应按监理人认可的并已完工工程的净尺寸计算，钢筋的体积不扣除，体积不超过(　　)的开孔及开口不扣除。

A. $0.01m^3$　　B. $0.02m^3$　　C. $0.03m^3$　　D. $0.04m^3$

13. 水泥混凝土的计量应按监理人认可的并已完工工程的净尺寸计算，钢筋的体积不扣除，面积不超过(　　)的填角部分也不增加。

A. 0.1m×0.1m　B. 0.15m×0.15m　C. 0.2m×0.2m　D. 0.25m×0.25m

14. 土方体积可采用平均断面面积法计算，但与似棱体公式计算结果比较，如果误差超过(　　)时，监理人可指示采用似棱体公式。

A. ±2%　　　B. ±3%　　　C. ±5%　　　D. ±6%

15. 关于路基边沟、排水沟、截水沟的土方计量，下列说法正确的是(　　)。

A. 工程数量包括在路基土石方中,同路基土石方一并计量
B. 作为边沟、排水沟、截水沟的附属工作,不另计量
C. 单独计量
D. 按监理工程师的指示进行

16. 某路基利用方填筑,填料石料含量为40%,则对应的子目是(   )。
    A. 利用土方填筑   B. 利用石方填筑
    C. 利用土石混填   D. 利用石料混填

17. 按面积计量的路面结构层,其面积计算是按铺筑的(   )。
    A. 顶面面积   B. 底面面积
    C. 中间层面积   D. 以上选项均不正确

18. 某高速公路土石方工程量如下表,204-1-d 借土填方的清单量为(   )。

挖方			总填方	本桩利用		弃方
松土	普通土	软石		普通土	软石	松土
100000	580000	1380000	2100000	40000	80000	100000

注:挖方为天然密实方,填方为压实方,除弃方外挖方全部利用,借方借普通土,路基超宽填筑20000m³。

    A. 100000m³   B. 1897260m³   C. 221439m³   D. 1978561m³

19. 根据《公路工程标准施工招标文件》(2018年版),409-1 钢筋混凝土沉井,子目计量工程内容包含了井内石方开挖、弃运的是(   )。
    A. 409-1-a 井壁混凝土   B. 409-1-b 封底混凝土
    C. 409-1-c 填充混凝土   D. 409-1-d 顶板混凝土

Ⅱ. 多项选择题

1. 费用项目清单主要包括(   )等。
    A. 估算项目清单   B. 概算项目清单
    C. 预算项目清单   D. 工程量清单

2. 工程量清单根据在公路建设过程中订立时间、阶段的不同分为(   )等类别。
    A. 定额工程量清单   B. 投标工程量清单
    C. 合同工程量清单   D. 结算工程量清单

3. 以下属于工程量清单的作用的是(   )。
    A. 是投标人公平竞争投标报价的共同基础
    B. 评标的共同基础
    C. 降低工程数量
    D. 合同工程量清单是工程计量支付和中期支付的依据

4. 工程量清单的组成包括(   )。
    A. 设计图纸   B. 工程量清单表
    C. 计日工明细表   D. 暂估价表

5. 工程量清单表是招标工程中按章的顺序排列的各个项目表。包括(   )。

A. 定额编号　　　B. 项目名称　　　C. 工程数量　　　D. 单价、合价

6. 按照公路工程项目的基本组成划分,公路工程工程量清单可以分为( )。
   A. 交通土建工程工程量清单　　　B. 交通机电工程工程量清单
   C. 房屋建筑工程工程量清单　　　D. 桥涵工程工程量清单

7. 计日工明细表包括( )。
   A. 计日工劳务　　　B. 计日工材料
   C. 计日工施工机械　　　D. 计日工单价表

8. 暂估价是在工程招标阶段已经确定的材料、工程设备或工程项目,但又无法在投标时确定准确价格,而可能影响招标效果时,发包人在工程量清单中给定一个暂估价。暂估价表包括( )。
   A. 材料暂估价表　　　B. 工程设备暂估价表
   C. 专业工程暂估价表　　　D. 机械设备暂估价表

9. 工程量清单汇总表是( )汇总相加而得出该项目的总报价。
   A. 各章的工程细目表　　　B. 计日工明细表
   C. 暂列金额　　　D. 材料、工程设备暂估价

10. 工程量清单计量规则由( )组成。
    A. 子目号、子目名称　　　B. 单位
    C. 工程量计量　　　D. 工程内容
    E. 单价、合价

11. 以下关于工程量清单计量规则的作用,说法正确的是( )。
    A. 工程量清单计量规则可以促进投标人提高技术水平和管理水平
    B. 工程量清单计量规则确定了清单子目所包含的工作内容
    C. 工程量清单计量规则对承包人完成子目工作的工艺流程、施工过程提出了具体的要求
    D. 工程量清单计量规则、技术规范对承包人完成子目工作的工程质量提出了对应的质量检验标准

12. 工程量清单不能单独理解,这是在使用清单时必须注意的,清单说明中已经明确指出工程量清单应与招标文件中的工程量清单计量规则、技术规范及图纸,以及( )一起阅读和理解。
    A. 投标人须知　　　B. 通用合同条款
    C. 专用合同条款　　　D. 工程结算文件

13. 下列关于工程量计量规则说明中的有关内容,说法正确的是( )。
    A. 本规则的计量与支付,应与合同条款、工程量清单以及图纸同时阅读,工程量清单中的支付项目号和本规则的章节编号是一致的
    B. 工程量应由承包人计算,由监理人审核。工程量计算的副本应提交给监理人并由监理人保存
    C. 除合同特殊约定单独计量之外,全部必需的模板、脚手架、装备、机具、螺栓、垫圈和钢制件等其他材料,应包括在工程量清单中所列的有关支付项目中,均不单独计量

D. 监理人应严格标准计量基础工作和材料采购检验工作。沥青混凝土、沥青碎石、水泥混凝土、高强度等级水泥砂浆的施工现场必须使用电子计量设备称重。因不符合计量规定引发质量问题时,所发生的费用由承包人承担

14. 工程量计量规则中关于土方的计量要求,说法正确的是( )。
    A. 土方体积可采用平均断面积法计算,但与似棱体公式计算结果比较,如果误差超过±5%时,监理人可指示采用似棱体公式
    B. 各种不同类别的挖方与填方计量,应以图纸所示界线为限,而且应在批准的横断面图上标明
    C. 用于填方的土方量,应按压实后的纵断面高程和路床面为准来计量。承包人报价时,应考虑在挖方或运输过程中引起的体积差
    D. 在现场钉桩后28d内,承包人应将设计和进场复测的土方横断面图连同土方的面积与体积计算表一并提交监理人批准

15. 工程量清单与计量规则在编制时应遵循的原则有( )。
    A. 计量规则和技术规范保持一致
    B. 合理划分工程项目确定计量规则便于计量支付、合同管理及处理工程变更
    C. 要严格遵守国家的防震政策和有关制度,尤其是对工程造价管理的各项规定和要求
    D. 计日工清单不可缺少,保证清单的灵活性

16. 对于工程量清单,下列说法正确的是( )。
    A. 工程量清单是投标报价、评标的共同基础
    B. 工程量清单的工程量是投标的共同基础,是最终结算与支付的依据
    C. 工程量清单中所列的工程数量是估算的或设计预计的数量,不仅作为投标报价的共同基础,还能作为最终计算与支付的依据
    D. 标有单价的工程量清单是处理工程变更计价的依据

17. 按照《公路工程标准施工招标文件》(2018年版)规定,下列工程量计算规则,说法正确的是( )。
    A. 沥青路面是按顶面积来计算　　B. 平整场地是按长度计算
    C. 水泥混凝土路面按立方米（m³）计算　　D. 挖土方按天然挖方计算

18. 下列关于计日工说法正确的是( )
    A. 计日工不计算利润
    B. 计日工不能调价
    C. 计日工单价也是一个综合单价包括计日工劳务的基本单价及承包人的管理费、税费利润等所用附加费
    D. 计日工的单价或合同总价一般作为工程量清单的附件包括在合同内,是由发包人在招标时根据明细表所列

19. 根据公路工程标准施工招标文件工程量清单计量规则(2018年版),以下垫层计量规则正确的是( )。
    A. 砂砾垫层按铺筑的顶面面积以平方米为单位计量

B. 砂砾垫层按铺筑的总体积以立方米为单位计量

C. 碎石垫层按铺筑的顶面面积以平方米为单位计量

D. 碎石垫层按铺筑的总体积以立方米为单位计量

E. 碎石垫层按铺筑的底面面积以平方米为单位计量

20. 某边坡治理设计采用抗滑桩,针对抗滑桩的清单计量以下正确的是(　　)。

A. 护壁混凝土需单独计量

B. 护壁钢筋需单独计量

C. 声测管不单独计量

D. 桩基混凝土按照不同强度以立方米为单位计量

E. 桩基混凝土按照不同强度以桩长为单位计量

本节习题答案及解析

Ⅰ.单项选择题

1. 答案:C

【解析】 未标价的工程量清单实际就是按计量规则计算的实体项目的工程数量汇总表。

2. 答案:D

【解析】 招标工程量清单在项目的招投标阶段编制通常由招标人提供,招标工程量清单的标底或最高投标限价应以编制的工程量清单预算为基础确定,投标工程量清单则由投标人根据自身情况填报项目的单价、合计。

3. 答案:C

【解析】 合同工程量清单是指在公路工程发、承包活动中,发、承包双方根据民法典、招(投)标文件及有关规定,以约定的工程量清单计价方式,签订工程承包合同时确定的工程量清单。

4. 答案:C

【解析】 清单工程量是招标人编制工程量清单时,依据施工图纸、招标文件、技术规范确定的工程数量。清单工程量一般是投标人投标报价的基准数量,是签订合同的组成部分。清单所列工程数量不能作为最终结算和支付的依据。

5. 答案:D

【解析】 结算工程量清单在公路实施过程中或工程完工后,发、承包双方根据有关法律、法规,按合同约定用以计算确定的最终工程价款所确定的工程量清单。

6. 答案:D

【解析】 工程量清单说明是对清单细目中不能具体表述的内容进行进一步的明确。它对工程量清单的性质、承包人填报工程量清单的单价和合同价格的要求、计量支付的方式方法、费用计算的依据等作明确规定。

7. 答案:A

【解析】 公路工程工程量清单子目的划分应分级划分、逐层编制,编码可递延、可扩展。其编码的一级划分应按《公路工程建设项目造价文件管理导则》(JTG 3810—2017)中的相关内容执行,二级划分宜按《公路工程建设项目造价文件管理导则》(JTG 3810—2017)附录的"工程量清单子目组成及编码框架表"划分。

8. 答案:D

【解析】 合同专用条款及数据表(含招标文件补遗书中与此有关部分)优先于合同通用条款;工程量清单中的工程数量(含招标文件补遗书中与此有关的部分)优先于图纸中的工程数量;工程量清单中项目划分、计量与技术规范必须相结合。

9. 答案:D

【解析】 招标图纸是招标文件和合同的重要组成部分,这些资料具体地规定了建设工程的形式、内容、地质情况、结构尺寸、施工技术要求等,是投标人在拟订施工组织方案、确定施工方法以至提出替代方案时,计算投标报价时必不可少的资料。

10. 答案:B

【解析】 钢筋、钢板或型钢计量时,应按图纸或其他资料标示的尺寸和净长计算。搭接、接头套筒、焊接材料、下脚料以及固定、定位架立钢筋等,则不予另行计量。

11. 答案:B

【解析】 除非另有规定,计算面积时,其长、宽应按图纸所示尺寸线或按监理人指示计量。对于面积在$1m^2$以下的固定物(如检查井等)不予扣除。

12. 答案:C

【解析】 水泥混凝土的计量应按监理人认可的并已完工工程的净尺寸计算,钢筋的体积不扣除,倒角不超过$0.15m \times 0.15m$时不扣除,体积不超过$0.03m^3$的开孔及开口不扣除,面积不超过$0.15m \times 0.15m$的填角部分也不增加。

13. 答案:B

【解析】 同本节"单选"题11的解析。

14. 答案:C

【解析】 土方体积可采用平均断面面积法计算,但与似棱体公式计算结果比较,如果误差超过±5%时,监理人可指示采用似棱体公式。

15. 答案:A

【解析】 路基边沟、排水沟、截水沟的土方工程数量包含在路基土石方中,同路基土石方一并计量。

16. 答案:C

【解析】 石料含量小于30%为土,石料含量大于70%为石。

17. 答案:A

【解析】 按面积计量的路面结构层,其面积计算是按铺筑的顶面面积计。

18. 答案:A

【解析】

《公路工程预算定额》(JTG/T 3832—2018)路基土、石方工程计算规则中土石方体积的计算,除定额中另有说明外,土方挖方按天然密实体积计算,填方按夯(压)实后的体积计算;石方爆破按天然密实体积计算。当以填方压实体积为工程量,采用以天然密实方为计量单位的定额时,如路基填方为利用方,所采用的定额乘以下表所列系数;如路基填方为借方,则应在下

第七章 公路工程计量与计价

表所列系数基础上增加 0.03 损耗。

公路等级	土方			石方
	松土	普通土	硬土	
二级及二级以上公路	1.23	1.16	1.09	0.92
三、四级公路	1.11	1.05	1.00	0.84

本题计算为:$2100000 - 580000 \div 1.16 - 1380000 \div 0.92 = 100000 (m^3)$。

19. 答案:A

【解析】 根据《公路工程标准施工招标文件》(2018 年版)第 409 节表 409 可知,409-1 钢筋混凝土沉井工作内容包括:①制作场地建设;②配、拌、运混凝土;③刃脚制作、浇筑、振捣、养护井壁混凝土;④浮运、定位、下沉、助沉、拼高、拼装;⑤井内土石开挖、弃运。

Ⅱ.多项选择题

1. 答案:ABC

【解析】 费用项目清单主要包括估算项目清单、概算项目清单、预算项目清单等。工程量清单与费用项目清单同属于公路工程造价项目,它们的共同特点是具有统一的内容、名称、编码、单位等,但有着本质上的区别。

2. 答案:BCD

【解析】 工程量清单根据在公路建设过程中订立时间、阶段的不同分为招标工程量清单、投标工程量清单、合同工程量清单、结算工程量清单等类别。选项 A 属概念混淆。

3. 答案:ABD

【解析】 工程量清单作为招标文件、合同文件最重要的组成部分,其作用主要表现在是投标人公平竞争投标报价的共同基础;评标的共同基础;促进投标人提高技术水平和管理水平;合同工程量清单是工程计量支付和中期支付的依据;为费用监理提供依据。

4. 答案:BCD

【解析】 工程量清单由说明、工程量清单表、计日工明细表、暂估价表、工程量清单汇总表组成。选项 A 设计图纸不包含在工程量清单中。

5. 答案:BCD

【解析】 工程量清单表包括子目号、项目名称、工程数量、单价、合价 5 项。

6. 答案:ABC

【解析】 按照公路工程项目的基本组成划分,公路工程工程量清单可以分为三大类,分别是交通土建工程工程量清单、交通机电工程工程量清单、房屋建筑工程工程量清单。

7. 答案:ABC

【解析】 计日工明细表由计日工劳务、计日工材料、计日工施工机械、计日工汇总表组成。

8. 答案:ABC

【解析】 暂估价表由材料暂估价表、工程设备暂估价表、专业工程暂估价表组成。

9. 答案:ABC

【解析】 工程量清单汇总表是将各章的工程细目表及计日工明细表进行汇总,加上暂列金额而得出该项目的总报价。材料、工程设备、专业工程暂估价已包括在清单合计中,不应重复计入投标报价。

10. 答案:ABC

【解析】 工程量清单计量规则由子目号、子目名称、单位、工程量计量、工程内容组成。选项 D 为工程量清单的组成内容。

11. 答案:BCD

【解析】 关于选项 A,工程量清单可以促进投标人提高技术水平和管理水平,并不是工程量清单计量规则。

12. 答案:ABC

【解析】 工程量清单不能单独理解,这是在使用清单时必须注意的,清单说明中已经明确指出工程量清单应与招标文件中的投标人须知、通用合同条款、专用合同条款、工程量清单计量规则、技术规范及图纸一起阅读和理解。

13. 答案:ACD

【解析】 关于选项 B,应是承包人应严格标准计量基础工作和材料采购检验工作,而不是监理人。

14. 答案:ABC

【解析】 关于选项 D,在现场钉桩后 56d 内,承包人应将设计和进场复测的土方横断面图连同土方的面积与体积计算表一并提交监理人批准。

15. 答案:ABD

【解析】 关于选项 C,其描述的为工程造价编制的原则。

16. 答案:ABD

【解析】 选项 C 说法不正确。中标后含单价的工程量清单将成为合同文件的重要组成部分,是计量支付的额重要依据之一。

17. 答案:AC

【解析】 平整场地按平方米(m^2)计算,挖土方按自然方计算。

18. 答案:BC

【解析】 计日工是综合单价,不得调价。计日工单价包括计日工劳务的基本单价及承包人的管理费、税费利润等所用附加费。计日工是工程量清单的组成部分。

19. 答案:AC

【解析】 根据《公路工程标准施工招标文件》(2018 年版)第 302 节表 302 可知:砂砾垫层和碎石垫层均按铺筑的顶面面积以平方米为单位计量。

20. 答案:CD

【解析】 根据《公路工程标准施工招标文件》(2018 年版)第 214 节表 214 可知:抗滑桩护壁混凝土和钢筋为桩基混凝土的附属工程,不需单独计量;桩基混凝土按照不同强度等级混凝土体积以立方米为单位计量。

(四) 工程量清单计价

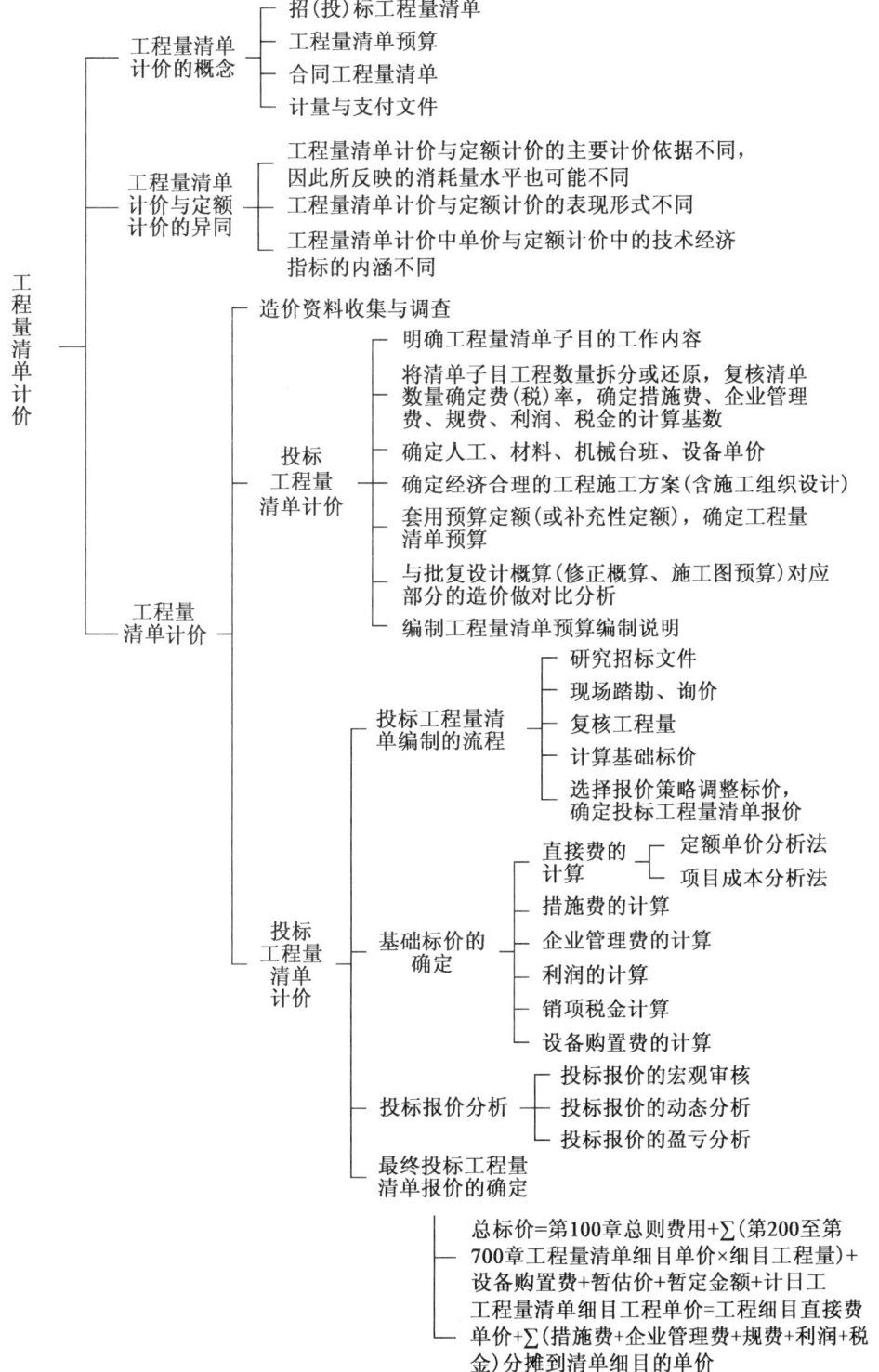

例 题 解 析

Ⅰ. 单项选择题

1. 关于公路工程投标报价的说法,正确的是( )。
   A. 对物价和工资上涨的影响分析属于投标报价的盈亏分析
   B. 目前公路工程投标主要采用项目成本分析法计算直接费
   C. 投标报价分析的目的是探讨标价的经济合理性,从而作出最终报价决策
   D. 投标人复核招标工程量清单发现工程量有误时,可以自行更改清单工程量

   答案:C

   【解析】 本题为 2020 年考题。

   初步计算出投标报价之后,应对投标报价进行多方面的分析和评估,其目的是探讨标价的经济合理性,从而作出最终报价决策。

   对物价和工资上涨的影响分析属于投标报价的动态分析。定额单价分析法是我国投标人员常用的方法,按照招标文件的工程量清单所列工程细目,根据定额计算的工程细目直接费。投标人复核招标工程量清单发现工程量有误时,投标人不能擅自修改。

2. 工程量清单计价与定额计价的区别,说法错误的是( )。
   A. 工程量清单计价与定额计价的主要计价依据不同
   B. 工程量清单计价与定额计价的表现形式不同
   C. 工程量清单计价中单价与定额计价中的技术经济指标的内涵不同
   D. 定额计价中单价包含风险费用

   答案:D

   【解析】 本题为 2022 年考题。

   工程量清单计价与定额计价的区别主要有:①工程量清单计价与定额计价的主要计价依据不同;②工程量清单计价与定额计价的表现形式不同;③工程量清单计价中单价与定额计价中的技术经济指标的内涵不同。

   选项 D 定额计价中的单价不包含风险费用。

Ⅱ. 多项选择题

1. 下列关于招标工程量清单编制说法正确的是( )。
   A. 明确工程量清单子目的工作内容,确定需要计价的定额子目,保证在造价计算过程中不重不漏
   B. 将清单子目填写的工程数量拆分或还原,复核清单数量
   C. 确定经济合理的工程施工方案。施工措施方案的选择因项目特征不同而不同,且措施项目直接构成工程实体,其数量在设计图纸的工程数量表中往往没有,需要造价人员自己或与设计人员共同计算确定。常见的计算施工措施类费用所需的数量的项目如路基宽填、钢护筒、钢板桩、钢围堰、桩基工作平台、施工挂篮等
   D. 套用预算定额(或者地方补充性定额),确定工程量清单预算

答案：ABD

【解析】 施工措施方案的选择因项目特征不同而不同,且措施项目不直接构成工程实体,其数量在设计图纸的工程数量表中也往往没有。

本 节 习 题

Ⅰ.单项选择题

1.( )是招标人确定招标标底或最高投标限价的依据,是评判投标报价合理性的重要依据。
   A.招(投)标工程量清单   B.工程量清单预算
   C.合同工程量清单   D.计量与支付文件

2.投标工程量清单计价的承包人驻地建设费一般列在基础标价的( )中。
   A.第100章 总则   B.企业管理费
   C.直接费   D.暂估价

3.在编制投标单价时,通常以定额作为主要计算依据进行编制,对定额的消耗水平调整正确的是( )。
   A.只能调高   B.只能调低
   C.不能调整   D.根据企业自身的消耗量水平确定

4.下列关于工程量清单计价与定额计价的异同说法错误的是( )。
   A.工程量清单计价与定额计价的主要计价依据不同,因此所反映的消耗量水平也可能不同
   B.工程量清单计价与定额计价的表现形式不同
   C.工程量清单计价与定额计价采用的人、材、机单价不同
   D.工程量清单计价中单价与定额计价中的技术经济指标的内涵不同

5.从工作内容的综合程度上考虑,清单计价细目、预算定额子目、设计图纸细目的关系是( )。
   A.清单计价细目≥预算定额子目≥设计图纸细目
   B.设计图纸细目≥预算定额子目≥清单计价细目
   C.预算定额子目≥预算计价细目≥设计图纸细目
   D.预算计价细目≥设计图纸细目≥预算定额子目

6.在编制投标工程量清单时,直接工程费的计算一般采用定额单价分析法进行计算,采用( )进行校核和决策。
   A.工程量清单单价分析法   B.项目成本法
   C.综合单价分析   D.基础标价分析法

Ⅱ.多项选择题

1.项目实施阶段的造价文件中属于工程量清单计价文件的有招(投)标工程量清单和( )。

A. 工程概、预算 B. 工程量清单预算
C. 合同工程量清单 D. 计量与支付文件

2. 工程量清单计价前应收集组价过程中需要的各种资料,这些资料包括(　　)。
   A. 收集施工图(招标)设计、招标文件(含计量计价规则),以及有关(补充)资料
   B. 收集材料价格信息,调查材料市场价格
   C. 收集设备价格信息,调查设备市场价格,调查主要设备预算价格的计算参数等
   D. 收集投标信息资料研究竞争对手,选择报价策略

3. 投标人拿到招标文件后,应该进行现场踏勘,现场踏勘的内容说明正确的是(　　)。
   A. 工程的范围、性质以及与其他工程之间的关系
   B. 现场地貌、地质、水文、气候、交通、电力、水源等情况,有无障碍物等
   C. 进出现场的方式、料场开采条件、资源配置条件等
   D. 不需要对人工、材料、施工机械等进行询价

4. 以下关于项目成本分析法说法正确的是(　　)。
   A. 劳务费用根据企业颁发的类似项目劳务分包单价与各清单细目所涉及的各工工序数量之积确定
   B. 材料费计算与清单单价分析法基本相同
   C. 施工措施与施工辅助结构(如模板及支架费,水上施工的筑岛、钢平台及围堰等)费用根据施工组织设计中确定的数量进行计算费用,钢构件的摊销量和回收量也应根据施工组织设计确定
   D. 在缺乏以往报价资料和经验的情况下,为了慎重起见,先按定额单价分析法计算直接工程费,再按项目成本分析法计算直接工程费,两者进行比较后再进行调整,确定最后报价

5. 对投标报价的分析评估包括(　　)。
   A. 投标报价的宏观审核 B. 投标报价的动态分析
   C. 投标报价的盈亏分析 D. 投标报价与预算的对比分析

6. 投标报价亏损分析是分析在计算标价时由于对未来施工过程中可能出现的不利因素考虑不周和估计不足,可能产生的费用增加和损失,主要从(　　)分析。
   A. 人工、材料、机械设备价格 B. 利润的计算
   C. 管理不善造成质量、工作效率等问题 D. 建设单位、监理工程师方面问题

本节习题答案及解析

Ⅰ. 单项选择题

1. 答案:B
【解析】 招标人确定招标标底或最高投标限价的依据,是评判投标报价合理性的重要依据。

2. 答案:A
【解析】 基础标价按组成可分为直接费、措施费、企业管理费、规费、利润、税金、专项费

用、设备购置费、暂估价、暂列金额和计日工。其中三通一平费、供水和排污费、临时用地费、施工环保费、承包人驻地建设费等，根据施工组织设计及现场调查情况计算费用一般列在100章。

3. 答案：D

【解析】 工程量清单计价中投标单价的确定是根据施工企业自己的消耗量水平确定，而不是根据定额计算确定的。

4. 答案：C

【解析】 工程量清单计价与定额计价的主要计价依据不同，工程量清单计价与定额计价的表现形式不同，工程量清单计价中单价与定额计价中的技术经济指标的内涵不同。

5. 答案：A

【解析】 通常情况下清单计价工程细目、预算定额子目、图纸中的设计工程量细目之间的工作内容综合程度关系如下：清单计价细目≥预算定额子目≥设计图纸细目。

6. 答案：B

【解析】 为了克服定额单价分析法存在的缺陷，使分项工程单价计算更接近实际，可采用项目成本法进行校核和决策。

Ⅱ. 多项选择题

1. 答案：BCD

【解析】 根据交通运输部发布的《公路工程建设项目造价文件管理导则》(JTG 3810—2017)，工程量清单计价属于项目实施阶段的造价文件编制，其组成文件主要有：招(投)标工程量清单；工程量清单预算；合同工程量清单；计量与支付文件。

2. 答案：ABC

【解析】 造价资料收集与调查。工程量清单计价前应收集组价过程中需要的各种资料，但不包括投标单位的信息调查。收集投标信息资料研究竞争对手选择报价策略是投标单位确定投标工程量清单报价时应实行的措施。选项D错误。

3. 答案：ABC

【解析】 现场踏勘的内容主要包括工程的范围、性质以及与其他工程之间的关系；现场地貌、地质、水文、气候、交通、电力、水源等情况，有无障碍物等；进出现场的方式、料场开采条件、资源配置条件等。为了更合理地报价，对人工、材料、施工机械等进行询价。选项D错误。

4. 答案：ACD

【解析】 劳务费用根据企业颁发的类似项目劳务分包单价与各清单细目所涉及的各工序数量之积进行计算；材料费计算与定额单价分析法基本相同，但施工措施与施工辅助结构(如模板及支架费，水上施工的筑岛、钢平台及围堰等)费用根据施工组织设计中确定的数量进行计算费用。选项B错误。

5. 答案：ABC

【解析】 投标报价分析评估从以下几个方面进行：投标报价的宏观审核；投标报价的动态分析；投标报价的盈亏分析。

6.答案:ACD

【解析】 投标报价的亏损分析主要从人工、材料、机械设备价格;自然条件;管理不善造成质量、工作效率等问题;建设单位、监理工程师方面的问题;管理费失控等方面进行分析。选项 B 利润的计算属于项目成本分析法的内容,不是投标报价亏损分析的主要因素。